BIBLIOTHÈQUE DE LITTÉRATURE DU XXe SIÈCLE
sous la direction de Didier Alexandre
31

Romain Rolland

Œuvres complètes

Tome VIII

Romain Rolland

Œuvres complètes

sous la direction de Roland Roudil

Tome VIII

Musiciens d'aujourd'hui

Édition critique par Claude Coste et Danièle Pistone

PARIS
CLASSIQUES GARNIER
2021

Claude Coste est professeur à CY Cergy Paris Université. Il consacre une grande partie de sa recherche aux relations de la littérature et de la musique. Il est l'auteur des *Malheurs d'Orphée, Orphée ou les sirènes* et coéditeur de *Barthes et la Musique*.

Danièle Pistone est professeure émérite à la faculté des lettres de Sorbonne Université et membre de l'Institut de recherche en musicologie. Elle consacre l'essentiel de ses travaux à la France musicale contemporaine. Elle a notamment publié : *25 ans de créations opératiques en France, 1990-2015* ; *Le Paris d'été. Musique et société à Trouville-sur-mer, 1830-1914* et *Prospectives musicologiques*.

ISBN 978-2-406-10680-7 (livre broché)
ISBN 978-2-406-10681-4 (livre relié)
ISSN 2103-4796

INTRODUCTION

GENÈSE ET RÉCEPTION

Comme l'indiquait l'auteur lui-même à la fin de diverses éditions de cet ouvrage : « Les études qui composent ce volume ont paru d'abord, séparément, dans diverses revues ou collections d'art[1] », mais légèrement remaniées. En fait, l'idée de réunir ces textes vient sans doute d'une proposition des éditions Hachette, vivement encouragée par sa correspondante Esther Marchand, à laquelle il écrit ainsi, le 13 novembre 1907 : « Si vous croyez décidément qu'il pourrait y avoir un réel intérêt à ce que je réunisse en volume mes articles de la *Revue de Paris*, je suis tout prêt à le faire, – si Hachette me le redemande. » Et Esther Marchand va elle-même en parler à cet éditeur. Rolland confirme donc à celle-ci, un mois plus tard : « Je travaille aux volumes critiques. Je récris une partie des articles, et j'en ajoute d'autres[2]. » Il s'agit donc des *Musiciens d'autrefois* (auquel il travaille d'abord) et des *Musiciens d'aujourd'hui* dont la première édition date de 1908.

Romain Rolland construit son ouvrage non dans l'ordre chronologique des textes publiés de 1899 à 1907, mais en commençant par un musicien qu'il tient en très haute estime : Hector Berlioz, auquel il avait consacré le plus grand nombre de pages au point de songer même à rédiger à son sujet un ouvrage entier. Il juxtapose à cette longue étude la présentation d'un autre géant, Richard Wagner, qui avait également été

1 Dans *La Revue de Paris*, la *Revue d'art dramatique*, la revue berlinoise *Morgen* et *Paris als Musikstadt* pour le dernier chapitre. Nous donnerons le détail de ces provenances au début des différents chapitres.

2 Romain Rolland, lettre du 12 décembre 1907 à Esther Marchand, dans Germain-Louis Viala et Marc Lerique-Koechlin, *Correspondance. Romain Rolland, Esther Marchand, Charles Koechlin*, Bordeaux, G.-L. Viala, 2006, p. 46. Rolland envoie dans cette lettre le plan des deux volumes en question.

sous sa plume l'objet de deux articles (*Siegfried* et *Tristan*). Les chapitres suivants semblent correspondre également à l'importance décroissante des musiciens ou, plus simplement, à la date de naissance de ceux-ci : du plus âgé au plus jeune (Saint-Saëns, d'Indy, Richard Strauss, Hugo Wolf et Lorenzo Perosi), avant deux études de synthèse : comparaison entre les musiques française et allemande, puis étude du mouvement musical parisien des dernières décennies.

Quant à Debussy – que Rolland découvre en 1890 grâce à Suarès – il faut noter qu'il ne fait l'objet d'aucun article de revue sous sa plume en cette fin de XIXe siècle. Alors que Suarès rédige pour *La République* du 2 mai 1902 (sous le pseudonyme de Litte[3]) un texte où il voit en Debussy un artiste mais non un musicien, Rolland attend 1904 pour mentionner le nom du compositeur[4], « ce grand peintre de rêves » (257[5]) qui a permis d'échapper au wagnérisme, puis 1907 pour donner sur cet ouvrage lyrique un avis assez proche de celui de son ami.

La première édition, de 1908, connut un franc succès. Après la guerre (en 1919) parut une nouvelle édition (la 8e) ; c'est celle qui a servi de base au présent texte. Le volume fut rapidement traduit dans plusieurs langues : en anglais (1915) comme en allemand (1925).

Dans le chapitre qui clôt le troisième numéro des « Cahiers Romain Rolland », Gustave Samazeuilh présente ce volume, en soulignant, plus de quarante ans après la publication de celui-ci et peu de temps après la 19e édition (Hachette, 1949), combien le dernier volet « conserve encore aujourd'hui son attrait » et en regrettant que l'auteur « n'ait pu trouver le loisir de le compléter depuis[6] ».

Il ne faudrait pas, en effet, juger des idées de Rolland sur ces compositeurs par ce seul ouvrage. Les hasards de l'existence, tout comme son évolution personnelle, l'ont conduit parfois à revoir ces jugements. Pour ce qui est, par exemple, de Vincent d'Indy (avec lequel la première épouse de Romain Rolland, Clotilde Bréal, avait étudié la musique), il

---

3 Voir l'article de Rosemary Yeoland, « Romain Rolland et Claude Debussy : un rapport à distance », *Cahiers de Brèves*, n° 32, décembre 2013, p. 8-12.

4 Dans *Paris als Musikstadt*, article inséré ici sous l'intitulé « Esquisse du mouvement musical à Paris depuis 1870 ».

5 Les chiffres entre parenthèses renvoient aux pages du présent volume.

6 Gustave Samazeuilh, « Romain Rolland et la musique », dans *Richard Strauss et Romain Rolland*. Correspondance et Fragments du Journal, « Cahiers Romain Rolland », n° 3, Paris, A. Michel, 1951, p. 225.

faudrait tenir compte du froid qui intervient entre les deux hommes lorsque le directeur de la Schola Cantorum souligne en 1911 les erreurs de la *Vie de Beethoven* de Rolland[7]. S'il critique parfois le contrepoint un peu sec de d'Indy, il sera plus sévère encore avec Saint-Saëns lorsqu'il entend ce pianiste-compositeur triompher à la Sorbonne dans sa fantaisie *Africa* : « Sa musique n'a pas le moindre intérêt [...]. Les musiciens le regardent à peu près comme un mort[8]. » Mais il est vrai que le contexte de la déclaration a toujours aussi son importance : les articles de critique, comme les *Musiciens d'aujourd'hui*, sont destinés au public, par opposition au journal intime.

La mutation rollandienne la plus rapide[9] concerne sans doute Don Lorenzo Perosi, maître de chapelle de la basilique Saint-Marc de Venise en 1894, puis *maestro perpetuo della Cappella Sistina* quatre ans plus tard pour plus de cinq décennies. En 1899, la visite parisienne de ce jeune compositeur, jugé capable de rénover la musique religieuse italienne, avait suscité maints enthousiasmes, Rolland entendant même en lui un « nouveau Mozart[10] ». Mais, en dépit de « l'heureuse harmonie » de ces partitions capables de ramener la « paix divine[11] » d'autrefois, il se rend bientôt compte de la récupération de ses œuvres par le cléricalisme et de la rapide désaffection du public italien. Lors de l'intégration de l'article de *La Revue de Paris* dans le volume de 1908, le texte de 1899 est repris avec quelques modifications, visant à modérer ce premier enthousiasme. Et lorsque le fondateur de la revue italienne *La Voce*, Giuseppe Prezzolini, lui propose d'écrire un livre consacré à ce compositeur, Rolland refuse en disant qu'il a trop de travail[12].

7 *Cf.* à ce propos l'article de Gilles Saint-Arroman, « Les deux Christophe II : les deux Beethoven », *Études Romain Rolland, Cahiers de Brèves*, n° 36, décembre 2015, p. 30-42.

8 Romain Rolland, « Fragments de Journal », 28 mai 1907, dans « Cahiers Romain Rolland », n° 3, *op. cit.*, p. 66.

9 Pour d'autres compositeurs, voir l'étude d'Alain Corbellari, *Les Mots sous les notes. Musicologie littéraire et poétique musicale dans l'œuvre de Romain Rolland*, Genève, Droz, 2010.

10 Lettre du 7 mars 1899, *Une amitié européenne. Romain Rolland et Malwida von Meysenbug*, – Correspondance 1890-1903. Édition établie, présentée et annotée par Wolfgang Kalinowsky, Mayence, chez l'auteur, 2016, tome 3, p. 1626. Il consacre alors à ce compositeur plusieurs articles : *La Revue de Paris*, 15 mars 1899, p. 443-448 ; *Revue d'art dramatique*, 15 mars 1899, p. 324-328 (plus enthousiaste) ; *La Tribune de Saint-Gervais*, n° 10, octobre 1899, p. 270-273 ; *Le Temps*, 9 et 26 mai 1900.

11 Voir la fin du chapitre consacré à ce compositeur.

12 Lettres des 7 et 9 mars 1909, dans *Romain Rolland et le mouvement florentin de* La Voce. Correspondance et Fragments du Journal présentés et annotés par Henri Giordan,

En 1892-1894, Adolphe Jullien avait publié en deux volumes un ouvrage de même intitulé[13], réunissant ce qu'il avait fait paraître sur ses contemporains au cours des vingt années précédentes : il s'agit de critiques de partitions de Berlioz, Schumann, Ambroise Thomas, Wagner (y compris en appendice « Lohengrin à l'Opéra de Paris » en 1891), Verdi, Gounod, Lalo, Reyer, Brahms, Saint-Saëns, Bizet et Massenet, agrémentés de douze portraits et de trente-deux fac-similés d'autographes de ces musiciens. Le volume de Rolland procède donc de la même démarche – qui n'avait rien d'exceptionnel à l'époque, mais il ne se limite pas à la musique française. Octave Séré[14] devait publier aussi, au Mercure de France en 1911, *Musiciens français d'aujourd'hui*[15], mais il s'agit de notices bibliographiques, suivies d'une bibliographie (œuvres, critiques à consulter, iconographie, accompagnées d'un autographe musical pour chacun).

Il faut souligner qu'aucune de ces publications ne présente le sérieux de la documentation, la profondeur d'analyse, la rigueur, la justesse de vue de ce volume de Romain Rolland, qualités qui ont indéniablement contribué – outre le talent et l'envergure de l'écrivain – à assurer son succès.

ANALYSE

À la fin de ce volume (256), Romain Rolland se reconnaît bien comme « historien », et la spécificité de sa formation le conduit à soigner sa documentation en privilégiant l'accès aux sources (secrétariat des sociétés de concert, témoignages des contemporains…) dont il n'oublie pas de préciser les références, selon le bon usage universitaire,

« Cahiers Romain Rolland », n° 16, Paris, A. Michel, 1965, p. 166 et 168.

13 Adolphe Jullien (1845-1932), *Musiciens d'aujourd'hui*, Paris, Librairie de l'Art, 1892-1894, 2 vol.

14 Pseudonyme de Jean Poueigh (1876-1958), compositeur et musicographe.

15 Concernant Georges Bizet ; Charles Bordes ; Alfred Bruneau ; Alexis de Castillon ; Emmanuel Chabrier ; Gustave Charpentier ; Ernest Chausson ; Camille Chevillard ; Claude Debussy ; Léo Delibes ; Paul Dukas ; Henri Duparc ; Gabriel Fauré ; César Franck ; Vincent d'Indy ; Paul Ladmirault ; Édouard Lalo ; Guillaume Lekeu ; Jules Massenet ; André Messager ; Gabriel Pierné ; Jean Poueigh ; Maurice Ravel ; Albert Roussel ; Camille Saint-Saëns ; Florent Schmitt ; Déodat de Séverac.

bien rodé depuis sa thèse de 1895. Ces pages constituent ainsi un reflet très intéressant des habitudes et des tendances musicales du début du XXe siècle : répertoires, représentations, artistes, critiques... Dans le choix comme dans le traitement de ces sujets, les conséquences de l'influence germanique (Beethoven, Wagner...) et du sursaut national de 1871 y apparaissent prédominantes. Nous reviendrons plus loin sur son importance dans son œuvre.

Ces options initiales ne l'empêchent toutefois pas de communiquer à ses lecteurs nombre de jugements personnels et surtout d'accorder beaucoup d'importance à l'artiste, à l'homme dont il a entendu ou joué l'œuvre. Le portrait psychologique voire la description des sentiments tiennent en ces années une place considérable. « J'aurais voulu laisser de côté ces traits ; mais je n'en ai pas le droit » (45), écrit-il à propos des relations amoureuses de Berlioz. Au-delà d'un usage assez familier à l'époque, il faut en fait voir chez Rolland un réel besoin de communiquer une sorte d'effet de vie, de créer parfois même un relief cher au dramaturge et nourri de nombreux recours au style direct. Un an auparavant (1903), il avait même confessé, au sujet de Vincent d'Indy : « il y a un trop grand intérêt à se trouver en face d'une personnalité sincère, et qui parle librement. L'avouerai-je ? Je trouve même une sorte de plaisir (un peu pervers, peut-être) à certaines de ces opinions excessives, où la personnalité s'accuse plus fortement (120). »

Sa vaste culture musicale, comme les habitudes de la critique, lui suggèrent aussi maintes comparaisons (parfois même incessantes en raison des obsessions de ce temps, telles celles du chapitre « Berlioz », si souvent opposé à Wagner). À quelques années de l'obtention du Prix Nobel de littérature (1915) qui contribuera à internationaliser sa renommée, le Rolland de *Jean-Christophe* (1904-1912) allie alors l'apport historique et musicologique de son expérience professorale et la vivacité émotionnelle de sa sensibilité d'auteur.

Si ces « musiciens d'aujourd'hui » s'inscrivent dans une période très large, qui va de 1803 (la naissance d'Hector Berlioz) à 1956 (la mort de Lorenzo Perosi), la contemporanéité qui les rassemble renvoie principalement au dernier quart du XIXe siècle et aux années précédant la Grande Guerre, quand l'Europe « se libère de l'hypnotisme de Bayreuth » (36) et invente de nouvelles esthétiques, dont Berlioz est donné comme le lointain initiateur. Naturellement, l'histoire ne se conçoit pas sans la géographie, le temps sans l'espace. L'Europe musicale décrite par Romain Rolland au tournant du siècle correspond à trois pays seulement : l'Italie, l'Allemagne et la France, négligeant l'Est du continent, la Russie ou les pays du Nord.

Berceau de la musique, l'Italie se limite à un seul musicien, Lorenzo Perosi, ce compositeur du pape dont Romain Rolland fait grand cas. Une seule allusion à la nouvelle école italienne (Giacomo Puccini, Pietro Mascagni), pas un mot sur Giuseppe Verdi (pourtant mort en 1901) : c'est que l'Italie, dominée par l'opéra, sort à peine de son désert musical (« L'hiver qui pesait sur la pensée italienne finit. ») (173). Si elle a cessé d'être un des pays essentiels du paysage musical européen, l'Italie reste cependant présente comme source d'inspiration, dans le souvenir de Friedrich Nietzche qui y trouve un espace de lumière où l'euphorie le dispute à la mélancolie. Qu'il s'agisse du Richard Strauss d'*Aus Italien*, du Gustave Charpentier des *Impressions d'Italie*, de l'Hugo Wolf de l'*Italienisches Liederbuch*, la Méditerranée continue à fasciner les compositeurs qui viennent chercher, à défaut d'un modèle, un stimulant pour leur création.

En fait, tout se joue dans une très ancienne rivalité entre la France et l'Allemagne, entre les deux « races » qui se disputent l'hégémonie musicale en Europe. Pendant longtemps, depuis Jean-Sébastien Bach jusqu'à Richard Wagner, c'est l'Allemagne qui a donné le ton, imposant à tout le continent une tradition et un langage dont il était difficile de s'émanciper (« la France du XIXe siècle prit l'habitude de parler allemand en musique. ») (66) À partir de 1870, comme s'en réjouit Romain Rolland, la France réussit à retrouver une existence et une indépendance musicales qui s'épanouissent avec Camille Saint-Saëns, Claude Debussy, Vincent d'Indy (chacun d'eux a droit à un chapitre du livre). S'il ne lui consacre aucun article à proprement parler, Romain Rolland ne cesse de souligner le rôle de César Franck, manifestant pour l'auteur des *Béatitudes* une admiration sans nuages (« l'époque musicale presque tout entière, à Paris, est sortie de César Franck ») (235). En revanche, on ne trouve rien, sinon quelques brèves allusions, sur Ernest Chausson, Emmanuel Chabrier, Paul Dukas ou Maurice Ravel. Au-delà des compositeurs, ce sont les institutions musicales qui sont longuement décrites, non sans esprit critique (dans le souvenir de *Jean-Christophe* et de « La Foire sur la place »), mais avec un sentiment de fierté face à la vitalité retrouvée (le chapitre « Le renouveau. Esquisse du Mouvement Musical à Paris depuis 1870 » conclut le livre).

Au fond, Romain Rolland aimait-il vraiment la musique française ? On a souvent le sentiment que son admiration relève davantage d'un amour de tête que d'une adhésion enthousiaste. La nouvelle école, dominée par Debussy, s'impose au sommet de la production européenne, sans pour autant susciter une approbation sans réserve[16]. En 1905 Romain Rolland avait cité *Pelléas* à Richard Strauss comme exemple de la prosodie française puis, le 22 mai 1907, était allé voir l'ouvrage avec lui ; mais les réticences de celui-ci ont sans doute renforcé en lui l'idée de la grande différence entre l'art allemand cher à son cœur et ces demi-teintes françaises. Et, lorsqu'au moment de la mort de Claude de France, il le cite dans son *Journal*[17] comme dans *Pierre et Luce*[18], c'est toujours la même image de Debussy qui s'impose : le créateur d'un nouveau style, mais dans une « petite Grèce » expirante, pour reprendre une célèbre formule de *Jean-Christophe*[19]. En dépit de la puissance avérée de ce renouveau, les goûts de Rolland portaient son intérêt ailleurs.

Comme il convient de ne pas l'oublier, Jean-Christophe, le héros éponyme du célèbre roman, est un compositeur allemand et ce choix en dit long sur les véritables affinités de l'écrivain. De Jean-Sébastien Bach à Ludwig van Beethoven, la musique allemande est élue par le cœur autant que par la raison. La fascination pour Richard Wagner a prolongé cette complicité qui se complique toutefois à la fin du siècle quand l'âge prend du recul sur les passions. Après les tumultes de la jeunesse, en effet, Richard Wagner s'éloigne : tel est le constat plein de nostalgie qu'opère Romain Rolland dans le chapitre consacré au compositeur de *Tristan* et *Siegfried*. L'évocation des salles subjuguées

16 Romain Rolland, « Hommage à Maurice Ravel », *Revue Musicale*, numéro spécial à l'occasion du premier anniversaire de la mort du compositeur, décembre 1938, p. 33 : « Je n'ai jamais cessé de regarder Ravel comme le plus grand artiste de la musique française, avec Rameau et Debussy, – un des plus grands artistes de la musique de tous les temps. Ce qu'il exprime en musique me touche rarement. Mais son expression est d'une justesse, d'une finesse et d'un éclat insurpassables. Toute musique, auprès de la sienne, semble imparfaite. Il est un maître du coloris et du dessin. »

17 *Journal des années de guerre, 1914-1919*, Paris, Albin Michel, 1952, p. 1435 (à la date du 26 mars 1918).

18 Paris, Ollendorff, 1922, p. 174.

19 *Jean-Christophe*, Paris, Albin Michel, 1950, p. 698.

donne lieu à une description qui conjugue l'enthousiasme d'un jeune homme et la sagesse d'un homme mûr qui revit le passé avec un regard à la fois tendre et ironique : « Je voyais autour de moi, sur les visages de mes voisins, le reflet des émotions que je sentais en moi. Qui dira ces expressions d'une salle de concert, ces pauvres figures, si médiocres pour la plupart, marquées par l'usure d'une vie sans idéal et sans intérêt, éteinte, endormie, et que ressuscite pendant quelques instants l'âme divine de la musique ? Cela est tour à tour sublime, grotesque et touchant. Spectacle saisissant que celui de milliers d'hommes que possède une mélodie !... » (80)

Le compte rendu sur la *Musikfest* de Strasbourg manifeste également un esprit critique prononcé à l'égard de la nouvelle école allemande, excepté Richard Strauss, auquel Romain Rolland voue un culte plein d'indulgence malgré les défauts du maître. Mais Gustav Mahler et ses symphonies, pourtant loin de l'académisme de Johannes Brahms, ne reçoivent qu'une approbation mitigée, tant elles semblent incarner « ce pédantisme qui est la plaie de l'art allemand » (108). D'une certaine manière, avec ces « musiciens d'aujourd'hui », les engouements et les certitudes d'hier ne sont plus possibles. La futilité n'est plus forcément française et le sérieux de César Franck domine les rencontres de Strasbourg au détriment de l'*ubris* allemand et d'un goût immodéré pour « la virtuosité stérile » qui « fait le désert dans l'art. » (231) D'une certaine manière, rien ne va plus de soi.

Ces incertitudes sont loin de déplaire à un Romain Rolland qui a toujours cherché à fuir les antithèses et les identités trop claires. Comme il y revient souvent dans son livre, musique française et musique allemande se nourrissent l'une l'autre, dépassant les clichés qui réservent la clarté, le classicisme et l'élégance à la première et la profondeur métaphysique à la seconde. De fait, l'Europe musicale est en train de naître, estompant le tracé des frontières et installant peu à peu un art inspiré par l'échange et l'éclectisme, dans le temps comme dans l'espace. Romain Rolland entend ainsi « une suavité italienne » (62) dans « une âme aussi française » (38) qu'Hector Berlioz ; il relève dans le *Pelléas* de Claude Debussy « certains modes du plain-chant » (120) ; il souligne l'importance de la Schola Cantorum « qui rénove la musique moderne, au moyen de la connaissance du passé » (238) et pratique un « grand éclectisme intelligent » (238). Véritable carrefour de l'histoire et de la géographie, la France a pour nature de brasser les époques et les cultures : « Les mélanges de races et les vicissitudes de l'histoire nous ont fait une âme si riche et si diverse que nous pouvons bien y retrouver ces origines, s'il nous plaît, – ou tout autres. D'origine, nous n'en manquons point : il n'y a que l'embarras du choix ; et, pour se décider, j'imagine que la volonté fait autant que le tempérament. » (120) Le même éclectisme vaut tout autant pour la musique de Lorenzo Perosi qui pratique un « style fait de tous les styles » (176), qui cherche à « créer un style universel » ou du moins à « bâtir la cathédrale de l'art européen. » (177)

C'est ce même éclectisme que l'on trouvait déjà chez Richard Wagner : « Le style de Wagner est forgé de styles très divers ; on y rencontre des italianismes et des germanismes, – voire des gallicismes, – de toutes sortes ; il en est de sublimes ; il en est de médiocres ; et parfois, on sent le raccord, la fonte n'est pas parfaite. » (101) ; et c'est ce même éclectisme qui nourrit encore la créativité de Richard Strauss : « À considérer l'ensemble de cette musique, on est d'abord frappé par l'hétérogénéité apparente des styles. Le Nord et le Midi s'y mêlent ; on sent dans la mélodie l'attraction du soleil. Il y avait déjà quelque chose d'italien dans *Tristan ;* combien plus dans l'œuvre de ce Nietzschéen ! Constamment les phrases sont italiennes et les harmonies ultra-germaniques. » (148) Au fond, l'Europe comme culture et comme idéal permet à Romain Rolland de ne pas choisir entre les différentes « races », entre la France et l'Allemagne, entre sa passion pour Beethoven et son bonheur de voir Paris retrouver sa place dans le concert des nations.

Au-delà de l'Europe, c'est une philosophie de la vie qui permet à l'écrivain de transcender les différences et de déplacer dialectiquement les antagonismes nationaux. Pour Romain Rolland, deux forces s'opposent dans la musique d'aujourd'hui : l'une est au service de la vie, de l'énergie et de la volonté, l'autre, dans le sillage de Friedrich Nietzche, est la servante de la déliquescence et de la mort. Du côté de la joie créatrice et de la vitalité, on trouve indifféremment Français ou Allemands, les clivages opérant dans chaque « race ». La bonne filiation allemande va de Beethoven à *Siegfried*, toute dominée par l'esprit de la joie : « Je ne puis m'empêcher de croire que Beethoven, qui aurait peut-être haï *Tristan*, eût adoré *Siegfried*. C'est l'incarnation la plus complète de l'âme de la vieille Allemagne, virginale et brutale, candide et malicieuse, pleine d'humour, de sentimentalisme, de pensée profonde, rêvant de batailles sanglantes et joyeuses, à l'ombre des chênes gigantesques, et au chant des oiseaux. » (83) La seconde filiation, française, court de Rabelais, Molière, Diderot à Berlioz et Bizet : « Dans notre musique contemporaine, *Pelléas et Mélisande* est à l'un des pôles de notre art, *Carmen* à l'autre pôle. Celle-ci, tout en dehors, toute lumière, toute vie, sans ombres, sans dessous. L'autre, tout intérieure, toute baignée de crépuscule, tout enveloppée de silence. » (206) Brouillant les frontières et les filiations, *Pelléas* et *Tristan*, tous les deux habités par la mort, s'opposent à la religiosité de César Franck ou à l'énergie païenne de Siegfried. L'ambivalence domine ainsi sous la plume de Romain Rolland qui admire le génie créateur de Debussy tout en condamnant son symbolisme délétère, qui oppose la force de Siegfried, ce fils de la révolution de 1848, à la morbidité de Tristan et Isolde aspirés par la passion de l'anéantissement. Dans Berlioz même, Romain Rolland entend à la fois la « beauté plastique » de la mélodie (63) et le « souffle terrible du néant. » (52), « l'expression de la mélancolie tragique, de l'ennui de vivre, de l'angoisse de la mort » (64). Même dichotomie chez un moderne comme Richard Strauss qui contrebalance l'héroïsme d'*Heldenleben* par la résignation de son opéra *Guntram*, habité par le néo-christianisme morbide de *Parsifal*.

Après l'Europe comme creuset des cultures, après l'exaltation du vitalisme, Romain Rolland propose une troisième forme de transcendance, correspondant à la défense de la « musique pure ». Cet écrivain, cet intellectuel qui vit et combat par les mots ne cesse de prendre ses distances à l'égard de la domination, voire de la tyrannie, du texte sur la musique, du théâtre sur la partition. Certes, une fois encore l'ambivalence domine chez lui. Au lieu d'analyser la musique, il n'hésite pas à raconter longuement les opéras ou les poèmes symphoniques qu'il évoque (*Siegfried* de Richard Wagner, *Guntram* et *Mort et Transfiguration* de Richard Strauss, *L'Étranger* de Vincent d'Indy) ; il consacre des commentaires très intéressants au « récitatif » chez Richard Wagner et chez Claude Debussy, c'est-à-dire à une déclamation musicale qui se donne comme la simple ombre portée du texte. À propos de *Tristan*, le commentaire est critique : « d'un bout à l'autre, l'élan lyrique est brisé par la déclamation ou, ce qui est pire, par la dissertation. Des tourbillons délirants s'arrêtent soudain pour faire place aux récitatifs qui expliquent ou discutent. Et, bien que les récitatifs soient presque toujours d'un relief saisissant, bien que les rêveries métaphysiques gardent un caractère de subtilité barbare, dont la saveur est forte, – la supériorité des purs mouvements poétiques, de la pure passion, de la pure musique, est si évidente, que ce drame musical et philosophique est fait pour dégoûter de la philosophie et du drame, et de tout ce qui contraint et restreint la musique. » (100) Quant à Claude Debussy, Romain Rolland en fait le lointain héritier de Jean-Jacques Rousseau : « Une réforme du récitatif était donc inévitable. Dès le XVIIIe siècle, Jean-Jacques Rousseau l'avait prévue, dans le sens même où l'accomplit Debussy. Il montrait qu'il n'y avait aucun rapport entre les inflexions de la parole française, "dont l'accent est si uni, si simple, si modeste", et "les bruyantes et criardes intonations" du récitatif de l'opéra français. Et il concluait que le meilleur récitatif qui pourrait nous convenir devrait "rouler entre de fort petits intervalles, n'élever ni n'abaisser beaucoup la voix, peu de sons soutenus, jamais d'éclats, encore moins de cris, rien qui ressemble au chant, peu d'inégalité dans la durée ou valeur des notes, ainsi que dans leurs degrés". – C'est la définition même du récitatif de Debussy. » (203)

Il n'en reste pas moins que la musique doit aisément se passer de la parole. Quand tout le siècle valorise le lied, la mélodie, c'est-à-dire la prosodie, ou la musique à programme, Romain Rolland se montre très critique à l'égard des partitions qui asservissent le compositeur au poète. Contre Richard Wagner, pour lequel « la musique ne saurait exprimer l'action sans le secours de la parole et du geste » (68), il valorise Hector Berlioz qui cherche à « l'émanciper de la domination de la parole » (67), à « accroître toujours davantage le pouvoir d'expression de la musique pure. » (68) Ainsi, l'opéra est-il le plus grand des dangers : « On sent, au théâtre de musique, l'abîme infranchissable entre la musique et le geste. La musique est un monde à part. Quand elle veut peindre le drame ce n'est pas l'action réelle qui se reflète en elle ; c'est une action idéale, transfigurée par l'esprit, perceptible seulement pour le regard intérieur. La pire sottise est de mettre en présence les deux visions : celle des yeux, celle de l'âme. Deux fois sur trois, elles se détruisent l'une l'autre. » (69) Cette prévention contre l'opéra passe dans *Musiciens d'aujourd'hui* par la citation de pages très satiriques empruntées à Jean-Jacques Rousseau et à Léon Tolstoï, respectivement contre la tragédie lyrique et le théâtre de Bayreuth.

Le poème symphonique n'est pas toujours mieux traité. Sensible au « lyrisme descriptif » (128) de Vincent d'Indy, à « la symphonie dramatique ou descriptive de Berlioz » (37), Romain Rolland se déchaîne contre la *Sinfonia Domestica* de Richard Strauss ou plutôt montre combien la très belle partition qui se suffirait à elle-même pâtit d'un argument aussi contraignant que ridicule : « Un tel programme est plus fait pour égarer l'auditeur que pour lui servir de guide. Il fausse le sens de l'œuvre, en ne mettant en lumière que le côté anecdotique et un peu burlesque. Et, sans doute, ce côté existe. [...] Mais il faut oublier le programme indiscret, qui frise le mauvais goût, et parfois un peu plus. Quand on y réussit, on se trouve en présence d'une symphonie régulière en quatre mouvements, – Allegro, Scherzo, Adagio et Finale fugué, – qui est une des plus belles œuvres de la musique contemporaine. » (194) Développant le même jugement, Romain Rolland déplore combien les symphonies de Gustav Mahler souffrent d'un texte d'accompagnement qui bride à la fois l'écoute et la composition. Mais ce serait une grossière erreur que de voir, dans cette défense de la musique pure, une amorce des célèbres pages qu'Igor Stravinski consacre au sens de la musique dans *Chroniques de ma vie*. Comme on s'en souvient, la musique, pour le compositeur russe, n'a aucun sens par elle-même ; seul un texte, ou tout autre élément additif (un geste, une chorégraphie, etc.), peuvent conférer une signification à un ensemble formel de sons et de rythmes. Si, pour Romain Rolland, la musique doit éviter de se laisser parasiter par les mots ou par la scène, c'est que l'art des sons se suffit à lui-même pour commenter le monde et construire une signification, pour « peindre le drame de l'univers » (70). Le grand modèle demeure, bien sûr, Ludwig van Beethoven qui « s'attache constamment à traduire en musique le monde profond du cœur » (69). Après lui, les grands symphonistes allemands, et Camille Saint-Saëns pour la France, ont réussi à « faire entrer dans la musique pure toutes les puissances des autres arts : peinture, poésie, philosophie, roman, drame, la vie tout entière. » (113) Émancipée du texte, du geste, du théâtre, la musique rendue à elle-même se montre ainsi capable de tenir un discours philosophique sur le monde et sur les hommes.

Mais de quels hommes s'agit-il ? Ou plutôt à quels hommes la musique est-elle destinée ? Seule ombre au tableau dans ce panorama de la création contemporaine, les « musiciens d'aujourd'hui », qui participent à la construction d'une Europe plus fraternelle en pratiquant le même éclectisme stylistique, n'ont pas encore réussi à s'adresser à un public populaire. Malgré l'ambition humaniste, malgré l'effort de certaines institutions envers le plus grand nombre, la création musicale savante s'adresse encore presque exclusivement à un public choisi, aristocratique par la naissance ou par la culture. Il en va ainsi de l'œuvre de Vincent d'Indy : « L'art populaire qu'il préconise n'est pas un art du peuple, mais d'une aristocratie qui s'intéresse au peuple. » (129) Et il en va ainsi de la France entière, qui n'a pas su, comme parfois l'Allemagne, se nourrir de l'esprit du peuple : « En dépit des progrès de l'esprit démocratique, jamais l'art musical – ou, du moins, tout ce qui compte dans l'art – n'a été plus aristocratique aujourd'hui. » (256) Malgré leur immense talent, ces « musiciens d'aujourd'hui » n'ont pas encore réussi à harmoniser leur poétique et la politique.

NOTE SUR LES CHOIX ÉDITORIAUX

Conformément aux options de la présente édition collective, nous avons apporté le moins de changements possibles au texte de Romain Rolland : les graphies des noms propres ont été généralement conservées (mais rendues homogènes dans quelques cas), ainsi que les majuscules initiales des autres termes et les nombreux tirets. Les normes de présentation des références ont cependant été rendues plus conformes aux usages de notre époque.

Face à la relative abondance des notes infrapaginales rollandiennes, nous n'avons pas souhaité trop alourdir celles-ci. Sans mention spéciale, ce sont celles de l'auteur, alors que celles des éditeurs sont précédées des initiales [NdÉ], voire placées entre crochets droits lorsqu'il s'agit d'un ajout.

BIOGRAPHIE DE ROMAIN ROLLAND

	Chronologie	Activités et publications en lien avec la musique
1866	29 janvier : naissance à Clamecy (Nièvre) de Romain Rolland, fils d'Émile Rolland, notaire, et d'Antoinette Marie Courot.	
1872	Naissance de Madeleine, sœur de Romain.	
1873-1880	Études au collège de Clamecy – Vente de l'étude paternelle, installation à Paris.	
1881-1882	Études au lycée Saint-Louis (rhétorique et philosophie).	
1882	Commence son *Journal* qu'il tiendra jusqu'à sa mort.	Prend des leçons de musique avec Joséphine Martin : Mozart, Meyerbeer, Gounod.
1882-1886	Études au lycée Louis-le-Grand : préparation au concours d'entrée à l'École normale supérieure – Lecture de Spinoza, *Hamlet*, Victor Hugo, des Présocratiques.	Avec son condisciple Claudel, il suit les concerts et s'enthousiasme, chez Colonne, pour Wagner – « Révélation beethovénienne » à l'écoute de la *Septième Symphonie* et par Anton Rubinstein du 5e *Concerto* pour piano (« L'Empereur »).

1884		Février : défend Wagner et la « Chevauchée de la Walkyrie » – Assiste à la pre mière audition à Paris de la scène religieuse de *Parsifal* (fin de l'acte 1) – Mai : *Hymne à Victor Hugo* de Saint-Saëns, au Trocadéro.
1885	Assiste aux funérailles de Victor Hugo.	Mars : découvre le 2e acte de *Tristan*, mais préfère Berlioz et Beethoven.
1886	Découvre Tolstoï – Juillet : reçu à l'École normale supérieure – Visite à Renan.	
1886-1889	Élève à l'École normale supérieure. Se lie d'amitié avec André Suarès et Georges Mille. – Prépare une licence de lettres, puis l'agrégation d'histoire.	Fréquente les concerts avec Claudel et Suarès.
1887	Élabore son *Credo quia verum*. Échange de lettres avec Tolstoï.	Écrit à Saint-Saëns pour dénoncer la proscription de la musique de Wagner.
1889	Août : reçu à l'agrégation d'histoire – Novembre : Pensionnaire au Palais Farnèse à Rome où il travaille aux Archives du Vatican.	
1890	Amitié avec Malwida von Meysenbug – Mars : « Illumination du Janicule » et projet d'un « roman musical », première conception de *Jean-Christophe* – Durant ses vacances à Paris, il travaille	

	à ses premières pièces de théâtre (*Empédocle*, *Orsino*, pièces inédites).	
1891	Écrit *Les Baglioni* (pièce inédite) – Travaille à *Niobé* et *Caligula* (pièces inédites).	Juillet : voyage à Bayreuth avec Malwida von Meysenbug. Représentation de *Parsifal*, *Tristan*, *Tannhäuser*. Rencontre Richard Strauss chez Cosima Wagner.
1892	11 avril : rencontre Clotilde Bréal, qu'il épouse le 31 octobre – Novembre : en mission à Rome pour quelques mois, il rassemble de la documentation pour ses thèses de doctorat – Publie *Le Dernier Procès de Louis Berquin* (dans *Mélanges d'archéologie et d'histoire de l'École française*).	
1893-1895	Rédige ses thèses, tout en assurant un service restreint d'enseignement au lycée Henri-IV (1893-1894), au lycée Louis-le-Grand (1894-1895) – Écrit *le Siège de Mantoue* (pièce inédite).	Donne un cours sur Beethoven au lycée Henri-IV.
1895	Voyage en Belgique et en Hollande – 19 juin : reçu docteur ès lettres – Octobre : chargé de cours d'histoire de l'art à l'École normale supérieure.	Publication de ses deux thèses chez E. Thorin : *Les Origines du théâtre lyrique moderne. Histoire de l'Opéra avant Lully et Scarlatti*, et *Cur ars picturae apud Italos XVI saeculi deciderit.*

1896	Juillet-Septembre : voyage en Allemagne – Travaille à un *Savonarole* (seuls des fragments en seront publiés), puis à *Jeanne de Piennes* (pièce inédite).	
1897	Avril-juin : voyage en Italie – Écrit une pièce *Les Vaincus* (inachevée) – *Saint Louis* est publié dans *La Revue de Paris.*	
1898	3 mai : *Aert* est joué au théâtre de l'Œuvre et publié dans la *Revue d'art dramatique* – 18 mai : *Les Loups* sont joués, sous le titre *Morituri*, au théâtre de l'Œuvre (publiés, sous le pseudonyme de Saint-Just, aux éditions Georges Bellais).	Commence sa collaboration à *La Revue de Paris* et surtout à la *Revue d'art dramatique* où il donne des comptes rendus de critique musicale et théâtrale.
1899	Juin : *Le Triomphe de la raison* est joué au théâtre de l'Œuvre et publié dans la *Revue d'art dramatique* – Travaille à diverses pièces dans le style de l'époque : *L'Ambitieuse, Les Trois Amoureuses.*	Mars : découvre les oratorios de don Lorenzo Perosi sur lequel il écrit 2 articles élogieux – Avril-mai : voyage en Allemagne ; correspondant de *La Revue de Paris* au festival de Düsseldorf – Juin : article sur Richard Strauss dans la *Revue de Paris* – Novembre : article sur *Tristan* dans la *Revue d'Art dramatique*
1900	Commence à travailler au « Cycle de la Révolution » – Décembre : *Danton*, publié par les éditions de la *Revue d'Art dramatique*, est joué au cercle des Escholiers.	Janvier : entre au comité de direction de la *Revue d'art dramatique* aux côtés de Lucien Besnars, Gabriel Trarieux, Robert Brussel. – Avril-mai : Voyage en Italie où il

		rencontre Perosi – Article pour *Le Temps* : « Musiques d'Italie » – Juillet : 1er congrès d'histoire de la musique à Paris, dont Romain Rolland est l'organisateur avec Jules Combarieu. Intervention publiée dans la *Revue d'histoire et de critique musicales* (reprise dans *Musiciens d'autrefois*)
1901	Février : divorce.	Janvier : fonde, avec Jules Combarieu, Louis Laloy, Pierre Aubry, Maurice Emmanuel, la *Revue d'histoire et de critique musicales* (future *Revue musicale*) à laquelle il collabore – 14-21 avril : Louis Ganderax, directeur de *La Revue de Paris*, l'envoie aux fêtes de Beethoven à Mayence, festival dirigé par Félix Weingartner, acte de naissance de *Vie de Beethoven* et de *Jean-Christophe* – 15 mai : publie « Les Fêtes de Beethoven à Mayence » dans la *Revue de Paris* – mi-novembre : rédige un article sur *Siegfried* où il fait le point sur Wagner, désormais supplanté par Beethoven.
1902	21 mars-13 avril : *Le Quatorze-Juillet*, publié dans les *Cahiers de la quinzaine* (février) est joué au théâtre de la Renaissance – Publication à Londres, chez	2 mai : inauguration à l'École des Hautes études sociales, d'une École de Musique où il donne des cours et organise des concerts-conférences jusqu'en 1911.

	Duckworth, de *François Millet* (en anglais) – Mai-juin : voyage en Italie – Août-septembre : séjour en Suisse	
1903	Passe la majeure partie de ses vacances (juillet-septembre) en Suisse, où il écrit ses livres – Publie aux *Cahiers de la quinzaine : Le temps viendra* (mars) et *Le Théâtre du peuple* (novembre), rédigé à partir d'articles publiés à la *Revue d'Art dramatique.*	Janvier-février : article sur Mozart dans la *Revue d'Art dramatique* – 24 janvier : Publie aux *Cahiers de la quinzaine : Vie de Beethoven.* – Novembre : passe de l'École normale supérieure à la Sorbonne, où il enseigne l'histoire de la musique jusqu'en 1912.
1904-1912		*Jean-Christophe*, cycle romanesque consacré à un musicien imaginaire de génie, est publié aux *Cahiers de la quinzaine* (en 17 livraisons) puis chez Ollendorff (en 10 volumes)
1904	*La Montespan* (édition de la Revue d'art dramatique).	« Paris als Musikstadt » (*Die Musik*) – « Berlioz » (*Revue de Paris*, 1er et 15 mars 1904).
1905	1er décembre : Romain Rolland reçoit le prix de la *Vie heureuse* – *Michel-Ange* (Librairie de l'Art ancien et moderne) ; *Les Trois Amoureuses* (*Revue d'Art dramatique*).	Articles pour *La Revue de Paris*, la *Revue musicale* et la *Revue d'art dramatique et musical* – Mai : festival d'Alsace-Lorraine à Strasbourg (« Une fête musicale en Alsace-Lorraine », *Revue de Paris*, 1er juillet 1905) – Proteste contre le refus du Prix de Rome à Ravel.

1906	Voyages en Allemagne (août) et en Angleterre (septembre) – Début d'une très longue amitié avec Alphonse de Châteaubriant.	
1907	Voyage en Italie (janvier-février), en Espagne (mars-avril), en Alsace (août-septembre) – *Vie de Michel-Ange* (*Cahiers de la quinzaine*)	Réédition de la *Vie de Beethoven* chez Hachette.
1908		Publication, chez Hachette, de *Musiciens d'aujourd'hui* et de *Musiciens d'autrefois*, recueil de ses articles de critique musicale ; succès immédiat – 15 décembre : parution dans le *Bulletin de la SIM* d'un article sur Paul Dupin.
1909	Publication, chez Hachette, de *Quatorze-Juillet, Danton, les Loups* sous le titre *Théâtre de la Révolution.*	
1910	Premier contact avec Stefan Zweig – 27 octobre : renversé par une voiture ; graves fractures ; alité pendant 3 mois.	Fin mars : *Haendel* (Collection « Les Maîtres de la musique », Librairie Alcan).
1911	Février-mai : convalescence en Italie – *Vie de Tolstoï* (*Revue de Paris*, puis Hachette).	Mi-juillet : assiste au théâtre du Jorat à Mézières à une représentation de l'*Orphée* de Gluck – Écrit un article pour *La Semaine littéraire* de Genève (5 août).

1912	Avril-juin : voyage en Italie. Démissionne de la Sorbonne – Tient des « Chroniques de Paris » dans la revue suisse *Bibliothèque universelle* d'Edmond Rossier.	
1913	Juin : obtient le grand prix littéraire de l'Académie française pour *La Nouvelle Journée* (*Jean-Christophe*).	
1914	Août : Romain Rolland est en Suisse quand la guerre est déclarée – Octobre : s'installe à Genève ; non mobilisable, il se met au service de l'Agence internationale des prisonniers de guerre (jusqu'au 3 juillet 1913) – Publication d'une série d'articles dans le *Journal de Genève* dont « Au-dessus de la mêlée ».	
1915	Novembre : *Au-dessus de la mêlée*, recueil d'articles.	
1916	Collabore à la revue *Demain* de Henri Guilbeaux jusqu'en octobre 1918 – 13 novembre : reçoit le prix Nobel de littérature pour 1915.	
1918	*Empédocle d'Agrigente et l'âge de la haine* (Cahiers du Carmel).	
1919	26 juin : publication, dans *L'Humanité*, de la « Déclaration de	Publication d'un recueil d'articles : *Voyage musical au pays du passé* (Édouard-

	l'Indépendance de l'Esprit », signé par de nombreux intellectuels du monde entier – *Colas Breugnon* (Ollendorff) ; *Liluli* (éditions du Sablier) ; *Les Précurseurs* (éditions de l'Humanité).	Joseph Éditeur puis chez Hachette, l'année suivante).
1920	*Pierre et Luce* (éd. du Sablier), *Clerambault, histoire d'une conscience libre pendant la guerre* (Ollendorff).	
1921	*La Révolte des machines* (éditions du Sablier) – Début de son amitié avec Panaït Istrati. – Avril : rencontre Rabindranath Tagore, de passage à Paris.	
1922	Publication de *L'Âme enchantée : Annette et Sylvie* (Ollendorff) – *Les Vaincus* (Éditions Lumière, Anvers) – Avril : s'installe à Villeneuve, à la villa Olga – S'intéresse à l'Inde et à la non-violence.	
1923	Fondation de la revue *Europe*, avec le patronage de Romain Rolland.	Août : chez Zweig. À Salzbourg, assiste au *Musikfest* international de musique contemporaine.
1924	*Mahatma Gandhi* (Stock) ; *L'Âme enchantée : l'Été* (Ollendorff) – Dénonce l'assassinat de Matteotti et le fascisme de Mussolini.	Mai : voyage en Autriche ; fêtes musicales Richard Strauss à Vienne.
1925	*Le Jeu de l'amour et de la mort* (éditions du Sablier).	

1926	Janvier : soixantième anniversaire ; Hommage international de la revue *Europe* et du *Liber amicorum – Pâques fleuries* (éditions du Sablier).	Voyage en Allemagne : festivals de musique (Haendel, à Leipzig ; Mozart et Beethoven à Cologne).
1927	Adhère à l'Appel antifasciste de Barbusse – *L'Âme enchantée : Mère et fils* (Albin Michel).	Avril : voyage à Vienne à l'occasion de festivals musicaux – Prend la parole aux fêtes du centenaire de la mort de Beethoven, et fait paraître plusieurs articles d'hommage dans la presse.
1928	Janvier : *Le Jeu de l'amour et de la mort*, joué à l'Odéon – *Les Léonides* (éditions du Sablier).	Publication de *De l'Héroïque à l'Appassionata* (éditions du Sablier).
1929	*Essai sur la mystique de l'action et de l'Inde vivante. La Vie de Ramakrishna* (Stock).	*Mélusine*, scénario de film sur la musique et son développement à travers les âges ; projet sans suite.
1930	S'engage de plus en plus pour la défense de la Russie soviétique – *La Vie de Vivekananda et l'Évangile universel* (Stock) – 28 août : dernière rencontre avec Tagore, à Genève.	Publication de *Goethe et Beethoven* (Éditions du Sablier).
1931	Février : « Europe, élargis-toi ou meurs ! » (*Nouvelle Revue mondiale*) – Juin : « Adieu au passé » (*Europe*) – 11 décembre : visite de Gandhi à Villeneuve.	
1932	Avec Barbusse, Romain Rolland est l'initiateur officiel du congrès mondial contre la guerre impérialiste,	

	qui se tient du 27 au 29 août à Amsterdam – Élu membre d'honneur de l'Académie des sciences de l'U.R.S.S.	
1933	Dénonce le fascisme hitlérien – Avril : refuse la Médaille Goethe décernée par l'Allemagne – Juin : président d'honneur du Comité antifasciste international – Membre, avec Aragon, du comité directeur de *Commune* (juillet 1933 – mai 1939) – *L'Âme enchantée : L'Annonciatrice* (Albin Michel).	
1934	28 avril : épouse Maria Koudacheva.	
1935	Juin-juillet : voyage à Moscou ; séjour chez Gorki et entrevue avec Staline – Publication de deux recueils d'articles : *Quinze ans de combat* (Rieder) et *Par la Révolution, la Paix* (Éditions sociales internationales).	
1936	31 janvier : cérémonie à la Mutualité en l'honneur de ses soixante-dix ans – *Compagnons de route, essais littéraires* (Éditions du Sablier) – Juillet : prend parti pour les républicains dans la guerre d'Espagne.	

1937		Publication du *Chant de la Résurrection* (Éditions du Sablier).
1938	Juin : s'installe à Vézelay – Octobre : proteste contre les accords de Munich – *Valmy* (Éditions sociales internationales) ; *Pages immortelles de Rousseau* (éditions Corrêa).	
1939	Dénonce l'invasion de la Tchécoslovaquie par les Allemands – Août : à la suite du pacte germano-soviétique, démission de l'Association des amis de l'Union soviétique – 5 juillet : *le Jeu de l'amour et de la mort* est joué à la Comédie-Française – *Robespierre* (Albin Michel).	
1940	Achève la rédaction de ses *Mémoires* – Mars : renoue avec Claudel.	
1942	*Le Voyage intérieur* (Albin Michel).	
1943	Novembre : termine *Péguy*.	*La Cathédrale interrompue* : I : *La Neuvième Symphonie* ; II : *Les Derniers Quatuors* (Éditions du Sablier).
1944	30 décembre : mort de Romain Rolland.	
1945	2 janvier : funérailles religieuses à Clamecy – Publication de *Péguy* (Albin Michel).	*La Cathédrale interrompue* : III : *Finita Comoedia* (Éditions du Sablier).

MUSICIENS D'AUJOURD'HUI

BERLIOZ[1]

Il semblera un paradoxe de dire qu'aucun musicien n'est plus mal connu que Berlioz. Chacun croit le connaître. Une bruyante renommée entoure sa personne et son œuvre. L'Europe musicale a fêté son centenaire. L'Allemagne dispute à la France la gloire d'avoir formé et soutenu son génie. La Russie, dont l'accueil triomphal le consola de l'indifférence et de l'hostilité de Paris[2], a dit, par la voix de Balakirew[3], qu'il était « le seul musicien français ». Ses principales compositions sont constamment exécutées dans les concerts[4] ; et certaines ont le rare privilège de parler à la fois à l'élite et à la foule : quelques-unes de ses pages connaissent la grande popularité. Une quantité d'études lui ont été consacrées[5]. Lui-même s'est décrit et commenté dans de nombreux ouvrages. Il n'est pas jusqu'à sa figure qui ne soit populaire. Et, quand on l'a vue une fois, on ne saurait l'oublier. Elle est, comme sa musique, si frappante et si singulière qu'il semble qu'il suffise d'un coup d'œil pour en pénétrer le sens : point de sous-entendus, point de dessous mystérieux, point de

1 [NdÉ] Romain Rolland reprend son article « Berlioz », publié dans deux livraisons de *La Revue de Paris*, les 1er et 15 mars 1904, p. 65-88 et 331-352.

2 « Et toi, Russie qui m'as sauvé… », Berlioz, *Mémoires*, II, p. 353. (L'édition que je cite au cours de cette étude est l'édition grand in-18. Paris, Calmann-Lévy, 1897.) [NdÉ – Voir dans les annexes de ce volume la table de correspondances de ces pages avec les chapitres des *Mémoires*.]

3 [NdÉ] Dans une lettre de septembre 1868 adressée à Berlioz (*Correspondance générale*, n° 3374), le compositeur russe Mili Balakirev (1837-1910), son grand admirateur et son répétiteur lors de ses concerts de 1867 à Saint-Pétersbourg, lui attribue le titre de « premier musicien de l'Europe actuelle ».

4 [NdÉ] Pour Paris, il faut citer notamment *La Damnation de Faust*, interprétée très souvent aux Concerts Colonne (104e audition dès le début de 1900). À cette époque, seules les œuvres de Beethoven et de Mozart sont davantage jouées que celles de Berlioz par la Société des concerts du Conservatoire (voir Catherine Rudent et Danièle Pistone, *Berlioz hier et aujourd'hui*, Paris, L'Harmattan, 2003, p. 165).

5 [NdÉ] Tels les ouvrages de Georges de Massougnes (*Berlioz, son œuvre*, 1870), Edmond Hippeau (*Berlioz intime*, 1883 ; *Berlioz et son temps*, 1890), Adolphe Jullien (*Hector Berlioz, sa vie et ses œuvres*, 1888), Julien Tiersot (*Hector Berlioz et la société de son temps*, 1903), ainsi que de très nombreux articles (dont ceux de Jacques-Gabriel Prod'homme).

nuages dans cette âme et dans cette œuvre ; elles ne demandent point, pour être comprises, une initiation, comme Wagner : on est leur ami ou leur ennemi, tout d'abord ; et la première impression reste définitive.

C'est bien là le malheur, qu'on croie le connaître à si peu de frais. L'obscurité nuit moins à un grand artiste qu'une apparente clarté. Mieux vaut pour lui s'envelopper de voiles : car, s'il leur doit de rester longtemps incompris, du moins, quand on veut le comprendre, on se donne la peine de chercher le secret de sa pensée. On ne sait pas assez qu'il peut y avoir autant de profondeur et de complexité dans une œuvre au dessin net, au relief puissant, – oui, même parfois dans le clair génie d'un grand Italien de la Renaissance, que dans le demi-jour crépusculaire du Nord, et dans l'âme immense et trouble d'un Rembrandt.

Voici donc un premier malentendu. Mais il y en a bien d'autres, qui nous empêchent de comprendre Berlioz. Pour arriver à lui, il faut percer une muraille de préjugés, d'idées conventionnelles, de pédantisme, de snobisme intellectuel. En vérité, il faut secouer presque toute l'opinion qui a cours aujourd'hui, si l'on veut dégager l'œuvre de la poussière qui s'est accumulée sur elle depuis un demi-siècle.

Avant tout, il faut en finir avec le malentendu wagnérien, qui consiste, soit à opposer Berlioz à Wagner pour l'immoler à l'Odin[6] germanique, soit à les rapprocher de force, – les uns condamnant Berlioz au nom des théories de Wagner, les autres ne pouvant se résoudre à le sacrifier et cherchant à faire de lui un précurseur de Wagner, un frère aîné, dont le rôle fut de frayer la route, d'ébaucher l'œuvre, de préparer la grandeur d'un génie plus complet que le sien. – Rien n'est plus faux, et l'on ne comprendra jamais rien à Berlioz, si l'on ne commence par se libérer de l'hypnotisme de Bayreuth. Quoi que Wagner ait pu apprendre dans les ouvrages de Berlioz, il n'y a rien de commun entre eux, leur génie et leur art sont absolument opposés ; chacun a tracé son sillon dans un champ différent.

Le malentendu classique n'est pas moins dangereux. J'entends par là cette superstition du passé, et ce besoin pédantesque d'enfermer l'art dans des limites étroites, qui sévit parmi les critiques. Qui ne connaît cette espèce d'arbitres de la musique ! Ils vous diront avec une parfaite assurance

6 [NdÉ] Dieu de la mythologie nordique, dénommé Wotan dans l'univers mythique germanique ; père des dieux, époux de Fricka, père des Walkyries, de Siegmund et de Sieglinde, il joue un rôle central dans *L'Anneau du Nibelung* wagnérien.

jusqu'où peut aller la musique, et où elle s'arrête, ce qu'elle peut exprimer, ce qu'elle ne peut pas exprimer. Le plus souvent, ils ne sont même pas musiciens : n'importe ! Ne s'appuient-ils pas sur l'exemple du passé ? Le passé ! Une poignée d'œuvres qu'ils connaissent à peine. – Cependant, la musique, qui progresse sans cesse, donne à tout instant un démenti à leurs théories, et brise leurs fragiles barrières. Mais ils ne le voient pas, ils ne veulent pas le voir ; ils nient le mouvement, puisqu'ils ne marchent pas. Ils n'ont jamais admis, naturellement, la symphonie dramatique et descriptive de Berlioz. Comment auraient-ils pu comprendre l'évolution musicale la plus audacieuse du XIXe siècle ? Je les retrouverai plus loin, en étudiant *Roméo et Juliette.* Ces terribles pédants, zélés défenseurs d'un art qu'ils ne comprennent que mort, sont les pires ennemis d'un libre génie ; la masse des ignorants est moins funeste. Car, dans un pays comme le nôtre, où l'éducation musicale est faible, la timidité est grande en présence d'une forte tradition, que l'on ne comprend qu'à demi : qui a l'audace de s'en écarter est condamné sans jugement. Et je doute que Berlioz eût réussi à se relever chez nous de l'arrêt des classiques, s'il n'avait trouvé des alliés dans le pays classique de la musique : l'Allemagne, « l'oracle de Delphes », comme il l'appelait lui-même, « *Germania, alma parens*[7] ». Une partie de la jeune école allemande se réclame de Berlioz ; la symphonie dramatique, qu'il créa, fleurit, germanisée par Liszt[8], de l'autre côté du Rhin ; le plus illustre compositeur allemand, à l'heure actuelle, Richard Strauss, subit son influence[9] ; et Felix Weingartner, qui édite les œuvres complètes de Berlioz avec M. Charles Malherbe[10], a osé écrire : « En dépit de Wagner et de Liszt, nous ne serions pas où nous en sommes, si Berlioz

7 *Mémoires*, II, p. 149.

8 [NdÉ] Franz Liszt avait assisté à la création de la *Symphonie fantastique* de Berlioz en décembre 1830, devait réduire pour piano diverses partitions de ce compositeur et également diriger ses œuvres. La *Faust-Symphonie* (1854) et la *Dante-Symphonie* (1856) lisztiennes doivent incontestablement, par leur sujet comme par leur effectif et leur langage, beaucoup à l'influence de Berlioz.

9 [NdÉ] Du vivant de Berlioz, sa musique était davantage appréciée en Allemagne qu'en France (grâce en grande partie à l'action de Franz Liszt, *Kapellmeister* à Weimar). Quant aux poèmes symphoniques de Richard Strauss, ils portent effectivement la trace de l'art instrumental berliozien et ce compositeur devait en outre faire paraître chez Peters en 1905 une version allemande, révisée et augmentée, du *Traité d'instrumentation et d'orchestration moderne* de Berlioz (trad. fr. d'Ernest Closson, 1909).

10 [NdÉ] Charles Malherbe (1853-1911), compositeur et musicologue, archiviste-bibliothécaire de l'Opéra de Paris depuis 1899, travailla effectivement, avec le compositeur et chef d'orchestre Felix Weingartner (1863-1942), à réunir la première édition des œuvres

n'avait pas vécu[11] ». – Ce renfort imprévu, venant du pays de la tradition, a jeté le trouble parmi les partisans de la tradition classique, et rallié les amis de Berlioz.

Mais, ici, il y a un nouveau danger. S'il est naturel que l'Allemagne, plus musicienne que la France, se soit rendu compte, avant la France, de la grandeur et de l'originalité musicale de Berlioz, il est douteux qu'elle arrive à sentir parfaitement une âme aussi française. C'est peut-être à ce qu'il y a de plus extérieur en Berlioz, à son originalité purement formelle, que les Allemands sont le plus sensibles. Leurs préférences vont au *Requiem* plutôt qu'à *Roméo.* Un Richard Strauss s'attachera à telle œuvre presque insignifiante, comme l'*Ouverture du roi Lear;* un Weingartner donnera à la *Symphonie fantastique* et à *Harold* une importance exagérée dans l'ensemble de l'œuvre de Berlioz. Ils ne sentent pas ce qu'il a de plus intime. – Wagner disait, sur la tombe de Weber : « L'Angleterre te rend justice, la France t'admire, mais seule l'Allemagne peut *t'aimer* ; tu es sa chose, tu es un beau jour de son existence, une chaude goutte de son sang, une parcelle de son cœur[12]... ». Je reprendrai ses paroles pour Berlioz. Il est aussi malaisé à un Allemand d'aimer vraiment Berlioz qu'à un Français d'aimer pleinement Wagner ou Weber. Il faut donc bien se garder d'accepter sans contrôle les jugements des Allemands sur Berlioz; il y a là un nouveau malentendu qu'il ne faut pas laisser s'établir. – Admirateurs et adversaires de Berlioz nous empêchent également de le comprendre. Écartons-les.

Sommes-nous au bout de nos peines ? Pas encore. Le pire, c'est que Berlioz lui-même est le plus décevant des hommes, et que personne n'a plus contribué que lui à égarer l'opinion sur son compte. On sait combien il a écrit sur la musique, ou sur sa vie. On sait combien d'esprit il a dépensé dans ses alertes critiques, ou dans ses charmants *Mémoires*[13]. Il semblerait qu'un écrivain aussi habile, aussi brillant, aussi

---

complètes de Berlioz (Leipzig, Breikopf & Härtel, 1900-1909, 25 vol. ; repr. New York, Kalmus).

11 [NdÉ] La phrase, issue du feuilleton berliozien signé par Felix Weingartner dans l'*Allgemeine musikalische Zeitung* en 1903, est citée par Paul de Stoecklin dans sa « Lettre de Munich à Lucie », parue dans *Le Courrier musical* de janvier 1904, p. 94.

12 Richard Wagner, *Discours prononcé au dernier lieu de repos de Weber*, 1844. (trad. Camille Benoît.)

13 L'œuvre littéraire de Berlioz est très mêlée. Il ne serait pas difficile d'y trouver des passages ridicules, par leur exagération romantique, ou leur mauvais goût. Mais il avait un don naturel du style, et, surtout dans les écrits de la seconde moitié de sa vie, les pages

plein d'intelligence et de verve, habitué par son métier de critique à exprimer toutes les nuances de ses sentiments, dût nous renseigner plus exactement sur sa pensée artistique qu'un Beethoven ou même qu'un Mozart : il n'en est rien. De même que trop de clarté empêche souvent de voir, trop d'esprit empêche souvent de comprendre. L'intelligence de Berlioz se dépense en menue monnaie ; elle se brise en multiples facettes. Nulle part elle ne se concentre en un foyer lumineux, qui permette de voir au fond de lui. Il ne l'essaie même pas. Jamais il n'a su dominer sa vie et son œuvre. Jamais il ne l'a tenté. Il fut l'incarnation même du génie romantique : une force déchaînée, inconsciente du chemin qu'elle suit. Je n'aurai pas l'impertinence de dire que ce génie, si intelligent, ne se comprend pas lui-même ; mais constamment il ne se comprend plus. Il se laisse emporter au hasard[14], comme un de ces anciens pirates scandinaves, couchés au fond de leur barque et regardant le ciel ; il rêve, il gémit, il rit, il se livre à ses hallucinations passionnées. Sa vie sentimentale est aussi incertaine que sa vie artistique. Son œuvre musicale, comme son œuvre critique, se contredit, hésite et retourne en arrière. Il se trompe sur ses passions, il se trompe sur ses conceptions. Il est lyrique dans l'âme, et il s'évertue à écrire des opéras ; ses admirations oscillent de Gluck à Meyerbeer. Il a le génie populaire, et il méprise le peuple. Il est le plus audacieux révolutionnaire musical ; et il se laisse dérober la direction du mouvement musical par qui veut la prendre. Bien plus, il renie ce mouvement, il tourne le dos à l'avenir, il se rejette dans le passé : pour quelles raisons ? Il ne le sait, le plus souvent. Une passion, une rancune, un caprice, une blessure d'amour-propre, ont plus d'action sur lui que des raisons profondes. Il n'y a nulle unité en lui.

Mettez en regard de Berlioz Wagner, remué par des passions terribles, mais toujours maître de lui, gardant sa puissante raison à travers les orages de son cœur et du monde, à travers les tourmentes de l'amour et les révolutions politiques, profitant pour son art de toutes les expériences et des

vives, spirituelles ou touchantes, abondent ; il en est même de parfaitement belles. On a souvent cité la « procession des Rogations » dans les *Mémoires* (I, p. 245). Certains de ses textes poétiques, en particulier dans *L'Enfance du Christ*, et dans *Les Troyens*, sont d'une belle langue et d'un beau rythme. Ses *Mémoires* tout entiers sont un des plus beaux livres qui aient jamais été écrits par un artiste. Wagner fut un plus grand poète ; mais, comme prosateur, Berlioz lui est infiniment supérieur. – Voir une étude de M. Paul Morillot sur *Berlioz écrivain*, Grenoble, 1903.

14 « Le hasard, ce dieu inconnu, qui joue un si grand rôle – dans ma vie… » (*Mémoires*, II, p. 161.)

égarements même de sa vie, commençant par écrire la théorie de son œuvre, avant d'accomplir l'œuvre, et ne s'y lançant que lorsqu'il est sûr de ses pas, et qu'il voit clair devant lui. Et pensez à tout ce que la gloire de Wagner a dû à l'impérieux prestige de cette raison, exprimant sa volonté dans ses œuvres théoriques. C'est par ces œuvres que le roi de Bavière fut fasciné, avant de connaître la musique de Wagner. Elles ont été, pour bien d'autres, la clef de cette musique. Je me souviens d'avoir subi moi-même la domination de la pensée wagnérienne, quand l'art wagnérien me restait encore à demi obscur. Et lorsqu'il m'arrivait de ne pas bien comprendre une œuvre, ma confiance n'en était pas ébranlée. J'étais sûr qu'un génie dont la pensée souveraine m'avait convaincu ne pouvait se tromper, et que si sa musique m'échappait, c'était moi qui avais tort. Wagner a été véritablement son meilleur ami à lui-même, son plus solide champion, le guide qui vous conduit par la main au travers de la forêt touffue de son œuvre barbare et raffinée.

Or, non seulement ce secours vous manque chez Berlioz, mais Berlioz est le premier à vous égarer, à s'égarer avec vous. Pour pénétrer son génie, vous devez le saisir, non seulement sans son secours, mais presque malgré lui : car il se trahit constamment lui-même. – Et la raison, comme je vais tâcher de le montrer, c'est qu'il était un des génies les plus puissants qui aient jamais été en musique, au service du caractère le plus faible.

*

* *

Tout trompe en lui, jusqu'à son physique. Qui ne le voit d'après les portraits et l'image légendaire qu'on s'est faite de lui, comme un brun Méridional, aux cheveux très noirs, aux yeux ardents ? – Il était très blond, et il avait les yeux bleus[15]. « Des yeux enfoncés et perçants, qui parfois, dit Joseph d'Ortigue, se couvrent d'un voile de mélancolie et de langueur[16]. » Une crinière de cheveux, « un immense parapluie de cheveux, surplombant en auvent mobile au-dessus d'un bec d'oiseau de proie[17] ». Un large

15 « J'ai été blond », dit Berlioz à Bülow (*Correspondance inédite*, 1858). « Une forêt de longs cheveux roux », écrit-il dans ses *Mémoires* (I, p. 165). « Blond ardent », dit Reyer. – Pour la nuance des yeux, je m'appuie sur le témoignage de Mme Chapot, nièce de Berlioz. [NdÉ – Joséphine Suat-Chapot, nièce de Berlioz, fille de sa sœur Adèle.]

16 Joseph d'Ortigue, *Le Balcon de l'Opéra*, 1833. [NdÉ – Dans ce recueil d'articles, le chapitre intitulé « Musique instrumentale » est en partie consacré à Berlioz, p. 270-330.]

17 E. Legouvé, *Soixante ans de souvenirs* [Paris, Hetzel, 1886]. – Legouvé décrit ici Berlioz, tel qu'il le vit pour la première fois, en 1833.

front, déjà sillonné de rides à trente ans[18]. La bouche grande et fine, aux lèvres serrées, froncées au coin d'un pli sévère. Le menton saillant. Une voix assez grave[19]. « Une conversation inégale, brusque, brisée, emportée, quelquefois expansive, plus souvent retenue et rude[20]. » – De taille moyenne, svelte, bien proportionné, paraissant beaucoup plus grand assis[21]. Maigre, anguleux, toujours en mouvement, ayant gardé de son origine dauphinoise un goût d'alpiniste, une passion de marches, d'ascensions, de vagabondages, qu'il conserve jusqu'à soixante-cinq ans[22]. Une santé de fer, qu'il ruine avec ses privations et ses extravagances, ses courses sous la pluie, ses sommeils en plein air, et jusque dans la neige[23].

Dans ce corps de montagnard, robuste, sec, et endurant, une âme brûlante et débile, dont le sentiment le plus fort, le plus constant, le plus torturant, fut un besoin maladif de tendresse : – « L'inexorable besoin de tendresse qui me tue[24] »... Aimer, aimer, être aimé : il donnerait tout le reste pour cela. Mais son amour est celui d'un adolescent, incapable de voir l'être aimé comme il est, incapable de se voir soi-même. Rien

---

18 Joseph d'Ortigue, *op. cit.*

19 « Un médiocre baryton », dit Berlioz (*Mémoires*, I, 58) ; – en 1830, dans les rues de Paris, il chante « une partie de basse ». (*Mémoires*, I, p. 156). Dans son premier voyage d'Allemagne, le prince d'Hechingen lui fait chanter « la partie de violoncelle » d'une de ses compositions. (*Ibid.*, II, p. 32.)

20 Joseph d'Ortigue, *op. cit.*

21 Les meilleurs portraits de Berlioz semblent être la photographie de Pierre Petit, en 1863, qu'il envoya à Mme Estelle Fornier, et qui le représente accoudé, lassé, le front penché, regardant tristement à terre, – et la photographie qu'il a fait reproduire en tête de la première édition des *Mémoires* et où il est représenté assis, les mains dans ses poches, un peu rejeté en arrière, la tête droite, les yeux fixes et durs, l'expression énergique et sévère (1865). [NdÉ – Cette photographie est due à François-Marie-Louis-Alexandre Gobinet de Villecholle, connu sous le pseudonyme de Franck (1816-1906 – 18, rue Vivienne, Paris) ; viennent s'y ajouter en bas la troisième mesure du premier mouvement de la *Symphonie fantastique*, la signature de Berlioz et une date : avril 1865.]

22 Il va à pied de Naples à Rome, en ligne droite, par les montagnes. Il court, d'une traite, de Subiaco à Tivoli, etc.

23 Il y gagna de nombreuses bronchites, et de continuels maux de gorge, sans parler de la névrose intestinale dont il mourut. [NdÉ – Berlioz hérita sans doute de son père et de sa mère une maladie inflammatoire chronique du système digestif qui lui causait des douleurs aiguës, en dépit desquelles il se refusait à suivre un indispensable régime. En outre, il fit en mars 1868 à Monte-Carlo une chute et une congestion cérébrale après lesquelles il ne réussit pas à se reprendre durant l'année qui lui restait à vivre.]

24 À son ami Humbert Ferrand, 3 mars 1863. – « La musique et l'amour sont les deux ailes de l'âme », a-t-il dit dans ses *Mémoires.* [NdÉ – « L'amour ne peut pas donner une idée de la musique, la musique peut en donner une de l'amour... Pourquoi séparer l'un de l'autre ? Ce sont les deux ailes de l'âme. », antépénultième paragraphe des *Mémoires.*]

de l'énergique et lucide passion de l'homme instruit par la vie, qui voit l'objet de sa passion sans illusions, avec ses défauts, et au besoin ses vices, et qui l'aime pour son être même. Il aime l'amour, il aime des rêves, des fantômes sentimentaux ; il en est un lui-même. Jusqu'à son dernier jour, il reste « un pauvre enfant de douze ans, brisé par un amour au-dessus de ses forces[25] ». – Remarquez combien cet homme, qui vécut une vie si libre, avec de multiples aventures, a toujours exprimé chastement la passion. Quelle pureté virginale dans ses immortelles pages d'amour, les duos des *Troyens*, ou la « nuit sereine » de *Roméo et Juliette* ! Comparez cette tendresse virgilienne aux fureurs charnelles de Wagner ! – Est-ce à dire qu'il n'aima pas autant ? Sa vie ne fut qu'amour et torture d'amour ; et la phrase désolée de l'introduction de la *Symphonie fantastique*, dont M. Julien Tiersot, dans un beau livre récent[26], a pu identifier le thème avec une romance, composée à douze ans, quand Berlioz aimait une jeune fille de dix-huit ans, « aux grands yeux et aux brodequins roses », Estelle[27], *Stella montis*, *Stella matutina*[28], – cette phrase, une des plus poignantes qu'il ait jamais écrites, pourrait servir de devise à cette vie dévorée de tendresse et de mélancolie, condamnée à une solitude irrémédiable, à « cet arrachement du cœur, cet isolement affreux, ce monde vide, ces mille tortures qui circulent dans les veines avec un sang glacé, ce dégoût de vivre et cette impossibilité de mourir[29] ». Il a décrit lui-même avec une énergie et une précision singulières ce terrible « mal de *l'isolement* », dont il fut rongé toute sa vie[30]. Il est voué à souffrir, – ou, ce qui est pire, à faire souffrir.

25 *Ibid.*, I, p. 11.

26 Julien Tiersot, *Hector Berlioz et la société de son temps*, Paris, Hachette, 1903.

27 [NdÉ] Estelle Dubœuf (1797-1876), pour laquelle Berlioz éprouva une réelle passion dès 1815, épousa l'avocat Casimir Fornier en 1828. En 1864 le compositeur voulut la revoir et resta en correspondance avec elle jusqu'à sa mort.

28 « L'étoile de la montagne, l'étoile du matin », Hector Berlioz, *Mémoires*, I, p. 136.

29 *Ibid.*, I, p. 139.

30 « Je ne sais comment donner une idée de ce mal inexprimable… » (Suit une comparaison avec une expérience de physique) « … Le vide se fait autour de ma poitrine palpitante, et il me semble alors que mon cœur, sous l'aspiration d'une force irrésistible, s'évapore et tend à se dissoudre par expansion. Puis, la peau de tout mon corps devient douloureuse et brûlante ; je rougis de la tête aux pieds. Je suis tenté de crier, d'appeler à mon aide mes amis, les indifférents même, pour me consoler, pour me garder, me défendre, m'empêcher d'être détruit, pour retenir ma vie qui s'en va aux quatre points cardinaux. – On n'a pas d'idées de mort pendant ces crises ; non, la pensée du suicide n'est pas même supportable : on ne veut pas mourir, loin de là, on veut vivre, on le veut absolument, on

Qui ne connaît sa passion pour Henriette Smithson ? Lamentable histoire ! – Il s'éprend d'une actrice anglaise, qui joue Juliette. D'elle, ou de Juliette ? À peine l'a-t-il vue, que c'en est fait ; il s'écrie : « Ah ! je suis perdu ! » Il la veut, elle le repousse : il vit dans un délire de souffrance et de passion ; il erre, comme un fou, pendant des jours et des nuits, dans Paris et dans les plaines des environs, sans but, sans répit, sans repos, – jusqu'à ce que le sommeil le terrasse, n'importe où il se trouve, « une nuit sur des gerbes dans un champ près de Villejuif, un jour dans une prairie aux environs de Sceaux, une autre fois dans la neige, sur le bord de la Seine gelée, près de Neuilly ; ou sur une table du café Cardinal[31], où il dormit cinq heures, à l'effroi des garçons qui craignaient qu'il ne fût mort[32]. Cependant, on lui rapporte sur le compte d'Henriette d'absurdes calomnies : il n'hésite pas une minute à les croire. Aussitôt il la méprise, il la flétrit publiquement dans sa *Symphonie fantastique*, il fait hommage de cette œuvre de vengeance à Camille Moke, une pianiste, dont il s'est épris sur-le-champ[33]. Henriette reparaît ; elle a vieilli, elle est devenue presque impotente, elle est endettée, son astre décline : à l'instant, la passion de Berlioz se rallume. Cette fois, Henriette accueille ses avances : il rajuste son injurieuse *Symphonie* pour la lui offrir, comme un hommage d'amour ; il la conquiert, il l'épouse, avec 14 000 francs

voudrait même donner à sa vie mille fois plus d'énergie ; c'est une aptitude prodigieuse au bonheur, qui s'exaspère de rester sans application, et qui ne peut se satisfaire qu'au moyen de jouissances immenses, en rapport avec l'incalculable surabondance de sensibilité dont on est pourvu. Cet état n'est pas le spleen, mais il l'amène plus tard… Le spleen, c'est la congélation de tout cela, le bloc de glace. – Même à l'état calme, je sens toujours un peu d'*isolement* les dimanches d'été, parce que nos villes sont inactives ces jours-là, parce que chacun sort, va à la campagne ; parce qu'on est *joyeux au loin*, parce qu'on est *absent*. Les adagios des symphonies de Beethoven, certaines scènes d'*Alceste* et d'*Armide* de Gluck, un air de son opéra italien de *Telemacco*, les Champs-Élysées de son *Orphée*, font naître aussi d'assez violents accès de la même souffrance ; mais ces chefs-d'œuvre portent avec eux leur contre-poison : ils font déborder les larmes, et on est soulagé. Les adagios de quelques-unes des sonates de Beethoven, et l'*Iphigénie en Tauride* de Gluck, au contraire, appartiennent entièrement au spleen et le provoquent ; il fait froid là-dedans, l'air y est sombre, le ciel gris de nuages, le vent du nord y gémit sourdement… » (*Mémoires*, I, p. 246 et suiv.)

31 [NdÉ] Situé à l'angle de la rue de Richelieu et du boulevard des Italiens (alors en face du célèbre Frascati), ce café est l'un des plus anciens de Paris ; il existe encore de nos jours.

32 *Mémoires*, I. p. 98.

33 [NdÉ] La pianiste Marie dite Camille Moke (1811-1865) suscita effectivement l'amour de Berlioz en 1830 et, après maintes difficultés, lui fut promise en mariage ; mais, alors que le compositeur séjournait à Rome, elle épousa en 1831 Camille Pleyel, le célèbre facteur de pianos, suscitant la fureur du fiancé trahi (voir le chap. 34 de ses *Mémoires*).

de dettes. Il tient enfin son rêve, la Juliette, l'Ophélie. Qui est-elle ? Une douce Anglaise, froide, loyale, raisonnable, qui n'a rien compris à sa passion, mais qui, dès le moment qu'elle est devenue sa femme, l'aime honnêtement, jalousement, et prétend l'enfermer dans l'étroit horizon de sa vie domestique. Dès lors, il ne l'aime plus. Il s'éprend d'une actrice espagnole. (Toujours des actrices, des virtuoses, des rôles !) Il abandonne la pauvre Ophélie, et part avec Marie Recio[34], l'Inès de la *Favorite*, le page du *Comte Ory*, une femme avisée, pratique, sèche, une médiocre chanteuse, qui a la rage de chanter. L'intransigeant Berlioz est forcé de flatter les directeurs de théâtre pour lui procurer des rôles, d'écrire des feuilletons mensongers pour louer son talent, de lui laisser chanter faux, dans les concerts qu'il dirige, ses propres mélodies[35] ! Ce serait tristement risible, si cette faiblesse de caractère ne l'amenait à des choses tragiques.

Ainsi, celle qu'il aima, celle qui l'aime toujours, reste seule, sans amis, dans ce Paris où elle est une étrangère ; elle se consume lentement, elle meurt dans le silence, alitée, paralysée, ne pouvant plus parler, durant une agonie de huit ans. Il en souffre : car il l'aime encore, il est déchiré de pitié, – « la pitié, le sentiment qui fut toujours pour moi le plus difficile à supporter[36] ». Mais à quoi sert cette inutile pitié ? Il n'en laisse pas moins Henriette[37] souffrir seule et mourir. Il a fait plus. Il a laissé sa maîtresse, l'odieuse Recio, faire à la pauvre Smithson cette scène atroce, que rapporte Legouvé[38]. Et Recio la lui raconte, elle s'en vante à Berlioz. Et il l'accepte. – « Que voulez-vous ? Je l'aime ! »

34 [NdÉ] La mezzo-soprano Marie-Geneviève Martin dite Marie Recio (1814-1862) fit ses débuts à l'Opéra de Paris en 1841 et devint après la mort d'Harriet (1854) la seconde épouse de Berlioz. Elle avait effectivement tenu ces rôles dans *La Favorite* de Donizetti et *Le Comte Ory* de Rossini.

35 « Voyons, dit-il à Legouvé, n'est-ce pas vraiment diabolique, c'est-à-dire tout à la fois tragique et grotesque ! Je dis que je mériterais d'aller en enfer… Mais j'y suis. » [NdÉ – Ernest Legouvé, *Soixante ans de souvenirs*, *op. cit.*, vol. 1, chap. IX.]

36 *Mémoires*, II, p. 335. – Voir les pages déchirantes qu'il écrit sur la mort d'Henriette Smithson.

37 [NdÉ] Il s'agit toujours d'Harriet Smithson (1800-1854), l'actrice irlandaise que Berlioz épousa en premières noces (le 3 octobre 1833) contre la volonté de ses parents et après leur avoir adressé les trois sommations respectueuses d'usage.

38 Un jour, Henriette, retirée à Montmartre, entend sonner et va ouvrir : « Mme Berlioz, s'il vous plaît, madame ? – C'est moi, madame. – Vous vous trompez, je vous demande Mme Berlioz. – C'est moi, madame, vous dis-je ! – Non, ce n'est pas vous ! Vous me parlez, vous, de la vieille Mme Berlioz, de la délaissée ! Moi, je vous parle de la jeune, de la jolie, de la préférée ! Hé bien, celle-là, c'est moi ! » – Et elle sort, fermant brusquement

Il faudrait être dur pour un tel homme, si l'on n'était désarmé par sa souffrance. – Passons. J'aurais voulu laisser de côté ces traits ; mais je n'en ai pas le droit : il faut montrer l'incroyable faiblesse de ce caractère d'homme. – D'homme ? Non pas : de femme sans volonté, et livrée à ses nerfs[39].

*

* *

De tels êtres sont destinés au malheur. Quoi qu'ils puissent faire souffrir, on peut être sûr qu'ils se font souffrir mille fois davantage : ils ont un don qui leur est propre d'attirer, de recueillir, de savourer la douleur ; ils n'en perdent pas une goutte. La vie se chargea d'en abreuver Berlioz ; elle fut si dure, qu'il serait inique d'y ajouter la sévérité un peu hypocrite de l'histoire.

On a beaucoup chicané sur ses plaintes continuelles. Moi-même j'y trouvais naguère un manque de virilité, presque de dignité. Il semble que Berlioz ait eu bien moins de raisons extérieures d'être malheureux, que – je ne dis pas Beethoven – mais que Wagner, et bien d'autres, – mais

---

la porte. – Legouvé dit à Berlioz : « Qui vous a raconté cette action abominable ? Celle qui l'a faite sans doute ? Elle s'en est vantée, j'en suis sûr ? Et vous ne l'avez pas jetée à la porte ? – Comment l'aurais-je pu ? répond Berlioz d'une voix brisée ; je l'aime ! » (*Soixante ans de souvenir*). [NdÉ – Ernest Legouvé (1807-1903), littérateur qui connaît Berlioz depuis 1833, considère ce compositeur comme un initiateur de valeur et reste en relation avec lui jusqu'à la fin de sa vie.]

39 D'une femme encore, ce besoin de vengeance, « superflu, qui lui est si nécessaire », comme il dit à son ami Hiller, et qui, après lui avoir fait écrire la *Symphonie Fantastique* contre Henriette Smithson, lui fait écrire cette méchante fantaisie d'*Euphonia* contre Camille Moke, devenue Mme Pleyel. On serait aussi tenté de relever la difficulté qu'il a à ne pas enjoliver ou altérer la vérité, dans tout ce qu'il raconte, si ce n'était le fait de son imagination spirituelle et passionnée, beaucoup plus que de sa volonté, que je crois très loyale. L'anecdote de son ami Crispino, le jeune paysan de Tivoli, en est un exemple caractéristique. Berlioz écrit dans ses *Mémoires* (I, p. 229) : « Je lui avais fait présent de deux chemises, d'un pantalon et de trois superbes coups de pied au derrière un jour qu'il me manquait de respect. » Et, en note, il ajoute : « Ceci est un mensonge, et résulte de la tendance qu'ont toujours les artistes à écrire des phrases qu'ils croient à effet. Je n'ai jamais donné de coups de pied à Crispino. » Mais il se garde bien d'effacer sa phrase. Toutes ses petites hâbleries n'ont pas plus d'importance ; elles ne sont pas faites pour tromper les autres, mais pour s'amuser soi-même. On a beaucoup exagéré les erreurs des *Mémoires.* Et, d'ailleurs, Berlioz a été le premier à avertir, dans sa préface, qu'« il ne dirait que ce qu'il lui plairait de dire », et qu'« il n'écrivait pas là ses *Confessions* » [*Mémoires*, I, p. 350]. Qui songerait à le lui reprocher ?

que presque tous les grands hommes, passés, présents et futurs. À trente-cinq ans, il avait la gloire, et Paganini[40] proclamait en lui l'héritier de Beethoven. Que voulait-il de plus ? Il était discuté par la foule, dénigré par un Scudo[41] et un Adolphe Adam[42], le théâtre s'ouvrait difficilement à lui : la belle affaire !

Mais un examen attentif des faits, comme celui auquel s'est livré M. Julien Tiersot, montre quelles furent la dureté et la médiocrité étouffante de cette vie. Les soucis matériels d'abord : à trente-six ans, « l'héritier de Beethoven » a des appointements fixes de 1 500 francs, comme conservateur-adjoint à la Bibliothèque du Conservatoire, à peu près autant pour ses feuilletons des *Débats*, qui l'exaspèrent et l'humilient, – cette besogne qui fut une des croix de sa vie, par la contrainte qui lui était imposée de ne pas dire la vérité[43]. Au total, 3 000 francs, tristement gagnés, avec lesquels il fait vivre un enfant et une femme, – « même deux », comme dit M. Tiersot. – Il essaie de donner un festival à l'Opéra : résultat, 360 francs de déficit. Il organise un festival à l'Exposition de 1844 : on fait 32 000 francs de recette, il gagne 800 francs. Il donne *La Damnation de Faust* : personne ne vient, il est ruiné. La Russie le sauve[44] ; mais l'imprésario qui l'emmène en Angleterre fait faillite[45]. Il est hanté par l'idée du loyer à payer, des notes

40 [NdÉ] Niccolò Paganini (1782-1840), le célèbre violoniste compositeur, avait assisté à Paris à la création de *Lélio* (monodrame lyrique suivant la *Symphonie fantastique*), le 9 décembre 1832, à Paris, salle du Conservatoire. En janvier 1834, il était venu le voir pour lui commander une œuvre avec alto solo (voir les *Mémoires* de Berlioz, chap. 45) ; ce sera *Harold en Italie*, créé en novembre 1834 à Paris avec l'altiste Chrétien Urhan. Paganini entendra cette symphonie en décembre 1838 et fera alors remettre 20 000 francs à Berlioz en signe d'admiration et de reconnaissance.

41 [NdÉ] Paul Scudo (1806-1864), compositeur et critique, grand amateur de musique italienne, fort hostile à Berlioz comme à Wagner : *L'Enfance du Christ* lui apparaît comme un « chaos indescriptible ». Dans le petit ouvrage qu'il consacre à Berlioz en 1870, Georges de Massougnes intitule un chapitre « Scudo et la critique », lesquels accusent les partitions berlioziennes de manquer de mélodie.

42 [NdÉ] Adolphe Adam (1803-1856) et Berlioz n'avaient pas les mêmes goûts musicaux : le second méprisait l'opéra-comique et le premier traitait les œuvres berlioziennes de « charivari » (*cf.* Adolphe Adam, « Lettres sur la musique française, 1836-1850 », *La Revue de Paris*, août-octobre 1903 ; repr. Genève, Minkoff, 1996).

43 *Mémoires*, II, p. 158 et suiv. La douleur poignante de ce chapitre sera sentie de tout artiste.

44 [NdÉ] Lors d'une tournée à Saint-Pétersbourg et Moscou, qui lui fut financièrement très profitable, de février à juin 1847.

45 [NdÉ] Il s'agit du Français Louis Antoine Julien, dit Jullien (1812-1860), installé à Londres, qui lui confie le poste de chef d'orchestre au théâtre de Drury Lane à partir du 1er décembre 1847, mais fait faillite en avril suivant.

de médecin. Vers la fin de sa vie, sa situation pécuniaire s'arrange un peu, et, un an avant sa mort, il dira ce mot affreux : « Je souffre tant ! Je voudrais ne pas mourir maintenant, j'ai de quoi vivre ! »

Mais l'épisode le plus tragique est celui de la symphonie qu'il se refuse à écrire, à cause de sa misère. Je m'étonne que cette page, qui termine ses *Mémoires*, ne soit pas plus connue. On y touche au fond de la douleur humaine.

Au moment où la santé de sa femme lui causait le plus de dépenses, une nuit, il lui vint l'idée d'une symphonie. Il avait dans la tête tout le premier morceau : un allegro en deux temps, en *la* mineur. Il se leva et allait l'écrire, quand il pensa :

> Si je commence ce morceau, j'écrirai toute la symphonie ; elle sera considérable ; j'y passerai trois ou quatre mois, exclusivement. Je ne ferai plus de feuilletons, je ne gagnerai donc plus rien. Puis, quand ce sera fini, je ne pourrai résister à la tentation de la faire copier (soit 1 000 à 1 200 francs de dépenses), puis de la faire entendre. Je donnerai un concert dont la recette couvrira à peine la moitié des frais. Je perdrai ce que je n'ai pas ; je manquerai du nécessaire pour la pauvre malade, et je n'aurai plus ni de quoi faire face à mes dépenses personnelles, ni de quoi payer la pension de mon fils sur le vaisseau où il doit monter prochainement... Ces idées me donnèrent le frisson, et je jetai ma plume, en me disant : « Bah ! Demain j'aurai oublié la symphonie ! » La nuit suivante, j'entendais clairement l'allegro ; il me semblait le voir écrit. J'étais plein d'une agitation fiévreuse, je chantais le thème, j'allais me lever... mais les réflexions de la veille me retinrent encore, je me raidis contre la tentation, je me cramponnai à l'espoir d'oublier. Enfin, je me rendormis, et le lendemain, au réveil, tout souvenir, en effet, avait disparu pour jamais[46]...

Cette page fait trembler. Un suicide est moins lamentable. Ni Beethoven, ni Wagner, n'ont souffert une pareille agonie. – Qu'aurait fait Wagner en pareille occasion ? Il eût écrit, sans doute, – et il aurait eu raison. – Mais le pauvre Berlioz, qui était assez faible pour sacrifier son devoir à l'amour, était, hélas ! assez héroïque pour sacrifier son génie au devoir[47].

46 *Mémoires*, II, p. 349 et suiv.

47 Il a répondu d'avance au reproche qu'on pouvait lui faire, dans une page déchirante, qui fait suite au récit que j'ai cité : « Lâche !, va dire quelque jeune fanatique, il fallait oser ! Il fallait écrire !... Ah ! jeune homme qui me traites de lâche, tu n'as pas subi le spectacle que j'avais alors sous les yeux, sans quoi tu serais moins sévère... Ma femme était là, à demi-morte, ne pouvant plus que gémir ; il lui fallait trois femmes pour la soigner ; le médecin devait lui faire presque chaque jour une visite ; j'étais sûr du désastreux résultat de mon entreprise musicale... Non, je n'étais pas lâche, j'ai la conscience d'avoir été

À côté de cette misère matérielle, la tristesse d'être incompris. – On parle de la gloire qu'il avait ! Que pensaient de lui ses pairs, – ceux du moins que l'on nommait ainsi ? Il sait que Mendelssohn, qu'il estime, qu'il aime, et qui se dit son « bon ami », le méprise et le nie[48]. Le généreux Schumann, qui est, avec Liszt[49], le seul qui ait eu l'intuition de sa grandeur, se demande parfois s'il faut le regarder « comme un génie ou comme un aventurier de la musique[50] ». Wagner, qui juge dédaigneusement ses symphonies, avant de les avoir lues[51], Wagner, qui certainement a compris son génie, et qui volontairement l'a nié, se jette dans les bras de Berlioz, quand il le rencontre à Londres en 1855 ; « il l'embrasse avec fureur, pleure, trépigne ; et, à peine est-il parti, que le *Musical World* publie les passages de son livre (*Oper und Drama*), où il éreinte Berlioz de la façon la plus blessante[52]. » En France, le jeune Gounod, *doli fabricator Epeus*[53], comme l'appelle Berlioz, lui prodigue des paroles flatteuses, mais passe son temps à reprendre les sujets qu'il traite[54], ou à le supplanter au théâtre. À l'Opéra, on préfère à Berlioz un prince Poniatowski[55]. À

seulement humain ; et je crois honorer l'art, en prouvant qu'il m'a laissé assez de raison pour distinguer le courage de la férocité. » (*Mémoires*, II, p. 350-351.)

48 En note du passage des *Mémoires* où Berlioz publie une lettre de Mendelssohn protestant de sa « bonne amitié », il écrit ces lignes amères : « Je viens de voir, dans le volume des lettres de Mendelssohn, en quoi consistait son amitié pour moi. Il dit à sa mère en me désignant clairement : "*** est une vraie caricature, sans une étincelle de talent… J'ai parfois des envies de le dévorer." » (*Mémoires*, II, p. 48) – Berlioz ne dit pas que Mendelssohn ajoute : « On prétend que Berlioz poursuit un but élevé dans l'art. Ce n'est pas mon avis. Ce qu'il veut, c'est se marier ! » – Mot outrageant, dont l'injustice révoltera tous ceux qui se souviendront que lorsque Berlioz épousa Henriette Smithson, elle lui apportait, pour toute dot, ses dettes, et qu'il ne possédait alors que 300 francs, qu'un ami lui avait prêtés. [NdÉ – Cette dernière phrase ne figure pas dans l'article originel de *La Revue de Paris*.]

49 Liszt, qui l'a renié plus tard.

50 Article sur l'*Ouverture de Waverley* (*Neue Zeitschrift für Musik*). [NdÉ – en juin 1836.]

51 Wagner, qui critique Berlioz, depuis 1840, et qui publie, dans son *Oper und Drama* de 1851, une étude détaillée sur ses œuvres, écrit en 1855 à Liszt : « J'avoue que cela m'intéresserait beaucoup de connaître les symphonies de Berlioz, et de les voir dans la partition même. Si tu les possèdes, veux-tu me les prêter ? » (3 octobre 1855.)

52 Voir la lettre de Berlioz, citée par J. Tiersot, *op. cit.*, p. 27.

53 [NdÉ] « Épeus qui construisit la perfide machine » (Virgile, *Énéide*, Livre II). Il s'agit du héros qui construisit l'énorme cheval de bois qui permit aux Grecs de s'emparer de la ville de Troie.

54 *Roméo, Faust, La Nonne sanglante.*

55 [NdÉ] *Au travers du mur* du prince Poniatowski, compositeur amateur, est repris à l'Opéra de Paris en 1861, et Berlioz ira l'écouter (voir son compte rendu du 12 novembre dans *Le Journal des débats*), alors que ses *Troyens* n'ont pu être programmés dans ce théâtre. Les deux musiciens se connaissaient bien.

l'Académie, il se présente trois fois[56], battu une première fois par Onslow, une seconde par Clapisson ; à la troisième, il ne réussit qu'à une voix de majorité contre Panseron, Vogel, Leborne, etc., etc., et, comme toujours, Gounod. – Il meurt, avant d'avoir vu apprécier en France *La Damnation de Faust*, l'œuvre la plus extraordinaire de la musique française. – On la siffle ?… Non pas. « On reste indifférent », c'est Berlioz qui le dit. Elle passe inaperçue ! – Il meurt, avant d'avoir vu jouer, dans leur intégrité, *Les Troyens*, l'œuvre la plus noble du théâtre lyrique français, depuis Gluck[57]… Mais de quoi m'étonné-je ? Pour les entendre aujourd'hui, ne faut-il pas toujours aller en Allemagne ? Et quand l'œuvre dramatique de Berlioz a trouvé, grâce à Mottl[58], à Karlsruhe, puis à Munich, son Bayreuth, quand le merveilleux *Benvenuto Cellini* est joué dans vingt villes d'Allemagne[59], et regardé comme un chef-d'œuvre par Weingartner ou Richard Strauss, quel est le directeur de théâtre français qui songe seulement à le monter ?

---

56 [NdÉ] Berlioz a envoyé en fait plusieurs lettres de candidature à l'Institut : dès 1839, lors du décès de Paër, lorsque Spontini fut élu ; en 1842, lorsque le fauteuil de Cherubini fut vacant, mais celui-ci fut attribué à Onslow ; en 1851, après la disparition de Spontini, auquel Ambroise Thomas succéda ; en 1853, à la mort d'Onslow, où la lettre de Berlioz arriva trop tard et où Reber l'emporta ; en 1854, lorsqu'Halévy fut nommé secrétaire perpétuel et que Clapisson fut choisi ; et, en 1856, après le décès d'Adolphe Adam, où Berlioz fut élu à l'Académie des Beaux-Arts au quatrième tour de scrutin avec 19 voix, contre 6 à Niedermeyer, 6 à Gounod, 4 à Félicien David et 2 à Panseron.

57 Je me contente de signaler ici un autre fait, que j'examine dans un autre article, à la fin de ce volume : c'est l'affaiblissement du goût musical en France, et, je croirais volontiers, dans toute l'Europe, depuis 1835 ou 1840. On le voit dans les *Mémoires* de Berlioz : « Depuis la première exécution de *Roméo et Juliette*, l'indifférence du public parisien, pour tout ce qui concerne les arts et la littérature, avait fait des progrès incroyables. » (*Mémoires*, II, p. 263) Comparez les cris d'enthousiasme et les larmes qu'arrachent aux dilettantes de 1830 les représentations des opéras italiens, ou des œuvres de Gluck (*Mémoires*, I, p. 81 et suiv.) à la froideur qui pénètre le public, entre 1840 et 1870. C'est un manteau de glace qui s'étend sur l'art. Combien Berlioz dut en souffrir ! En Allemagne, la grande génération romantique est morte. Le seul Wagner personnifie la musique, et draine tout ce qui reste d'enthousiasme et d'amour pour la musique, en Europe. Il devient impossible à tout autre de vivre. Berlioz meurt vraiment d'asphyxie.

58 [NdÉ] Felix Mottl (1856-1911), compositeur autrichien et grand chef d'orchestre wagnérien, directeur de l'opéra de Karlsruhe (1880-1903), puis de Munich, souvent invité à Bayreuth. Il fut néanmoins l'un des partisans les plus actifs de Berlioz dont il dirigea souvent les œuvres.

59 Voici, à titre documentaire, la liste des villes où a été joué *Benvenuto* depuis 1879. (Je dois ces renseignements à l'obligeance de M. Victor Chapot, petit-neveu de Berlioz). Ce sont, par ordre alphabétique : Berlin, Brême, Brunswick, Dresde, Francfort-sur-Main, Fribourg-en-Brisgau, Hambourg, Hanovre, Karlsruhe, Leipzig, Mannheim, Metz, Munich, Prague, Schwerin, Stettin, Strasbourg, Stuttgart, Vienne, Weimar.

Mais tout cela n'est rien encore. Qu'est-ce que l'amertume de l'insuccès, auprès de la vraie douleur : la Mort ? – Berlioz voit mourir, l'un après l'autre, tous ceux qu'il aime : son père, sa mère, ses sœurs, Henriette Smithson, Marie Recio. Son fils lui reste : Louis Berlioz, capitaine au long cours, un garçon à l'esprit généreux, mais faible, inquiet, mélancolique et troublé, comme lui. – « Il a le malheur de me ressembler en tout. Nous nous aimons comme deux jumeaux[60]. » – « Ah ! mon pauvre Louis ! lui écrit-il, si je ne t'avais pas !... » – Quelques mois après, il apprend que le pauvre Louis est mort dans les mers lointaines[61].

Il est seul[62]. Plus de voix amie ; il n'entend plus que « l'affreux duo chanté à son oreille, pendant l'activité des jours, et au milieu du silence des nuits, par l'isolement et l'ennui[63] ». Il est rongé par la maladie. En 1856, à Weimar, à la suite d'un excès de fatigue, il a pris une névrose intestinale. Elle commence par un malaise incroyable : il dort dans les rues. Il souffre constamment. Il est comme « un arbre sans feuilles et ruisselant de pluie ». À partir de 1861, la maladie est à l'état aigu. Il a des crises de trente heures, pendant lesquelles il se tord de douleur dans son lit. « Je vis au milieu de mes douleurs physiques, et écrasé d'ennui. La mort est bien lente[64] ! »

Et le pire de tout : au sein de ses misères, rien ne peut le soutenir. Il ne croit à rien, à rien.

Il ne croit pas en Dieu, il ne croit pas à l'immortalité :

> Je n'ai pas la foi[65]... J'ai pris en haine la philosophie et tout ce qui lui ressemble, philosophie religieuse ou non[66]... Je suis aussi incapable de faire

---

60 *Mémoires*, II, p. 420.

61 [NdÉ] Louis Berlioz mourut effectivement de la fièvre jaune à La Havane, le 5 juin 1867 ; mais son père ne l'apprit, par hasard, que le 29 juin suivant.

62 [Note de l'auteur, absente de *La Revue de Paris*] « Je ne sais comment Berlioz s'y est pris pour s'isoler de la sorte. Il n'a ni amis, ni partisans, ni le grand soleil, du public, ni la douce ombre de l'intimité. » (Liszt à la princesse de Wittgenstein, 16 mai 1861.)

63 Lettre à Bennet. – « Je m'ennuie !... Je m'ennuie !... » Combien de fois cette triste plainte revient dans ses lettres de la fin ! – « Je sens que je vais mourir... Je m'ennuie d'une façon exorbitante. » (21 août 1868, – six mois avant sa mort). [NdÉ – Cette citation est absente dans l'article de *La Revue de Paris*.]

64 Lettre à Asger Hamerik, fin 1865. [NdÉ – Asger Hamerik (1843-1923. Compositeur et chef d'orchestre danois.]

65 Lettre à la princesse de Wittgenstein, 22 juillet 1862.

66 *Ibid.*, 21 septembre 1862.

une médecine de la foi, que d'avoir foi en la médecine[67]... Dieu est stupide et atroce dans son indifférence infinie[68].

Il ne croit pas à la gloire, il ne croit pas aux hommes, il ne croit pas au beau, il ne croit pas à lui-même :

Tout passe, l'espace et le temps absorbent beauté, jeunesse, amour, gloire et génie ; la vie humaine n'est rien, la mort pas davantage ; les mondes eux-mêmes naissent et meurent comme nous, tout n'est rien... Oui ! Oui ! Oui ! Tout n'est rien ! Tout n'est rien ! Aimez ou haïssez, jouissez ou souffrez, admirez ou insultez, vivez ou mourez, qu'importe tout ! Il n'y a ni grand, ni petit, ni beau, ni laid : l'infini est indifférent, l'indifférence est infinie[69]... Je suis las, et obligé de reconnaître que les absurdités sont nécessaires à l'esprit humain, et naissent de lui, comme les insectes naissent des marécages[70]... Vous me faites rire avec ces vieux mots de mission à remplir ! Quel missionnaire ! Mais il y a en moi une mécanique inexplicable, qui fonctionne malgré tous les raisonnements, et je la laisse faire, parce que je ne puis l'empêcher de fonctionner. Ce qui me dégoûte le plus, c'est la certitude où je suis de la non-existence du beau pour l'incalculable majorité des singes humains[71]... L'énigme insoluble du monde, l'existence du mal et de la douleur, la folie furieuse de la race humaine, sa stupide férocité qu'elle assouvit à toute heure et en tous lieux sur les êtres les plus inoffensifs et sur elle-même, m'ont réduit à l'état de résignation morne et désespérée du scorpion entouré de charbons ardents. Tout ce que je puis faire, c'est de ne pas me percer de mon dard[72]... – Je suis dans ma soixante et unième année, je n'ai plus ni espoirs, ni illusions, ni vastes pensées, je suis seul, mon mépris pour l'imbécillité et l'improbité des hommes, ma haine pour leur atroce férocité, sont à leur comble, et à toute heure, je dis à la mort : « Quand tu voudras ! » Qu'attend-elle donc[73] ?

Et cette mort qu'il implore, il en a peur. C'est le sentiment le plus fort, le plus âpre, le plus vrai qu'il y ait en lui. Aucun musicien, depuis le vieux Roland de Lassus, ne l'a jamais éprouvé avec cette intensité. Rappelez-vous l'insomnie d'Hérode dans *L'Enfance du Christ*, ou le second monologue de Faust, ou les angoisses de Cassandre, ou l'enterrement de Juliette : partout

67 *Ibid.*, août 1864.

68 *Mémoires*, II, p. 335. Il scandalise par son irréligion Mendelssohn et Wagner lui-même. (Voir la lettre de Berlioz à Wagner, du 10 septembre 1855.)

69 *Les Grotesques de la Musique*, p. 295-296.

70 Lettre à l'abbé Girod, voir Hippeau, *Berlioz intime*, p. 434.

71 Lettre à Bennet, *ibid.* – Il ne croit pas à la patrie. « Patriotisme ! Fétichisme ! Crétinisme ! » (*Mémoires*, II, p. 261)

72 À la princesse de Wittgenstein, 22 juillet 1862.

73 *Mémoires*, II, p. 391-392.

vous retrouverez ce souffle terrible du néant. Le malheureux homme en était ravagé. Les lettres publiées par M. Julien Tiersot attestent cette hantise :

> Ma promenade favorite, surtout quand il pleut, quand le ciel pleure à flots, est le cimetière Montmartre, voisin de ma demeure. J'y vais souvent, j'y ai beaucoup de relations… Avant-hier, j'ai passé deux heures au cimetière, j'y avais trouvé un siège très confortable sur une tombe somptueuse, et je m'y suis endormi… Paris est pour moi un cimetière, ses pavés sont pour moi des pierres tumulaires. Partout je trouve des souvenirs d'amis ou d'ennemis qui sont morts… Je ne fais rien que supporter mes incessantes douleurs et mon insondable ennui. Je me demande nuit et jour si je mourrai avec de grandes douleurs, ou avec peu de douleurs ; car quant à mourir sans douleur, je ne suis pas assez fou pour l'espérer… Pourquoi ne sommes-nous pas encore morts[74] ?

Sa musique est aussi claire que ces lugubres paroles, et plus terrible encore, plus morne : elle souffle la mort[75]. Contraste poignant : une âme ivre de vie, et minée par la mort. C'est ce qui fait le terrible sérieux et le tragique de cette vie. Wagner, rencontrant Berlioz, pousse un soupir de soulagement : il a enfin trouvé un homme plus malheureux que lui[76]…

Alors, au seuil de la mort, seul, il se tourne avec désespoir vers l'unique lumière qui lui reste, *Stella montis*, le souvenir de son amour d'enfance, Estelle, maintenant vieille, grand'mère, flétrie par l'âge et par les deuils. Il fait le pèlerinage de Meylan, près de Grenoble, pour la revoir. Il a soixante et un ans, elle en a près de soixante-dix. « Le passé ! Le passé ! Le temps !… Jamais ! Jamais[77] ! ».

Et pourtant, il veut l'aimer, il l'aime d'un amour éperdu. – Oh ! Que cela est douloureux ! Que l'on a peu envie de sourire, quand on lit au fond de ce cœur désolé !

Croyez-vous qu'il ne voie pas, aussi bien que vous, les rides, le visage d'aïeule, la froideur, « la triste raison » de celle qu'il idéalise ? Songez qu'il est le plus ironique des hommes. Mais il ne veut pas voir. Il veut se raccrocher à quelque tendresse, pour vivre, dans le désert de ce monde :

---

74 Lettres à la princesse de Wittgenstein, du 22 janvier 1859, du 30 août 1864, du 13 juillet 1866, – et à A. Morel, du 21 août 1864.

75 [Note de l'auteur, absente de l'article de *La Revue de Paris*] « … Qui viderit illas / De lacrymas foscas sentiet esse meis », écrit-il, comme devise à ses *Tristes* [*Tristia*] de 1854. [NdÉ – Ce titre et cette citation sont empruntés à un recueil de poèmes d'Ovide : « Celui qui les verra y reconnaîtra l'effet de mes larmes » (*Tristia*, livre premier, Élégie 1).]

76 « Chacun reconnut tout à coup dans l'autre un compagnon d'infortune, et je me trouvai plus heureux que Berlioz. » (Wagner à Liszt, 5 juillet 1855.)

77 *Mémoires*, II, p. 396.

> Il n'y a rien de réel dans le monde que ce qui se passe là, dans le cœur… J'ai concentré ma vie dans l'obscur petit village où elle vit. Je ne supporte l'existence qu'en me disant : « Cet automne, j'irai passer un mois auprès d'elle. » Je mourrais dans cet enfer de Paris, si elle ne m'avait pas permis de lui écrire, et si de temps en temps il ne m'arrivait quelques lettres d'elle.

Ainsi dit-il à Legouvé ; et il s'assied sur une borne, dans une rue de Paris, et pleure. – Cependant, la vieille femme ne comprend pas cette folie, elle la tolère à peine, elle cherche à le désabuser.

> Il faut abandonner, avec les cheveux blancs, tous les rêves, même celui d'une amitié impossible… À quoi bon former des relations, qu'aujourd'hui voit naître, et que demain peut faire évanouir ?

Hélas ! que rêve-t-il donc ? De vivre avec elle ? Non : de mourir auprès d'elle, de l'avoir auprès de lui, à l'heure où il va mourir !…

> Être à vos pieds, la tête sur vos genoux, vos deux mains dans les miennes, et finir ainsi[78] !

Vieil enfant, si misérable, si perdu, si tremblant devant la mort !

Au même moment de sa vie, Wagner, pourtant vainqueur, entouré, adulé, et que la légende savamment travaillée de Bayreuth s'efforce d'environner d'une auréole de bonheur, – Wagner, triste, souffrant, doutant de ses efforts, sentant l'inanité de son âpre combat contre la médiocrité du monde, « fuyait loin du monde[79] », se jetait dans la foi, et disait à un ami, qui le regardait avec surprise disant à table ses prières : « Oui, je crois, je crois en mon Sauveur[80] ! »

Pauvres gens ! Les vainqueurs du monde ! Si vaincus et brisés !

Mais, de ces deux morts, combien plus douloureuse, celle de l'artiste qui ne croit pas, et qui n'a pas assez de force et de stoïcisme pour ne pas croire, – qui agonise lentement dans cette petite chambre de la rue

---

78 *Mémoires*, II, p. 415.

79 « Oui, c'est à la fuite loin du monde, que *Parsifal* doit sa naissance et sa croissance ! Quel homme, pendant toute une vie, peut, de gaieté de cœur et de sens rassis, plonger son regard au fond de ce monde de meurtre et de rapine organisés et légalisés par le mensonge, l'imposture et l'hypocrisie, sans être obligé parfois d'en détourner sa vue en frissonnant de dégoût ? » (Wagner, *Les Représentations du drame sacré Parsifal à Bayreuth, en 1882*, trad. Camille Benoit.)

80 [Note de l'auteur, absente de l'article de *La Revue de Paris*] La scène m'a été racontée par son amie, Malwida von Meysenbug, la libre et sereine auteur des *Mémoires d'une Idéaliste*.

de Calais, parmi les bruits odieux de Paris indifférent ou hostile[81], – qui s'enferme dans un silence farouche, – qui ne voit pas, à son dernier moment, se pencher sur lui le visage d'un être aimé, – et qui n'a même pas la consolation de croire à son œuvre[82], de contempler avec calme le travail accompli, d'embrasser fièrement du regard le chemin parcouru, et de se reposer avec confiance sur le souvenir d'une belle vie héroïque, – qui se répète en mourant le mot sinistre de Shakespeare, qui ouvre et qui ferme les *Mémoires* :

> *Life's but a walking shadow*[83]... La vie n'est qu'une ombre qui passe, – un pauvre comédien qui, pendant son heure, se pavane et s'agite sur le théâtre, et qu'après on n'entend plus ; – un conte récité par un idiot, plein de fracas et de furie, et qui n'a aucun sens[84]...

*
* *

Telle fut l'âme malheureuse, vacillante et troublée, qui se trouva unie à un des génies les plus audacieux du monde. – Exemple bien frappant de la différence qui peut exister entre le génie et le grand homme, – car les deux mots ne sont pas synonymes. Qui dit grand homme, dit grandeur d'âme, hauteur de caractère, puissance de volonté, et surtout

81 « ... Je n'ai que des murs devant mes fenêtres. Du côté de la rue, un roquet aboie depuis une heure, un perroquet glapit, une perruche contrefait le cri des moineaux. Du côté de la cour, chantent des blanchisseuses, et un autre perroquet crie sans relâche : Portez arrm !... La journée est bien longue !... » (Lettre à Ferrand, *Lettres intimes*, p. 269) – « ... Le sot bruit de voitures secoue le silence de la nuit. Paris humide et boueux ! Paris parisien !... Voilà que tout se tait,... il dort du sommeil de l'injuste !... » (À Ferrand, *Lettres intimes*, p. 302.)

82 Il disait que rien ne resterait de son œuvre, qu'il s'était trompé, qu'il aurait voulu brûler ses partitions.

83 [NdÉ] Shakespeare, *Macbeth*, acte V, scène 5.

84 Blaze de Bury le rencontra peu de temps avant sa mort. « Un soir d'automne. Sur le quai. Il revenait de l'Institut. Pâle, amaigri, voûté, morne et fébrile, on l'eût pris pour une ombre. Son œil même, son grand œil fauve et rond, avait éteint sa flamme. Un moment, il serra notre main dans sa main fluette et morte, puis disparut dans le brouillard, après nous avoir dit ces vers d'Eschyle, d'une voix où le souffle n'était déjà plus : "Oh ! la vie de l'homme ! Lorsqu'elle est heureuse, une ombre suffit à la troubler. Malheureuse, une éponge mouillée en efface l'image, et tout est oublié..." » (*Musiciens d'hier et d'aujourd'hui*). [NdÉ – Il s'agit en fait d'un passage de l'ouvrage de Henri Blaze de Bury, *Musiciens du passé, du présent et de l'avenir*, Paris, Calmann-Lévy, 1880, chap. « Hector Berlioz », p. 353 – dont Rolland altère aussi quelque peu la ponctuation.]

unité morale. Et je comprends qu'on puisse refuser ces qualités à Berlioz. Mais qu'on nie son génie musical, qu'on puisse chicaner cette force prodigieuse, – et c'est pourtant ce qu'on fait encore, journellement, à Paris, – est lamentable et risible. Qu'on l'aime, ou qu'on ne l'aime pas, une seule de ses œuvres, une seule partie d'une seule de ses œuvres, un morceau de la *Fantastique*, l'ouverture de *Benvenuto*, révèle plus de génie, je ne crains pas de le dire, que toute la musique française de son siècle. Je comprendrais encore qu'on le discutât au pays de Beethoven et de Bach. Mais, chez nous, qu'a-t-on à lui opposer ? Gluck fut un bien plus grand homme. Et aussi César Franck. Ils ne furent jamais des génies de sa taille. Si le génie est la force créatrice, je n'en vois de cette trempe pas plus de quatre ou cinq dans le monde ; et quand j'ai nommé Beethoven, Mozart, Bach, Haendel et Wagner, je ne lui connais dans l'art musical pas un supérieur, et même pas un égal.

Il n'est pas un musicien, il est la musique même. Il ne commande pas à son démon ; il est vraiment sa proie. Qui a lu ses écrits sait comment il était terrassé, ravagé, dévasté par l'émotion musicale. Ce sont de vraies crises d'extase ou de convulsions. D'abord, « une agitation étrange dans la circulation du sang ; les artères battent avec violence ; les larmes coulent abondamment. Puis viennent des contractions spasmodiques des muscles, un tremblement de tous les membres, un engourdissement total des pieds et des mains, une paralysie partielle des nerfs de la vision et de l'ouïe : il ne voit plus, il n'entend plus ; vertige, demi-évanouissement. » Et, dans le cas où la musique lui déplaît, au contraire, c'est « un soulèvement général, un effort d'excrétion de tout l'organisme, le vomissement[85]. »

Ce caractère de possédé musical se manifeste bien à la soudaine explosion de son génie[86]. Sa famille s'oppose à ce qu'il soit musicien ; et jusqu'à vingt-deux ou vingt-trois ans, sa faible volonté se soumet en grondant.

Pour obéir à son père, il commence sa médecine à Paris. Un soir, il entend *Les Danaïdes*[87] de Salieri. C'est un coup de tonnerre. Il court à la

---

85 *À travers chants*, p. 8, 9.

86 À la vérité, ce génie couvait depuis l'enfance ; dès le premier instant, il fut lui-même tout entier, on en a la preuve dans ce fait qu'il reprit, pour son *Ouverture des Francs-Juges* et pour la *Symphonie fantastique*, des romances et des phrases de quintettes écrites à douze ans. (*Mémoires*, I, p. 16 et 18.)

87 [NdÉ] Opéra en cinq actes d'Antonio Salieri (1750-1825), sur un livret du Roullet et Tschudi adapté de l'*Ipermestra* de Calzabigi, lequel l'avait écrit pour Gluck ; mais celui-ci, trop âgé, avait demandé à Salieri de le mettre en musique. L'ouvrage, proche du style

bibliothèque du Conservatoire lire les partitions de Gluck : « il en oublie le boire et le manger ; il en délire[88] ». Une représentation d'*Iphigénie en Tauride* l'achève. Il entre chez Lesueur, puis au Conservatoire. L'année suivante, il a composé *Les Francs-Juges* (1827) ; deux ans après, les *Huit scènes de Faust* (1828), qui seront le noyau de la future *Damnation*[89] ; trois ans après, la *Symphonie fantastique* (commencement de 1830). Et il n'est pas encore prix de Rome ! Ajoutez que déjà, dès 1828, il porte en lui *Roméo et Juliette*, et qu'il a écrit quelques morceaux de *Lélio* (1829). Où vit-on jamais en musique débuts aussi foudroyants[90] ? Comparez-leur ceux de Wagner, qui, au même âge, écrit timidement *Les Fées*, *[La] Défense d'aimer*, *Rienzi*. Au même âge, – et dix ans plus tard. Car *Les Fées* paraissent en 1833, quand Berlioz a déjà écrit la *Fantastique*, les *Huit Scènes de Faust*, *Lélio*, *Harold ;* et *Rienzi* n'est joué qu'en 1842, après *Benvenuto* (1835), le *Requiem* (1837), *Roméo* (1839), la *Symphonie funèbre et triomphale* (1840), c'est-à-dire quand Berlioz a achevé toutes ses grandes œuvres, quand il a accompli toute sa révolution musicale. Et cette révolution, il l'a faite seule, sans modèle, sans guide. – Qu'avait-il pu entendre, en dehors des opéras de Gluck et de Spontini, quand il était au Conservatoire ? Lorsqu'il composa l'*Ouverture des Francs-Juges,* « le nom même de Weber lui était inconnu[91] », et de Beethoven il n'avait encore entendu qu'un andante[92]. – En vérité, il est un miracle, le phénomène le plus prodigieux de l'histoire de la musique

---

de la tragédie gluckiste, fut créé à l'Académie royale de musique de Paris en 1784 avec succès, et souvent repris dans ce théâtre jusqu'en 1828.

88 Hector Berlioz, *Mémoires*, p. 22, à propos de la découverte des partitions de Gluck : « elles me firent perdre le sommeil, oublier le boire et le manger ; j'en délirai. »

89 Les *Huit Scènes de Faust*, « tragédie de Goethe, traduite par Gérard de Nerval », comprennent : 1. les *Chants de la fête de Pâques* ; 2. les *Paysans sous les tilleuls* ; 3. le *Concert des Sylphes* ; 4 et 5. la *Taverne d'Auerbach*, avec les deux chansons, du Rat et de la Puce ; 6. la *Chanson du roi de Thulé* ; 7. la *Romance de Marguerite* : « D'amour, l'ardente flamme », et le *Chœur de soldats* ; 8. la *Sérénade de Méphistophélès*, – c'est-à-dire les pages les plus célèbres et les plus caractéristiques de *la Damnation*. – Voir les études de M. J.-G. Prod'homme, sur *Le Cycle de Berlioz* (éditions du Mercure de France).

90 [Note de l'auteur, absente de l'article de *La Revue de Paris*] On ne saurait trouver un calque plus transparent de l'âme d'un génie adolescent que certaines lettres de cette époque, en particulier que la lettre du 28 juin 1828 à Ferrand, avec son post-scriptum fiévreux. Quelle vie riche, fine, forte, débordante ! Et, avec des fautes de style, quelle touche délicate ! C'est une joie de lire cela. On boit aux sources mêmes de la vie.

91 *Mémoires*, I, p. 70.

92 *Ibid.* – [ajouté en 1908] En revanche, dès 1829, il publie une *Notice biographique sur Beethoven*, dont les appréciations sont remarquablement en avance sur l'époque. Il y écrit que la *Symphonie avec chœurs* est « le point culminant du génie de Beethoven », et il parle du quatuor en *ut* dièse mineur, d'une façon pénétrante.

au XIXe siècle. Sa grandeur audacieuse domine toute son époque ; et, – en face de ce génie, qui renouvelle en quelques coups de tonnerre le monde de la musique, – qui ne ratifierait le jugement de Paganini, saluant en lui le seul héritier de Beethoven[93], et qui ne voit la pauvre figure que fait le jeune Wagner, musicien convaincu, laborieux, et médiocre ?... Mais Wagner aura tôt fait de prendre sa revanche : car il sait ce qu'il veut ; et il le veut opiniâtrement.

L'apogée du génie de Berlioz est à trente-cinq ans, avec le *Requiem* et *Roméo.* Ce sont les deux œuvres capitales de sa vie, deux œuvres que l'on peut estimer – et que, pour ma part, j'estime – fort inégalement (car autant l'une m'est chère, autant l'autre m'est antipathique) ; mais toutes deux ouvrent à l'art deux larges routes nouvelles, toutes deux sont posées comme deux arches gigantesques sur la voie triomphale de la révolution que Berlioz inaugure en musique[94]. – Je reviendrai plus loin sur ces deux œuvres.

Mais déjà Berlioz vieillit. Les soucis journaliers, les orages de la vie domestique[95], les déboires, les passions, les déceptions, les tâches médiocres et humiliantes, l'ont très vite usé ; surtout il se brûle lui-même. « Le croiriez-vous ? écrit-il, vers 1840, à son ami Ferrand[96]. À l'emportement de mes passions musicales a succédé une sorte de sang-froid, de résignation, ou de mépris, en face de ce qui me choque. Il me semble que je descends la montagne avec une terrible rapidité ; la vie est si courte ; je m'aperçois que l'idée de la fin me vient bien souvent depuis quelque temps. » En 1848, à quarante-cinq ans, il écrit dans ses *Mémoires* : « Je me trouve si vieux, si fatigué, et pauvre d'illusions ». À quarante-cinq ans, Wagner a patiemment construit sa foi, et pris conscience de sa force. À quarante-cinq ans, Wagner écrit *Tristan*, et *Musique de l'Avenir.* Injurié par la critique, inconnu du grand public, « il reste calme, assuré d'être le maître du monde musical dans cinquante ans[97] ».

---

93 Beethoven meurt en 1827, l'année où Berlioz écrit sa première grande œuvre, l'*Ouverture des Francs-Juges.*

94 [NdÉ] « et où il marche non seulement le premier, mais à peu près le seul », supprimé dans le volume de 1908.

95 Il quitte Henriette Smithson en 1842. Elle meurt en 1854.

96 Humbert Ferrand (1800-1868). Ce juriste et littérateur, dont Berlioz fit la connaissance à la fin de 1822, est demeuré l'un des plus fidèles amis du compositeur, qui mit en musique plusieurs de ses textes, lui dédia certaines de ses œuvres et poursuivit avec lui une importante correspondance, riche de détails sur son activité artistique.

97 C'est Berlioz qui l'écrit lui-même, avec ironie, dans une lettre de 1853.

Berlioz s'est abandonné. La vie a eu raison de lui. Ce n'est pas qu'il ait rien perdu de sa maîtrise artistique. Au contraire. Il fera des œuvres de plus en plus parfaites ; et rien, dans ses compositions antérieures, n'atteint à la pure beauté de certaines pages de *L'Enfance du Christ* (1850-1854), ou des *Troyens* (1855-1863). Mais il perd de sa force, de ses passions, de sa flamme révolutionnaire, de son démon, qui, dans sa jeunesse, suppléait à la foi qui lui manque. Il vit d'ailleurs sur son passé. *La Damnation de Faust* (1846) était en germe dans les *Huit Scènes de Faust* de 1828. Depuis 1833, il pensait à *Béatrice et Bénédict* (1862). Quant aux *Troyens,* inspirés par son adoration d'enfance pour Virgile, il les a portés toute sa vie en lui. Et combien il a de peine à achever sa tâche ! Lui qui n'avait mis que sept mois à écrire *Roméo*, et qui, « dans l'impossibilité d'écrire assez vite le *Requiem*, avait adopté des signes sténographiques[98] », il met sept ou huit ans à écrire *Les Troyens,* dans des alternatives de passion et de dégoût, de froideur, de répulsion, dans un doute terrible. Il va à tâtons, vacillant, hésitant. Il se comprend à peine. Il admire les pages les plus médiocres de son œuvre : la scène de Laocoon, le finale du dernier acte des *Troyens à Troie*[99], la dernière scène d'Énée des *Troyens à Carthage*[100]. Les creuses emphases de Spontini se mêlent aux plus hautes inspirations. On peut dire que son génie lui est devenu comme étranger : c'est le travail mécanique d'une force inconsciente, « comme des stalactites dans une grotte humide ». La volonté n'y est pour rien. « Il suffit du temps, si la voûte de la grotte ne s'écroule pas[101]. » S'il écrit *Les Troyens,* c'est beaucoup moins parce qu'il veut les écrire, que parce qu'il l'a voulu autrefois ; on est frappé du désespoir funèbre avec lequel il y travaille : c'est son testament qu'il fait. Et quand il aura fini, tout sera fini pour

98 *Mémoires*, I, p. 307.

99 [NdÉ] En 1863, en vue de la représentation au Théâtre-lyrique des trois derniers actes, Berlioz avait dû accepter de scinder ses *Troyens* en deux parties : l'une (actes III, IV et V) devint ainsi *Les Troyens à Carthage* ; quant aux deux premiers actes, mis alors en attente, ils devaient devenir *La Prise de Troie* et ne furent pas donnés en public du vivant du compositeur : ils ne furent en effet donnés en concert à Paris qu'en 1879. Quant à l'intégrale des cinq actes, elle fut créée à Karlsruhe en décembre 1890. La première parisienne de ceux-ci n'aura lieu qu'en 1921, en version abrégée.

100 À peu près à la même époque, il écrit à Liszt, à propos de son *Enfance du Christ* : « Je te dirai, à toi, que la véritable trouvaille que j'ai faite, c'est la scène et l'air d'Hérode avec les devins : ceci est d'un grand caractère et qui t'ira, je l'espère. Pour les choses gracieuses qui touchent davantage, à l'exception du duo de Bethléem, je ne crois pas qu'elles aient autant de valeur d'invention. » (17 déc. 1851.)

101 Lettre à Bennet, déjà citée.

lui ; son œuvre est achevé, il vivrait cent ans, qu'il n'aurait plus le courage d'y rien ajouter : il ne lui reste plus – et c'est ce qu'il fera – qu'à s'entourer de silence, et à mourir.

Destin lugubre ! Il y a de grands hommes qui survivent à leur génie. Mais, chez Berlioz, c'est le génie qui survit à la volonté : il est là, on le sent dans les pages sublimes du troisième acte des *Troyens à Carthage* ; mais Berlioz n'y croit plus ; il ne croit plus à rien. Le génie meurt, faute d'aliments. C'est une flamme sur un tombeau vide. – À la même heure de sa vieillesse, l'âme de Wagner continuait son ascension glorieuse, et, ayant tout conquis, elle remportait une suprême victoire en renonçant à tout, dans la foi ; comme un temple auguste, elle résonnait des chants divins de *Parsifal*, répondant aux cris de souffrance d'Amfortas par les paroles consolatrices : « *Selig in Glauben ! Selig in Liebe*[102] *!* »

L'œuvre de Berlioz n'est pas l'œuvre d'une vie qui se développe largement, mais de quelques années de vie : ce n'est pas le cours d'un grand fleuve, comme Wagner ou Beethoven : c'est une explosion de génie, dont les flammes éclairent le ciel tout entier, un instant, et s'éteignent peu à peu dans la nuit[103]. Tâchons de décrire ce prodigieux météore.

Certaines des qualités musicales de Berlioz sont si éclatantes qu'il n'est pas très nécessaire d'y insister. C'est d'abord son coloris instrumental, qui enivre et qui brûle[104], ces trouvailles extraordinaires de timbres, ces inventions de nuances nouvelles, comme le fameux accouplement des flûtes et des trombones dans le *Hostias et preces* du *Requiem*, comme le curieux emploi des sons harmoniques des violons et des harpes, cet orchestre à la fois colossal et vaporeux, s'adaptant aux plus subtils mouvements de la pensée[105]. Qu'on pense à l'effet matériel que de telles œuvres durent

---

102 « Selig in Lieb' / Selig im Glauben ! », « Bienheureux dans l'amour / Bienheureux dans la foi ! », célèbre chœur des chevaliers à la fin du premier acte de *Parsifal*. L'inversion est ici particulièrement significative : l'amour triomphe.

103 « Un volcan en éruption », comme le vieux Rouget de Lisle appelait déjà Berlioz, en 1830. (*Mémoires*, I, p. 158.)

104 M. Camille Saint-Saëns a écrit dans *Portraits et Souvenirs*, 1900 : « Celui qui lit les partitions de Berlioz, sans les avoir entendues, ne peut s'en faire aucune idée ; les instruments paraissent disposés en dépit du sens commun ; il semblerait pour employer l'argot du métier, que cela ne dût pas *sonner ;* et cela sonne merveilleusement. S'il y a peut-être, çà et là, des obscurités dans le style, il n'y en a pas dans l'orchestre ; la lumière l'inonde et s'y joue comme dans les facettes d'un diamant. »

105 Voir la bonne étude de H. Lavoix, dans son *Histoire de l'instrumentation*. – Il est à noter que les observations de Berlioz, dans son *Traité d'instrumentation et d'orchestration modernes* (1844), n'ont pas été perdues pour M. Richard Strauss, qui vient de publier une édition

produire, à leur époque. Berlioz est le premier à être terrassé par elles, quand il les entend pour la première fois. À l'*Ouverture des Francs-Juges*, il pleure, il s'arrache les cheveux, il se roule sur les timbales de l'orchestre en sanglotant. À l'exécution de son *Tuba mirum*, à Berlin, il est sur le point de s'évanouir. Rien d'analogue à cela dans l'art de son temps. Le plus proche de lui était Weber, et nous avons vu que Berlioz le connut relativement tard. Et combien Weber lui-même, malgré sa poésie rêveuse, nerveuse et brillante, est moins riche et moins complexe ! Comme il est surtout plus mondain, et plus classique malgré tout ! Comme il manque de cet emportement révolutionnaire, de cette brutalité plébéienne ! Comme il est à la fois moins nuancé et moins grandiose ! – Comment Berlioz est-il arrivé, presque du premier coup, à ce génie de l'orchestre ? Il dit lui-même que ses deux maîtres, au Conservatoire, ne lui avaient rien appris en fait d'instrumentation :

> Lesueur n'avait de cet art que des notions fort bornées. Reicha connaissait bien les ressources particulières de la plupart des instruments à vent ; mais je doute qu'il ait eu des idées très avancées au sujet de leur groupement par grandes et petites masses[106].

Il s'instruisit lui-même. Il apportait aux représentations de l'Opéra les partitions des ouvrages qu'on jouait, et il les lisait pendant l'exécution :

> Ce fut ainsi, dit-il[107], que je commençai à me familiariser avec l'emploi de l'orchestre et à connaître l'accent et le timbre, sinon l'étendue et le mécanisme de la plupart des instruments. Cette comparaison attentive de l'effet produit et du moyen employé à le produire me fit même apercevoir le lien caché qui unit l'expression musicale à l'art spécial de l'instrumentation ; mais personne ne m'avait mis sur la voie. L'étude des procédés des trois maîtres modernes : Beethoven, Weber et Spontini, l'examen impartial des *coutumes* de l'instrumentation, celui des formes et des combinaisons *non usitées*, la

allemande de cet ouvrage, et dont certains effets d'orchestre, des plus fameux, ne sont que la réalisation des idées de Berlioz.

106 [NdÉ] Hector Berlioz, *Mémoires*, chap. 13.

107 On jugera de cet instinct, par un fait : il écrivit les ouvertures des *Francs-Juges* et de *Waverley*, sans bien savoir encore s'il était possible de les exécuter. – « J'étais si ignorant alors du mécanisme de certains instruments, qu'après avoir écrit le solo en *ré* bémol des trombones, dans l'introduction des *Francs-Juges*, je craignis qu'il ne présentât d'énormes difficultés d'exécution, et j'allai, fort inquiet, le montrer à un des trombonistes de l'Opéra. Celui-ci, en examinant la phrase, me rassura complètement : "Le ton de *ré* bémol est, au contraire, un des plus favorables à cet instrument, me dit-il, et vous pouvez compter sur un grand effet pour votre passage." » (*Mémoires*, I, p. 63.)

fréquentation des virtuoses, les essais que je les ai amenés à faire sur leurs divers instruments, et un peu d'instinct, ont fait pour moi le reste[108].

Qu'il ait été un créateur en ce domaine, personne n'en doute. Et personne ne saurait contester, en général, son « habileté diabolique », comme dit dédaigneusement Wagner, qui ne devait pourtant pas être insensible à l'habileté, sa maîtrise de tout le matériel d'expression, sa domination de la matière sonore, qui fait de lui, indépendamment de toute pensée, une sorte de magicien de la musique, de roi des sons et des rythmes. Ce don lui est reconnu, même par ses ennemis, par Wagner, qui cherche, avec quelque perfidie, à y confiner son génie, à le réduire à « un mécanisme dont les rouages sont d'une finesse infinie et d'une extrême rareté,... une merveille de mécanisme[109]. »

Enfin il n'est personne qu'il n'irrite ou n'attire, mais qu'en tout cas il ne frappe, par l'impétueuse ardeur de son imagination romantique, flamboyante et exaspérée, qui fait et fera de son œuvre dans l'avenir un des miroirs les plus pittoresques de l'époque, – ce pouvoir délirant d'extase et de désespoir, cette abondance d'amour et de haine, cette ivresse perpétuelle de vie, qui, « au sein de la tristesse la plus profonde, allume les soleils et les serpenteaux de la plus folle joie[110] », qui soulève les foules de *Benvenuto* et les armées de la *Damnation*, qui remue la terre, le ciel, et les enfers, qui ne s'apaise jamais, qui reste dévorante et « passionnée, alors même que le sujet est le contraire de la passion, et qu'il s'agit d'exprimer des sentiments doux, tendres, ou le calme le plus profond[111] ».

108 *Mémoires*, I, p. 64.

109 « Berlioz a déployé, en mesurant dans tous les sens les facultés de ce mécanisme, une science véritablement étonnante ; et si les inventeurs de notre mécanique industrielle moderne doivent être considérés comme les bienfaiteurs de l'humanité actuelle, Berlioz mérite d'être considéré comme le vrai rédempteur de notre monde musical ; car, grâce à lui, les musiciens peuvent, par l'emploi extraordinairement varié de simples moyens mécaniques, produire des effets surprenants avec la matière la moins artistique et la plus vide de la musique... Berlioz est irrévocablement enseveli sous les décombres de ses machines. » (*Oper und Drama*, 1851.)

110 Lettre de Berlioz à Ferrand. [NdÉ – 8 novembre 1858 (*Correspondance générale*, n° 2332.]

111 « Les qualités dominantes de ma musique sont l'expression passionnée, l'ardeur intérieure, l'entraînement rythmique et l'imprévu. Quand je dis expression passionnée, cela signifie expression acharnée à reproduire le sens intime de son sujet, alors même que le sujet est le contraire de la passion et qu'il s'agit d'exprimer des sentiments doux, tendres, ou le calme le plus profond. C'est ce genre d'expression qu'on a cru trouver dans *L'Enfance du Christ*, et surtout dans la scène du *Ciel* de *La Damnation de Faust* et dans le *Sanctus* du *Requiem*. (*Mémoires*, II, p. 361.)

Quoi qu'on puisse penser de cette force volcanique, de ce torrent de passion et de jeunesse, il est impossible de les nier : ce serait nier le soleil.

Et je n'insisterai pas davantage sur cet amour de la Nature, qui, comme le montre M. Prod'homme, est l'âme d'une œuvre comme la *Damnation*, et, l'on peut dire, de toutes ses grandes œuvres. Nul musicien, hors Beethoven, ne l'a jamais aimée aussi profondément. Wagner lui-même n'a pas connu l'intensité des émotions qu'elle produisait sur Berlioz[112], et dont la musique de la *Damnation*, de *Roméo*, des *Troyens*, est tout imprégnée.

Mais il est d'autres caractères de ce génie, que l'on reconnaît moins, et qui ne sont pas moins exceptionnels. Et le premier de tous, le sens de la pure beauté. Le romantisme extérieur de Berlioz ne doit pas faire illusion. Il y avait en lui une âme virgilienne ; et si son coloris rappelle Weber, son dessin est souvent d'une suavité italienne. Wagner n'a jamais eu ce don de la beauté, au sens latin. Qui a senti, comme Berlioz, la nature du Midi, les belles formes, les mouvements harmonieux ? Qui, depuis Gluck, a retrouvé comme lui le secret de la beauté antique ? Depuis l'auteur d'*Orphée*, personne n'a sculpté en musique un bas-relief d'une perfection égale à l'entrée d'Andromaque, au second acte des *Troyens à Troie* [*La Prise de Troie*]. Le parfum de l'*Énéide* enveloppe la nuit d'amour des *Troyens à Carthage*, sous le ciel lumineux, près de la mer sereine. Certaines de ses mélodies sont comme des statues grecques, comme le pur dessin de frises athéniennes, comme les nobles gestes des belles filles italiennes, comme le souple profil des collines albaines au sourire divin. Il a fait plus que sentir et traduire en musique cette « beauté méditerranéenne », il a créé des êtres qui pourraient prendre place dans la tragédie grecque. Sa Cassandre, à elle seule, suffirait à lui assurer le rang d'un des plus grands poètes tragiques qu'il y ait eu en musique. Et cette Cassandre, digne sœur de la Brünnhilde[113] de Wagner, a sur elle l'avantage d'une race plus aristocratique, d'une sobriété hautaine d'âme et de gestes, qu'un Sophocle eût aimée.

112 « … Vous êtes donc en train de faire fondre les glaciers en composant vos *Niebelungen* ! Cela doit être superbe d'écrire ainsi en présence de la grande nature !… Voilà encore une jouissance qui m'est refusée ! Les beaux paysages, les hautes cimes, les grands aspects de la mer m'absorbent complètement au lieu de provoquer chez moi la manifestation de la pensée. Je sens alors et ne saurais exprimer. Je ne puis dessiner la lune qu'en regardant son image au fond d'un puits. » (Berlioz à Wagner, 10 septembre 1855.)

113 [NdÉ] Walkyrie, fille de Wotan et d'Erda, elle tient entre ses mains le destin du monde ; comme Brünnhilde dans la *Tétralogie*, la prophétesse Cassandre joue un grand rôle dans *Les Troyens* de Berlioz.

On ne met pas assez en lumière cette noblesse antique à laquelle s'élève constamment, sans effort, l'art de Berlioz. On ne voit pas assez qu'il fut de tous les musiciens du XIXe siècle celui qui eut au plus haut degré le sens de la beauté plastique. – Mais reconnaît-on davantage qu'il fut un des mélodistes les plus suaves et les plus abondants ?

Weingartner a exprimé quelque part la surprise qu'il éprouva, quand, imbu des préjugés courants contre le manque d'invention mélodique de Berlioz, il ouvrit au hasard une de ses partitions : l'ouverture de *Benvenuto*, et, dans ce court morceau, qui dure dix minutes à peine, trouva non pas une, non pas deux, mais trois, mais quatre, mais cinq mélodies, d'une invention et d'une richesse admirables :

> Je me mis alors à rire, à la fois de plaisir pour avoir découvert un tel trésor, et de fureur à constater l'étroitesse du jugement humain ! J'en étais déjà à compter cinq grands thèmes, tous plastiques, de physionomie personnelle, d'un travail admirable, variés dans leur forme, s'élevant par degrés jusqu'à leur point culminant, pour finir en une conclusion d'effet intense. Et voilà l'aspect que présentait aux yeux des critiques et du public le compositeur dit dépourvu d'invention ! – De ce jour, il y eut pour moi un grand citoyen de plus dans la république de l'art[114].

Déjà Berlioz avait écrit, en 1864 :

> Il est aisé de se convaincre que, sans même me borner à prendre une mélodie très courte pour thème d'un morceau, comme l'ont fait souvent les plus grands maîtres, j'ai toujours soin de mettre un vrai luxe mélodique dans mes compositions. On peut parfaitement contester la valeur de ces mélodies, leur distinction, leur nouveauté, leur charme ; ce n'est pas à moi qu'il appartient de les apprécier ; mais nier leur existence, c'est mauvaise foi ou ineptie. Seulement, ces mélodies étant souvent de très grande dimension, les esprits enfantins, à courte vue, n'en distinguent pas la forme clairement ; ou elles sont mariées à d'autres mélodies secondaires qui, pour ces mêmes esprits enfantins, en voilent les contours ; ou enfin ces mélodies sont si dissemblables des petites drôleries appelées mélodies par le bas peuple musical, qu'il ne peut se résoudre à donner le même nom aux unes et aux autres[115].

Et quelle admirable variété dans ces mélodies, depuis le chant à la Gluck (airs de Cassandre), le pur lied allemand (romance de Marguerite : « D'amour l'ardente flamme »), la mélodie italienne à la Bellini, en ce qu'elle

---

114 *Le Guide musical*, 29 novembre 1903. Trad. Alekan.
115 *Mémoires*, II, p. 361.

a de plus limpide et de plus serein (ariette d'Arlequin dans *Benvenuto*), la phrase wagnérienne la plus large (finale de *Roméo)*, le chant populaire (chœur des bergers de *L'Enfance du Christ*), jusqu'aux formes les plus libres, les plus neuves, de l'air-récitatif, qui est l'invention propre de Berlioz (monologues de *Faust)* avec ses amples déroulements, ses lignes souples, et les dégradations insensibles de ses multiples nuances[116] – J'ai dit que Berlioz était incomparable dans l'expression de la mélancolie tragique, de l'ennui de vivre, de l'angoisse de la mort. D'une façon générale, on peut dire qu'il fut un des plus grands élégiaques de la musique. Ambros, qui fut un critique si pénétrant et si neuf, l'avait remarqué déjà : « Berlioz sent avec *une douceur intime*, une profondeur de sentiment, que nul musicien peut-être, hors Beethoven, n'a eue. » Et Henri Heine a l'intuition aiguë de l'originalité de Berlioz, quand il l'appelle « un rossignol colossal, une alouette de grandeur d'aigle ». Le mot est non seulement pittoresque, mais d'une remarquable justesse. Car la force colossale de Berlioz est au service d'une âme tendre et plaintive : rien de l'héroïsme de Beethoven, de Haendel, de Gluck même de Schubert. Une suavité de peintre ombrien *(L'Enfance du Christ)*, une tristesse intime, le don des larmes, une douceur, une douleur élégiaques.

*
* *

Mais je veux arriver à l'originalité profonde de Berlioz, à celle dont on ne parle guère, et qui fait de lui pourtant bien plus qu'un grand musicien, bien plus que le successeur de Beethoven, ou le précurseur de Wagner, comme on a pu le nommer, mais, à plus juste titre que Wagner lui-même, le créateur d'un « art de l'avenir », l'initiateur d'une musique nouvelle, qui commence à peine à poindre aujourd'hui.

Cette originalité est double. Par la complexité singulière de son génie, Berlioz touche aux deux pôles opposés de l'art, et il a ouvert à la musique deux routes absolument différentes : celle du grand art populaire, et celle de la musique libre.

Nous sommes tous asservis par la tradition musicale du passé. Depuis des générations, nous sommes si habitués à porter ce joug, que nous ne le remarquons même plus. Et, par suite de la mainmise de l'Allemagne

116 M. Jean Marnold a bien noté ce génie « monodique » de Berlioz, dans ses articles sur « Hector Berlioz, musicien » (*Mercure de France*, 15 janvier et 1er février 1905.)

sur la musique, depuis la fin du XVIIIe siècle, cette tradition, qui avait été surtout italienne pendant les deux siècles précédents, est devenue presque entièrement allemande. Nous pensons dans des formes germaniques. La coupe des phrases, leur développement, leur logique, leur équilibre, toute la rhétorique musicale, la grammaire de la composition, nous vient d'une pensée étrangère, lentement élaborée par les maîtres allemands. Jamais cette domination ne fut plus complète et plus lourde que depuis la victoire de Wagner. Alors régna sur la musique du monde l'énorme période allemande, ce monstre aux mille bras, aux mille tronçons soudés entre eux, indéfiniment extensibles, et pouvant embrasser des pages, des scènes, des actes, des drames entiers, d'une seule tenue. Qui de nous pourrait admettre qu'un Français cherchât à écrire selon la phrase de Schiller et de Goethe ? C'est pourtant ce que nous avons essayé, ce que nous essayons encore de faire en musique. – Comment s'en étonner ? Parlons franc : nous n'avons pas en musique, pour ainsi dire, de maîtres de style français. Tous nos plus grands compositeurs sont des étrangers. Le fondateur du premier opéra français, Lulli, était florentin. Le fondateur du second opéra français, Gluck, était allemand. Les fondateurs du troisième opéra français, Rossini et Meyerbeer, étaient italien et allemand. Les créateurs de l'opéra-comique étaient, l'un, italien : Duni ; l'autre, belge : Grétry. Franck, qui a transformé notre école contemporaine, était belge, lui aussi. Je ne cite que les plus grands. Ces hommes nous ont apporté le style de leur race, ou bien ils ont tâché de fonder, comme fit Gluck, un « style international[117] », où ils ont effacé les caractéristiques les plus individuelles de notre esprit. Le genre le plus français, l'opéra-comique, œuvre de deux étrangers, doit beaucoup plus à l'*opera buffa* italien qu'on ne l'a dit ; et, en tout cas, il ne représente que très insuffisamment la race. Les esprits les plus modérés, qui ont tenté de se dégager des influences italiennes ou allemandes, n'ont abouti le plus souvent qu'à créer un style intermédiaire, italo-germanique, dont le type est l'opéra, d'Auber à Ambroise Thomas. En vérité, il n'y a qu'un maître de premier ordre, avant Berlioz, qui ait fait un effort puissant pour libérer la musique française : c'est Rameau ; et, en dépit de son génie musical, il fut vaincu par l'art italien[118]. – Par la force des

117 Gluck l'a dit lui-même, dans une lettre au *Mercure de France* de février 1773.

118 Je ne parle pas des maîtres franco-flamands de la fin du XVIe siècle, des Janequin, des Costeley, des Claude le Jeune, des Mauduit, qu'a retrouvés récemment M. Henry Expert, et qui ont un parfum si original : ils sont restés presque totalement inconnus, depuis

choses, la musique française se trouva donc livrée aux formes musicales étrangères. Et, de même que l'Allemagne du XVIIIe siècle s'évertuait à imiter nos formes architecturales ou littéraires, la France du XIXe siècle prit l'habitude de parler allemand en musique. Or, comme la plupart des hommes ne pensent qu'autant qu'ils parlent, la pensée même est devenue allemande : il faut un grand effort pour retrouver maintenant, sous ce mensonge traditionnel, la forme sincère et spontanée de la pensée musicale française.

Le génie de Berlioz, d'instinct, la retrouva. Dès ses premières œuvres, il s'appliqua à dégager notre musique du poids énorme de cette tradition étrangère, qui l'étouffe[119].

Tout le disposait à ce rôle, et jusqu'à ses défauts et à ses ignorances même. Son éducation musicale historique était incomplète. M. Saint-Saëns[120] nous dit que « le passé n'existait pas pour lui ; il ne comprenait pas les maîtres anciens, qu'il n'avait pu connaître que par la lecture ». Il ne connaissait pas Bach. Heureuse ignorance[121] ! Il lui a dû d'écrire des oratorios, comme *l'Enfance du Christ*, sans être tourmenté par les réminiscences et les traditions des maîtres allemands de l'oratorio. Il y a des hommes, comme Brahms, qui n'ont été, presque toute leur vie, que des ombres du passé. Berlioz n'a jamais songé qu'à s'exprimer lui-même. Et il a créé ainsi ce chef-d'œuvre : *La Fuite en Égypte*, issu du plus pur sentiment populaire.

---

leur époque jusqu'à nos jours. Les guerres de religion ont brisé la tradition musicale de la France, et ruiné en partie la grandeur de son art.

119 Il est plaisant de voir Wagner opposer à Berlioz, comme type de la véritable musique française, Auber, et son opéra mâtiné d'italien et d'allemand. Cela montre à quel point Wagner, comme la plupart des Allemands, est incapable de saisir l'originalité réelle de la musique française, et n'en voit que les côtés les plus extérieurs. Si l'on veut se rendre compte de la personnalité musicale d'un peuple, en ce qu'elle a de plus intime, le meilleur moyen est d'étudier ses chansons populaires. Quand on se livrera à ce travail sur les nôtres (la matière ne manque pas), on reconnaîtra peut-être combien elles diffèrent profondément des chansons populaires allemandes, et comme le tempérament de la race s'y révèle, plus libre, plus souple, plus nerveux, plus nuancé.

120 [NdÉ] Camille Saint-Saëns (1835-1921), pianiste et compositeur, a bien connu Berlioz dont il notamment réduit pour piano *Lélio* (Richault, 1855), à la demande de son auteur. Il a toujours défendu sa mémoire, admiré la liberté de son style instrumental et son art de l'instrumentation, lui a consacré plusieurs articles et même une *Ode* versifiée (parue dans *Le Courrier musical* du 1er septembre 1903). Il eut l'occasion de lui faire découvrir Jean-Sébastien Bach.

121 Cette idée était déjà bien présente dans un de ses comptes rendus relatifs à *L'Enfance du Christ* aux Concerts Colonne, le 20 décembre 1903 (*La Revue musicale*, 1er janvier 1904, p. 19.)

Mais surtout il était la nature la plus libre qui fût. La liberté était pour lui un besoin éperdu. « Liberté de cœur, d'esprit, d'âme, de tout !… Liberté vraie, absolue, immense[122] !… » – Et cette liberté frémissante, qui fit le malheur de sa vie, en le privant du secours de toute foi, en refusant à sa pensée tout asile, tout repos, et jusqu'au mol oreiller du scepticisme, – cette « liberté vraie » fit la grandeur et l'originalité unique de sa conception musicale.

> La musique [écrit Berlioz à C. Lobe[123] en 1852] est le plus poétique, le plus puissant, le plus vivant de tous les arts. Elle devrait en être aussi le plus libre ; elle ne l'est pas encore… La musique moderne, c'est l'Andromède antique, divinement belle et nue ; enchaînée sur un roc au bord de la mer immense, elle attend le Persée vainqueur qui doit briser sa chaîne et mettre en pièces la chimère appelée Routine.

Il s'agit de l'émanciper de l'étroitesse des rythmes, des formes et des règles traditionnelles où elle est enfermée[124].

Et il s'agit surtout de l'émanciper de la domination de la parole ; il faut la relever de son rôle humilié au service de la poésie :

> Je suis pour la musique libre. Oui, libre et fière, et souveraine et conquérante, je veux qu'elle prenne tout, qu'elle s'assimile tout, qu'il n'y ait plus pour elle ni Alpes ni Pyrénées ; mais, pour ses conquêtes, il faut qu'elle combatte en personne, et non par ses lieutenants. Je veux bien qu'elle ait, s'il se peut, de bons vers rangés en bataille ; mais il faut qu'elle aille elle-même au feu comme Napoléon, qu'elle marche au premier rang de la phalange, comme Alexandre. Elle est si puissante, qu'elle vaincrait seule en certains cas, et qu'elle a mille fois le droit de dire comme Médée : « Moi seule, et c'est assez[125] ! »

---

122 *Mémoires*, I, p. 221-222.

123 [NdÉ] Johann Christian Lobe (1797-1881), musicien allemand, défenseur de Berlioz depuis 1837, lui écrivit une longue lettre en 1842 et le reçut à Weimar en 1843.

124 « La musique, aujourd'hui dans la force de sa jeunesse, est émancipée, libre : elle fait ce qu'elle veut. – Beaucoup de vieilles règles n'ont plus cours ; elles furent faites par des observateurs inattentifs ou par des esprits routiniers, pour d'autres esprits routiniers. – De nouveaux besoins de l'esprit, du cœur et du sens de l'ouïe, imposent de nouvelles tentatives, et même, dans certains cas, l'infraction des anciennes lois. – Diverses formes sont par trop usées pour être encore admises. – *Tout est bon*, d'ailleurs, ou *tout est mauvais*, suivant l'usage qu'on en fait, et la raison qui en amène l'usage… Le son et la sonorité sont au-dessous de l'idée. L'idée est au-dessous du sentiment et de la passion. » (Profession de foi de Berlioz à propos des concerts de Wagner à Paris, en 1860. *À travers chants*, p. 312) – Comparer le mot de Beethoven : « Il n'y a pas de règle qu'on ne peut blesser à cause de *Schöner* (plus beau). »

125 À la princesse de Wittgenstein, 12 août 1856.

Berlioz proteste énergiquement contre « la théorie impie de Gluck[126] », et le « crime » de Wagner, qui asservissent la musique à la parole. La musique est la poésie suprême, et ne reconnaît point de maître[127]. Il s'agit donc pour Berlioz d'accroître toujours davantage le pouvoir d'expression de la musique pure. Et tandis que Wagner, beaucoup plus modéré et plus traditionnel, cherche à établir un compromis (peut-être impossible) entre la musique et la parole, et à créer le nouveau drame lyrique, Berlioz, bien plus révolutionnaire, arrive à la symphonie dramatique, dont le modèle inégalé reste encore aujourd'hui *Roméo et Juliette.*

La symphonie dramatique s'est heurtée naturellement à tous les pédantismes. On lui oppose deux thèses : l'une, reçue de Bayreuth, et devenue acte de foi ; l'autre, opinion courante, acceptée paresseusement de la foule innombrable qui parle de la musique sans la connaître.

La première thèse, imposée par Wagner, c'est que la musique ne saurait exprimer l'action sans le secours de la parole et du geste. C'est au nom de cet arrêt que tant de gens condamnent *a priori* le *Roméo* de Berlioz. Ils trouvent enfantin de *traduire* une action en musique. – Croient-ils donc moins enfantin de *représenter* une action en musique ? Pensent-ils que le geste s'accorde très heureusement avec la musique ? – Qu'ils tâchent de s'arracher à l'énorme mensonge qui pèse sur nous depuis trois siècles ! Qu'ils ouvrent les yeux, et qu'ils voient – ce qu'ont vu de grands hommes au regard pur, comme Rousseau et Tolstoï – la niaiserie de l'opéra ! Qu'ils découvrent la monstruosité du spectacle de Bayreuth ! – Il est, au second acte de *Tristan*, une page célèbre, où Isolde, attendant Tristan, et brûlante de désirs, le voit venir enfin, et de loin lui fait signe avec son écharpe, sur un dessin plusieurs fois répété de l'orchestre. Je ne puis dire l'effet produit sur moi par cette *imitation* (car ce n'est pas

126 Est-il besoin de rappeler l'*Épître dédicatoire* d'*Alceste*, en 1769, et la déclaration de Gluck, qu'il « chercha à réduire la musique à sa véritable fonction, celle de seconder la poésie, pour fortifier l'expression des sentiments et l'intérêt des situations… et d'y ajouter ce qu'ajoute à un dessin correct et bien composé la vivacité des couleurs et l'accord heureux des lumières et des ombres… »

127 Cette théorie révolutionnaire était déjà celle de Mozart : « La musique doit régner en souveraine, et faire oublier tout le reste… Dans un opéra, il faut absolument que la poésie soit la fille obéissante de la musique. » (Lettre à son père du 13 octobre 1781). Désespérant sans doute d'arriver à obtenir cette obéissance, Mozart avait pensé sérieusement à briser la forme de l'opéra, et à le remplacer, dès 1778 (comme Rousseau en avait donné l'exemple, dès 1773), par une sorte de mélodrame, qu'il appelle *duodrama*, où la musique et la poésie iraient, libres l'une de l'autre, librement associées, par deux chemins parallèles. (Lettre du 12 novembre 1778.)

autre chose) d'une suite de sons par une suite de gestes. Je n'ai jamais pu la voir sans indignation, ou sans rire. Le curieux, c'est que, quand on entend ce passage au concert, on voit le geste. Sur la scène, on ne le « voit » plus, ou il paraît enfantin. La libre action se raidit dans l'armure musicale ; et la convention absurde de tels spectacles éclate. La musique, à elle seule, dessine nettement la stature et la marche des géants du *Rheingold* ; elle fait jaillir la foudre, et lance l'arc-en-ciel sur les nuées. Au théâtre, c'est un jeu de marionnettes. On sent, au théâtre de musique, l'abîme infranchissable entre la musique et le geste. La musique est un monde à part. Quand elle veut peindre le drame, ce n'est pas l'action réelle qui se reflète en elle ; c'est une action idéale, transfigurée par l'esprit, perceptible seulement pour le regard intérieur. La pire sottise est de mettre en présence les deux visions : celle des yeux, celle de l'âme. Deux fois sur trois, elles se détruisent l'une l'autre.

L'autre thèse, opposée à la symphonie à programme, est la thèse prétendue classique (elle n'est classique en rien) : « La musique, dit-on, n'est pas faite pour exprimer des sujets précis. Le vague lui convient. Plus elle est imprécise, plus son pouvoir est grand, plus elle suggère de choses. »

Je commencerai par demander : qu'est-ce qu'un art imprécis ? Qu'est-ce qu'un art qui serait vague ? Est-ce que les deux mots ne jurent pas ensemble ? Est-ce que ce bizarre accouplement peut seulement exister ? Un artiste pourrait-il rien écrire, s'il ne concevait clairement ? Pense-t-on qu'il compose au hasard, comme le génie souffle ? – Il faut qu'on se dise bien ceci : une symphonie de Beethoven est une œuvre précise, jusqu'en ses derniers replis ; et Beethoven avait, sinon l'intelligence, l'intuition nette de tout ce qu'il faisait. Ses derniers quatuors sont des symphonies descriptives de son âme, bien autrement poussées que les symphonies de Berlioz : Wagner a pu analyser l'un d'eux sous le nom d'« une journée de Beethoven ». Beethoven s'attache constamment à traduire en musique le monde profond du cœur, ces infiniment petits de l'âme, qui ne peuvent s'exprimer nettement par les mots, mais qui sont aussi précis, plus précis que les mots : car un mot, étant abstrait, résume de nombreuses expériences et renferme beaucoup de sens différents. La musique est mille fois plus nuancée et plus exacte que la parole ; et non seulement elle a le droit d'exprimer des sentiments et des sujets précis, mais elle en a le devoir. Et si elle ne le fait pas, elle n'est pas la musique, elle n'est rien. – Berlioz est ici le fidèle héritier de la pensée de Beethoven. La différence entre une œuvre comme *Roméo* et une symphonie de Beethoven, c'est que Berlioz, semble-t-il, veut appliquer l'expression musicale à des sujets et des sentiments objectifs, indépendants de lui. Mais je ne vois pas qu'il soit plus interdit à la musique qu'à la poésie de sortir du spectacle du moi, et de tâcher de peindre le drame de l'univers. Shakespeare vaut Dante. Au reste, on peut ajouter que, chez un homme comme Berlioz, c'est toujours lui-même qu'on retrouve dans toutes ses œuvres : c'est son âme affamée d'amour et dévorée de néant, qui transparaît au travers de toutes les scènes de *Roméo.*

Je ne veux pas prolonger une discussion, où il y aurait encore tant de choses à dire. J'ajouterai seulement : renonçons donc une bonne fois à ces absurdes prétentions de réglementer l'art. Ne disons pas : « La musique peut... La musique ne peut pas exprimer telles ou telles choses. » Disons : « S'il plaît au génie... ». Tout est possible au génie ; et, s'il lui convient demain, la musique sera peinture et poésie. Berlioz l'a bien prouvé dans son *Roméo.*

Œuvre vraiment extraordinaire. « Ile merveilleuse, où s'élève le temple de l'art pur[128]. » Pour ma part, non seulement je l'égale aux plus puissantes créations wagnériennes, mais je la crois plus féconde en enseignements et en ressources pour l'art, – ressources et enseignements dont l'art français contemporain n'a pas encore tiré tout le parti possible. On sait que, depuis quelques années, la jeune école française fait effort pour délivrer notre musique des modèles germaniques, pour créer une langue récitative qui nous soit propre et que n'écrase plus le leitmotiv, une langue plus exacte et moins lourde, qui, pour rendre le libre sentiment moderne, n'ait pas toujours recours aux procédés d'expression (et de pensée) classiques ou wagnériens. Naguère, la *Schola Cantorum* publiait un manifeste où elle proclamait « la liberté de la phrase musicale,... le discours libre dans la musique libre,... le triomphe de la musique naturelle ; libre et mouvante comme le discours, plastique et rythmique comme la danse antique », – lançant ainsi une déclaration de guerre à l'art métrique des trois derniers siècles[129]. – Cette musique, la voici ! Vous n'en trouverez nulle part un modèle plus accompli. Il est vrai que beaucoup de ceux qui professent ces principes répudient ce modèle, et ne cachent pas leur dédain pour Berlioz. C'est ce qui m'inspire quelque

128 *Mémoires*, I, p. 341.
129 *Tribune de Saint-Gervais*, nov. 1903.

doute, je l'avoue, sur l'efficacité de leurs efforts. Je crains qu'il n'y ait plus d'archaïsme que de vie véritable dans leur prétention à la « libre musique », s'ils ne sentent pas la liberté merveilleuse de celle-ci, voile transparent et souple d'une âme passionnément vivante. Étudiez, je ne dis pas seulement les pages les plus célèbres de l'œuvre, comme la *Scène d'amour* (de tous les morceaux de Berlioz celui qu'il préférait lui-même[130]), ou comme la *Tristesse de Roméo* et la *Fête des Capulet*, où une volonté à la Wagner déchaîne et maîtrise des tourbillons de passion et de joie. Prenez les pages les moins connues, comme le *Scherzetto chanté de la reine Mab*, ou le *Réveil de Juliette* et la mort des deux amants[131]. Dans l'une, quelle légèreté spirituelle, dans l'autre, quel frémissement passionné, et dans toutes deux, quelle liberté et quelle justesse expressive ! C'est une langue magnifique, d'une sobriété et d'une clarté merveilleuses : pas un mot de trop, et pas un mot qui ne peigne d'une touche infaillible. Au reste, dans presque toutes les grandes œuvres de Berlioz, avant 1845 (je veux dire jusqu'à la *Damnation)*, vous trouverez cette précision nerveuse, cette exactitude passionnée, cette liberté toute puissante.

Liberté de rythmes d'abord. Schumann, qui fut de tous les grands musiciens de son temps le plus près de Berlioz, le plus digne de le comprendre, en avait été frappé dès la *Symphonie fantastique*[132]. Il écrit que « l'époque moderne n'a assurément pas produit une œuvre, dans laquelle les mesures et les rythmes égaux, combinés avec les mesures et les rythmes inégaux, aient été employés plus librement. Rarement la seconde partie d'une phrase y correspond au premier membre, la réponse à la demande. Cette anomalie est caractéristique chez Berlioz, conforme à sa nature méridionale. » Loin de la combattre, Schumann y voit une nécessité de l'évolution musicale : « Il semble que la musique ait une tendance à remonter vers son principe, au temps où les lois du rythme ne pesaient pas encore sur elle ; il semble qu'elle veuille s'en affranchir, redevenir un discours sans contrainte et s'élever à la hauteur d'une sorte de langue poétique. » Et il cite ce mot d'Ernest

130 *Mémoires*, II, p. 365. [NdÉ – Il s'agit de la « Scène d'amour » de *Roméo et Juliette* qui constitue la troisième partie de sa symphonie dramatique de 1839.]

131 « Ce morceau contient une dose de sublime beaucoup trop forte pour la moyenne du public ; aussi Berlioz, avec la magnifique insolence du génie, conseille-t-il au chef d'orchestre, dans une note, de tourner la feuille et de le passer. » (Georges de Massougnes, *Berlioz*) – La noble et hautaine étude de G. de Massougnes parut en 1870, – très en avance sur son temps.

132 « Oh ! Comme j'honore, comme j'aime, comme je vénère Schumann, ne serait-ce que pour avoir écrit ce seul article. » (Hugo Wolf, 1884.)

Wagner[133] : « Celui qui, dans la musique, se sera soustrait entièrement à la tyrannie de la mesure, et nous en aura délivrés, celui-là aura rendu, tout au moins en apparence, la liberté à cet art[134]... » Liberté de mélodie surtout. Ces phrases musicales sont fluides et frémissantes comme la vie, et « chaque son, pris isolément, dit encore Schumann, y a une telle intensité, qu'elles ne supportent, *comme beaucoup d'anciennes chansons populaires*, aucune harmonisation, et que souvent même l'accompagnement nuit à leur ampleur[135] ». Ces mélodies se conforment à l'émotion, au point de rendre les moindres tressaillements de la chair et de l'âme, – avec tour à tour des empâtements vigoureux et un subtil modelé, avec une brutalité grandiose de modulations et un chromatique intense et bruissant, avec des dégradations impalpables d'ombres et de lumières, d'imperceptibles frissons de la pensée, comme des ondes nerveuses qui parcourent tout le corps. Art d'une hyperesthésie unique, plus délicatement sensitif que celui de Wagner, et ne se satisfaisant pas de la tonalité moderne, recourant aux modes anciens, rebelle, comme le fait remarquer M. Saint-Saëns, à l'enharmonie qui règne sur la musique depuis Bach, et qui est peut-être « une hérésie, destinée, à disparaître[136] ». Combien le chant-récitatif de Berlioz, aux lignes longues et sinueuses[137], est plus beau, à mon sens, que la déclamation wagnérienne, qui, – à part les sommets de l'action, où

133 [NdÉ] Ernest Wagner (1769-1812), littérateur allemand dont les œuvres avaient été publiées à Leipzig en 1827-1829.

134 *Neue Zeitschrift fur Musik.* Voir « Hector Berlioz et Robert Schumann » (trad. fr. Schott, 1879). – Berlioz lutta constamment pour cette liberté du rythme, ces « harmonies de rythmes », comme il dit. Il voulait introduire au Conservatoire une *classe de rythme (Mémoires*, II, p. 241). Mais on ne le comprit pas en France. « Sans être aussi arriérée que l'Italie sur ce point, la France est encore le foyer de la résistance aux progrès de l'émancipation du rythme. » (*Mémoires*, II, p. 196.) – Ici, de grands progrès ont été réalisés dans la musique, depuis une dizaine d'années.

135 *Ibid.* « Particularité très rare, ajoute Schumann, et qui distingue presque toutes ses mélodies... » Schumann y voit la raison pour laquelle « Berlioz ne donne le plus souvent pour accompagnement à ses mélodies qu'une simple basse ou des accords de la quinte supérieure et inférieure, – négligeant les voix intermédiaires ».

136 « Que restera-t-il alors de l'art actuel ? Peut-être le seul Berlioz, qui, n'ayant pas pratiqué le piano, avait un éloignement instinctif pour l'enharmonie ; il est en cela l'antipode de Richard Wagner, l'enharmonie faite homme, celui qui a tiré de ce principe ses plus extrêmes conséquences. » [NdÉ – Saint-Saëns, *Portraits et souvenirs*, Paris, Société d'édition artistique, 1900, p. 10.]

137 Jacques Passy note que, chez Berlioz, les phrases les plus fréquentes sont celles de douze, seize, dix-huit, vingt mesures. Chez Wagner, celles de huit mesures sont rares, celles de quatre plus fréquentes, celles de deux encore plus ; et les plus fréquentes de toutes, celles d'une mesure. (« Berlioz et Wagner », article publié dans *Le Correspondant.* 10 juin 1888.)

le chant s'épanche largement en des phrases robustes et nerveuses, dont le souffle, d'ailleurs, est le plus souvent court, – s'astreint à une quasi-notation des inflexions parlées, qui détonnent d'une façon criarde sur l'admirable symphonie de l'orchestre ! – L'orchestre même de Berlioz est d'une pâte plus fine et d'une vie plus libre que celui de Wagner, coulée de fonte brûlante, qui emporte et broie tout sur son passage. Il est plus divisé, moins compact, plus souple. La nature ondoyante et diverse, les mille mouvements imperceptibles de l'âme et des choses s'y reflètent : c'est une merveille de spontanéité et de caprice. – En dépit des apparences, Wagner est un classique, en comparaison de Berlioz ; il continue et achève l'œuvre des classiques allemands ; il n'innove en rien, il est le sommet et le terme d'une évolution de l'art. Berlioz en commence une nouvelle, et l'on trouve en son art toute l'ardeur téméraire et gracieuse de la jeunesse. La loi d'airain qui pèse sur l'art de Wagner n'existe pas dans les premières œuvres de Berlioz. Elles donnent l'illusion de la liberté parfaite[138].

Dès qu'on saisit l'originalité profonde de cette musique, on s'explique qu'elle ait rencontré, et rencontre encore tant de sourde hostilité. Que d'excellents musiciens, d'esprits distingués et dociles, respectueux de toute tradition artistique, sont incapables de comprendre Berlioz, parce qu'ils ne peuvent supporter l'air de la liberté que l'on respire en lui ! Ils sont si

138 Il faut dire ici un mot des pauvretés et des maladresses harmoniques, d'ailleurs incontestables, de Berlioz, puisque certains critiques et compositeurs n'ont pas craint – (dirai-je le ridicule ? – Wagner le dira pour moi) – de ne voir dans ce génie que les « fautes d'orthographe ». À ces terribles grammairiens, qui n'eussent pas manqué, il y a deux siècles, de faire le procès de Molière, à cause de son « jargon », je répondrai par le jugement de Schumann : « Les harmonies de Berlioz, malgré la diversité des combinaisons qu'il obtient avec peu d'éléments, se distinguent par une sorte de simplicité et même par une solidité et une concision que l'on ne rencontre que chez Beethoven… Cependant on trouve, çà et là, des harmonies vulgaires et triviales, d'autres qui sont fautives, – du moins d'après les anciennes règles. Quelques-unes, toutefois, sont d'un effet magnifique. Ailleurs, ce sont des harmonies vagues et indéterminées, ou qui sonnent mal, qui sont tourmentées, cherchées. Et pourtant, chez Berlioz, tout cela prend un certain air. Qu'on essaie donc de le corriger, ou seulement d'y faire une modification quelconque, – pour un harmoniste exercé ce sera un jeu, – et l'on verra combien cela deviendra terne ! » (Article sur la *Symphonie fantastique*) – Mais laissons cette « discussion grammaticale », ainsi que l'écrit Wagner, et « la question puérile de savoir s'il est permis ou non de faire du néologisme en matière d'harmonie ou de mélodie ». (Wagner à Berlioz, 22 février 1860) – Comme dit encore Schumann, « cherchez les quintes, et laissez-nous en paix ! » [NdÉ – Dans un article de la *Neue Zeitschrift für Musik* (Leipzig) de 1839 à propos de l'ouverture de *Waverley* op. 1 de Berlioz. *Cf.* Robert Schumann, *Écrits sur la musique et les musiciens*, trad. Henri de Curzon, Paris, Fischbacher, 1894 ; ou Maurice Kufferath, *Hector Berlioz et Robert Schumann*, Bruxelles, Schott, 1879.]

habitués à penser à l'allemande que la langue de Berlioz les déroute ou les choque. Je le crois bien ! C'est la première fois peut-être qu'un grand musicien français ose penser en français ! – Et c'est pour cette raison que je signalais, plus haut, le danger qu'il y aurait à accepter trop docilement les interprétations allemandes de Berlioz. Des hommes comme Weingartner, Richard Strauss, ou Mottl, musiciens de race, devaient apprécier plus que d'autres, sans doute, et à coup sûr, plus tôt que nous, le génie musical de Berlioz. Je me défie un peu de leur façon de sentir une âme aussi différente de la leur. C'est à nous, c'est à chacun de nous, à apprendre à lire cette pensée, si intimement nôtre, si libre, et qui nous délivrera.

*
* *

L'autre grande originalité de Berlioz, c'est d'avoir eu l'instinct de la musique qui convenait aux jeunes démocraties, aux masses populaires, récemment élevées à la souveraineté. En dépit de son dédain aristocratique, il avait l'âme populaire. M. Hippeau[139] lui applique la définition que Taine a donnée de l'artiste romantique : « le plébéien de race neuve, richement doué de facultés et de désirs, qui, pour la première fois arrivé aux sommets du monde, étale avec fracas le trouble de son esprit et de son cœur ». Il grandit au milieu des récits de l'épopée impériale, et au milieu des révolutions. Il écrit sa cantate pour le prix de Rome, en juillet 1830, « au bruit sec et mat des balles perdues, qui, décrivant une parabole au-dessus des toits, venaient s'aplatir près de ses fenêtres contre la muraille[140] ». Après l'avoir finie, il va « polissonner dans Paris, le pistolet au poing, avec la sainte canaille ». Il chante et fait chanter *La Marseillaise* au peuple, à « tout ce qui a une voix, un cœur, et du sang dans les veines[141] ! »

Dans son voyage d'Italie, il fait route, de Marseille à Livourne, avec des conspirateurs mazziniens, qui vont prendre part aux soulèvements de Modène et de Bologne. Qu'il le veuille ou non, il est le musicien

139 [NdÉ] Edmond Hippeau (1849-1921), littérateur et compositeur, administrateur de la maison d'édition Dentu, directeur de l'hebdomadaire *La Renaissance musicale* (1881-1883), auteur entre autres de *Berlioz intime d'après des documents nouveaux* (Paris, Fischbacher, 1883 ; Paris, Dentu, 2/1889) et de *Berlioz et son temps* (Paris, Ollendorff, 1890), ainsi que de *Parsifal et l'opéra wagnérien* (Paris, Fischbacher, 1883).

140 *Mémoires*, I, p. 155.

141 On sait que telle est l'indication inscrite par Berlioz sur la partition de son arrangement de *La Marseillaise* pour grand orchestre et double chœur.

des révolutions. Il a le sens de la vie populaire. Non seulement il lance sur le théâtre des foules grouillantes et tumultueuses, comme celle du *Carnaval romain*, au second acte de *Benvenuto*, qui annonce, trente ans d'avance, les foules des *Meistersinger*, mais il crée une musique populaire, un style colossal.

Le modèle était ici Beethoven, le Beethoven de l'*Héroïque,* de l'*Ut mineur*, de la *Symphonie en la*, surtout de la *Neuvième.* Berlioz est encore en ceci son héritier et son continuateur[142]. Et, avec son entente de l'effet matériel, de la matière sonore, il bâtit des édifices « babyloniens, ninivites », comme il écrit lui-même[143], « une musique à la Michel-Ange[144] », « en style énorme[145] ». C'est la *Symphonie funèbre et triomphale* pour deux orchestres et chœur ; c'est le *Te Deum* pour orchestre, orgue et trois chœurs, que Berlioz aime entre toutes ses œuvres, et dont le finale (*Judex crederis*) lui paraît ce qu'il a écrit de plus grandiose[146] » ; c'est *L'Impériale*, pour deux orchestres et deux chœurs ; c'est le fameux *Requiem*, avec ses « quatre orchestres d'instruments de cuivre séparés les uns des autres, et dialoguant à distance autour du grand orchestre et de la masse des voix ». Ce sont souvent, comme le *Requiem*, des œuvres d'un style trop hâtif, d'un sentiment un peu vulgaire, mais d'une grandeur écrasante. Elles ne la doivent pas seulement à l'énormité des moyens employés,

---

142 C'est de Beethoven, dit Berlioz, que date « l'avènement dans notre, art de ces formes colossales ». (*Mémoires*, I, p. 112) – Berlioz oublie un des modèles de Beethoven : Haendel. – Il y a lieu de tenir compte aussi de l'exemple des musiciens de la Révolution française : Méhul, Gossec, Cherubini, Lesueur, dont les œuvres n'égalent pas sans doute les intentions, mais ne sont pas sans grandeur, et décèlent souvent l'intuition d'un art nouveau, héroïque et populaire.

143 Lettre à Morel, 1855. Berlioz appelle ainsi le *Tibi omnes* et le *Judex* de son *Te Deum.* À rapprocher du jugement de Heine : « La musique de Berlioz me fait songer à de gigantesques espèces de bêtes éteintes, à de fabuleux empires… Babylone, les jardins suspendus de Sémiramis, les merveilles de Ninive, les audacieux édifices de Mizraïm… » [NdÉ – Heinrich Heine, *Lutèce. Lettres sur la vie politique, artistique et sociale de la France*, Paris, Michel Lévy, 1855, p. 388.]

144 *Mémoires*, I, p. 17.

145 Lettre à un inconnu, datant probablement de 1855 (collection Siegfried Ochs) et publiée dans la *Geschichte der französischen Musik* d'Alfred Bruneau, Berlin, 1904. Cette lettre comprend un catalogue analytique assez curieux de l'œuvre de Berlioz par lui-même. Il y note avec prédilection ses compositions du « genre colossal » (*Requiem, Symphonie funèbre et triomphale, Te Deum)*, ou « en style énorme » (*L'Impériale*). [NdÉ – Cette cantate à deux chœurs, sur un texte du capitaine Pierre-Chéri Lafont, fut dédiée à Napoléon III et créée par 1 250 exécutants au Palais de l'Industrie dans le cadre de l'Exposition universelle de Paris, le 15 novembre 1855.]

146 *Mémoires*, II, p. 364, et lettre de la collection Siegfried Ochs citée ci-dessus.

mais à « la largeur du style et à la formidable lenteur de certaines progressions, dont on ne devine pas le but final, et qui donnent à ces compositions leur physionomie étrangement gigantesque[147] ». Berlioz a laissé là de puissants exemples de la beauté qui peut se dégager, en musique, de la masse toute brute. Ainsi les Alpes monstrueuses, belles pourtant et poignantes par leur immensité. Dans ces ouvrages cyclopéens, « le compositeur laisse agir, comme dit un critique allemand, la force élémentaire et brutale du son, du rythme pur[148] ». Ce n'est presque plus de la musique. Ce sont des forces de la nature. Berlioz appelle lui-même son *Requiem* « un cataclysme musical[149] ».

Ces ouragans sont faits pour parler au peuple, pour remuer et soulever ce lourd océan humain. Le *Requiem* est un *Jugement dernier*, non comme celui de la Sixtine (que Berlioz n'aimait point), pour de grandes aristocraties, mais pour des foules tumultueuses, passionnées, et un peu barbares. La *Marche de Rakoczy* est moins une marche hongroise que la musique des batailles révolutionnaires ; elle sonne la charge ; il convient de lui donner pour épigraphe, comme dit Berlioz, les vers de Virgile[150] :

Furor iraque mentes
Præcipitant, pulchrumque mori succurrit in armis[151].

Et quand Wagner entend la *Symphonie funèbre et triomphale*, il est forcé lui-même de reconnaître à Berlioz « son entente à écrire des compositions parfaitement populaires au sens le plus idéal du mot » :

> J'éprouvai, en écoutant cette symphonie, l'impression vive que le premier gamin en blouse bleue et en bonnet rouge devait la comprendre à fond. Je

147 *Ibid.*, II, p. 363. Voir aussi II, p. 163 *sqq.*, la description du festival colossal de 1844, avec ses 1 022 exécutants.

148 Hermann Kretzschmar, *Führer durch den Konzertsaal* [*Guide du concert*, Leipzig, 1887-1890].

149 *Mémoires*, I, p. 312.

150 [NdÉ] Virgile, *Énéide*, Livre 2, 316 : « La fureur et la colère s'emparent de mon esprit, et mourir les armes à la main me paraît beau ».

151 Lettre du 14 février 1861 à de jeunes Hongrois. – Voir dans les *Mémoires*, II, p. 212 et suiv., l'émotion incroyable produite par la *Marche de Rakoczy* sur le public de Pesth, et surtout la scène si frappante de la fin : « … Je vois entrer à l'improviste un homme misérablement vêtu et le visage animé d'une façon étrange. En m'apercevant, il se jette sur moi, m'embrasse avec fureur, ses yeux se remplissent de larmes, c'est à peine s'il peut balbutier ces mots : "Oh ! Monsieur, monsieur ! Moi Hongrois, … pauvre diable, … pas parler français…, *un poco l'italiano…* Pardonnez… mon extase… Ah ! Ai compris votre canon… Oui, oui, la grande bataille… Allemands chiens !" Et se frappant la poitrine à grands coups de poing : "*Dans le cœur, moi… je vous porte… Ah ! Français… révolutionnaire… savoir faire la musique des révolutions…*" ».

> n'aurais nulle hésitation à donner le pas à cette œuvre sur les autres œuvres de Berlioz : elle est noble et grande, de la première à la dernière note ; un sublime enthousiasme patriotique, qui s'élève du ton de la déploration aux plus hauts sommets de l'apothéose, garde cette œuvre de toute exaltation malsaine... Je dois exprimer avec joie ma conviction que cette symphonie durera et exaltera les courages, tant que durera une nation portant le nom de France[152].

Comment de pareilles œuvres sont-elles négligées par notre démocratie, comment n'ont-elles pas leur place dans notre vie publique, comment ne sont-elles pas associées à nos grandes cérémonies ? – C'est ce qu'on se demanderait avec stupéfaction, si l'on n'était habitué, depuis un siècle, à l'indifférence de l'État à l'égard de l'art. Que n'aurait pu faire Berlioz, si les moyens lui en avaient été offerts, ou si une telle force avait trouvé son emploi dans les fêtes de la Révolution !

Il faut ajouter, malheureusement, qu'ici encore, son caractère fut l'ennemi de son génie, et que, de même que cet initiateur de la libre musique semble, dans la seconde moitié de sa vie, avoir peur de lui-même, reculer devant les conséquences de ses principes, retourner au classique, – de même ce révolutionnaire tombe dans le dénigrement maussade du peuple et des révolutions, du « choléra républicain », de « la sale et stupide république », « république de crocheteurs et de chiffonniers », « infâme racaille humaine, plus stupide et plus féroce cent fois, dans ses soubresauts et ses grimaces révolutionnaires, que les babouins et les orangs outangs de Bornéo[153] ! » L'ingrat ! Il devait à ces révolutions, à ces démocraties orageuses, à ces tourmentes humaines, le meilleur de son génie, et il les reniait ! Il était le musicien des temps nouveaux, et il revenait au passé !

*
* *

N'importe ! Qu'il l'ait ou non voulu, il a ouvert à l'art de magnifiques chemins. Il a montré à la musique de la France la véritable route, où devait s'engager son génie, il lui a révélé ses destinées, méconnues jusqu'à

152 5 mai 1841. Trad. Camille Benoît (*Richard Wagner, Musicien, poète et philosophe*, 1887).

153 *Mémoires*, I, p. 43. – Berlioz n'a cessé d'invectiver contre la Révolution de 1848, qu'il aurait pu si bien comprendre. Au lieu de tirer parti, comme Wagner, de la surexcitation de cette époque, pour écrire des œuvres passionnées, il travaille à *l'Enfance du Christ*. Il affecte l'indifférence absolue ; et il était si peu fait pour l'indifférence ! – Il applaudit au coup d'État, et méprise les idéologues.

lui. Il nous a donné une langue musicale d'une vérité psychologique et d'une souplesse admirables, une musique libre, affranchie des traditions étrangères, sortie du fond de notre race, modelée sur l'esprit français, répondant à son imagination précise, à son instinct pittoresque, à sa mobilité d'impressions, à son besoin extrême de nuances. Et il a jeté les fondements grandioses d'une musique nationale et populaire, pour la plus grande démocratie de l'Europe.

Ce sont là des mérites éclatants. Si Berlioz avait eu la raison d'un Wagner pour se rendre pleinement compte de la profondeur de son intuition, s'il avait eu la volonté d'un Wagner pour grouper en un tout indissoluble et pour coordonner les pensées directrices de son génie, j'ose dire qu'il eût fait en musique une révolution plus grande que celle de Wagner, qui fut plus fort, plus maître de lui, mais moins original qu'il ne semble et, au fond, le dernier d'un glorieux passé. – Cette révolution se fera-t-elle encore ? Peut-être ; mais retardée d'un demi-siècle. Berlioz estimait amèrement qu'on commencerait à comprendre ses intentions vers 1940[154]. Il se peut que cette prophétie ironique se réalise. La poussée de la jeune école française, ses efforts, victorieux vers une langue plus libre semblent le faire espérer. Puisse-t-elle rendre hommage à ce grand précurseur ! Puisse-t-elle comprendre la témérité féconde de ce génie, et accomplir l'œuvre qu'il inaugura avec une superbe énergie, – et dont il eut peur !

Après tout, comment s'étonner qu'il ait pu défaillir sous sa lourde mission ! Il était si seul ! Plus on s'éloignera de lui, plus il paraîtra seul, – seul à une époque qui comptait des Wagner, des Liszt, des Schumann, des Franck, – seul, portant tout un monde en lui, dont ses ennemis, ses amis, ses admirateurs, lui-même, n'avaient pas entièrement conscience, – seul et torturé par sa solitude. Seul : c'est le mot que répète la musique de sa jeunesse et celle de sa vieillesse : la *Symphonie fantastique* et les *Troyens.* C'est le mot que je lis dans le portrait que j'ai sous les yeux, en écrivant ces lignes, le beau portrait des *Mémoires*, dont le regard triste et dur semble fixer, sur son temps qui le méconnut, un reproche douloureux[155].

---

154 « Ma carrière musicale finirait par devenir charmante, si je vivais seulement cent quarante ans. » (*Mémoires*, II, p. 390.)

155 Cette solitude avait frappé Wagner : « L'isolement de Berlioz ne s'étend pas seulement à sa situation extérieure ; c'est avant tout cet isolement qui est le principe de son évolution

WAGNER[1], À PROPOS DE *SIEGFRIED*

Rien ne vaut le charme des premières impressions. Je me souviens du temps où j'entendais, enfant, pour la première fois, des fragments de Wagner chez le vieux Pasdeloup, au Cirque d'hiver[2]. C'était quelque après-midi de dimanche brumeux et triste, à la lumière jaunâtre. On était saisi dès l'entrée par la chaleur accablante, l'étourdissement des lumières, le bourdonnement de la cohue. Les yeux étaient brûlés, la respiration étouffée, le corps tout entier à la gêne, écrasé dans un étroit espace, sur les banquettes de bois, entre d'épaisses murailles humaines. Mais, dès les premières notes, tout était oublié ; on tombait dans un état d'engourdissement douloureux et délicieux. Il se peut que la gêne rendît le plaisir plus aigu. Qui connaît l'ivresse d'une ascension de montagne sait combien elle est intimement unie à la fatigue même, à l'éclat intolérable du soleil, à l'oppression du souffle, aux âpres sensations qui réveillent et stimulent la vie, qui s'enfoncent dans le corps, et sculptent avec une précision ineffaçable le souvenir d'un moment. Le confort d'une salle de spectacle n'ajoute pas à l'illusion. Peut-être est-ce donc

---

intellectuelle : si Français qu'il soit, si réelles que soient les sympathies qui unissent son essence, sa tendance à celle de ses concitoyens, il n'en reste pas moins seul. Il ne voit personne devant lui sur qui s'étayer, à ses côtés personne sur qui s'appuyer. » (Article déjà cité, 1841) – Plus on relit les jugements de Wagner, plus on se convainc que ce n'est pas l'intelligence, mais la sympathie, qui lui manqua, pour comprendre Berlioz. Au fond, je ne doute point qu'il ne sût exactement quel était son grand rival. – Mais il ne l'a point dit, – sinon peut-être dans un étrange papier, qui n'était certes pas fait pour être publié, et où il le compare, lui aussi, à Beethoven – et à Bonaparte. (Autographe de la collection Alfred Bovet, publié par Mottl dans les revues allemandes, et par M. Georges de Massougnes dans la *Revue d'art dramatique* (janvier 1902). M. Tiersot l'a reproduit dans son livre, p. 260-261.

1 [NdÉ] Romain Rolland réunit ici deux articles déjà publiés : « Wagner : À propos de Siegfried », dans *La Revue de Paris*, 1er janv. 1902, p. 198-204 et « Wagner : Tristan », dans la *Revue d'art dramatique*, nov. 1899, p. 173-177 (seule la seconde partie de l'article a été conservée).

2 [NdÉ] Sur le chef d'orchestre Pasdeloup et le Cirque d'hiver, voir le chapitre « Le renouveau : Esquisse du mouvement musical à Paris depuis 1870 ».

à l'incommodité parfaite des concerts d'autrefois que je dois d'avoir conservé si nette la mémoire de ma première rencontre avec l'œuvre de Wagner.

De quel trouble magique elle me pénétrait ! Tout m'était mystérieux en elle : les sonorités nouvelles de l'orchestration, les timbres, les rythmes, les sujets ; toute la poésie sauvage du lointain moyen âge, des légendes barbares, et la fièvre obscure de nos désirs et de nos angoisses cachées. Je ne comprenais pas bien. Comment l'aurais-je pu ? Ces pages étaient arrachées à des œuvres qui m'étaient inconnues. Il était presque impossible de saisir l'enchaînement des idées musicales : l'acoustique de la salle, la mauvaise disposition de l'orchestre, la maladresse des exécutants, altéraient constamment le dessin ou changeaient le rapport des couleurs ; tel trait qui aurait dû dominer se trouvait effacé, tel autre était dénaturé par l'inexactitude du mouvement, ou la justesse douteuse. Encore aujourd'hui, où nos orchestres de concerts se sont formés par des années d'études, il m'arrive souvent de ne pouvoir suivre la pensée de Wagner, pendant des scènes entières, que parce que je connais la partition. La netteté du chant, et par suite l'intelligence du sentiment, disparaît, étouffée sous les accompagnements. S'il en est ainsi maintenant, combien l'obscurité devait être plus grande alors ! N'importe ! Je me sentais enveloppé de passions surhumaines. Un souffle puissant renouvelait mon souffle et me remplissait de joies et de douleurs également bienfaisantes : car les unes comme les autres respiraient la force, qui est toujours une joie. Il me semblait qu'on m'avait arraché mon cœur d'enfant, et qu'on l'avait remplacé par un cœur de héros.

Et je n'étais pas le seul. Je voyais autour de moi, sur les visages de mes voisins, le reflet des émotions que je sentais en moi. Qui dira ces expressions d'une salle de concert, ces pauvres figures, si médiocres pour la plupart, marquées par l'usure d'une vie sans idéal et sans intérêt, éteintes, endormies, et que ressuscite pendant quelques instants l'âme divine de la musique ? Cela est tour à tour sublime, grotesque et touchant. Spectacle saisissant que celui de milliers d'hommes que possède une mélodie !... Quelle place avait dans ma vie ce concert du dimanche ! Je ne vivais toute la semaine que dans l'attente de ces deux heures ; et quand elles étaient passées, j'en réchauffais en moi le souvenir jusqu'au dimanche suivant. Cette fascination de la jeunesse par la musique de Wagner a souvent inquiété ; on y a vu un poison pour la pensée[3], un

3 [NdÉ] « Le poison idéaliste » est le titre d'un article de Romain Rolland paru dans la *Revue d'art dramatique*, juillet 1900 et repris dans *Compagnons de route* (1936). Romain

danger pour l'action. Mais je ne sache pas que la génération, qui s'enivrait alors de Wagner, se soit depuis désintéressée de l'action ; et comment ne comprend-on pas que si cette musique était un tel besoin pour nous, c'est qu'elle était pour nous non la mort, mais la vie ! Enfermés, étiolés, dans une civilisation urbaine et livresque à l'excès, loin de l'action, loin de la nature, loin de toute vie vraie et forte, nous nous abreuvions avidement de l'âme la plus sincère, la plus héroïque, la plus généreuse, une âme toute remplie de toutes les passions du monde et de tous les souffles de la terre. Dans les *Meistersinger*[4], dans *Tristan*[5], dans *Siegfried*, nous allions boire la joie, l'amour, la force, qui nous manquaient.

*
* *

Au temps où je sentais si violemment la séduction de Wagner, il y avait toujours quelques délicats parmi les Wagnériens mes aînés pour rabattre mon admiration, et dire, avec un sourire dédaigneux : « Ce n'est rien. On ne peut juger de Wagner au concert. Il faut l'entendre au théâtre, à Bayreuth. » – Depuis, j'ai été plusieurs fois à Bayreuth[6] ; j'ai

Rolland y évoque « l'invasion de l'esprit français par ces armées de puissantes et étranges influences du Nord, – la plus redoutable de toutes : l'influence Wagnérienne, – fécondes sans doute, riches de vie et de pensée, mais dangereuses à transfuser dans d'autres races, sans en troubler les cerveaux, au moins pour quelque temps, sans y causer un vertige, un déséquilibre, comme il arrive à ceux qui passent brusquement d'un climat dans un autre… » De Paul Claudel, *Le Poison wagnérien* ne paraîtra qu'en 1938.

4 [NdÉ] *Meistersinger* : *Die Meistersinger von Nürnberg*, *Les Maîtres-chanteurs de Nuremberg* (1868). Romain Rolland cite le titre des opéras de Wagner, tantôt en allemand, tantôt en français, et selon les abréviations d'usage.

5 [NdÉ] *Tristan* : *Tristan und Isolde*, *Tristan et Isolde* ou *Tristan et Ysolde* (1865).

6 [NdÉ] Enthousiaste, Romain Rolland assiste pour la première fois au Festival de Bayreuth en 1891, en compagnie de Malwida de Meysenbug. Voici ce qu'il écrit le 11 août 1896 dans une page de son *Journal* que publient *Les Lettres françaises*, le 6 janvier 1955 : « *Siegfried*. – Enfin ma raison se tait ; je suis ému. Cette représentation n'a aucun rapport avec les précédentes. Le premier acte est une merveille et suffirait à légitimer, même à nécessiter l'école de Bayreuth dont le Mime (Hans Breuer) et le Siegfried (Burgstaller) sont élèves. Jamais je n'ai vu jouer en musique avec une telle vie. Le Mime, étonnant de silhouette, haut comme son enclume, arrivant à la manche de Siegfried, sale, velu, avec une tignasse ébouriffée, semblable à un vieux singe, les yeux rouges, une figure d'une mobilité grimaçante, qui est une comédie à elle seule ; une voix d'une justesse parfaite d'intonation avec des notes suraiguës de Polichinelle ou de nain bossu ; des sautillements perpétuels sur ses jambes torses et boiteuses et des gestes adroits, furtifs et malpropres. (Je le vois encore fabriquer le poison pour Siegfried, en cassant des œufs qu'il vide avec le doigt, et s'essuyant après à des guenilles). – Le lourd et un peu répugnant Burgstaller devient de loin un Siegfried

vu l'œuvre de Wagner à Berlin, à Dresde, à Munich, et dans d'autres villes d'Allemagne : jamais je n'ai retrouvé mon ivresse d'autrefois. On a bien tort de prétendre que la connaissance approfondie d'une belle œuvre en augmente la jouissance. Elle l'éclaire, mais la refroidit. Le mystère se dissipe. Les fragments énigmatiques entendus dans les concerts prenaient des proportions colossales par tout ce que l'esprit y ajoutait. Cette épopée des Nibelungen[7], d'où nous voyions surgir par éclairs des figures grandioses et étranges, aussitôt disparues, était comme une forêt aux immenses profondeurs, peuplée de tous nos songes. Maintenant nous en avons parcouru les chemins. Nous avons reconnu l'ordre et la raison souveraine qui règnent au milieu du délire apparent de l'imagination. Les héros se montrent en pleine lumière ; les moindres plis de leurs visages nous sont familiers, et nous n'éprouvons plus en *leur* présence l'émotion confuse et puissante des premiers jours.

Mais peut-être est-ce là simplement le fait de quelques années de plus ; et si je ne retrouve pas mon Wagner d'autrefois, c'est que je ne me retrouve plus moi-même. L'œuvre d'art, surtout l'œuvre musicale, se transforme avec nous. Ce qui me frappe aujourd'hui dans *Siegfried*, par exemple, n'a rien de mystérieux : c'est la clarté du génie, la netteté vigoureuse du dessin, la franchise et la force virile, la santé extraordinaire de l'œuvre et du héros.

Quand je pense que le pauvre Nietzsche, dans sa maladie de détruire tout ce qu'il avait adoré, et de poursuivre chez les autres la « Décadence », qui était en lui, l'incarne dans Wagner, – et qu'entraîné par sa verve et par sa manie de paradoxe, qui serait risible, si l'on ne se rappelait que ces étranges boutades n'étaient pas écloses en des heures de joie, il lui dénie ses qualités les plus évidentes : la force, la volonté, l'unité, la logique, l'art du développement ! Ne s'amuse-t-il pas à comparer le style de Wagner à celui des Goncourt, faisant de lui, par une ironie divertissante, *un grand miniaturiste*, le poète des « demi-teintes », le musicien des préciosités et des mélancolies, si délicat et si mou « qu'après lui, tous les musiciens paraissent *trop robustes*[8] ». – Oh ! que c'est bien là peindre, du même coup, Wagner et

---

jeune, franc, charmant, avec des gestes souples, comme naturellement élégants, un abandon héroïque et une voix sympathique. Admirable, la scène de la forge [...] ».

7 [NdÉ] *Das Ring des Nibelungen* (*Das Rheingold*, 1869 ; *Die Walküre*, 1870 ; *Siegfried*, 1876 ; *Die Götterdämmerung*, 1876), *L'Anneau du Nibelungen* (*L'Or du Rhin, La Walkyrie, Siegfried, Le Crépuscule des dieux*) ou encore la *Tétralogie*.

8 F. Nietzsche, *Le Cas Wagner*, traduction Daniel Halévy et Robert Dreyfus, [Paris, Librairie Albert Schulz, 1893], p. 34 et 35. [NdÉ – Il s'agit de la première traduction.]

son temps ! Qui ne reconnaîtrait la Tétralogie dans ces tableautins, vus à la loupe, délicatement léchés ; – et Wagner, dans cet élégiaque de salon, bellâtre et alangui ; et les musiciens contemporains, dans cette réunion d'athlètes « trop robustes » ! – Le plaisant de ce jeu d'esprit, c'est qu'il a été pris au sérieux aujourd'hui par certains arbitres des élégances, trop heureux de contrecarrer, quelle qu'elle soit, l'opinion ordinaire.

Qu'il y ait dans Wagner une partie décadente, où s'accuse l'hypertrophie de la sensibilité, et, si l'on veut, l'hystérie et la névrose modernes, je n'en doute pas. Si elle n'y était point, il ne serait pas représentatif de son époque, comme tout grand artiste le doit être. Mais il y a bien autre chose en lui ; et si les femmes et les jeunes gens ne voient rien au-delà, cela ne prouve que leur impossibilité de sortir d'eux-mêmes. Il y a beau temps que Wagner se plaignait à Liszt « que public et artistes ne sauraient entendre et comprendre que le côté le plus efféminé de son œuvre : ils n'en saisissent pas l'énergie ». – « Mes prétendus succès, dit-il ailleurs, ne reposent que sur des malentendus. Ma renommée publique ne vaut pas une coquille de noix[9]. » – N'a-t-il pas été acclamé, patronné, accaparé, pendant un quart de siècle, par tous les décadents littéraires et artistiques de l'Europe ? Mais qui a vu en lui le musicien robuste, le classique, le successeur direct de Beethoven ? L'héritier de son génie héroïque et pastoral, de son souffle d'épopée, de sa métaphysique passionnée, de ses rythmes de bataille, de ses phrases napoléoniennes, aux allures de fanfares, aux grandes enjambées ?

Nulle part plus qu'en *Siegfried*. Déjà dans la *Walküre*, certains rôles, certaines phrases, de Wotan, de Brünnhilde, surtout de Siegmund, sont tout proches des *Symphonies* et des *Sonates* : je ne puis jouer le récitatif *con espressione e semplice* de la dix-septième sonate pour piano (op. 31, n° 2[10]) sans qu'il évoque pour moi les sombres solitudes des forêts de la *Walküre*, et le héros fugitif et traqué. Mais, dans *Siegfried*, ce ne sont pas seulement des ressemblances de détail, c'est l'esprit même de toute l'œuvre, poème et musique. Je ne puis m'empêcher de croire que Beethoven, qui aurait peut-être haï *Tristan*, eût adoré *Siegfried*. C'est l'incarnation la plus complète de l'âme de la vieille Allemagne, virginale et brutale, candide et malicieuse, pleine d'humour, de sentimentalisme, de pensée profonde, rêvant de batailles sanglantes et joyeuses, à l'ombre des chênes gigantesques, et au chant des oiseaux.

---

9 [NdÉ] Sur les éditions de la correspondance de Wagner, voir note 27, p. 89.

10 [NdÉ] Beethoven, sonate 17 en *ré* mineur dite « La tempête » (1802).

*
* *

Il faut bien le dire : pour l'esprit et pour la forme, *Siegfried* est exceptionnel dans l'œuvre de Wagner. Il déborde de joie. Seuls, les *Meistersinger* peuvent rivaliser de gaieté avec lui. Et, dans les *Meistersinger* même, on ne peut trouver un aussi juste équilibre de la poésie et de la musique. Il respire la parfaite santé et le bonheur sans mélange.

Or il est admirable qu'il soit sorti justement de la souffrance et de la maladie. L'époque où Wagner l'écrivit est une des plus tristes de sa vie. – Il en est presque toujours ainsi en art. On se trompe en cherchant dans les œuvres d'un grand artiste l'explication de sa vie. Cela n'est vrai que par exception. Il y a gros à parier, le plus souvent, que ses œuvres disent exactement le contraire de sa vie, – ce qu'il n'a pas pu vivre. L'objet de l'art est de suppléer à ce qui manque à l'artiste. « L'art commence, où la vie cesse[11] », a dit Wagner. Un homme d'action se plaît rarement aux œuvres d'art violentes. Borgia et Sforza patronnaient Léonard[12]. Les hommes robustes et sanguins du XVIIe siècle, l'apoplectique cour de Versailles, où la lancette de Fagon[13] joue un rôle si nécessaire, les généraux et les ministres qui dragonnaient les protestants et brûlaient le Palatinat, aimaient les pastorales. Napoléon pleurait à la lecture de *Paul et Virginie*, et se délectait de la musique clairette du pâle Paesiello[14]. Un homme fatigué d'une vie trop active cherche le repos dans l'art ; un homme trop à l'étroit dans une vie médiocre cherche l'action dans l'art. Un grand artiste écrit presque fatalement une œuvre gaie, quand il est triste ; une œuvre triste, quand il est gai. La *Symphonie à la joie* de Beethoven est fille de la misère[15]. Les *Meistersinger* de Wagner ont été composés immédia-

11 [NdÉ] Lettre à Röckel. Carl August Röckel (1814-1876) participa avec Wagner aux événements révolutionnaires de 1848-1849 à Dresde. Comme en témoigne leur correspondance, les deux hommes resteront très liés malgré leurs divergences politiques.

12 [NdÉ] Léonard de Vinci sert le duc Ludovic Sforza, à Milan, de 1482 à 1499, puis César Borgia, à Rome, à partir de 1502.

13 [NdÉ] Guy-Crescent Fagon, premier médecin du roi, de 1693 à la mort de Louis XIV en 1715.

14 [NdÉ] Compositeur préféré de Napoléon, Giovanni Paisiello écrit une Messe et un *Te Deum* à double chœur pour le sacre de l'empereur en 1804. Jacques-Henri Bernardin de Saint-Pierre, dont le roman *Paul et Virginie* connut un grand succès dès sa parution en 1788, fut un des rares écrivains pensionnés sous le Consulat.

15 [NdÉ] Il s'agit de la *IXe Symphonie* également désignée par Romain Rolland comme la *Symphonie avec chœurs*.

tement après l'écrasement de *Tannhaüser* à Paris. On s'évertue à chercher dans *Tristan* la trace d'une passion de Wagner, et Wagner dit lui-même : « Comme, dans toute mon existence, *je n'ai jamais goûté vraiment le bonheur de l'amour*, je veux à ce beau rêve élever un monument : j'ai dans la tête le plan d'un *Tristan et Ysolde*[16] ». – Il en est de même pour l'heureux et insouciant *Siegfried*.

*
* *

La première idée de *Siegfried* est contemporaine de la Révolution de 1848. On sait que Wagner y prit part avec la passion qu'il mettait à tout. Son biographe attitré, M. Houston Stewart Chamberlain[17], – celui qui, avec M. Henri Lichtenberger[18], a le mieux pénétré et expliqué cette âme aux mille replis, mais qui, moins complètement que M. Lichtenberger, a pu se dégager de certaines préoccupations apologétiques, qui troublent parfois l'impartialité de son jugement, – s'est donné beaucoup de mal pour prouver que Wagner avait toujours été un patriote et un monarchiste allemand : – ce qu'il est peut-être devenu, mais plus tard (et ce ne fut pas, je crois, la dernière phase de son évolution). – Les faits parlent d'eux-mêmes. Le 14 juin 1848, dans un discours fameux à l'Association nationale démocratique, Wagner attaque violemment l'organisation sociale actuelle ; et il réclame à la fois « l'abolition de l'argent » et « l'extinction du dernier reflet de l'aristocratie[19] ». Dans *L'Œuvre d'art de l'avenir* (1849), il montre au-delà du « nationalisme

16 [NdÉ] Lettre à Liszt, 16 décembre 1854.

17 [NdÉ] Époux d'Eva, fille de Richard et Cosima Wagner, Houston Stewart Chamberlain (1855-1927) se fera l'apôtre du pangermanisme, des théories raciales et du nazisme. Sur Wagner, il publie en particulier : *Das Drama Richard Wagners : Eine Anregung* (1892), qu'il traduit lui-même en français (*Le Drame wagnérien*, Paris, Chailley, 1894) et *Richard Wagner* (1895), traduit par Alfred Dufour sous le titre *Richard Wagner, sa vie et ses œuvres*, Paris, Librairie académique Perrin, 1899. C'est à ce dernier livre que se réfère Romain Rolland pour évoquer le comportement de Wagner lors des journées révolutionnaires de Dresde en 1848 et 1849.

18 [NdÉ] Henri Lichtenberger (1864-1941), *Richard Wagner poète et penseur*, en 1898 (Paris, Félix Alcan ; Nouvelle édition complétée par l'auteur, 1931 ; rééd. Bibliothèque des introuvables Tchou, 2000).

19 [NdÉ] Le 14 juin 1848, Wagner publie dans le *Journal de Dresde* un texte qu'il lira le jour même lors d'une conférence devant l'Association patriotique : *Wie verhalten sich republikanische Bestrebungen dem Königthume gegenüber ? Comment les tendances républicaines se situent-elles face à la royauté ?* ou selon la traduction de Chamberlain, *Comment concilier*

local » la venue prochaine de « l'universalisme supranational[20] ». Et ce ne sont pas des mots : il risque sa vie pour ses idées. M. Chamberlain lui-même cite le récit d'un témoin, qui le vit en mai 1849 distribuant des proclamations révolutionnaires aux troupes qui assiègent Dresde : c'est miracle qu'il ne soit pas arrêté et fusillé. On sait qu'après la prise de Dresde, un mandat d'amener fut lancé contre lui, et qu'il passa en Suisse, avec un passeport, sous un nom emprunté. – S'il est vrai que, plus tard, Wagner déclara qu'il était alors « engagé dans l'erreur, et entraîné par la passion », il n'importe pour l'histoire de cette période. Les erreurs et les passions font partie intégrante d'une vie ; et l'on n'a pas le droit de les supprimer d'une biographie, sous prétexte que, vingt ou trente ans après, le héros les a démenties. Elles n'en ont pas moins été, pendant un temps, les maîtresses de ses actions, et les inspiratrices de sa pensée. – C'est de la Révolution que sort directement *Siegfried*.

En 1848, Wagner ne songe pas encore à une Tétralogie, mais à un opéra héroïque en trois actes, dont *La Mort de Siegfried* est le titre, et qui doit symboliser dans le trésor des Nibelungen la puissance fatale de l'or et, dans *Siegfried*, « le rédempteur socialiste, venu sur terre pour abolir le règne du capital ». Puis le projet se développe. Wagner remonte le fleuve de la vie de son héros. Il rêve à son enfance, à la conquête du trésor, au réveil de Brünnhilde ; et, en 1851, il écrit le poème du *Jeune Siegfried*. Siegfried et Brünnhilde représentent l'humanité future, les temps nouveaux qui s'accompliront quand la terre sera délivrée du joug de l'or. Puis il remonte plus haut encore, jusqu'aux sources de la légende ; et Wotan paraît, symbole de notre temps, de l'homme tel que nous sommes, par opposition à Siegfried qui est l'homme tel que nous devrions être, tel qu'il sera[21]. Enfin il imagine « Le Crépuscule des Dieux » ; et le Walhall s'écroule avec la société présente, pour faire place à l'humanité régénérée. Wagner

---

des tendances républicaines avec la royauté ? Wagner oppose la « royauté » qui fait du roi le premier citoyen à la « monarchie » que domine l'aristocratie.

20 [NdÉ] Romain Rolland se réfère au livre de Chamberlain, *Richard Wagner, Sa vie et ses œuvres* (IIe partie, « La politique de Richard Wagner »).

21 « Regarde bien Wotan : il nous ressemble à s'y méprendre ; il est la somme de l'intelligence actuelle, tandis que Siegfried est l'homme attendu, voulu par nous, l'homme de l'avenir, qui ne peut être fait par nous, qui doit se faire lui-même par notre anéantissement, – l'homme le plus parfait que je puisse imaginer. » (Wagner à Roeckel, 25 janvier 1854.) – Pour l'histoire de cette période, et la genèse de *l'Anneau du Nibelung*, voir le chapitre III du livre de M. Henri Lichtenberger, *Richard Wagner poète et penseur* ; et la correspondance de Wagner avec Liszt, Uhlig et Roeckel.

écrit, à Uhlig[22], en 1851, que l'ensemble de l'œuvre devait être joué « après la grande Révolution[23] ».

Le public de l'Opéra serait probablement bien étonné d'apprendre qu'il acclame une œuvre révolutionnaire, dirigée expressément par Wagner contre ce capital détesté, dont la ruine lui tenait si fort à cœur. Il ne se doute guère non plus de tout ce que ces pages de joie rayonnante cachent de douleur.

Wagner était à Zurich, après un séjour à Paris, où il avait tant souffert, « de dégoût pour le monde artistique, et d'horreur pour la contrainte qu'il s'était imposée », qu'il fut atteint « d'une maladie nerveuse qui faillit le tuer ». Il se remit à son *Jeune Siegfried* qui lui « procura de grandes joies. Mais je suis malheureux, dit-il, de ne pouvoir que chanter. Je travaille sans me donner le change un seul instant. Je sens que c'est une illusion, et que rien ne vaut la réalité. » – « Ma santé n'est pas bonne. Mon système nerveux est dans un état inquiétant d'affaiblissement progressif. Ma vie toute d'imagination, sans action suffisante, me fatigue au point que je ne puis plus travailler qu'à de longs intervalles, et en m'interrompant souvent, sous peine de m'exposer à une longue et douloureuse souffrance… Je suis très seul. J'aspire souvent à la mort. » – « Tant que je travaille, je puis me faire illusion ; mais dès que je me repose, l'illusion se dissipe, et alors je suis indiciblement misérable. Oh ! la belle existence d'artiste que voilà ! Comme je la donnerais volontiers pour une semaine de vraie vie ! » – « Je ne comprends pas comment un homme vraiment heureux peut avoir l'idée de faire de l'art. Si nous avions la vie, nous n'aurions pas besoin de l'art. Quand le présent ne nous offre plus rien, nous crions par l'œuvre d'art : "Je voudrais !" Pour ravoir ma jeunesse, ma santé, pour jouir de la nature, pour une femme qui m'aimerait sans réserve, pour de beaux enfants, je donne tout mon art. Le voilà ! Donne-moi le reste[24]. »

Ainsi est écrit le poème de la Tétralogie, parmi des alternatives, où, comme il le dira plus tard, il a pensé vingt fois « à abandonner l'art et tout, pour redevenir un homme sain, normal, pour redevenir un homme de la nature ». Il se met à en composer la musique dans ce même état de souffrance, chaque jour plus aiguë. « Mes nuits sont le plus souvent sans

22 [NdÉ] Violoniste, compositeur et critique musical, Theodor Uhlig (1822-1853) entretient une importante correspondance avec Richard Wagner pendant ses séjours hors d'Allemagne.

23 12 novembre 1851.

24 [NdÉ] Lettres à Uhlig.

sommeil ; épuisé et misérable, je sors du lit avec la perspective d'une journée qui ne m'apportera pas une seule joie. La société me torture, et je la fuis, pour me torturer moi-même. Le dégoût me ronge, quoi que j'entreprenne. Cela ne peut pas durer. Je ne peux pas tolérer plus longtemps cette vie. Je me donnerai la mort plutôt que de continuer à vivre ainsi… Je ne crois plus à rien, je n'ai plus qu'un désir : dormir, – dormir d'un sommeil si profond que tout sentiment de misère humaine soit aboli pour moi. Ce sommeil, je devrais bien pouvoir me le procurer : ce n'est pas bien difficile[25]. » Pour se distraire, il va en Italie, à Turin, Gênes, la Spezzia, Nice. « Mais là, dans ce monde étranger, sa solitude lui apparaît si épouvantable qu'il tombe subitement dans un accablement profond, et ne peut assez vite rentrer à Zurich. » C'est alors qu'il écrit la musique insouciante et sereine du *Rheingold*. Il commence la partition de la *Walküre*, à une époque où « l'état de souffrance est son état normal », et il découvre Schopenhauer, qui confirme et éclaire son pessimisme instinctif. Il va, au printemps de 1855, donner des concerts à Londres. Il en revient malade, exaspéré de ce nouveau contact avec le monde. Il a grand'peine à reprendre la *Walküre*. Il la termine « au milieu de fréquents accès d'érysipèle facial ». Il lui faut faire une cure d'hydrothérapie à Genève ; et c'est à ce moment, tandis que gronde déjà dans sa pensée l'idée de *Tristan*, où il veut peindre « l'amour comme un supplice effroyable », qu'il commence la partition de *Siegfried* (fin de 1856). L'obsession tyrannique de *Tristan* ne lui permet pas de l'achever ; il est brûlé par sa fièvre meurtrière ; il abandonne *Siegfried*, en plein second acte ; et il se jette furieusement dans *Tristan* : « Je veux satisfaire mon désir d'amour jusqu'au complet assouvissement ; et, dans les plis du drapeau noir qui flotte au dénouement, je veux m'envelopper pour mourir[26]. » – Il ne terminera *Siegfried*, après plusieurs autres interruptions, que quatorze ans plus tard, à la fin de la guerre franco-allemande, le 5 février 1871.

Telle est, en quelques mots, l'histoire de cette idylle héroïque. Il n'est peut-être pas mauvais de rappeler de temps en temps au public ce qu'une ou deux heures de distraction pour lui représente souvent d'années de souffrances pour l'artiste[27].

---

25 [NdÉ] Lettre à Liszt, 30 mars 1853.

26 [NdÉ] Lettre à Liszt. Dans tout ce passage, Romain Rolland s'inspire du livre de Lichtenberger.

27 Toutes les citations de Wagner qui précèdent sont extraites des lettres à Roeckel du 14 août 1851, du 12 septembre 1851, du 25 janvier 1854 et du 23 août 1856 ; des lettres

*
* *

Se souvient-on de l'amusant récit fait par Tolstoï d'une représentation de *Siegfried* ?

> Quand je suis arrivé, un acteur en maillot était assis devant un objet qui devait figurer une enclume ; il portait perruque et barbe postiche ; ses mains blanches, soignées, n'avaient rien de l'ouvrier ; l'air dégagé, le ventre proéminent et l'absence de muscles trahissaient facilement l'acteur. D'un marteau invraisemblable, il frappait, comme on n'a jamais frappé, un glaive non moins fantaisiste. On pouvait deviner qu'il était un nain, parce qu'il marchait en pliant les jambes aux genoux. Il cria longuement, la bouche étrangement ouverte. L'orchestre émettait aussi des sons bizarres, des commencements sans suite. Puis un autre acteur parut, avec une corne en bandoulière, conduisant un homme travesti en ours et qui marchait à quatre pattes. Il lâcha l'ours sur le nain, qui se sauva, oubliant cette fois de plier les jambes. L'acteur à face humaine représentait le héros Siegfried. Il cria longtemps, et le nain lui répondit de même. Un pèlerin arriva : c'était le dieu Wotan. En perruque lui aussi, campé, avec sa lance, dans une pose niaise, il raconta à Mime ce que celui-ci n'ignorait pas, mais ce qu'on avait besoin de faire connaître au public. Puis Siegfried saisit les morceaux qui devaient représenter les débris de glaive, les forgea, et chanta : « Heaho, heaho, hoho ! Hoho, hoho, hoho, hoho ! Hoheo, haho, haheo, hoho ! » – et ce fut la fin du premier acte. – Tout cela était si faux, si stupide, que j'avais eu de la peine à rester assis jusqu'au bout et à ne pas m'en aller. Mais mes amis me prièrent de rester, m'assurant que le second acte serait meilleur.
>
> La scène représente une forêt. Wotan réveille le dragon. D'abord le dragon dit : « Je veux dormir ». Puis il sort de la grotte. Le dragon est représenté par deux hommes revêtus d'une peau verte à laquelle adhèrent des écailles. À un bout de la peau, ils agitent une queue ; à l'autre bout, ils font ouvrir une gueule de crocodile, d'où s'échappe du feu. Le dragon, qui a pour tâche d'être épouvantable, – et il épouvanterait sans doute des enfants de cinq ans, – prononce d'une voix de basse certaines paroles. C'est si bête, si puéril, qu'on

---

à Uhlig de l'été de 1851 et du 12 janvier 1852 ; des lettres à Liszt du 30 mars 1853 et du 15 janvier 1854. – Je cite le plus souvent la correspondance de Wagner avec Liszt et avec Uhlig d'après la traduction de M. H. Lichtenberger, et la correspondance avec Roeckel d'après la traduction de M. Maurice Kufferath. [NdÉ – La *Correspondance de Wagner et de Liszt* paraît en traduction française chez Breitkopf et Haertel en 1887. Romain Rolland cite la correspondance de Wagner avec Liszt et Uhlig à partir de l'ouvrage de Henri Lichtenberger, *Richard Wagner, poète et penseur, op. cit.* Les Lettres de Wagner à Auguste Roeckel, traduites par Maurice Kufferath, paraissent à Bruxelles, chez Breitkopf & Haertel, en 1894. Sans modifier la lettre du texte, Romain Rolland découpe et associe très librement les citations.]

> s'étonne d'y voir assister de grandes personnes ; et pourtant des milliers de gens soi-disant instruits regardent, écoutent avec attention et s'extasient. Arrive Siegfried avec sa corne. Il se couche dans une pause qui est censée être belle, et tantôt il discourt avec lui-même, tantôt il garde le silence. Il veut imiter le chant des oiseaux. Il coupe un jonc avec son glaive, et en fait une flûte. Mais il joue mal de la flûte et se met alors à souffler dans la corne. Cette scène est insupportable. Pas la moindre trace de musique. Je m'exaspérais à voir autour de moi trois mille personnes écouter docilement cette absurdité et l'admirer par devoir. Je parvins encore, à force de courage, à voir la scène suivante, la lutte de Siegfried contre le dragon, – mugissements, feux, brandissements de glaive ; – mais ensuite je n'y pus plus tenir, et je m'enfuis du théâtre avec un sentiment de dégoût qui n'a pu s'effacer jusqu'ici[28].

J'avoue que je ne puis lire cette réjouissante critique sans rire de bon cœur. Je n'éprouve pas ici la sensation pénible que me causent les ironies maladives et mauvaises de Nietzsche. Autrefois, ce m'était un chagrin que deux hommes que j'aimais avec la même affection, deux hommes que je vénérais comme les deux plus grandes âmes de l'Europe, que Tolstoï et Wagner fussent restés étrangers et hostiles l'un à l'autre. Je ne pouvais supporter la pensée que le génie, qui est fatalement condamné à n'être qu'imparfaitement compris de la foule, s'acharne à rendre sa solitude plus étroite et plus amère en se refusant, avec une sorte d'entêtement jaloux, à se rapprocher de ses pairs et à leur tendre la main. Mais, quand j'y réfléchis aujourd'hui, je trouve que c'est mieux ainsi. La première vertu du génie, c'est la sincérité. Or, si un Nietzsche a dû faire effort pour *ne pas* comprendre Wagner, en revanche il est naturel qu'un Tolstoï lui soit fermé ; et il serait presque choquant qu'il le comprît. Chacun d'eux a son rôle, et ne doit pas l'altérer : le rêve merveilleux de Wagner, son intuition magique de la vie intérieure, ne nous est pas moins bienfaisant que l'implacable vérité avec laquelle Tolstoï pénètre la société moderne et déchire les voiles hypocrites dont elle se couvre. J'admire donc Siegfried, et n'en goûte pas moins la satire de Tolstoï ; j'aime ce robuste humour, qui est un des caractères les plus frappants de son réalisme, un de ceux

28 Tolstoy, *Qu'est-ce que l'Art ?*, traduction de Halpérine-Kaminsky, [Paris, P. Ollendorff, 1898], p. 216 et suiv. [NdÉ – Dans l'Introduction à une lettre de Tolstoï, parue dans les *Cahiers de la quinzaine* (25 février 1902) et reprise dans *Compagnons de route*, Romain Rolland rend un vif hommage au jugement esthétique de cet auteur : « Si je regrette que Tolstoy se soit trompé souvent dans l'appréciation de tel ou tel grand homme, comme Beethoven ou Wagner, qu'il a eu le tort de juger sans les connaître suffisamment, [...] en revanche, je trouve son jugement général sur l'art d'une vérité absolue. » (p. 220-221).]

qui contribuent le plus à sa ressemblance – que lui-même a notée – avec Rousseau : tous deux, représentants d'une civilisation ultra-raffinée, tous deux apôtres intransigeants du retour à la Nature[29].

En réalité, ce n'est pas à Siegfried que s'adresse la critique de Tolstoy ; et Tolstoy est plus près qu'il ne croit de la pensée de ce drame. Siegfried n'est-il pas aussi l'incarnation héroïque de l'homme libre et sain, de l'homme primitif, sorti directement de la Nature[30] ? Par de tout autres

---

29 Le rude persiflage de Tolstoy rappelle ici les sarcasmes de Rousseau contre l'opéra de Rameau. C'est presque sur le même ton qu'il raille, dans *La Nouvelle Héloïse*, le pathétique et le fantastique de théâtre. Il est déjà question de monstres, « de dragons, animés par un lourdaud de Savoyard, qui n'a pas l'esprit de faire la bête... On assure qu'il y a une quantité prodigieuse de machines employées à faire mouvoir tout cela ; on m'a offert plusieurs fois de me les montrer ; mais je n'ai jamais été curieux de voir comment on fait de petites choses avec de grands efforts... Le ciel est représenté par certaines guenilles bleuâtres, suspendues à des bâtons ou à des cordes, comme l'étendage d'une blanchisseuse... Les chars des dieux et des déesses sont composés de quatre solives encadrées, et suspendues à une grosse corde en forme d'escarpolette ; entre ces solives est une planche en travers, sur laquelle le dieu s'assied ; et, sur le devant, pend un morceau de grosse toile barbouillée, qui sert de nuage à ce magnifique char... Le théâtre est garni de petites trappes carrées qui, s'ouvrant au besoin, annoncent que les démons vont sortir de la cave. Quand ils doivent s'élever dans les airs, on leur substitue des démons de toile brune empaillée, ou quelquefois de vrais ramoneurs, qui branlent en l'air, suspendus à des cordes, jusqu'à ce qu'ils se perdent majestueusement dans les guenilles du ciel... Mais ce dont vous ne sauriez avoir d'idée, ce sont les cris affreux, les longs mugissements dont retentit le théâtre ; ... et ce qu'il y a de plus inconcevable est que ces hurlements sont presque la seule chose qu'applaudissent les spectateurs. À leurs battements de mains, on les prendrait pour des sourds charmés de saisir par ci, par là quelques sons perçants, et qui veulent engager les acteurs à les redoubler. Pour moi, je suis persuadé qu'on applaudit les cris d'une actrice à l'Opéra comme les tours de force d'un bateleur à la foire : on souffre tandis qu'ils durent ; mais on est si aise de les voir finir sans accident qu'on en marque volontiers de la joie... À ces beaux sons, aussi justes qu'ils sont doux, se marient très dignement ceux de l'orchestre. Figurez-vous un charivari sans fin d'instruments, sans mélodie, un ronron traînant et perpétuel de basses, chose la plus lugubre, la plus assommante que j'aie entendue de ma vie, et que je n'ai jamais pu supporter une demi-heure sans gagner un violent mal de tête. Tout cela forme une espèce de psalmodie à laquelle il n'y a d'ordinaire ni chant ni mesure. Mais quand, par hasard, il se trouve quelque air un peu sautillant, c'est un trépignement universel ; vous entendez tout le parterre en mouvement suivre à grand'peine et à grand bruit un certain homme de l'orchestre. Charmés de sentir un moment cette cadence qu'ils sentent si peu, ils se tourmentent l'oreille, la voix, les bras, les pieds, et tout le corps, pour courir après la mesure, toujours prête à leur échapper..., etc. » [NdÉ – Jean-Jacques Rousseau, *La Nouvelle Héloïse*, Partie II, lettre 3, « De l'amant de Julie à Mme D'Orbe ».] J'ai reproduit ce passage un peu long, pour montrer combien l'impression de l'opéra de Rameau sur ses contemporains ressemblait à celle du drame de Wagner sur ses ennemis. Ce n'est pas sans raison qu'on a fait de Rameau un précurseur de Wagner, comme de Rousseau un précurseur de Tolstoï.

30 « Suivre les impulsions de mon cœur, c'est là ma loi suprême ; ce que j'accomplis en obéissant à mon instinct, c'est là ce que je dois faire. Cette voix est-elle pour moi maudite

moyens, Wagner combat la civilisation, à qui Tolstoï livre l'assaut ; et si leurs efforts à tous deux sont également grands, le résultat pratique est – il faut bien le dire – aussi médiocre d'un côté que de l'autre.

Où les railleries de Tolstoy s'attaquent justement, c'est non à l'œuvre de Wagner, mais à sa représentation. Toutes les splendeurs de la mise en scène n'en cachent point l'enfantillage ; et le dragon Fafner, les béliers de Fricka, l'ours, le serpent, et toute la ménagerie du Walhall, n'ont jamais cessé d'être ridicules. Je ferai seulement observer que Wagner n'a pas échoué à rendre le dragon effrayant, comme le dit Tolstoy : il ne l'a pas essayé. Il lui a donné volontairement, nettement, un caractère comique. Le texte et la musique font de Fafner une sorte d'ogre, bonhomme au fond, et surtout grotesque.

Au reste, je ne disconviens pas que la réalisation scénique ajoute moins qu'elle n'enlève à ces grandes féeries philosophiques. Malwida von Meysenbug m'a raconté qu'aux fêtes de 1876, à Bayreuth, tandis qu'elle suivait attentivement dans sa lorgnette une scène du *Ring*, deux mains s'appuyèrent sur ses yeux, et la voix de Wagner lui dit, impatientée : « Ne regardez donc pas tant ! Écoutez ! » – Le conseil est bon. Il est des raffinés qui prétendent que la meilleure façon de goûter, au concert, une des dernières œuvres de Beethoven, dont la sonorité est défectueuse, c'est de se boucher les oreilles, et de lire la partition. On pourrait dire, avec moins de paradoxe, que la meilleure façon de suivre une représentation de Wagner, c'est de l'écouter, les yeux fermés. Si complète est la musique, si puissante est sa prise sur l'imagination, qu'elle ne laisse rien à désirer ; et ce qu'elle suggère à l'esprit est infiniment plus riche que tout ce que les yeux peuvent voir. Je n'ai jamais partagé l'opinion wagnérienne que l'œuvre de Wagner n'a tout son sens qu'au théâtre. Ce sont des symphonies épiques. Je leur voudrais pour cadre des temples, pour décors l'horizon illimité de notre pensée, et pour acteurs nos rêves.

*

* *

Et pourtant le premier acte de *Siegfried* est une des parties les plus scéniques de la Tétralogie. Rien ne m'avait plus entièrement satisfait à Bayreuth, pour le jeu des acteurs et l'effet dramatique. Le fantastique de personnages comme Alberich et Mime, qui semblent dépaysés en

---

ou bénie ? Je ne sais, mais je lui cède, et ne m'efforce jamais d'aller à l'encontre de ma volonté. » (*Esquisse de Siegfried*, écrite en 1848, – Trad. H. Lichtenberger.)

France, a des racines profondes dans l'imagination allemande. Les acteurs de Bayreuth excellaient à leur donner une vie saisissante, d'un réalisme trépidant et grimaçant. Burgstaller[31], qui débutait alors dans Siegfried, y apportait une gaucherie fougueuse, dont le naturel s'accordait à merveille avec son personnage. Je me souviens de quelle ardeur, qui ne semblait pas jouée, il faisait le forgeron héroïque, travaillant en vrai ouvrier, attisant le feu avec son souffle, faisant rougir la lame, la trempant dans l'eau fumante, la pétrissant sur l'enclume, avec des éclats de gaieté homérique, entonnant à pleine voix l'hymne superbe de la fin du premier acte, qui semble un air de Bach ou de Haendel.

Mais combien, malgré tout, il est plus beau de rêver, ou d'entendre au concert ce poème d'une grande âme adolescente ! Combien surtout parle plus directement au cœur, ainsi, le merveilleux murmure de la forêt, au second acte ! Si poétiques que soient les décors des clairières et des bois, si fluide et mouvante que coule, au travers des arbres, la lumière, dont on joue maintenant, dans nos théâtres, comme d'un orgue aux multiples claviers, c'est presque un contresens d'écouter, les yeux ouverts, cette musique d'une journée d'été, le balancement des arbres aux milliers de petites voix frémissantes, le bourdonnement de la terre, le frôlement du vent, les chants magiques des oiseaux dont les sonorités étranges flottent dans les profondeurs liquides du ciel bleu, le silence vibrant plein de vies invisibles, tout ce divin sommeil dans les bras maternels de la Nature au mystérieux sourire.

*
* *

Wagner laissa Siegfried endormi dans la forêt, pour s'embarquer sur le funèbre vaisseau de *Tristan et Ysolde.* Il se sépara de lui avec déchirement.

> J'ai conduit mon jeune Siegfried au fond de la forêt solitaire : là, je l'ai couché au pied d'un tilleul et j'ai pris congé de lui en versant des larmes. J'ai usé de contrainte envers moi-même. Je l'ai arraché de mon cœur pour l'enterrer tout vivant. Il m'a fallu me livrer un rude et dur combat avant d'en venir là… Le reprendrai-je jamais ? C'est fini. N'en parlons plus[32].

31 [NdÉ] Aloïs Burgstaller (1872-1945) assure les principaux rôles de ténor de 1896 à 1903. Il sera banni du Festival pour avoir chanté *Parsifal* au Metropolitan Opera de New York, en dépit du monopole réservé à Bayreuth.

32 Wagner à Liszt, 28 juin 1857. [NdÉ – Cité par Lichtenberger, *op. cit.*]

Wagner avait raison de pleurer. Il sentait bien qu'il ne retrouverait plus jamais son jeune Siegfried. Il le réveilla dix ans plus tard. Mais ce n'est plus le même. – Le superbe troisième acte n'a plus la fraîcheur unique des deux premiers. Wotan y a pris une place considérable, et, avec lui, le raisonnement, le pessimisme ont envahi le drame. Le génie est peut-être plus haut et plus maître de lui (le réveil de Brünnhilde a une grandeur antique) ; mais il n'a plus la flamme et l'abondance juvénile. Je sais que telle n'est point l'opinion de la plupart des wagnériens ; mais, à l'exception de quelques pages d'une beauté sublime, je n'ai jamais pu aimer complètement les deux scènes d'amour de la fin de *Siegfried* et du commencement de la *Götterdämmerung*. J'y trouve de l'emphase et de la déclamation. Un raffinement presque excessif y confine à la platitude. Dans la trame du duo, il y a de la fatigue, quelque chose de morcelé. La lourde carrure des dernières pages de Siegfried rappelle les *Meistersinger*, qui sont de cette époque. Ce n'est plus la même joie, la même qualité de joie, que dans les premiers actes.

N'importe ! C'est la joie ; et si splendide a été l'inspiration première de l'œuvre que les années n'ont pu en éteindre l'éclat. On voudrait arrêter là l'épopée ; on voudrait éviter la sombre *Götterdämmerung*. Pour des cœurs sincères qui sentent profondément, combien est douloureux le triste quatrième jour de la Tétralogie ! Je me souviens des larmes que je voyais verser, au dénouement du Ring, et de ce mot d'une amie, au sortir du théâtre de Bayreuth, tandis que nous descendions la colline dans la nuit : « Il me semble que je reviens de l'enterrement de quelqu'un que j'ai beaucoup aimé ». C'est en effet un deuil. Et il y a peut-être quelque chose d'un peu disproportionné à bâtir un tel monument pour une telle conclusion : la Mort universelle, – ou du moins à faire de cet ensemble un objet de spectacle et d'enseignement. Tristan arrive au même but avec bien plus de puissance, car il est plus rapide. D'ailleurs, sa fin soulage : la vie, dans Tristan, est odieuse. Il n'en est pas de même ici : malgré l'absurde trahison du sort, qui s'acharne contre l'amour de Siegfried et de Brünnhilde, la vie est joyeuse, désirable, puisqu'il y a des êtres tels qu'eux, et qu'ils s'aiment ; ici, la mort paraît un cataclysme grandiose, mais affreux. Et l'on ne peut dire que le *Ring* souffle l'esprit de renoncement et de sacrifice, comme *Parsifal* : le renoncement et le sacrifice y sont seulement exprimés ; ils ne sont pas communicatifs ; ils ne sont pas une douceur, en dépit de l'élan suprême qui pousse Brünnhilde au bûcher. On a l'impression d'une fosse ouverte devant soi, et l'angoisse effroyable au moment d'y voir tomber ceux qu'on aime.

Bien souvent, j'ai déploré que la première conception de Wagner eût changé au cours des années ; et, malgré le colossal dénouement de la *Götterdämmerung* – (qui fait moins d'effet, d'ailleurs, au théâtre qu'au concert : car, lorsque Siegfried est mort, le vrai drame est fini), – je ne puis penser sans regret à ce qu'eût été, d'une seule coulée, l'épopée optimiste du révolutionnaire de 48. Elle eût été moins vraie, dit-on. En quoi est-il plus vrai que la vie soit mauvaise ? Elle n'est ni mauvaise, ni bonne : elle est ce que nous la faisons, et ce que nous la voyons. La joie est aussi vraie que la douleur, et quelle féconde source d'action ! Il y a tant de bonté dans le rire d'un grand homme ! Saluons-en, dans *Siegfried*, la lumineuse et passagère gaieté.

Wagner a écrit à Malwida von Meysenbug : « Je viens de relire, par hasard, la vie de Timoléon dans Plutarque. Cette vie, chose tout à fait inouïe et rare, se termine d'une manière heureuse, et c'est un cas exceptionnel dans l'histoire. Cela fait du bien de penser que la chose soit possible. J'en ai ressenti une émotion profonde[33]. »

J'ai la même émotion en entendant *Siegfried* : – si bienfaisant et si rare, presque unique dans le grand art tragique, est le spectacle du bonheur !

33 [NdÉ] Rapporté par Malwida von Meysenbug, *Mémoires d'une idéaliste*, t. 2, trad. Gabriel Monod, Paris, Fischbacher, 1900, chap. XV, p. 29-30.

WAGNER, *TRISTAN*[1]

[Il n'y avait que quarante ans que *Tristan* était écrit, et vingt ou trente qu'il était connu du monde entier, quand Paris eut le désir de s'en donner le spectacle. Grâce à la Société des grandes auditions, et à l'obstination légendaire d'un chef d'orchestre, on réussit à louer une salle de théâtre, proche d'un café-concert, dont les refrains se mêlaient pendant la représentation à la musique de Wagner ; on parvint à réunir une troupe de bonne volonté, et, après bien des efforts, la première eut enfin lieu le samedi 28 octobre 1899. Il n'était que temps ; sans l'énergie de M. Lamoureux, nous risquions de n'entendre *Tristan* qu'un siècle après sa naissance.

Félicitons-nous donc, mais discrètement, comme il convient, et non à la façon des journalistes qui clament que *Tristan* vient de recevoir sa consécration des applaudissements de la France. Hélas ! il y a beau temps que les chefs-d'œuvre n'ont plus besoin de Paris pour se faire consacrer. Quand Paris accueille *Tristan*, c'est *Tristan* qui fait honneur à Paris, non Paris à *Tristan*. – Qu'il soit permis de dire quelques vérités : on n'en est pas quitte envers un grand homme comme Wagner, quand on le fit souffrir, qu'on le combattit, et qu'on l'outragea toute sa vie, avec ce tardif hommage, arraché à regret, avec ces dix représentations pour snobs, vingt ans après la mort de l'auteur. C'est une réparation qui ne répare rien. Tout ce qu'on peut lui demander, c'est qu'elle serve pour l'avenir ; mais j'en doute.

Remercions M. Lamoureux, qui a persévéré dans sa lutte, malgré les obstacles de toute espèce, et dont l'orchestre, malgré une exactitude trop souvent sèche, raide, et pédantesque, est digne d'aller de pair avec les meilleurs orchestres d'Allemagne. Félicitons Mme Litvinne (Isolde), la première chanteuse, je crois, qui ait vu enfin dans Wagner

1 [NdÉ] Rolland ne retient pas les deux premières sections (reproduites entre crochets) de son article de la *Revue d'art dramatique*, qu'il jugeait sans doute trop circonstancielles ou trop polémiques.

de la musique, de la belle musique, et non pas seulement de la parole déclamée. Donnons acte à Mme Brema (Brangaene), de l'énergie qu'elle met au service d'une tradition de chant absolument opposée, et que je crois fausse, bien qu'elle soit celle de Bayreuth. Et quant aux autres, reconnaissons leur zèle, mais n'insistons pas.

*

* *

Tristan est l'œuvre la plus caractéristique de Wagner, celle qui s'est imposée le plus vivement à l'opinion, – qui l'attirait d'avance, avant d'être connue, par le simple énoncé, la mystérieuse beauté du sujet ; – qui l'a conquise aux concerts par l'âpre et exquise volupté de certaines pages dévorées d'une fièvre charnelle ; – et, je crains, qui l'a surtout asservie par le terrible poison qu'elle porte en elle. *Tristan* est un chef-d'œuvre redoutable. Ce poème d'amour souffle, non l'amour, mais la mort, le dégoût d'agir, la haine du monde et du jour. Une époque fatiguée comme la nôtre ne risque-t-elle point de laisser dans ces spectacles son maigre reste d'énergie ? Autrefois je me suis posé cette question. Je n'ai plus tant d'inquiétude aujourd'hui au sujet des *Sonates à Kreutzer*. Ces œuvres sont peu dangereuses pour le peuple ; car elles ne sont pas populaires, ou elles ne le deviennent qu'en perdant tous leurs caractères essentiels, leurs principes nuisibles : un peuple transforme à son usage les œuvres qu'il absorbe, ou il les rejette ; il ne les prend jamais telles qu'elles ont : il n'y a qu'à voir de quelle façon il s'assimile *Tristan* en Allemagne. – Et quant à l'élite, assez intelligente et assez froide pour contempler les œuvres dans leur redoutable vérité, qu'elle se défende. Il y a sans doute du danger dans *Tristan* ; mais il y en a dans toute œuvre vraiment grande, dans toute vérité, dans toute vie clairvoyante et puissante. Vaut-il mieux ne pas vivre ? – Que ceux qui doivent périr périssent. Les autres se retrempent dans l'épreuve, comme un bain de force.]

Tristan domine tous les autres poèmes de l'amour, comme Wagner tous les autres artistes du siècle, d'une hauteur de montagne. C'est un monument de puissance sublime. Ce n'est pas une œuvre parfaite, il s'en faut de beaucoup. D'œuvre parfaite, il n'y en a point chez Wagner. L'effort qu'exige la création de tels ouvrages est trop démesuré, pour pouvoir être soutenu ; or il doit être soutenu pendant des années. Ces passions tendues au paroxysme pendant un drame entier ne peuvent être fixées par le musicien en improvisations soudaines, réalisées aussitôt que conçues. Il y faut un labeur furieux et prolongé. Ces colosses à la Michel-Ange, ces âmes de tempêtes, d'une énergie héroïque et d'une complexité décadente, ne sont pas immobilisés, comme l'œuvre du sculpteur ou du peintre, en un moment de leur action ; ils vivent, ils continuent de vivre et de se regarder vivre, dans le détail infini de leurs sensations. Une telle durée d'effort, une telle quantité d'effort n'est presque pas humaine. Le génie peut toucher le Divin ; il peut évoquer et entrevoir les Mères[2] ; il ne peut demeurer dans ce monde irrespirable. Alors la volonté supplée à l'inspiration ; mais elle est inégale, et bronche sous la tâche. De là, dans les plus grandes œuvres, ces heurts et ces disparates, qui sont la marque de l'humaine débilité. Et bien qu'il y en ait moins peut-être dans *Tristan* que dans les autres drames de Wagner, et surtout que dans la *Götterdämmerung*, nulle part, on n'en souffre davantage : car, nulle part, l'effort du génie n'est plus violent, ni son vol plus vertigineux. – Wagner le sentait mieux que personne. Ses lettres montrent le désespoir d'une âme aux prises avec son démon, qu'elle étreint, qu'elle dompte, et qui lui échappe constamment. Ce sont des cris de douleur, des invectives de rage, un dégoût mortel :

> Quel lamentable musicien je suis, jamais je ne te le dirai assez. Du fond de mon cœur, je me tiens pour un absolu raté, un bousilleur (*Stümper*). Tu devrais me voir, quand je me dis : « Il faut pourtant marcher », – et quand je me mets au piano, et que j'amalgame ensemble quelques misérables ordures (*Dreck*), pour les rejeter aussitôt comme un idiot ! Quelle conviction intime j'ai de ma gueuserie musicale ! (*Lumpenhafligkeit*)... Crois-moi, il n'y a plus grand'chose à attendre de moi. Je crois réellement aujourd'hui que Reissiger m'a aidé à faire *Tannhaüser* et *Lohengrin*[3].

Ainsi écrit Wagner à Liszt, au moment de terminer ce miracle de l'art[4]. De même, Michel-Ange écrivait à son père, en 1509 : « Je suis dans l'angoisse. Je n'ose rien demander au pape depuis un an parce que mon

2 [NdÉ] Allusion probable aux Moires, aux Parques ou aux Nornes, les trois tisseuses du destin dans la mythologie grecque, latine ou germanique.

3 [NdÉ] Lettre à Liszt citée par Lichtenberger. Le compositeur et chef d'orchestre Carl Gottlieb Reissiger (1798-1859) dirige la création triomphale de *Rienzi* à Dresde en 1842.

4 [NdÉ] Article : « au moment de terminer *Tristan*. »

travail n'avance pas assez pour me paraître mériter une rémunération. L'œuvre est trop difficile, et ce n'est point-là ma profession : je perds mon temps sans utilité. Dieu m'assiste[5] ! » – Depuis un an, il travaillait à la voûte de la Sixtine.

Ne faut-il voir là qu'un accès de modestie passionnée ? Personne n'eut plus d'orgueil que Michel-Ange, ou Wagner. Mais ils sentaient, comme une blessure cuisante, les défauts de leurs œuvres. Ces défauts n'empêchent point leurs œuvres d'être la gloire de l'esprit humain ; mais ils existent, cela est trop certain.

Je ne veux pas insister sur le vice inhérent au théâtre de Wagner[6] : le drame de Wagner n'est qu'une symphonie dramatique ou épique, impossible à jouer, et où l'action n'ajoute rien. Cela est surtout vrai de *Tristan*, où la disproportion entre l'ouragan des sentiments dépeints et la froide convention, la timidité forcée de l'action scéniquement exprimée, est telle qu'à certains moments, au second acte par exemple, elle est pénible, choquante, presque grotesque.

Mais en admettant même que le drame de Wagner soit une symphonie, qu'il ne convient pas de représenter, il faudrait y reconnaître bien des taches, surtout bien des inégalités. Le premier acte est souvent maigre d'orchestration, et la trame manque de solidité. Il y a des lacunes, des trous inexplicables, des lignes mélodiques tendues au-dessus du vide. Puis, d'un bout à l'autre, l'élan lyrique est brisé par la déclamation ou, ce qui est pire, par la dissertation. Des tourbillons délirants s'arrêtent soudain pour faire place aux récitatifs qui expliquent ou discutent. Et, bien que les récitatifs soient presque toujours d'un relief saisissant, bien que les rêveries métaphysiques gardent un caractère de subtilité barbare, dont la saveur est forte, – la supériorité des purs mouvements poétiques, de la pure passion, de la pure musique, est si évidente, que ce drame musical et philosophique est fait pour dégoûter de la philosophie et du drame, et de tout ce qui contraint et restreint la musique. – Enfin, la

5 [NdÉ] Romain Rolland fera paraître *La Vie de Michel-Ange* en 1906 aux *Cahiers de la quinzaine* et l'année suivante chez Hachette ; il citera à nouveau cette lettre au chapitre « La force ». Une référence bibliographique apporte la précision suivante : *Le Lettere di Michel Angelo Buonarroti, pubblicate coi Ricordi ed i Contratti artistici per cura di Gaetano Milanesi*, Florence, Le Monnier, 1875.

6 [NdÉ] Article : « M. Suarès l'a montré ici même, dans la suite de ses analyses poétiques et profondes. » À partir des articles qu'il avait publiés dans la revue (« Wagner et le drame », « Adieu à Bayreuth »), André Suarès fait paraître un *Wagner* aux Éditions de la Revue d'art dramatique en 1899.

partie purement musicale elle-même n'est point à l'abri du reproche qui s'adresse à l'ensemble de l'œuvre : elle manque d'unité. Le style de Wagner est forgé de styles très divers ; on y rencontre des italianismes et des germanismes, – voire des gallicismes, – de toute sorte ; il en est de sublimes ; il en est de médiocres ; et parfois, on sent le raccord, la fonte n'est pas parfaite. – Ou bien, deux pensées également originales se heurtent et se font tort par leur trop fort contraste. L'admirable plainte du roi Marke, – cette figure de chevalier du Graal, – est traitée avec une sobriété si profonde, si dédaigneuse de l'effet matériel, qu'au sortir de la coulée de feu du duo, sa pure et froide lumière s'efface tout entière.

L'œuvre souffre donc partout d'un manque de proportions. Défaut presque inévitable, et qui vient de sa grandeur même. Un ouvrage médiocre peut bien aisément être parfait dans son genre ? Il est rare qu'un ouvrage sublime y parvienne. Un paysage de petits vallons et d'aimables prairies est plus facilement harmonieux qu'un paysage d'Alpes éblouissantes, de torrents, de glaciers et de tempêtes. Çà et là, dans ce dernier, de terribles sommets écrasent le tableau et détruisent l'harmonie. – Ainsi de certaines pages colossales de *Tristan* : par exemple, ces deux poèmes enivrés ou déchirés d'attente, – l'attente d'Isolde au second acte, dans la nuit chargée de volupté, – l'attente de Tristan au troisième, heurtée, frénétique, sanglante ; l'attente du vaisseau qui apporte Isolde, et la mort ; – ou le Prélude, ce désir éternel, qui se plaint, se rue et se brise, sans fin, comme la mer.

*
* *

Une qualité me touche profondément dans *Tristan* : la probité et la sincérité de ce Wagner, que ses ennemis traitèrent si volontiers de charlatan[7], ne craignant jamais d'user de moyens extérieurs, grossièrement matériels, pour frapper et étourdir l'attention du public. Quel drame plus sobre, plus dédaigneux des moyens extérieurs, que *Tristan* ! Il l'est jusqu'à l'exagération. Wagner s'y est refusé tout pittoresque[8], tout épisode étranger au sujet. Cet homme qui portait dans sa tête la nature entière, qui faisait à son gré gronder les orages

7 [NdÉ] Article : « se plaisant à relever les moyens extérieurs dont il usait selon eux pour frapper et étourdir l'attention du public. »

8 [NdÉ] Article : « tout secours anecdotique ».

de *la Walküre*, ou luire la lumière mouillée du Vendredi Saint[9], ne s'est même point donné la peine de peindre un coin de mer autour du vaisseau du premier acte. Croyez qu'il lui en a dû coûter, et qu'il l'a voulu ainsi. Il lui a plu d'enfermer le redoutable drame dans les murailles d'une chambre de tragédie. À peine quelques mesures de chœurs. Rien qui puisse distraire du mystère des âmes. Deux personnages seulement, les deux amants, – et un troisième, aux mains de qui les deux autres sont des victimes livrées : le Destin. Quel sérieux admirable dans cette pièce d'amour ! Cette passion frénétique reste sombre, sévère, austère : nul sourire, mais une conviction quasi religieuse, plus religieuse encore peut-être, par sa sincérité, que celle de *Parsifal*.

Grand enseignement pour le drame, que cet homme qui supprime du drame le jeu frivole, les épisodes vains, et qui le ramène uniquement à la vie intérieure, aux âmes vivantes. Par-là, il est notre maître, un maître plus véridique, plus probe, plus fort, plus profitable à suivre, malgré ses erreurs, que tous les maîtres du théâtre littéraire de son temps[10].

*

* *

Je m'aperçois que la critique a pris dans ces notes plus de place que je n'aurais voulu. Et pourtant, combien j'aimais *Tristan* ! Quelle boisson enivrante il fut, pendant des années, pour nous, pour ceux de notre âge ! A-t-il rien perdu de sa grandeur ? Non ; elle demeure intacte ; *Tristan* continue d'être le plus haut sommet de l'art depuis Beethoven.

Mais, tandis que l'autre soir je l'écoutais, je pensais malgré moi : « Tu passeras, toi aussi ; tu iras rejoindre Gluck, Bach, Monteverdi, Palestrina, toutes les grandes âmes dont le nom persiste parmi les hommes, mais dont les hommes ne sentent plus les pensées, sauf une poignée d'initiés qui s'efforcent en vain de ressusciter le passé. Toi aussi, tu es déjà du passé, sombre lumière de notre jeunesse, source puissante de vie et de mort, de désir et de renoncement, où nous avons puisé notre énergie

9 [NdÉ] Romain Rolland fait allusion à « l'enchantement du Vendredi Saint », au 3e acte de *Parsifal*. Chevalier du Graal, Gournemanz baptise Parsifal qui rapporte à Montsalvat la lance sacrée dérobée par le magicien Klingsor.

10 [NdÉ] Article : « tous les maîtres du théâtre littéraire de ce siècle. »

morale et notre résistance au monde. Le monde continue sa marche, avide de nouvelles émotions, et son Désir incessamment monte et se brise. Déjà ses pensées changent. Déjà de nouveaux musiciens tissent pour l'avenir des chants nouveaux. Et c'est la voix d'un siècle de tempêtes qui passe avec toi. »

CAMILLE SAINT-SAËNS[1]

M. Saint-Saëns a la gloire très rare de se voir devenu, de son vivant, classique. Son nom, longtemps méconnu, s'est imposé au respect de tous, non moins par la dignité de son caractère que par la perfection de son art. Jamais artiste ne songea moins au public, ne fut plus indifférent à l'opinion de la foule et de l'élite. Enfant, il avait une sorte de dégoût physique du succès :

De l'applaudissement
J'entends encor le bruit qui, chose assez étrange,
Pour ma pudeur d'enfant était comme une fange
Dont le flot me venait toucher ; je redoutais
Son contact, et parfois, malin, je l'évitais,
Affectant la raideur[2]…

Plus tard, ayant réussi à forcer la victoire, après une longue et pénible période, où il se heurtait à une critique stupide, qui le condamnait, « comme pénitence, à écouter une symphonie de Beethoven, cette audition devant être pour lui le plus atroce des supplices[3] », – après son entrée à l'Académie, après *Henry VIII* et la *Symphonie avec orgue*, il restait aussi détaché des éloges que des blâmes, et jugeait ses triomphes avec une sévère mélancolie :

Tu connaîtras les yeux menteurs, l'hypocrisie
Des serrements de mains,

1 [NdÉ] Romain Rolland reprend l'article « Saint-Saëns et *les Barbares* » qu'il a publié dans *La Revue de Paris*, le 1er nov. 1901, p. 208-225. Il supprime sept pages consacrées à l'analyse de l'opéra *Les Barbares*. Dans ses *Mémoires* (Albin Michel, 1956), il évoque la « campagne sournoise [de Saint-Saëns] pour empêcher les représentations de *Lohengrin*, à Paris ». Voir sa lettre du 13 avril 1887 (p. 162-163) et la réponse du compositeur.

2 Vers lus par M. Saint-Saëns au concert donné le 10 juin 1896, à la salle Pleyel, pour fêter le cinquantenaire de ses débuts. C'est en 1846, et dans cette même salle Pleyel, qu'il avait donné son premier concert public.

3 C. Saint-Saëns, *Harmonie et Mélodie*, [Paris, Calmann Lévy], 1885, [p. 26].

Le masque d'amitié cachant la jalousie,
Les pâles lendemains

De ces jours de triomphe où le troupeau vulgaire
Qui pèse au même poids
L'histrion ridicule et le génie austère
Vous met sur le pavois[4].

L'âge est venu, la renommée s'est étendue : il n'a pas désarmé. Dans ces dernières années, il écrivait encore à un journaliste allemand : « Je suis fort peu sensible à la critique et à l'éloge, non par sentiment exagéré de ma valeur, ce qui serait une sottise, mais parce que, produisant des œuvres pour accomplir une fonction de ma nature, comme un pommier produit des pommes, je n'ai pas à m'inquiéter de l'opinion qu'on peut formuler sur mon compte[5]. »

Cette indépendance est rare de tout temps ; elle l'est surtout de notre temps, où le pouvoir de l'opinion est tyrannique, et surtout en France, où l'artiste est plus sociable qu'ailleurs. De toutes les qualités de l'artiste, elle est la plus précieuse : car sur elle reposent les autres ; elle est la garantie de sa conscience et de sa force intime. Aussi faut-il la mettre en lumière tout d'abord.

La signification artistique de M. Saint-Saëns est double, selon qu'on l'envisage en France, ou hors de France. Dans la musique française, il représente quelque chose d'exceptionnel, quelque chose qui fut à peu près unique jusqu'à ces derniers temps : le grand esprit classique, la haute culture musicale encyclopédique, qu'il faut appeler culture allemande, puisqu'elle s'appuie sur les classiques allemands, fondements de tout l'art moderne. Notre musique française du XIXe siècle est féconde en artistes spirituels, mélodistes inventifs et habiles maîtres du théâtre ; elle est pauvre en vrais musiciens, en bons et solides ouvriers. À part deux ou trois glorieuses exceptions, nos maîtres ont un peu trop le caractère d'amateurs très bien doués, qui font de la musique par passe-temps ; la musique ne semble pas pour eux une forme spéciale de la pensée, mais une sorte de parure de la pensée littéraire. Notre éducation musicale est superficielle ; elle est donnée pendant un petit nombre d'années par les Conservatoires, et elle est purement formelle ; elle n'est pas répandue dans la nation ; l'enfant ne respire pas la musique autour de lui, comme

4 C. Saint-Saëns, *Rimes familières*, [Paris, Calmann Lévy], 1890, [« À M. Jacques D*** », p. 18-19].
5 Lettre du 9 septembre 1901, à M. Levin, correspondant du *Boersen-Courier* de Berlin.

il respire, en quelque sorte, le sentiment littéraire et oratoire, – presque tout le monde en France ayant plus ou moins le sens instinctif de la belle phrase, et presque personne n'ayant celui de la belle harmonie, à part les initiés. – De là les défauts ordinaires et les lacunes de notre musique. Elle est restée un art de luxe ; elle n'est pas devenue, comme la musique allemande, une poésie, pleine des pensées d'un peuple.

Pour qu'il en soit autrement, il faut le concours de conditions très rares, plus rarement encore réunies, comme celles dont la rencontre a formé Camille Saint-Saëns : des dispositions natives exceptionnelles, et un milieu musical exceptionnel, une famille passionnément musicienne, qui se voua à son éducation. L'enfant qui, à cinq ans, se nourrissait de la partition d'orchestre de *Don Juan*[6], – le garçonnet

> De dix ans, délicat, frêle, le teint jaunet,
> Mais confiant, naïf, plein d'ardeur et de joie,

qui, dans un concert public, déjà

> Se mesurait avec Beethoven et Mozart[7] ;

le jeune maître qui écrivait sa *Première Symphonie* à seize ans ; – l'artiste pénétré de la science de Bach et de Haendel, qui « écrirait à volonté une œuvre à la Rossini, à la Verdi, à la Schumann, à la Wagner[8] », et qui, en fait, a écrit des œuvres excellentes dans tous les styles : en style grec, en style du XVIe, du XVIIe et du XVIIIe siècle, – et dans tous les genres : messes, opéras, opéras-comiques, cantates, symphonies, poèmes symphoniques, musique pour orchestre, pour orgue, pour piano, pour voix, musique de chambre ; – le savant éditeur de Gluck et de Rameau ; – l'écrivain enfin qui sut, non seulement être artiste, mais raisonner sur son art, – nous apparaît comme une figure assez rare chez nous, et dont la parenté se trouverait plus facilement en Allemagne qu'en France.

Mais en Allemagne on ne s'y trompe point : dans ce pays, où le nom de Camille Saint-Saëns fut notre meilleur titre musical depuis Berlioz jusqu'à l'apparition de la jeune école de César Franck (Franck lui-même y est encore peu connu), M. Saint-Saëns est un représentant de l'esprit

---

6 C. Saint-Saëns, *Charles Gounod et le Don Juan de Mozart*, [Paris, Ollendorff], 1894, [p. 3].
7 Poésie déjà citée.
8 Ch. Gounod, *Mémoires d'un Artiste*, [Paris, Calmann Lévy], 1896, [p. 347].

classique français. Il a, en effet, certaines des plus éminentes qualités françaises, et la première de toutes : la parfaite clarté. Il est remarquable comme cet artiste très instruit est peu gêné par sa science, libre de tout pédantisme, – ce pédantisme qui est la plaie de l'art allemand, et auquel les plus grands n'ont pas échappé, – je ne parle pas de Brahms, chez qui il sévit, mais des plus charmants génies, comme Schumann, et des plus puissants, comme Bach – « cet art guindé, dans lequel on s'ennuie comme dans un salon dévot d'une petite ville de province : on étouffe, c'est à mourir[9]... ». – « Saint-Saëns n'est point un pédant, écrivait Gounod ; il est resté bien trop enfant, et devenu bien trop savant pour cela. » Surtout il a toujours été bien trop français. Il me fait quelquefois l'impression d'un écrivain de notre XVIIIe siècle. Non de l'Encyclopédie, ni du camp de Rousseau. Mais de l'école de Voltaire. Il en a la pensée nette, l'expression élégante et concise, la distinction d'esprit, qui fait que sa musique est « non seulement élevée, mais bien élevée, de belle race et de noble maison[10] ». Il en a aussi le bon sens impeccable, un peu froid, « le calme dans la verve, la sagesse dans la fantaisie, un jugement toujours maître de lui, au sein même des émotions les plus troublantes[11] », – ce bon sens ennemi de toute obscurité de pensée, de tout mysticisme, qui lui a fait écrire ce curieux livre : *Problèmes et Mystères*, dont le titre peut tromper sur l'esprit de raison qui y règne, et où il fait appel à la jeunesse pour défendre « la clarté du monde menacée » contre les brouillards du Nord, les dieux Scandinaves, les divinités de l'Inde, les miracles catholiques, Lourdes, le spiritisme, l'ésotérisme, et l'« amphigourisme[12] ». Du XVIIIe siècle il a surtout l'amour, le besoin de la liberté. On pourrait dire que la liberté est sa seule passion. « J'aime passionnément la liberté[13] », a-t-il écrit. Et il l'a prouvé par la franchise absolue de ses jugements en art, où non seulement il a su maintenir en face de Wagner l'intégrité de sa raison, mais où il ne craint pas de relever les faiblesses de Mozart et de Gluck, les erreurs de Weber et de

9 Saint-Saëns, cité par Edmond Hippeau, *Henry VIII et l'Opéra français*, [Paris, La Renaissance musicale], 1883, [p. 10]. M. Saint-Saëns parle ailleurs de « ces œuvres bien écrites, mais lourdes, antipathiques, reflétant d'une façon désolante l'esprit étroit et pédant de certaines petites villes de Germanie ». (*Harmonie et Mélodie*, [*op. cit.*, p. 112].)

10 Ch. Gounod, « *Ascanio* de Saint-Saëns », [Paris, Durand et Schœnewerk], 1890, [p. 6]. [NdÉ – Article paru dans *La France*, 23 mars 1890.]

11 *Ibid.*, [p. 15].

12 C. Saint-Saëns, *Problèmes et Mystères*, [Paris, Flammarion], 1894, [p. 93].

13 *Harmonie et Mélodie*, [*op. cit.*, p. 172].

Berlioz, les partis pris de Gounod, – où ce classique, nourri de Bach, se permet de dire que « l'exécution des ouvrages de Haendel et de Bach est aujourd'hui une chimère », et que ceux qui voudraient ressusciter cet art ressemblent à quelqu'un « qui voudrait s'installer dans un vieux manoir inhabité depuis des siècles[14] ». Il fait plus, il ose se critiquer, se contredire lui-même. Son goût de la liberté lui fait conserver dans un même ouvrage des appréciations différentes, portées à des époques différentes. Il veut que l'esprit ait le droit de changer ; au besoin, de se tromper. L'esclavage d'une vérité imposée lui semble pire qu'une erreur sincère, commise librement. Et ce même sentiment se manifeste en dehors de l'art : en morale, où il adresse des vers à un jeune ami pour l'engager à suivre la saine Nature, et à ne pas se laisser enchaîner par un rigorisme exagéré[15] ; – en métaphysique, enfin, où il juge avec une tranquille audace la foi, l'Évangile, les religions, et cherche dans la Nature seule les bases d'une morale et d'une société[16].

Cet esprit libre et humain, pénétré du sentiment de la solidarité universelle des êtres, et qui appelle Beethoven « le plus grand, le seul vraiment grand des artistes, parce qu'il a chanté la fraternité universelle », cette intelligence compréhensive, qui a écrit des livres sur la musique, sur le théâtre, sur la philosophie, sur la peinture antique[17], des études scientifiques[18], des volumes de vers, et jusqu'à des comédies[19], qui a touché à tous les genres, je ne dirai pas avec une égale habileté, mais avec un égal bon sens, et une facilité indéniable, est un phénomène peu fréquent chez les artistes modernes, surtout chez les musiciens. Les

---

14 C. Saint-Saëns, *Portraits et Souvenirs*, 1900. [NdÉ – Voir plutôt *Harmonie et mélodie*, *op. cit.*, p. 100.]

15 « Je sens qu'une triste chimère / A toujours assombri ton âme : la Vertu… » (*Rimes familières*, [*op. cit.*, « À M. Pierre B*** », p. 47].)

16 Voici, presque au hasard, quelques-uns de ses jugements : « À mesure que la science avance, Dieu recule. » – « L'âme n'est qu'un moyen d'expliquer la production de la pensée. » – « Suppression du travail, affaiblissement des caractères, partage des biens sous peine de mort, voilà ce que nous donne l'Évangile, comme base de la société. » – « Les vertus chrétiennes ne sont pas sociales. » – « Rien dans la nature ne tend à un but : la nature nous donne le spectacle d'un perpétuel cercle vicieux… etc. » (*Problèmes et Mystères*.)

17 C. Saint-Saëns, *Note sur les décors de théâtre dans l'antiquité romaine*, 1880, où il étudie les architectures peintes à Pompéi. [NdÉ – Paris, L. Baschet, juillet 1886.]

18 Conférence sur les phénomènes de mirage, faite à la Société Astronomique de France, en 1905. [NdÉ – Conférence faite le 4 novembre 1904. Voir *L'Astronomie*, nº 12, 1904, p. 530-533.]

19 C. Saint-Saëns, *La Crampe des Écrivains*, comédie en un acte, [Paris, Calmann Lévy,] 1892. [NdÉ – Voir aussi *id.*, *Le roi Apépi*, comédie en quatre actes, *ibid.*, 1903.]

deux principes qu'il énonce, et auxquels il s'est conformé : « *Se garder de toute exagération. – Conserver l'intégrité de sa santé intellectuelle*[20] », ne sont certainement ceux ni d'un Beethoven, ni d'un Wagner ; et je serais bien embarrassé de trouver un musicien célèbre en ce siècle, à qui ils puissent s'appliquer. Ils disent d'eux-mêmes, sans qu'il y ait besoin de les commenter, ce qui distingue M. Saint-Saëns, et ce qui lui fait défaut. Il n'est tourmenté par aucune passion. Rien n'altère la lucidité de sa raison. « Il n'a pas de système ; il n'est d'aucun parti[21] », – et l'on peut ajouter : pas même du sien, puisqu'il ne craint point d'en changer ; – « il ne se pose en réformateur de quoi que ce soit » ; – il est libre, trop libre peut-être. Il semble parfois qu'il ne sache que faire de sa liberté. Goethe eût dit, je crois, qu'il manque un peu de « *démoniaque* ».

Le trait le plus individuel de sa physionomie morale me paraît être une langueur mélancolique, qui a sa source dans un sentiment assez amer du néant[22], avec des accès de lassitude un peu maladive, auxquels succèdent des accès d'humour fantasque, de gaieté nerveuse, de goût capricieux pour la parodie, le burlesque, le bouffon. Et c'est aussi une humeur un peu inquiète et trépidante, qui le fait fuir à travers le monde, écrivant des Rapsodies bretonnes et auvergnates, des Chants persans, des Suites algériennes, des Barcarolles portugaises, des Caprices danois, russes ou arabes, des Souvenirs d'Italie, des Fantaisies africaines, des Concertos égyptiens[23] ; – et qui lui fait de même parcourir les siècles, avec ses tragédies grecques, ses airs de danse du XVIe et du XVIIe siècle, ses préludes et ses fugues du XVIIIe ; – toutes ces musiques exotiques et archaïques, reflets des époques et des contrées, ou sa pensée vagabonde, – mais où l'on reconnaît toujours sa figure spirituelle et mobile de Français en voyage, qui va à sa fantaisie, peu soucieux de pénétrer le sens des peuples qu'il traverse, livré paresseusement au caprice de ses impressions, ramenant tout à soi, « francisant » ce qu'il voit, – à la façon de Montaigne en Italie, qui compare Vérone à Poitiers et Padoue à Bordeaux, et, quand il est à Florence, fait bien moins attention aux Michel-Ange qu'à « un mouton de fort étrange

---

20 *Harmonie et Mélodie*, [*op. cit.*, p. 312].

21 Ch. Gounod, *Mémoires d'un Artiste*, [*op. cit.*], 1896, [p. 356].

22 Les Heures. Mors. Modestie. (*Rimes familières*). [NdÉ – Saint-Saëns réfutera énergiquement cette accusation de pessimisme dans sa lettre à Rolland du 11 février 1910 (*cf.* Jean Bonnerot, « Saint-Saëns et Romain Rolland. Lettres inédites publiées par Jean Bonnerot », *Revue de Musicologie*, t. XL, nº 116, décembre 1957, p. 200).]

23 [NdÉ] Le *Cinquième Concerto pour piano* de Saint-Saëns est effectivement dit « l'Égyptien ».

forme, et à un animal de la grandeur d'un fort grand mâtin de la forme d'un chat, tout martelé de blanc et noir, qu'ils nomment un tigre[24] ».

Au point de vue purement musical, il y a quelques analogies, semble-t-il, entre sa personnalité et celle de Mendelssohn. C'est chez l'un et chez l'autre la même modération intellectuelle, le même équilibre maintenu entre tant d'éléments hétérogènes, qu'ils mettent en œuvre. Ces éléments, chez tous deux, ne sont pas les mêmes, parce que l'époque, le pays, le milieu, ne sont pas les mêmes ; il y a aussi bien des différences entre leurs caractères : Mendelssohn est beaucoup plus naïf et plus religieux ; M. Saint-Saëns, plus dilettante et plus voluptueux. Ils n'en ont pas moins une parenté d'esprit, par leur science érudite, mais de bonne compagnie, par la pureté de leur goût, par ce sens de la mesure et ce génie de l'ordre qui donne à tout ce qu'ils font un caractère néo-classique. – Quant aux influences directes que M. Saint-Saëns a subies, elles sont si nombreuses qu'il serait bien difficile, et assez audacieux, de prétendre dégager celles qui ont agi nettement sur sa pensée. Car, si son remarquable don d'assimilation l'a poussé quelquefois à écrire dans le style de Wagner ou de Berlioz, de Haendel ou de Rameau, de Lulli ou de Charpentier, voire de quelque claveciniste ou clavicordiste anglais du XVIe siècle, comme ce William Byrd, dont les airs s'enchâssent tout naturellement aux airs d'*Henry VIII*[25], – c'est là un franc pastiche, un amusement de virtuose, et dont il n'est jamais dupe. Il manie sa mémoire à son gré ; il n'est point gêné par elle. – Autant qu'il est permis d'en juger, la substance de sa pensée musicale est formée de la moelle des grands classiques de la fin du XVIIe siècle, – beaucoup plus encore, quoi qu'on ait dit, par Beethoven, Haydn et Mozart, que par Bach. – La séduction de Schumann l'a aussi touché, et il n'a été indifférent ni à Gounod, ni à Bizet, ni à Wagner. Mais les influences prédominantes semblent bien avoir été celle de Berlioz, son ami et son maître[26], et surtout celle de Liszt. Il faut s'arrêter à ce dernier nom.

M. Saint-Saëns devait aimer Liszt, et il l'aima, pour tout ce qu'il avait de libre, d'antitraditionnel, d'antipédantesque, pour le défi qu'il avait jeté à la routine allemande. Il l'aima par réaction contre l'école

---

24 [NdÉ] Michel de Montaigne, *Journal de voyage*, Paris, Hachette, 1906. BnF, 8° Z Rolland 10563.

25 [NdÉ] Opéra en quatre actes de Camille Saint-Saëns, livret de Léonce Détroyat et Armand Silvestre, créé à l'Opéra de Paris le 5 mars 1883.

26 « C'est grâce à Berlioz que toute ma génération s'est formée, et j'ose dire qu'elle a été bien formée. » (*Portraits et Souvenirs*, [Paris, Société d'édition artistique, s. d., p. 5].)

guindée de Brahms[27]. Il s'enthousiasma pour ses œuvres. Liszt trouva en lui un des premiers et des plus ardents champions de cette musique nouvelle, dont il était le chef, – de cette « musique à programme », que le triomphe de Wagner paraissait avoir étouffée dans l'œuf, et qui vient soudain de revivre aujourd'hui dans les œuvres de Richard Strauss, avec un éclat prodigieux. « Liszt est un des grands compositeurs de notre époque, – écrit M. Saint-Saëns. – Il a osé ce que n'avaient osé ni Weber, ni Mendelssohn, ni Schubert, ni Schumann. Il a créé le Poème symphonique. Il est l'émancipateur de la musique instrumentale… Il a proclamé le règne de la musique libre[28]. » Ce ne sont pas là des opinions d'un jour, exprimées par M. Saint-Saëns dans un moment d'enthousiasme. Ce sont les idées de toute sa vie. Toute sa vie, il est resté fidèle à son culte pour Liszt, – depuis 1858, où il dédiait un *Veni Creator* « à l'abbé Liszt », jusqu'en 1886, où, quelques mois après la mort de son ami, il dédiait « à la mémoire de Franz Liszt » la *Symphonie avec orgue*, son chef-d'œuvre[29]. « On ne s'est pas fait faute, écrit-il, de railler ce qu'on a appelé ma faiblesse pour les œuvres de Liszt. Lors même que les sentiments d'affection et de reconnaissance qu'il a su m'inspirer[30] viendraient, comme un prisme, s'interposer entre mon regard et son image, je ne verrais rien en cela de profondément regrettable ; mais je

---

27 « C'est ce qui m'a fait aimer la musique de Liszt, qui ne s'inquiète pas du qu'en dira-t-on, qui dit ce qu'elle veut dire sans se préoccuper d'autre chose que de le dire le mieux possible. » (Cité par Hippeau, [*Henry VIII.*, *op. cit.*, p. 10].)

28 Cette citation est extraite de *Harmonie et Mélodie* et de *Portraits et Souvenirs.* [NdÉ – C. Saint-Saëns, *Écrits sur la musique et les musiciens 1870-1921*, présentés et annotés par Marie-Gabrielle Soret, Paris, Vrin, 2012, p. 213-214, 1879-6, *Le Voltaire*, II, n° 408, 17 août 1879, repris dans *Harmonie et Mélodie*, 1885.]

29 Dans *Harmonie et Mélodie*, [p. 155-156], M. Saint-Saëns raconte qu'il organisa et dirigea au Théâtre-Italien un concert, composé uniquement d'œuvres de Liszt. Mais tous ses efforts pour faire apprécier Liszt du public français échouèrent.

30 L'admiration était réciproque : c'est Liszt qui fit donner et dirigea en 1877, à Weimar, *Samson et Dalila*. M. Saint-Saëns dit même que, sans Liszt, il n'eût pas écrit son œuvre : Non seulement c'est Liszt qui a fait représenter *Samson et Dalila* à Weimar ; mais sans lui, mon ouvrage n'existerait pas. Une telle hostilité avait accueilli mes ouvertures à son sujet que j'avais renoncé à l'écrire ; il n'en subsistait que des fragments d'esquisse illisibles… C'est alors qu'à Weimar, un jour, j'en parlai à Liszt, qui, *de confiance*, sans vouloir en entendre une note, me dit : "Terminez votre ouvrage ; je le ferai représenter ici." Les événements de 1870 retardèrent la représentation de quelques années. » (*Revue Musicale*, 8 novembre 1901). [NdÉ – C. Saint-Saëns, *Écrits sur la musique et les musiciens 1870-1921*, *op. cit.*, p. 564, 1901-6, *Revue d'histoire et de critique musicale*, 1re année, n° 10, novembre 1901, « Saint-Saëns et l'opinion musicale à l'étranger (Lettre à Jules Combarieu).]

ne lui devais rien, je n'avais pas subi sa fascination personnelle, je ne l'avais encore ni vu ni entendu, quand je me suis épris, à la lecture, de ses premiers *Poèmes symphoniques*, quand ils m'ont indiqué le chemin où je devais rencontrer plus tard *La Danse macabre*, *Le Rouet d'Omphale*, et autres œuvres de même nature ; je suis donc sûr que mon jugement n'est altéré par aucune considération étrangère, et j'en prends l'entière responsabilité[31]. »

Cette influence me paraît expliquer une partie de l'œuvre de M. Saint-Saëns. Non seulement elle s'affirme dans ses *Poèmes symphoniques*, qui sont un de ses meilleurs ouvrages ; mais elle est presque partout sensible, dans ses Suites pour orchestre, ses Fantaisies, ses Rapsodies, dont la tendance descriptive et narrative est si évidente. – La musique doit charmer par elle-même, dit M. Saint-Saëns, mais l'effet en sera bien plus grand, « quand au plaisir purement musical vient s'ajouter celui de l'imagination parcourant sans hésiter une voie déterminée, et attachant une idée à la musique. Toutes les facultés de l'âme sont à la fois mises en jeu, et dans le même but. Ce que l'art y gagne, ce n'est pas une plus grande beauté, c'est un plus vaste champ pour exercer son pouvoir, c'est une plus grande variété de formes et une plus grande liberté[32]. »

*
* *

Ainsi, M. Saint-Saëns se trouve avoir participé au vigoureux mouvement des symphonistes allemands d'aujourd'hui pour faire entrer dans la musique pure toutes les puissances des autres arts : peinture, poésie, philosophie, roman, drame, la vie tout entière.

Mais quel abîme entre eux et lui ! Ce ne sont pas seulement des différences de style ; ce sont deux races, deux mondes opposés. En face du torrent frénétique de Richard Strauss, qui roule pêle-mêle de la boue, des épaves, du génie, l'art latin de Saint-Saëns se dresse, ironique et serein. Sa délicatesse de touche, sa riche sobriété, sa grâce ingénieuse, qui « pénètre dans l'âme, y circule par petits chemins[33] », font le plaisir d'une langue et d'une pensée belles, claires et honnêtes ; cette justesse

31 *Portraits et Souvenirs.* [« Franz Liszt », p. 34.]
32 *Harmonie et Mélodie.* [« Liszt », p. 167.]
33 C. Saint-Saëns, *Portraits et Souvenirs.* [« L'illusion wagnérienne », p. 207.]

d'écriture et de sens charme comme une vertu. Dans l'art contemporain, nerveux et tourmenté, cette musique frappe par son calme, ses tranquilles harmonies, ses modulations veloutées, sa pureté de cristal, son style fluide et sans heurts, je ne sais quel atticisme. Jusqu'à sa froideur classique fait du bien par une réaction instinctive contre les exagérations, même sincères, de l'art nouveau. Il y a des instants où l'on se croit ramené à Mendelssohn, et jusqu'à Spontini et à l'école de Gluck. Il semble qu'on traverse des paysages qu'on a vus autrefois et qu'on aime : non que jamais on puisse noter des ressemblances directes ; – nulle part les réminiscences ne sont peut-être plus rares que chez ce maître qui porte dans sa mémoire tous les maîtres anciens, – mais c'est par l'esprit même qu'il leur ressemble. Et là est le secret de sa personnalité, et son haut prix pour nous : il apporte à notre inquiétude artistique un peu de la lumière et de la douceur d'autrefois. Ce sont comme des fragments d'un monde disparu.

« De temps en temps, a-t-il écrit lui-même à propos de *Don Giovanni*, – de la terre sacrée d'Hellade sort un fragment de marbre, un bras, un débris de torse, éraflé, injurié par les siècles ; ce n'est plus que l'ombre du dieu créé par le ciseau du statuaire ; et pourtant le charme subsiste, le style divin resplendit malgré tout[34]. »

Ainsi de cette musique, un peu pâle souvent, un peu volontairement effacée, mais où l'on voit soudain briller, dans une page, dans une phrase, dans quelques harmonies, le regard limpide du passé.

34 C. Saint-Saëns, *Portraits et Souvenirs*. [« Don Giovanni », p. 165.]

VINCENT D'INDY[1]

> Je considère la critique comme absolument inutile, je dirai même comme nuisible… La critique est en général l'opinion d'un monsieur quelconque sur une œuvre. En quoi cette opinion pourrait-elle être de quelque utilité au développement de l'art ? Autant il peut être intéressant de connaître les idées, même erronées, de certains hommes de génie, ou même de grand talent, comme Goethe, Schumann, Wagner, Sainte-Beuve, Michelet, lorsqu'ils veulent bien faire de la critique, autant il est indifférent de savoir que monsieur tel ou tel aime ou n'aime pas telle œuvre dramatique ou musicale[2].

Ainsi s'exprime M. Vincent d'Indy.

Après une telle déclaration, on conçoit qu'un critique éprouve quelque embarras à juger M. Vincent d'Indy. Je serais d'autant plus gêné pour le faire que, dans le même numéro de revue, le seul qui exprimât des opinions aussi radicales que celles de M. d'Indy était précisément l'auteur de ce livre. Il ne me reste qu'une ressource : c'est de m'autoriser de l'exemple de M. d'Indy lui-même. Car cet ennemi passionné de la critique est aussi un critique passionné.

Ce n'est d'ailleurs pas sur les qualités proprement musicales de M. d'Indy que je voudrais insister. On sait qu'il est un des maîtres musiciens de l'Europe actuelle pour l'expression dramatique, le coloris de l'orchestre, et la science du style. Mais là n'est pas son originalité principale ; ou, plutôt, son originalité artistique dérive d'une autre plus profonde. Quand un artiste a quelque valeur, ce n'est pas seulement dans son ouvrage, c'est dans son être qu'elle réside. Il faut donc essayer de pénétrer sa personnalité.

La personnalité de M. d'Indy n'est pas obscure. Elle est franche, elle se montre au grand jour tout entière, dans ses œuvres musicales, dans

1 [NdÉ] Romain Rolland reprend l'article « Vincent d'Indy » qui paraît dans *La Revue de Paris*, le 15 janv. 1903, p. 401-420. Il publie également un compte rendu sur « *L'Étranger de Vincent d'Indy* », dans la *Rivista musicale italiana*, vol. XI, 1904, p. 129-139 (en français). Dans ses *Mémoires*, Romain Rolland raconte comment il joue et fait jouer à Vincent d'Indy des œuvres de Monteverdi (Albin Michel, 1956, p. 196-197).

2 *Revue d'Art dramatique*, 5 février 1899, [p. 241-266].

son action artistique, dans ses écrits. C'est bien à ses écrits que peut s'appliquer l'exception qu'il ajoute à sa règle sur la critique, en faveur du petit nombre d'hommes « dont il est intéressant de connaître les idées, même erronées ». Et il serait dommage, en effet, de ne pas connaître les idées de M. d'Indy, – « même si elles étaient erronées ». – Elles nous laissent entrevoir non seulement la pensée d'un artiste éminent, mais certains caractères fort surprenants de la pensée de notre époque. M. d'Indy étudie beaucoup l'histoire de son art ; mais le principal intérêt historique de ses jugements est peut-être moins encore dans ce qu'ils nous apprennent sur le passé, que dans ce qu'ils expriment à leur insu de l'âme présente.

M. d'Indy n'est pas un artiste étroitement renfermé dans les limites de son art. Son intelligence est ouverte et richement cultivée. Le temps n'est plus de ces musiciens dont tout l'esprit était borné à leurs notes, et qui ne pensaient guère quand ils ne pensaient pas en musique. Ce n'est pas un des phénomènes les moins intéressants de la musique française d'aujourd'hui, que l'apparition de ces compositeurs instruits et réfléchis, créateurs conscients de ce qu'ils créent, et gardant dans l'inspiration un sens critique aiguisé, comme M. Saint-Saëns, M. Dukas, ou M. d'Indy. Nous avons de M. d'Indy de savantes éditions de Rameau, de Destouches, de Salomon de Rossi. Au milieu même des répétitions de *L'Étranger*, à Bruxelles, il travaillait à une reconstitution de l'*Orfeo* de Monteverdi[3]. Il a publié des recueils critiques de chansons populaires, des études sur les prédécesseurs de Beethoven, une histoire de la composition musicale, des conférences et des cours. Cette haute culture intellectuelle n'est pourtant pas le trait le plus remarquable de M. d'Indy, bien qu'il soit un des plus remarqués. Quelques autres musiciens partagent avec lui cette supériorité. Mais ce qui est sa marque essentielle, c'est le caractère moral, et presque religieux, de sa personnalité. Là est son intérêt exceptionnel, entre tous les artistes contemporains.

*

* *

Maneant in vobis Fides, Spes, Caritas.
Tria hæc : major autem horum est Caritas[4].

---

3 [NdÉ] C'est à la demande de d'Indy que Rolland écrit un article dans *Les Tablettes de la Schola* au moment de ces représentations de l'*Orfeo*.

4 [NdÉ] Antienne du Jeudi de la Semaine sainte.

Qu'en vous demeurent ces trois vertus :
Foi, Espérance, Amour ;
Mais la plus grande des trois, c'est l'Amour[5].

« L'artiste doit avant tout avoir *la Foi*, la foi en Dieu, la foi en l'Art : car c'est la Foi qui l'incite à *connaître*, et, par cette connaissance, à s'élever de plus en plus sur l'échelle de l'Être, vers son terme qui est Dieu.

« L'artiste doit pratiquer *l'Espérance* : car il n'attend rien du temps présent ; il sait que sa mission est de *servir* et de contribuer par ses œuvres à l'enseignement et à la vie des générations qui viendront après lui.

« L'artiste doit être touché de la sublime *Charité*, "la plus grande" ; *aimer* est son but, car l'unique principe de toute création, c'est le grand, le divin, le charitable *Amour*. »

Qui parle ainsi ? – Quelque moine Denys[6], écrivant dans sa cellule du mont Athos, ou quelque Cennini[7] travaillant à répandre le pieux enseignement giottesque, ou l'un de ces vieux peintres de Sienne, qui, dans leur profession de foi, se disent, « par la grâce de Dieu, ceux qui manifestent aux hommes grossiers et illettrés les choses miraculeuses, faites par la vertu et en vertu de la sainte foi[8] » ?

Non. Mais le directeur de la *Schola Cantorum*, s'adressant à ses élèves, dans son discours d'inauguration de l'École[9], ou dans son cours de composition[10].

Il faut s'arrêter sur ce curieux livre, où se mêlent intimement une science vivante et un esprit *gothique* (je prends le mot *gothique* dans son sens le plus élevé : je sais qu'il est pour M. d'Indy le plus haut des

---

5 [NdÉ] D'Indy avait déjà cité ce texte issu d'une antienne du Jeudi saint qui, selon lui, « résume en quelques mots toutes les qualités dont l'artiste doit orner son âme pour passer sans faiblesse au milieu des difficultés de sa carrière », dans son discours d'inauguration des nouveaux locaux de la Schola Cantorum (269, rue Saint-Jacques), le 2 novembre 1900 (*La Tribune de Saint-Gervais*, novembre 1900 et Paris, Éd. de la Schola Cantorum, s. d.).

6 [NdÉ] Denys le Petit ou Dionysius Exiguus (V^e^-VIe s. après J.-C.), considéré comme le fondateur du calendrier actuel.

7 [NdÉ] Cennino Cennini (v. 1370-v. 1440), artiste toscan, auteur du *Libro dell'arte* (v. 1400), véritable traité de l'art médiéval.

8 [NdÉ] Formule présente au début des statuts des peintres siennois de 1355, publiés par le père Guglielmo della Valle dans ses *Lettere sanesi di un socio dell'Accademia di Fossano sopra le belle arti* (Venezia, Pasquali, 1782, t. 1, p. 143 et suiv.).

9 [NdÉ] Vincent d'Indy, co-fondateur de la Schola Cantorum (avec Charles Bordes et Alexandre Guilmant) en 1896, dirige cet établissement à partir de 1904.

10 Vincent d'Indy, *Cours de Composition musicale*, premier livre, rédigé d'après les notes prises aux classes de composition de la *Schola Cantorum*, en 1897-1898 (Durand, 1902), p. 16.

éloges). On n'a pas assez pris garde à cet ouvrage. Il est un monument de l'esprit de l'art contemporain. Monument isolé, je crois, mais qui devait d'autant moins passer inaperçu.

Ici, la Foi est tout, le principe, et la fin. Elle souffle le génie, elle féconde la pensée, elle dirige le travail, elle gouverne même le style et les modulations du musicien, comme le dit une page étrange et non sans grandeur, qui semble du pur XIIIe siècle : « Il faut un but dans la marche progressive des modulations, comme dans les diverses étapes de la vie. La raison, la volonté, la foi, qui guident l'homme dans les mille tribulations de la vie, guident pareillement le musicien dans le choix des modulations. Aussi les modulations inutiles et contradictoires, la fluctuation indécise entre la lumière et l'ombre, produisent-elles sur l'auditeur une impression pénible et décevante, comparable à celle que nous inspire un pauvre être humain, faible et inconsistant, ballotté sans cesse entre l'Orient et l'Occident, au cours d'une lamentable existence, sans but, sans croyance[11] ! »

Du Moyen Âge, ce livre semble être encore par une sorte d'esprit scolastique d'abstraction et de classification : « Dans la création artistique, il y a *sept Facultés* mises en œuvre par l'âme : l'Imagination, le Cœur, l'Esprit, l'Intelligence, la Mémoire, la Volonté et la Conscience[12] » ; – par un symbolisme extraordinaire, qui retrouve en toutes choses (à ce que j'ai pu comprendre) l'empreinte des mystères divins, et jusque dans les pulsations du cœur, et dans le rythme ternaire, la marque de Dieu en trois personnes : « Admirable application du principe de l'unité trinitaire[13] ! » – Il est aussi de ces temps reculés par sa façon d'écrire l'histoire, non pas en remontant des faits aux lois, mais en déduisant au contraire les faits de certaines grandes idées générales, une fois admises, et non démontrées, comme celle qui revient souvent, que « le principe de tout art est d'ordre purement religieux[14] », – ce qui n'est rien moins que prouvé : – d'où il suivra que les chansons populaires sortent des cantilènes grégoriennes,

11 Vincent d'Indy, *Cours* de *Composition musicale*, [premier livre], p. 132.

12 *Ibid.*, p. 13.

13 *Ibid.*, p. 25, note 3. Ainsi, Philippe de Vitry, évêque de Meaux, au XIIIe siècle, appelait « parfaite » la mesure ternaire, parce qu'elle est « dérivée de la Trinité, c'est-à-dire du Père, du Fils et du Saint-Esprit, où réside la perfection suprême ».

14 *Ibid.*, p. 66, 83 et *passim.* [NdÉ – Le compositeur et théoricien Philippe de Vitry (1291-1361), auteur du célèbre *Ars nova* (v. 1320) et d'*Ars perfecta in musica* d'où est tirée la citation suivante : « *Numerus vero ternarius est perfectus assumptus a Trinitate, scilicet, Pater, Filius et Spiritus Sanctus, ubi est summa perfectio.* »]

et non les cantilènes sacrées des chansons populaires païennes, comme je croirais plutôt. L'histoire de l'art devient ainsi une sorte d'histoire du monde, d'après une conception morale. On pourrait la diviser en deux parties : avant et après *l'Orgueil.* « Dominé par la foi chrétienne, le redoutable ennemi de l'homme, l'Orgueil, s'était rarement manifesté au Moyen Âge dans l'âme de l'artiste. Mais, avec l'affaiblissement des croyances, avec l'esprit de Réforme appliqué presque en même temps à toutes les branches du savoir humain, nous voyons reparaître l'Orgueil, nous assistons à sa véritable Renaissance[15]. » Enfin cet esprit gothique se manifeste – d'une façon moins originale, il est vrai, – par ses antipathies religieuses, qui, malgré la bonté de cœur et la grande tolérance personnelle de l'auteur, percent à tout instant contre les deux confessions rivales de la sienne, à qui sont attribuées toutes les fautes de l'art et les vices de l'humanité. Chacune a son paquet. Le protestantisme est rendu responsable de tous les excès de l'individualisme[16] ; le judaïsme, de tous les ridicules de la mode et des défaillances du sens moral[17]. Je ne sais qui des deux est le plus rudement étrillé. Le second a le privilège de l'être, non seulement en discours, mais en images[18]. Le plus grave est que ces antipathies risquent d'altérer la belle intégrité des jugements artistiques de M. d'Indy. Il va sans dire que les juifs de la musique sont traités sans ménagement ; mais, ce qui est plus rare, les grands protestants de la musique, ces colosses de l'art, n'échappent pas aux réprimandes. Si Goudimel est mentionné, c'est parce qu'il fut le maître de Palestrina ; mais sa « réalisation en chorals des psaumes calvinistes » est une œuvre de peu d'importance[19]. « Les oratorios de Haendel sont glacés, et, disons le mot, franchement fastidieux[20]. » Bach lui-même n'échappe que grâce à une distinction : s'il est grand, ce n'est pas « *en raison de*, mais *malgré* l'esprit dogmatique et desséchant de la Réforme[21]. »

---

15 Vincent d'Indy, *Cours de composition musicale*, [premier livre], p. 215.

16 « Guerre au particularisme, ce fruit malsain de la déviation protestante ! » (« Discours à la *Schola* », la *Tribune de Saint-Gervais*, novembre 1900.)

17 Il a du moins l'honneur de donner son nom à toute une époque de l'art : « l'époque judaïque… », « Le *modern style*, ce dernier avatar de l'école judaïque… », etc.

18 Voir « l'admirable T initial, extrait du Rouleau mortuaire de Saint-Vital (XIIe s.), et qui représente Satan vomissant deux juifs…, art symbolique et expressif, s'il en fut ! » (*Cours de Composition musicale*, [premier livre], p. 77). – Je n'insisterais pas, s'il n'y avait, dans tout ce livre, que deux seules illustrations.

19 *Ibid.*, p. 160.

20 « L'Oratorio moderne », *La Tribune de Saint-Gervais*, mars 1899.

21 *Ibid.* – Autant dire qu'il était catholique sans le savoir. Et c'est ce que proclame un ami de la *Schola*, M. Edgar Tinel : « Bach, cet artiste si profondément chrétien, *protestant*

Je ne me mêle point de juger. Chacun est suffisamment jugé par ce qu'il écrit. Puis il y a un trop grand intérêt à se trouver en face d'une personnalité sincère, et qui parle librement. L'avouerai-je ? Je trouve même une sorte de plaisir (un peu pervers, peut-être) à certaines de ces opinions excessives[22], où la personnalité s'accuse plus fortement.

Ainsi, le vieil esprit gothique vit encore parmi nous, il anime la pensée d'un de nos artistes les plus connus, et, sans doute, avec lui, des centaines de ceux qui l'écoutent et l'admirent ! – M. Louis Laloy a montré dans le *Pelléas* de M. Debussy la persistance involontaire de certains modes du plain-chant[23] ; et, dans le sentiment obscur de cette lointaine parenté, il retrouvait la raison du charme mystérieux qu'exercent de telles pages sur l'esprit de quelques-uns[24]. Ce paradoxe savant est possible. Pourquoi ne le serait-il pas ? Les mélanges de races et les vicissitudes de l'histoire nous ont fait une âme si riche et si diverse que nous pouvons bien y retrouver ces origines, s'il nous plaît, – ou de tout autres. D'origines, nous n'en manquons point : il n'y a que l'embarras du choix ; et, pour se décider, j'imagine que la volonté fait autant que le tempérament.

Quoi qu'il en soit, c'est du Moyen Âge que M. d'Indy se réclame, et non de l'antiquité, qui n'existe pas pour lui[25], ou de la Renaissance, qu'il confond avec la Réforme (les deux sœurs ennemies) pour la mieux écraser[26] :

> Prenons pour modèles les admirables ouvriers d'art du Moyen Âge[27].

*

* *

---

par erreur, sans doute, puisqu'en son immortel *Credo*, il confesse sa foi en l'Église une, sainte, catholique et apostolique… » (*La Tribune de Saint Gervais*, août-septembre 1902.) – M. Edgar Tinel est, comme on sait, un des principaux maîtres de l'oratorio belge.

22 [NdÉ] On connaît l'admiration de Rolland pour Haendel ; sur ce point notamment, ses goûts divergent beaucoup de ceux de d'Indy.

23 [NdÉ] Voir Louis Laloy, *Debussy*, Paris, Dorbon, 1909. Ami du compositeur, il fut son premier biographe.

24 *Revue musicale*, novembre 1902.

25 « Les seuls documents qui subsistent sur la musique antique sont des critiques ou des appréciations, et non des textes musicaux. » (*Cours de Composition*, [première partie], p. 65.)

26 « La Renaissance, dont les tendances pleines de prétention et de vaine personnalité firent subir au développement de tous les arts un arrêt dont nous souffrons encore… » (*Ibid.*, p. 89.) Et le passage, cité plus haut, sur *L'Orgueil*.

27 *La Tribune de Saint-Gervais*, novembre 1900.

Dans ce retour au gothique, dans ce réveil de la foi, il y a un nom, – moderne celui-là – que l'on aime à citer à la *Schola*, et sous l'égide duquel le petit Conservatoire de la rue Saint-Jacques[28] s'est placé : c'est celui de César Franck. – Et aucun nom ne saurait être, en effet, plus pur que celui de ce grand cœur ingénu. Sur presque tous ceux qui l'ont approché, il a exercé une séduction irrésistible ; et cette séduction personnelle est pour beaucoup, peut-être, dans l'action que ses œuvres continuent d'avoir aujourd'hui sur la musique française. Nul n'a subi davantage l'ascendant moral et musical de Franck, que M. Vincent d'Indy ; nul n'a gardé une vénération plus profonde et plus attendrie pour celui dont il fut longtemps l'élève.

La première fois que je vis M. d'Indy, c'était à un concert de la Société nationale, salle Pleyel, en mars 1888. On jouait diverses œuvres de Franck, entre autres, pour la première fois, l'angélique *Thème, fugue et variation*, pour harmonium et piano, où se mêle à la pensée de Bach une tendresse toute moderne. Franck était sur l'estrade, et M. d'Indy tenait le piano. Je me souviendrai toujours de sa respectueuse attitude à l'égard du vieux musicien, de son attention studieuse à suivre ses indications : on eût dit un élève appliqué et docile ; et cela était touchant, de la part d'un jeune maître, consacré déjà par tant d'œuvres : – *Le Chant de la cloche*, *Wallenstein*, la *Symphonie sur un thème montagnard*[29], – et peut-être plus connu, plus populaire alors que César Franck lui-même. Depuis, vingt ans ont passé : je continue de le voir comme je le vis ce soir-là ; et, quoi qu'il arrive maintenant, son image restera toujours pour moi étroitement associée à celle du vieux grand artiste dominant, avec un sourire paternel, cette petite assemblée de fidèles.

Entre tous les traits de la belle nature morale de Franck, le plus remarquable était sa foi : elle devait frapper une époque artistique qui en était encore plus dépourvue que la nôtre. Et, *par là*, il agit aussi sur certains de ses disciples, les meilleurs, les plus près de son cœur, comme M. d'Indy. La pensée religieuse de ce dernier représente un peu la pensée de son maître. Mais peut-être n'est-ce pas sans la déformer légèrement, à son insu. Je ne sais si Franck était tout à fait semblable à l'image qu'on

28 [NdÉ] Rappelons que la Schola Cantorum, ouverte rue Stanislas en octobre 1896, était installée depuis 1900 au 269, rue Saint-Jacques (Paris, 5e arrondissement).

29 [NdÉ] Rolland l'avait entendue, en compagnie de son ami André Suarès, dès le 20 mars 1887 aux concerts Lamoureux (*Le Cloître de la rue d'Ulm*, Paris, A. Michel, 1952, p. 53).

en trace aujourd'hui. Je ne veux pas apporter ici de souvenirs personnels. Je l'ai assez connu pour entrevoir la beauté lumineuse et candide de son âme, et pour l'aimer. Je l'ai trop peu connu pour oser formuler une opinion sur le secret de sa pensée. Mais de ceux qui eurent le bonheur d'être longtemps admis à son intimité, il s'en faut que les récits le représentent toujours comme un mystique fermé à l'esprit du temps. J'espère qu'un jour, tel d'entre eux, qui fut son ami, se décidera à publier certaines des conversations qu'il avait avec lui, et dont il me faisait part. Ce cœur très croyant était très libre[30]. Sur sa foi religieuse, il ne saurait y avoir doute : c'était la base de sa vie ; mais elle était chez lui bien plus un sentiment qu'une doctrine (tout était sentiment chez Franck ; presque rien n'était idée) ; elle ne gênait en rien sa pensée ; il ne soumettait pas à cette règle ses jugements sur les œuvres ou les hommes ; il eût été incapable d'organiser une histoire de l'art d'après l'Écriture Sainte. Ce grand catholique avait parfois une âme amoureusement païenne ; il savait jouir sans remords du dilettantisme harmonieux de Renan et du néant sonore de Leconte de Lisle. Rien ne limitait sa vaste sympathie. Il ne se préoccupait guère de juger ce qu'il aimait ; il n'avait pas besoin d'introduire de la lumière dans son cœur. Et peut-être avait-il raison. Peut-être y avait-il au fond de ce cœur plus d'éléments de trouble que ne l'a pu faire croire la sérénité vaillante de sa vie.

Sa foi même… (Je sais combien il est périlleux d'interpréter les sentiments d'un musicien d'après sa musique ; mais comment s'en dispenser, quand on nous représente, comme fait l'école de Franck, l'expression de l'âme comme l'unique raison d'être et le but de la musique ? …) Sa foi, telle qu'elle s'exprime à travers sa musique, est-elle toute paix et tout calme, toujours[31] ? J'en appelle à tous ceux à qui cette musique est si chère, parce qu'ils retrouvent un peu de leur mélancolie en elle. Qui n'a senti le drame secret enfermé parfois dans telles de ces phrases musicales, – ces courtes phrases hachées, si caractéristiques de Franck, qui s'élèvent dans une aspiration suppliante vers Dieu, et presque toujours

30 [NdÉ] Ce texte est à mettre en rapport avec le passage du dernier chapitre du présent ouvrage relatif à la Schola Cantorum et à la note concernant les déclarations du fils de César Franck.

31 Je parle des pages où il s'exprime librement, où il ne s'oblige pas à traduire en musique une situation dramatique que lui impose le poème, comme dans le beau morceau symphonique de *Rédemption*, où il peint le triomphe du Christ. Encore l'inquiétude et l'angoisse s'insinuent-elles même là.

retombent, meurtries, résignées, toutes baignées de larmes ! Tout n'est pas lumière dans cette âme ; la lumière n'en est que plus émouvante parce qu'elle brille, au loin.

> Dans un écartement de nuages, qui laisse
> Voir au-dessus des mers la céleste allégresse[32]...

En cela, Franck me paraît bien différent de M. d'Indy. Il n'avait pas, comme lui, un besoin impérieux de clarté.

*
* *

La clarté ! C'est la marque de l'intelligence de M. d'Indy. Il n'y a point d'ombres en lui. Sa pensée et son art sont clairs comme son regard, qui donne tant de jeunesse à sa physionomie. C'est une nécessité pour lui de juger, d'ordonner, de classifier, d'unifier. Pas d'esprit plus français. On l'a souvent taxé de wagnérisme ; et il est vrai qu'il a subi très fortement l'influence de Wagner. Mais, même quand elle est la plus apparente chez lui, cette influence n'est que superficielle : l'esprit est tout autre. Vous trouverez dans *Fervaal* quelques arbres de la forêt de *Siegfried* ; mais la forêt n'est plus la même : des avenues y sont percées, le jour pénètre dans les cavernes du Nibelung.

Ce besoin de clarté est la loi principale de sa nature artistique. Et cela est d'autant plus remarquable que sa nature est loin d'être simple. Par le fait d'une large instruction musicale, d'un constant désir d'apprendre, elle s'est enrichie d'une quantité d'éléments divers et presque contradictoires. Il faut songer que M. d'Indy est un des musiciens qui connaissent le plus la musique étrangère ou passée ; les formes musicales de tous les temps et de tous les pays flottent dans sa pensée ; et il ne se décide pas tout à fait entre elles. Même en les réduisant à trois types principaux, qui lui semblent les modèles de la musique : « l'art décoratif des plain-chantistes, l'art architectural de l'époque palestrinienne, l'art expressif des grands Italiens du XVIIe siècle[33] », cet éclectisme n'essaie-t-il pas de concilier des arts difficilement conciliables ? – Il faut songer de plus que M. d'Indy a

32 [NdÉ] 2e et 3e vers de « Plein ciel » de Victor Hugo (*La Légende des siècles*, première série, Paris, Hetzel, 1859, p. 219). Cette citation rappelle l'engouement que Rolland exprima pour ce poète lors de la disparition de ce dernier en 1885.

33 *La Tribune* de *Saint-Gervais*, novembre 1900.

été en relations directes, ou indirectes, avec les plus grandes personnalités musicales de notre temps, avec Wagner, Liszt, Brahms, César Franck, qu'il s'est laissé volontiers attirer par elles : car il n'est pas un de ces génies égoïstes qui portent en toutes choses la pensée de leur intérêt, de ces grands esprits carnassiers, qui ne voient rien, ne cherchent rien, ne goûtent rien, que pour s'en assimiler les énergies qui leur peuvent être utiles. Il se donne tout entier, heureux de rendre hommage à la grandeur des autres et de subir leur charme. Il parle quelque part « du besoin irrésistible de transformation » qui existe chez l'artiste[34]. – Pour n'être pas submergé par cette richesse d'éléments et d'influences opposées, il faut une grande force de passion, ou de volonté, qui élimine, ou choisit et transforme. M. d'Indy n'élimine presque rien : il organise. Il a dans sa musique des qualités de chef d'armée : l'intelligence du but, la volonté patiente d'y atteindre, la parfaite connaissance des moyens dont il dispose, l'esprit d'ordre, et la maîtrise sur son œuvre et sur soi. Malgré la variété des matériaux qu'il emploie, l'ensemble est toujours clair. On lui ferait volontiers le reproche d'être trop clair : il simplifie trop, peut-être.

Rien ne fait mieux saisir sur le vif la personnalité de M. d'Indy que son dernier ouvrage dramatique. Si, dans tout ce qu'elle crée, elle se montre toujours avec franchise, nulle part elle n'est plus transparente que dans *L'Étranger*[35].

La scène de L'Étranger est en France, aux bords de l'Océan, dont une introduction symphonique exprime le calme frémissant. Les marins reviennent au port ; la pêche a été mauvaise. Seul, un d'entre eux, « un homme de quarante ans environ, l'air noble et triste a été plus heureux que les autres. Ils l'envient et le soupçonnent vaguement de sorcellerie. Il tâche en vain de lier conversation avec eux ; il offre en vain sa pêche à une famille misérable : ses avances sont repoussées, sa générosité suspectée. Il est un étranger, – l'Étranger[36]. – Le soir vient, l'angélus sonne. De jeunes ouvrières sortent de l'atelier en chantant une jolie ronde

34 *Ibid.*, septembre 1899 [article nécrologique de d'Indy sur Ernest Chausson].

35 *L'Étranger*, « action musicale en 2 actes », – poème et musique de M. Vincent d'Indy, – représentée pour la première fois, à Bruxelles, au théâtre de la Monnaie, le 7 janvier 1903.

36 Il y a, dans le sujet, une certaine analogie avec le *Feuersnot* de M. Richard Strauss. Là aussi, le héros est un Étranger, qui est persécuté et traité de sorcier par une ville dont il est l'honneur. Mais le dénouement est tout autre ; et la différence essentielle des deux tempéraments d'artistes s'y marque profondément. M. Vincent d'Indy finit par le renoncement chrétien, et M. Richard Strauss par l'affirmation orgueilleuse et joyeuse de la force.

populaire, que M. d'Indy a recueillie dans sa province (il l'a notée dans ses *Chansons populaires du Vivarais*[37]). Une des jeunes filles, Vita, qui, seule du village, est amie de l'Étranger, va près de lui, et lui parle. Ils se sentent attirés l'un vers l'autre par une secrète sympathie. Vita se confie naïvement à l'inconnu : ils s'aiment tous deux, sans se l'avouer. Mais l'Étranger résiste à son inclination : car Vita est jeune et fiancée ; et il ne se reconnaît pas le droit de la sacrifier à lui. Froissée de la froideur qu'il lui témoigne, elle cherche à le blesser, et elle y réussit. Il finit par se trahir. « Oui, il l'aime, et elle le savait bien. Mais, maintenant qu'il le lui a avoué, il ne la reverra plus, et il lui dit adieu. »

Tel est le premier acte. – Jusqu'à présent, il semble que nous soyons en présence d'un drame purement réaliste et humain : c'est l'histoire commune de l'homme qui fait le bien à des ingrats, et la triste tragédie de la vieillesse qui vient, sans refroidir un cœur qui ne peut se résoudre à vieillir. Mais, déjà, la musique nous a mis sur nos gardes : nous avons été surpris du ton religieux de l'orchestre, quand parle l'Étranger. Il nous a même semblé reconnaître dans le thème principal une mélodie liturgique[38]. Quelle énigme se cache là ? Ne sommes-nous donc pas dans une campagne de France ? Malgré la chanson populaire, et, de temps en temps, un souffle de la mer qui passe, il règne ici l'atmosphère de l'Église et de César Franck. Qu'est-ce donc que cet Étranger ?

Il le dit au second acte : « Mon nom ? Je n'en ai pas. Je suis Celui qui rêve. Je suis Celui qui aime. Aimant les pauvres et les inconsolés, rêvant le bonheur de tous les hommes frères, j'ai marché à travers bien des mondes. J'ai longtemps navigué, et sur toutes les mers. – Où donc t'avais-je vue avant de te connaître ? Où donc ? demandais-tu. Mais partout ! Dans les lourds soleils d'Orient, dans les blancs océans du pôle... Partout je t'ai trouvée, partout je t'ai aimée, car tu es la pure Beauté, car tu es l'immortel Amour ! »

La phrase musicale s'expose non sans grandeur ; elle est empreinte d'une foi calme et forte. Mais je regrette de me trouver en présence d'une entité, quand je m'intéressais à un homme. Je n'ai jamais compris l'intérêt de ce genre de symbolisme. À moins d'une sublimité d'invention

37 [NdÉ] Op. 52, Paris, Durand, 1900, n° 64.

38 [NdÉ] Le thème symbolisant la charité est effectivement d'origine liturgique, puisqu'il provient de l'antienne du Jeudi Saint *Ubi caritas et amor* que d'Indy affectionnait tout particulièrement (voir son *Cours de composition musicale*, troisième livre, Paris, Durand, 1950, p. 211).

métaphysique ou morale qui n'appartient guère qu'à un Goethe ou à un Ibsen, je ne vois pas du tout ce que le symbolisme peut ajouter à la vie, et je vois très bien ce qu'il lui enlève. Mais c'est affaire de goût ; et, en tous cas, il n'y a là rien qui doive nous surprendre outre mesure. Ce passage du réalisme au symbolisme est chose à laquelle on ne nous a que trop habitués au théâtre de musique, depuis Wagner.

Mais nous n'en restons pas là ; et voici que nous quittons maintenant l'abstraction symbolique, pour entrer dans un domaine plus extraordinaire, et plus éloigné encore de la réalité. – On nous avait parlé, dès le commencement, d'une émeraude qui brillait au bonnet de l'Étranger. L'émeraude entre à son tour en scène. « Elle brillait jadis à l'avant de la nef qui porta le Ressuscité, l'ami de Jésus notre maître, et sans barre, sans voile, sans rame, aborda sûrement au port des Phocéens. Par cette pierre de miracle, une volonté droite et pure peut s'imposer aux vents et à la mer. » Maintenant que l'Étranger s'est abandonné à la passion, et qu'il a démérité, il n'a plus aucun pouvoir sur le talisman : il le remet à Vita.

Alors commence une vraie scène de féerie. Vita se dresse vers la mer, et l'invoque, dans une incantation aux vocalises étranges et belles : « Ô mer ! Sinistre mer aux colères charmeuses ! Ô mer ! Très douce mer aux caresses mortelles ! Entends-moi ! » Et la mer répond ; elle chante. Des voix se mêlent à l'orchestre dans une symphonie qui grandit et qui gronde. Vita jure, qu'elle ne sera qu'à l'Étranger. Elle élève au-dessus de sa tête l'émeraude qui rayonne de lueurs sinistres. – « Reçois, mer, en gage du serment, la pierre sacrée, la sainte émeraude ! Que nul ne puisse plus invoquer sa puissance, que nul n'éprouve plus sa vertu salvatrice ! Mer jalouse, reprends ton bien, dernier présent de la fiancée ! » – « D'un large geste, elle lance l'émeraude dans les flots, qui se colorent soudainement en vert sombre sous le ciel plus noir. La surnaturelle lueur verte va en s'étendant peu à peu jusqu'à la ligne d'horizon, et la mer s'émeut en une houle menaçante[39]. » Aussitôt le chant de la mer reprend, plus violent ; l'orchestre mugit, et la tempête éclate.

Les barques rentrent en hâte. Une d'elles va se briser contre la côte. Le village est accouru pour voir le sinistre. Les marins refusent de

39 Toutes ces citations du drame, dont le style poétique est loin de valoir le style musical, sont extraites de la partition de *L'Étranger*. [NdÉ – op. 53, livret du compositeur inspiré en partie de *Brand* (1866), drame d'Henrik Ibsen ; composé de 1896 à 1901 ; après la création à Bruxelles, première représentation parisienne à l'Opéra, le 4 décembre 1903 ; partition pour chant et piano réduite par l'auteur, Paris, Durand, 1902.]

s'exposer pour venir à l'aide des naufragés. Alors l'Étranger monte dans un canot ; et Vita s'y jette avec lui. La rafale redouble. Une lame de fond gigantesque s'abat sur le môle, enveloppant la scène d'une éblouissante lueur verte. Tous reculent effrayés. Puis le silence se fait ; et un vieux marin, ôtant son bonnet de laine, entonne le *De Profundis*, que la foule reprend…

On voit, par ce résumé, combien l'œuvre est hétérogène. Trois ou quatre mondes absolument différents y sont associés : le réalisme bourgeois des figures, du fiancé et de la mère de Vita y voisine avec le symbolisme évangélique de l'Étranger, et avec la féerie de l'émeraude magique et des voix de l'Océan. Cette complexité, très sensible dans le poème, l'est plus encore dans la musique, où s'opère l'union d'arts et de pensées divers : art populaire, art religieux, art wagnérien, art franckiste, avec une note de réalisme familier, qui se rapproche du style bouffe italien, et un sentiment descriptif, qui est personnel. Ce qui ajoute encore à cette impression, c'est la rapidité de l'action, en deux actes très courts. Les transitions sont extrêmement brusques. En un instant, on est transporté du monde vivant dans le monde des idées abstraites, puis de celui-ci dans le monde de la foi, et de ce troisième dans le monde des contes de fées. Cependant l'œuvre est, musicalement, claire. Plus l'esprit de M. d'Indy s'enrichit d'éléments complexes, plus il a le désir de les ramener à l'unité : tâche difficile, et qui même n'est possible qu'en les réduisant à leur expression la plus simple, à leur essence la plus générale, et, par suite, en les privant de la saveur de leur individualité. M. d'Indy met sur l'enclume des styles et des pensées divers ; il les forge avec vigueur. Il est naturel qu'on y sente, çà et là, la marque du marteau, l'empreinte de la volonté. La volonté fait l'unité dans l'œuvre.

Peut-être la fait-elle parfois dans l'esprit même de M. d'Indy. Je n'en veux indiquer qu'un trait assez curieux, parce qu'il me paraît d'un intérêt artistique général. M. d'Indy écrit lui-même les poèmes de ses « actions musicales ». L'exemple de Wagner a été contagieux. On a vu les dangers que la dualité des auteurs causait à l'harmonie de l'œuvre : on a cru y parer en écrivant soi-même paroles et musique. Mais on ne s'est pas aperçu que, dans un même artiste, il y a dualité entre ses facultés poétiques et ses facultés musicales.

Un homme n'est pas du tout le même dans son art personnel et dans les autres arts : je ne parle pas seulement de son habileté technique, mais même de son esprit. Delacroix, peintre romantique, était en littérature un classique. Nous avons tous connu des artistes révolutionnaires en leur métier, qui restaient des conservateurs arriérés dans leurs jugements sur les autres arts… Cette dualité existe, jusqu'à un certain point, entre M. d'Indy poète et M. d'Indy musicien. La raison s'entend-elle toujours chez lui avec le cœur[40] ? Certes, sa nature est trop aristocratique pour que le désaccord se montre au grand jour. Le cœur obéit à la raison, ou s'arrange avec elle pour sembler respecter son autorité et sauver les apparences. La raison, représentée ici par le poète, veut une action simple, réaliste, logique, avec un enseignement moral et même religieux. Le sentiment, représenté par le musicien, est romantique ; et, s'il s'écoutait tout à fait, il irait, de préférence, à tout autre sujet qui autoriserait davantage l'emploi de ses qualités pittoresques, à la symphonie descriptive, et, au besoin même, à l'ancien opéra.

Pour moi, je suis avec le sentiment et je trouve qu'il a raison contre la raison même. Je ne vois rien de plus personnel dans la musique de M. d'Indy que l'art du paysage musical. Telle page de *Fervaal* évoque les sommets de montagnes, couverts de forêts de pins, où traînent d'épais brouillards[41] ; – telle page de *L'Étranger*, les lueurs fantastiques qui s'allument sur la mer où couve la tempête[42]. Je souhaiterais de voir M. d'Indy s'abandonner librement, en dépit des théories, à ce lyrisme descriptif où il excelle, ou du moins chercher une inspiration dans un de ces sujets où sa foi et son imagination seraient satisfaites, comme un des beaux épisodes de la *Légende dorée* ; et pourquoi pas celui-là même, dont l'Étranger rappelle le souvenir : le poétique voyage de la Madeleine en Provence[43] ? – Mais il y a quelque sottise à souhaiter qu'un artiste fasse autre chose que ce qu'il fait : il en est le meilleur juge.

40 Déjà, dans sa critique, son sentiment ne souscrit pas toujours aux décisions de son esprit. Son esprit proscrit la Renaissance, et son goût lui rend chers les grands peintres de la Renaissance florentine, ou les musiciens du XVIe siècle. Il ne se tire d'affaire que grâce à d'extraordinaires compromis, en baptisant gothiques Ghirlandajo et Filippo Lippi, ou en décrétant que la Renaissance ne commence, en musique, qu'au XVIIe siècle ! (*Cours de Composition* [première partie], p. 214 et 216.)

41 Début de l'acte II.

42 Scène 3 de l'acte II. – Cette force d'évocation est si impérieuse qu'elle entraîne ici le poète : il semble qu'une partie de l'action n'ait été inventée qu'en vue de cet effet final, la coloration soudaine des flots.

43 [NdÉ] Allusion à la légende de Marie-Madeleine, venue prêcher la parole du Christ en Provence avant de se retirer dans la grotte de la Sainte-Baume.

*
* *

Je ne dois pas oublier, dans ce portrait rapide, une des faces les plus nobles de ce généreux talent : ses qualités d'éducateur musical. Tout destinait M. d'Indy à ce rôle. Par sa science, par l'ordre et la clarté de son intelligence, il devait être un parfait professeur de composition. Toutes ses règles pour penser et pour écrire sont d'une justesse irréprochable. Je renvoie à ses analyses d'une phrase mélodique, ou d'une période harmonique[44]. On y trouvera l'esprit de logique et de raison nette, un peu sèche, et simplifiant trop, mais lumineuse, d'un maître de la prose française. Ce sont les mêmes lois de bon sens, de vérité, d'unité, le même art du développement, les mêmes principes de la rhétorique classique du XVIIe et du XVIIIe siècles, que M. d'Indy applique à la musique. En vérité M. d'Indy pourrait écrire, s'il voulait, un *Discours sur le style*[45] musical.

Mais, surtout, il a reçu les qualités morales de l'éducateur, et la première de toutes, la vocation. Il a une croyance religieuse dans le devoir absolu, pour l'art, d'enseigner les hommes, et, ce qui est plus rare encore, dans la vertu efficace de cet enseignement. Volontiers il partagerait le mépris de Tolstoï, qu'il cite parfois, pour la niaiserie de l'art pour l'art. « À la base de tout art est cette condition essentielle : l'enseignement... Le but de l'art n'est pas le profit, ni même la gloire ; le vrai but de l'art est d'enseigner, d'élever graduellement l'esprit de l'humanité, de servir, en un mot, dans le sens du sublime : "*Dienen*" [servir], que Wagner met dans la bouche de Kundry repentante, au troisième acte de *Parsifal*[46] ». Il y a là un mélange d'humilité chrétienne et d'orgueil aristocratique. M. d'Indy a le sentiment profond de la solidarité humaine, et il aime le peuple ; mais il le traite avec une bonté affectueusement protectrice, et un peu dédaigneuse ; il le regarde comme un enfant, qu'il faut guider[47]. L'art populaire qu'il préconise n'est pas un art du peuple, mais d'une aristocratie qui s'intéresse au peuple. Il veut l'éclairer, le former, le diriger, au moyen de l'art. L'art est la source de vie ; il est l'esprit de progrès, il donne à l'âme le plus précieux des biens : la liberté ; et nul n'en jouit

44 *Cours de Composition*, [première partie], p. 42 et suiv., p. 118 et suiv.
45 [NdÉ] Référence au célèbre discours prononcé par Buffon lors de sa réception à l'Académie française, le 25 août 1753.
46 *Ibid.*, p. 10, et *La Tribune de Saint-Gervais*, novembre 1900.
47 *Cours de Composition*, [première partie], p. 84, 185 et *passim*.

plus que l'artiste. « Ce qui fait du nom d'artiste un titre sublime, c'est que l'artiste reste libre, complètement libre. Regardez autour de vous, et dites si, à ce point de vue, il est quelque carrière plus belle que celle de l'artiste conscient de sa mission ? L'armée ?... La magistrature ?... L'Université ?... La politique ?... » (Suivent des appréciations, plutôt sévères, sur ces diverses carrières.) « ...Sans parler de l'administration et du fonctionnarisme à outrance, qui sont les plaies honteuses de notre pays. – Partout obéissance par définition, ou asservissement par état. – Mais quel est le gouvernement, quel est le pape, l'empereur, le président, qui pourrait imposer à l'artiste l'obligation de penser et d'écrire contre son gré ? La liberté, voilà le vrai bien, le plus précieux apanage de l'artiste. La liberté de penser, et aussi la liberté que personne au monde n'a le pouvoir de nous ôter, celle de construire notre œuvre selon notre conscience[48] ! »

Qui ne sent la beauté et la flamme communicative de ces fières paroles ? De quelle prise ne doit pas être sur des cœurs jeunes et ardents cette force d'enthousiasme et de sincérité ? « Il est deux qualités, dit M. d'Indy à la dernière page de son livre, que le maître doit s'efforcer de faire naître ou de développer dans l'âme de son élève, qualités sans lesquelles la science ne peut servir de rien : l'amour non égoïste de l'art, et l'enthousiasme pour les belles œuvres[49]. » Ces deux vertus rayonnent des écrits, comme de la personne de M. d'Indy : c'est par là qu'il est si fort. Le meilleur de ses enseignements, c'est sa vie. On ne dira jamais assez le désintéressement de cette vie, dévouée au bien de l'art. Quand ce ne serait pas trop de toutes ses forces pour la création de son œuvre personnel, M. d'Indy ne cesse de consacrer aux autres son travail et son temps. Franck donnait des leçons pour vivre. M. d'Indy en donne pour le plaisir d'instruire, de servir son art, et d'aider les artistes. Il dirige des écoles[50], accepte, recherche presque les travaux les plus ingrats, mais les plus nécessaires, de l'enseignement. Ou bien il s'applique pieusement à l'étude du passé, à la résurrection de quelque vieux maître. Il

48 Discours à la *Schola*. (*La Tribune de Saint-Gervais*. nov.-déc. 1901.)

49 *Cours de Composition*, [première partie], p. 222.

50 [NdÉ] En janvier 1904, d'Indy avait succédé à Charles Bordes comme administrateur de la Schola Cantorum dont il dirigeait déjà, depuis l'ouverture (le 15 octobre 1896), les études de contrepoint et de composition. Il fut d'autre part juré ou président de divers concours de conservatoires ou d'orphéons. En 1912, il fut nommé professeur de la classe d'orchestre du Conservatoire de Paris et deux ans plus tard, professeur de direction d'orchestre dans ce même établissement.

semble qu'il trouve tant de joie à ouvrir une jeune intelligence au sens de la musique, ou à réparer les injustices de l'histoire envers un grand musicien oublié, qu'il s'oublie presque lui-même. À quelle œuvre, à quel travailleur, dignes d'intérêt, ou lui paraissant l'être, a-t-il jamais refusé ses conseils et son aide ? J'ai moi-même éprouvé sa bonté[51], et je lui en garde une sincère gratitude.

Ce dévouement et cette foi n'auront pas été en vain. Le nom de M. d'Indy sera associé dans l'histoire non seulement à de beaux ouvrages, mais à de grandes œuvres : à la Société nationale de musique, qu'il préside[52], – à la *Schola Cantorum*, qu'il a fondée avec Charles Bordes[53], et qu'il dirige, – à la jeune école musicale française, à cette pléiade d'artistes savants et novateurs, dont il est, en quelque sorte, le frère aîné, qui les a soutenus de son exemple et de son aide, durant les premières années, les plus dures de la lutte, – à tout ce mouvement musical enfin, qui travaille le monde, depuis la mort de Wagner et de Franck, à cette résurrection de l'art du Moyen Âge et de la Renaissance, – à tout le renouveau de la musique européenne... De cette évolution artistique M. d'Indy a été chez nous le principal représentant. Par son action, son exemple, ou son esprit, il fut un des premiers éducateurs musicaux de la France actuelle. Il a plus fait, pour le progrès de notre musique, que tout l'enseignement officiel des Conservatoires. Un jour viendra où, malgré toutes les résistances, par la seule force des choses, un tel homme prendra la place qui lui appartient à la tête de notre organisation musicale française.

*

* *

51 [NdÉ] Rolland fut choisi comme secrétaire général du premier Congrès international d'Histoire de la musique (23-28 juillet 1900) sur la recommandation de d'Indy. Lorsque, deux ans plus tard, il fut responsable de cette discipline à l'École des hautes études sociales, il intensifia les échanges avec celui-ci (voir le détail de ces relations dans l'article de Gilles Saint-Arroman, « Les deux Christophe : essai de parallèle entre Romain Rolland et Vincent d'Indy », *Cahiers de Brèves*, n° 33, juillet 2014, p. 16-22). Romain Rolland publie un compte rendu de cette rencontre, « Le premier congrès international d'histoire de la musique », dans la *Rivista musicale italiana*, VII, 1900, p. 822-829 (en français).

52 [NdÉ] Depuis 1886, d'Indy avait été élu secrétaire de la Société nationale de musique avec Ernest Chausson, lors de la démission de Charles Bordes hostile à l'ouverture des programmes aux compositeurs étrangers, comme le souhaitait d'Indy.

53 [NdÉ] À l'église Saint-Gervais, en juin 1894, Charles Bordes, Alexandre Guilmant et Vincent d'Indy avaient décidé de fonder la Schola Cantorum, destinée à faire mieux connaître la musique religieuse.

J'ai essayé de dégager la caractéristique de M. d'Indy, et j'ai cru la trouver dans la foi et dans l'action. Je ne me dissimule pas les erreurs inévitables d'un pareil essai. Il est si difficile de juger une personnalité, surtout en pleine vie, au milieu de son développement ! Tout homme est une énigme, non seulement pour les autres, mais pour lui. Il y a une grande présomption à prétendre connaître qui ne se connaît pas tout à fait soi-même. Et pourtant, l'on ne peut se dispenser de juger : c'est une nécessité, pour vivre. Aucun de ceux que nous voyons, aucun de ceux que nous connaissons, ou que nous disons connaître, aucun de nos amis, de ceux que nous aimons, n'est tel que nous le voyons ; souvent, il ne ressemble en rien à l'image que nous en avons : nous marchons au milieu des fantômes de notre cœur. Il faut juger pourtant, il faut construire, il faut créer, si nous ne voulons pas nous dissoudre dans l'inertie. Mieux vaut l'erreur que le doute, – pourvu qu'elle soit de bonne foi. L'essentiel est de dire ce qu'on sent et ce qu'on croit. Que M. d'Indy m'excuse, si je me suis trompé. Qu'il ne voie dans ces pages qu'un effort sincère pour le comprendre, et une grande sympathie pour sa personne, et même pour ses idées, que, d'ailleurs, je ne partage point. Mais j'ai toujours pensé que les opinions étaient de peu de prix dans la vie, et que seul importait l'homme. La liberté d'esprit est le plus grand des bonheurs ; il faut plaindre ceux qui ne la connaissent point. Il y a une douceur secrète à rendre hommage à de belles croyances, qui ne sont pas les nôtres.

RICHARD STRAUSS[1]

L'auteur de *Heldenleben*[2] n'est plus un inconnu pour les Parisiens. Chaque année, nous voyons reparaître, au pupitre de chef d'orchestre, chez Colonne ou chez Chevillard, sa silhouette haute et maigre, aux gestes saccadés et impérieux, sa figure pâle, un peu fiévreuse, les yeux singulièrement clairs, vagues et fixes à la fois, une bouche d'enfant, la moustache d'un blond presque blanc, des cheveux frisottants, formant une couronne au-dessus des tempes dégarnies, le front rond et gonflé.

Je voudrais esquisser ici l'étrange et dominatrice personnalité de celui que l'on considère en Allemagne comme l'héritier du génie de Wagner, – celui qui a eu la double audace de récrire, après Beethoven, une Symphonie Héroïque, et de s'en représenter comme le héros[3].

---

1 [NdÉ] Romain Rolland publie une première version de ce texte dans *La Revue de Paris* du 15 juin 1899, p. 769-789. Romain Rolland et Richard Strauss ont entretenu des relations suivies, faites de respect et d'admiration, comme en témoigne le numéro 3 des « Cahiers Romain Rolland », *Richard Strauss et Romain Rolland, Correspondance, Fragments de journal*, Avant-Propos de Gustave Samazeuilh, Paris, Albin Michel, 1951 (la correspondance court du 14 mai 1899 au 25 février 1926). Romain Rolland consacre trois autres articles au compositeur allemand : « *Feuersnot* de Richard Strauss », *Revue d'art dramatique*, mai 1902, p. 219-223 ; « À propos de quelques articles sur Richard Strauss », *Bulletin français de la S.I.M.*, juin 1909, p. 513-528 ; « À propos de quelques articles sur Richard Strauss (suite) », *ibid.*, juin 1909, p. 625-634.

2 [NdÉ] *Ein Heldenleben, Une vie de héros.*

3 [NdÉ] Le début de l'article présente de notables différences : « Il y a quinze jours, après l'exécution de *Heldenleben*, la dernière symphonie de M. Richard Strauss, au festival rhénan de Düsseldorf, la salle tout entière s'est levée, en proie à un enthousiasme indescriptible : mouchoirs et chapeaux s'agitaient ; les femmes, arrachant les bouquets de leur corsage, lançaient une pluie de fleurs sur le jeune musicien, et les trompettes de l'orchestre, dominant les *hoch* ! et les applaudissements, ont sonné en l'honneur du triomphateur. Je voudrais faire connaître ici, autant que je le puis, l'étrange et dominatrice figure de celui qu'on considère en Allemagne comme l'héritier du génie de Wagner, – celui qui vient d'avoir la double audace de récrire, après Beethoven, une symphonie héroïque, et de s'en représenter comme le héros. – L'auteur de *Zarathustra* n'est plus tout à fait un inconnu pour les Parisiens, Les habitués du Cirque d'Été se souviennent de cette silhouette haute et maigre, aux gestes saccadés et impérieux,

*
* *

Richard Strauss a quarante-quatre ans. Il est né à Munich, le 11 juin 1864. Son père, virtuose renommé, était premier cor à l'orchestre royal. Sa mère était fille du brasseur Pschorr. Il fut élevé au milieu de la musique ; dès quatre ans, il jouait du piano, et, dès six, il composait de petites danses, des *Lieder*, des sonates, et même des ouvertures pour orchestre. Il se peut que cette extrême précocité artistique n'ait pas été sans influence sur le caractère fiévreux de son talent, qu'elle ait tendu ses nerfs à l'excès, donné à son esprit une surexcitation un peu morbide. Depuis lors, il n'a cessé de produire. Au gymnase[4], il composait des chœurs pour des tragédies de Sophocle. En 1881, Hermann Lévi fait exécuter à son orchestre une symphonie du jeune collégien[5]. À l'Université, il passe son temps à écrire de la musique instrumentale. Bülow et Radecke le font jouer à Berlin, et Bülow, qui se prend d'affection pour lui, l'appelle, en 1885, à Meiningen comme *Musikdirector*. De 1886 à 1889, il passe, avec le même titre, au *Hoftheater*[6] de Munich. De 1889 à 1894, il est *Kapellmeister* au *Hoftheater* de Weimar. Il revient à Munich en 1894, comme *Hofkapellmeister*, et y succède, en

de cette figure pâle, un peu fiévreuse, les yeux singulièrement clairs, vagues et fixes à la fois, une bouche d'enfant, la moustache d'un blond presque blanc, des cheveux frisotants plantés haut, le front dégarni et assez beau, l'air moins d'un artiste que d'un très jeune officier allemand, maladif, volontaire et rêveur. Les étrangetés d'harmonie et de pensées, la maîtrise orchestrale de son *Zarathustra*, ont frappé nos jeunes musiciens et scandalisé les anciens. On a aussi remarqué – critiqué en général – la façon dont il dirigea la Symphonie en *la* [7e] de Beethoven : cette âpre et fantasque puissance, que je crois, pour ma part, plus près de l'âme de Beethoven que les interprétations pseudo-olympiennes du classique Weingartner. Mais je ne pense pas qu'on ait encore cherché à pénétrer plus avant dans l'énigme de cette personnalité ; et l'ensemble de l'œuvre de Richard Strauss est resté inconnu du grand public français. Je vais essayer de donner un aperçu de cette œuvre. Elle est déjà considérable par le nombre : quarante numéros, dont un drame lyrique, neuf ou dix grands poèmes symphoniques, des symphonies, des chœurs à seize voix, une quantité de *Lieder* et de musique instrumentale. Elle l'est aussi par l'originalité du style et la grandeur de la pensée. Enfin, comme l'œuvre de tout grand artiste, celle de Richard Strauss reflète à son insu son pays et son temps, et nous aurons peut-être l'intérêt d'y trouver certains traits curieux, rarement mis en lumière, de l'âme allemande d'aujourd'hui. »

4 [NdÉ] De l'allemand *Gymnasium* : lycée.

5 [NdÉ] Hermann Lévi, directeur l'Opéra de Munich, et créateur de *Parsifal* à Bayreuth en 1882, dirige en 1881 la *Symphonie en ré mineur* de Richard Strauss (écrite en 1880).

6 [NdÉ] Théâtre de la cour.

1897, à Hermann Lévi. Enfin, il laisse Munich pour Berlin, où il dirige à présent l'orchestre de l'Opéra royal[7].

Deux faits sont particulièrement à retenir dans cette vie : l'influence d'un homme à qui il a témoigné une reconnaissance profonde : Alexandre Ritter ; et ses voyages dans le Midi. – C'est en 1885 qu'il fit la connaissance de Ritter. Ce musicien, inconnu en France, et mort depuis quelques années, était neveu de Wagner ; il a écrit deux opéras renommés : *Fauler Hans*, et *Wem die Krone ?* et il est le premier, d'après Strauss, qui ait introduit dans le *Lied* le système wagnérien[8]. Il est souvent question de lui dans la correspondance de Bülow et de Liszt. « Avant de l'avoir vu, dit Strauss, j'avais été élevé dans une discipline strictement classique ; je m'étais nourri exclusivement de Haydn, Mozart et Beethoven, et je venais de passer par Mendelssohn, Chopin, Schumann et Brahms. C'est à Ritter seul que je dois d'avoir compris Liszt et Wagner ; c'est lui qui m'a montré l'importance, dans l'histoire de l'art, des écrits et des œuvres de ces deux maîtres[9]. C'est lui qui, par des années de leçons et d'affectueux conseils, a fait de moi un musicien de l'avenir (*Zukunftsmusiker*), et m'a mis sur le chemin, où je puis maintenant marcher indépendant et seul. C'est encore lui qui m'initia aux pensées de Schopenhauer[10]. »

La seconde influence, celle du Midi, qui semble avoir laissé en lui une trace ineffaçable, date d'avril 1886. Alors il visita Rome et Naples pour la première fois, et en revint avec une fantaisie symphonique, intitulée : *Aus Italien.* Au printemps de 1892, à la suite d'une pneumonie aiguë, il fit un long voyage d'un an et demi, en Grèce, en Égypte et en Sicile. La sérénité de ces pays bienheureux l'a rempli d'un éternel regret. Depuis, le Nord lui pèse, « l'horrible gris sur gris du nord, les idées fantômes sans soleil[11] ». Quand je le vis à Charlottenburg, un jour d'avril glacé, il me

---

7 [NdÉ] En 1882, à Berlin, le compositeur et chef d'orchestre Robert Radecke (1830-1911) crée la *Marche de fête*, op. 1 de Strauss. Celui-ci rencontre en 1884 Hans von Bülow (1830-1894), qui dirige cette même année la *Sérénade pour instruments à vent* (op. 7).

8 [NdÉ] Strauss rencontre Alexander Ritter (1833-1896) à Meiningen en 1885. Les deux opéras en un acte de Ritter, *Der faule Hans (Hans le paresseux)*, et *Wem die Krone ?* (*À qui la couronne ?*) sont créés le 8 juin 1890 à Weimar sous la direction de Strauss (à qui le second est dédié).

9 [NdÉ] Dans l'article, Romain Rolland précise en note : « Qu'on remarque l'importance exagérée que Strauss, comme tant d'Allemands, attribue à Liszt. »

10 [NdÉ] Ces affirmations se retrouveront plus tard dans Richard Strauss, *Betrachtungen und Erinnerungen* (1949) ; trad. fr. *Anecdotes et souvenirs*, Lausanne, Éd. du Cervin, 1951, p. 14.

11 Nietzsche. [NdÉ – *Par-delà le bien et le mal*, chapitre huitième : « Peuples et patries », aphorisme 254.]

dit en soupirant qu'il ne pouvait rien composer en hiver ; il a la nostalgie de la lumière italienne. Cette nostalgie a pénétré sa musique, où se sent à la fois une des âmes les plus tourmentées de la profonde Allemagne, et une aspiration continuelle vers les couleurs, les rythmes, le rire, la joie du Midi. Comme le musicien rêvé par Nietzsche[12], il semble « qu'il ait dans les oreilles le prélude d'une musique plus profonde, plus puissante, peut-être plus méchante et plus mystérieuse, d'une musique supra-allemande, qui, à l'aspect de la mer bleue et voluptueuse et de la clarté du ciel méditerranéen, ne s'évanouisse, ne pâlisse et ne se ternisse point, – d'une musique supra-européenne qui garderait son droit à vivre, même devant les bruns couchers de soleil au désert, dont l'âme serait parente des palmiers, et qui saurait demeurer et se mouvoir parmi les grands fauves, beaux et solitaires ; – une musique dont le charme singulier consisterait à ne rien savoir ni du bien ni du mal. De temps en temps seulement passerait sur elle une nostalgie de matelot, des ombres dorées et de molles faiblesses ; elle verrait fuir vers elle, venues des grands lointains, les mille teintes du couchant d'un monde moral devenu presque incompréhensible, et serait assez hospitalière et assez profonde pour recevoir ces fugitifs attardés. » – Mais toujours le Nord, la mélancolie du Nord, et « toutes les tristesses de la populace », les angoisses morales, la pensée de la mort, la tyrannie de la vie, viennent peser de nouveau sur cette âme affamée de lumière, et l'obliger aux méditations fiévreuses et aux âpres combats. Et, sans doute, il est mieux qu'il en soit ainsi.

*
* *

Richard Strauss est à la fois un poète et un musicien. Ces deux natures coexistent en lui, et chacune tend à dominer l'autre. L'équilibre est souvent rompu ; mais quand la volonté réussit à le maintenir, l'union de ces deux forces, lancées vers le même but, produit des effets d'une intensité qu'on ne connaissait plus depuis Wagner. L'une et l'autre ont leur source dans une pensée héroïque, que j'estime plus rare encore

12 *Id.* – *Par-delà le bien et le mal*, 1886, xvi, 255. Trad. H. Albert. – Que l'on m'excuse de commenter cette étude avec la pensée de Nietzsche, qui s'est reflétée constamment chez Strauss, et jette une lumière si aiguë sur l'âme de l'Allemand moderne. [NdÉ – Chapitre huit, « Peuples et parties », aphorisme 255. 1886 correspond à la publication de la version originale en allemand. La version française paraît, sous la direction d'Henri Albert, en 1898, au Mercure de France, dans la traduction de L. Weiscopf et G. Art.]

que le talent poétique ou musical. Il y a d'autres grands musiciens en Europe ; mais celui-ci est de plus un créateur de héros.

Qui dit héros, dit drame. Le drame est partout chez Strauss, même dans celles de ses œuvres qui semblent le moins faites pour le contenir : dans certains de ses *Lieder*, dans sa musique pure. Il éclate dans ses poèmes symphoniques, qui sont la partie la plus importante de son œuvre. Ces poèmes sont : *Wanderers Sturmlied* (1885), *Aus Italien* (1886), *Macbeth* (1887), *Don Juan* (1888), *Tod und Verklärung* (1889), *Guntram*[13] *(1892-1893), Till Eulenspiegel (*1894), *Also sprach Zarathustrâ* (1895), *Don Quixote* (1897), et *Heldenleben* (1898)[14].

Je n'insisterai pas sur les quatre premiers, où se forment l'esprit et la manière de l'artiste. *Wanderers Sturmlied* (Chant du voyageur pendant la tempête, op. 14) est un sextuor vocal avec orchestre, sur un poème de Goethe. Écrit avant que Strauss connût Ritter, il est construit à la façon de Brahms, avec une science et un recueillement un peu convenus. *Aus Italien* (op. 16) peint avec exubérance les impressions faites par la campagne romaine, par les ruines de Rome, par les rivages de Sorrente, et par la vie populaire en Italie. *Macbeth* (op. 23) inaugure, sans beaucoup d'éclat, la série des transpositions musicales de sujets poétiques. *Don Juan* (op. 20), très supérieur, traduit avec une ardeur boursouflée, le poème de Lenau, et la romantique folie du héros qui rêve d'étreindre toute la jouissance humaine, et meurt vaincu et désespéré.

Tod und Verklärung (Mort et Transfiguration, op. 24[15]*)* marque un progrès considérable dans la pensée et dans le style. C'est encore aujourd'hui une des œuvres les plus émouvantes de Strauss, et c'est celle qui est construite avec la plus noble unité. Elle est précédée d'un poème d'Alexandre Ritter, que je résume librement.

Dans une misérable chambre, éclairée par une veilleuse, un malade gît sur son lit. La mort approche au milieu du silence plein d'épouvante. Le malheureux rêve de temps en temps, et s'apaise dans ses souvenirs. Sa vie repasse devant ses yeux : son enfance innocente, sa jeunesse heureuse, les combats de l'âge mûr, ses efforts pour atteindre le but sublime de ses désirs, qui lui échappe toujours. Il continue de le poursuivre et croit enfin l'étreindre ; mais la mort l'arrête d'un : « Halte ! » de tonnerre.

---

13 [NdÉ] Il s'agit en fait du premier opéra du compositeur. Voir ci-dessous.

14 Cet article a été écrit en 1899. Depuis, a paru la *Sinfonia Domestica* (1903). Nous en rendons compte dans un des chapitres suivants : *Musique française et musique allemande.*

15 Composé en 1889, exécuté pour la première fois à Eisenach, en 1890.

Il lutte désespérément et s'acharne, même dans l'agonie, à réaliser son rêve ; mais le marteau de la mort brise son corps, et la nuit s'étend sur ses yeux. Alors résonne dans le ciel la parole de salut à laquelle il aspirait vainement sur la terre : Rédemption, Transfiguration.

Les amis de Richard Strauss ont vivement protesté contre l'orthodoxie de ce dénouement, et Seidl[16], Jorissenne[17], Wilhelm Mauke[18], prétendent que le sujet est plus haut : c'est l'éternelle souffrance de l'âme combattant ses démons intérieurs, et sa délivrance, au sein de l'art. Je n'entrerai pas dans la querelle, tout en croyant que ce symbolisme banal et glacé a beaucoup moins d'intérêt que la lutte contre la mort, que l'on sent à toutes les lignes de l'œuvre. Œuvre relativement classique, et d'un sentiment large et majestueux, presque beethovénien. Le réalisme du sujet : les hallucinations du mourant, les tremblements de la fièvre, le battement du sang dans les artères, l'agonie désespérée, sont transfigurés par la pureté de la forme. C'est du réalisme à la façon de la Symphonie en *ut* mineur, et des dialogues de Beethoven avec le Destin[19]. Supprimez tout programme, et la symphonie reste claire et poignante, par l'unité de son émotion intérieure. Pour beaucoup de musiciens en Allemagne, *Tod und Verklärung* est resté le sommet de l'œuvre de Strauss. Je suis loin de le croire. L'art du musicien a pris, par la suite, un développement prodigieux. Mais il est vrai que *Tod* marque le sommet d'une époque de sa vie, l'œuvre la plus parfaite où se résume une période. *Heldenleben* sera la seconde étape, la seconde et plus haute cime de la période suivante. Combien ont grandi, depuis, la force et la richesse des sentiments ! Mais jamais il n'a retrouvé cette pureté délicate et mélodieuse de l'âme, cette grâce juvénile, qui brille encore dans l'œuvre suivante : *Guntram*, et semble s'effacer ensuite.

*
* *

Depuis 1889, Strauss dirigeait à Weimar les drames wagnériens. Sous leur obsession, il se tourna vers le théâtre, et écrivit le poème d'un

16 *Richard Strauss, eine Charakterskizze*, Prague, 1890. [NdÉ – Arthur Seidl et Wilhelm Klatte, *Richard Strauss, eine Charakterskizze*, Prague, Otto Payer, 1896.]

17 [G. Jorissenne], *R. Strauss. Essai critique et biologique*, Bruxelles, [P. Weissenbruch], 1898.

18 *Der Musikführer* : *Tod und Verklärung*, Francfort, s. d. [NdÉ – *Tod und Verklärung* (op. 24), erläutert von Wilhelm Mauke (*Der Musikführer*, No. 115 a/b), Berlin, Schlesinger, s. d.]

19 [NdÉ] La Ve *Symphonie* de Beethoven.

opéra : *Guntram*. La maladie vint interrompre ce travail, qu'il continua en Égypte. La musique du premier acte fut écrite de décembre 1892 à février 1893, du Caire à Louqsor. Le second acte fut terminé en juin 1893, en Sicile. Enfin il acheva le troisième acte en Bavière, au commencement de septembre 1893. Il n'y a pourtant pas trace de sentiment oriental dans cette musique, mais parfois des mélodies italiennes, une molle lumière, un calme un peu morne. J'y sens surtout une âme convalescente, alanguie, une âme un peu petite fille, qui rêve avec un sourire attendri, et des larmes toujours prêtes à couler. C'est sans doute à ces impressions indéfinissables de convalescence que Strauss doit d'avoir conservé pour cette œuvre une affection secrète, à ce qu'il m'a semblé. Sa fièvre s'y est endormie. Certaines pages sont imprégnées d'un sentiment caressant de la nature, qui rappelle *Les Troyens* de Berlioz. Mais, trop souvent, la musique est vide, conventionnelle ; et la tyrannie de Wagner s'y fait sentir, – ce qui est rare dans les autres œuvres de Strauss. Le poème est intéressant[20]. Strauss y a mis beaucoup de lui-même[21], et l'on assiste à la crise qui bouleversa cette pensée généreuse, tourmentée et orgueilleuse.

Strauss venait de lire une étude historique sur un ordre de *Minnesänger* mystiques, qui se fonda en Autriche, au moyen âge, pour combattre la corruption de l'art et sauver les âmes par la beauté du chant : ils se nommaient *Streiter der Liebe*, combattants de l'amour. Strauss, tout plein à cette époque d'aspirations néochrétiennes, et sous l'influence de Wagner et de Tolstoï, s'enflamma pour cette idée ; et d'un de ces *Streiter der Liebe*, il fit son héros : Guntram.

L'action se passe au XIIIe siècle, en Allemagne. Le premier acte représente une clairière, près d'un petit lac. Le peuple des campagnes s'est révolté contre les seigneurs et vient d'être écrasé. Guntram et son maître Friedhold lui distribuent des aumônes. La troupe des vaincus s'enfuit à travers les bois. Resté seul, Guntram s'abandonne à sa rêverie dans la joie du printemps, l'innocent réveil de la nature. Mais la pensée de la misère cachée sous cette beauté l'étreint. Il songe à l'homme pécheur, à la souffrance humaine, à la guerre civile. Il remercie le Christ de l'avoir conduit dans ce malheureux pays, embrasse la croix, et décide d'aller au cœur du Péché, à la cour du tyran, pour lui porter la révélation divine. À ce moment paraît Freihild, l'épouse du duc Robert, le plus cruel des

20 [NdÉ] Article : « Le poème me paraît supérieur à la musique ».
21 [NdÉ] Article : « Strauss y a mis beaucoup de sa pensée ».

seigneurs. Elle a horreur de ceux qui l'entourent ; la vie lui est odieuse, et elle veut se noyer. Guntram l'en empêche. La pitié que lui inspirent sa douleur et sa beauté se change à son insu en un profond amour, quand il reconnaît en elle la princesse aimée du peuple, l'unique bienfaitrice des malheureux. Il lui dit que Dieu l'a envoyé pour son salut ; et il se rend au château, où il se croit appelé par la double mission de sauver le peuple – et Freihild.

Au second acte, les princes célèbrent leur victoire, dans le château du duc. Après les emphatiques flagorneries des *Minnesänger*[22] officiels, Guntram est invité à chanter. Découragé d'avance par la bassesse de ces hommes, sentant qu'il parlera en vain, il hésite, il est près de partir ; mais la tristesse de Freihild le retient, et c'est pour elle qu'il chante. Sa voix, d'abord calme et mesurée, dit la mélancolie qu'il éprouve au milieu de cette fête de la force triomphante. Il se réfugie dans ses rêves ; il y voit briller la douce figure de la paix. Il la décrit amoureusement, avec une tendresse juvénile, qui devient de plus en plus enivrée, quand il fait le tableau de la vie idéale, de l'humanité libre. Puis il peint la guerre, la mort, le désert et la nuit qui s'étendent sur le monde. Il s'adresse directement au prince ; il lui montre son devoir et l'amour du peuple qui serait sa récompense ; il le menace de la haine des malheureux que l'on pousse au désespoir ; enfin il presse les seigneurs de rebâtir les villes, de délivrer les prisonniers, de venir au secours de leurs sujets. Il termine au milieu de l'émotion profonde de l'assistance. Seul, le duc Robert, qui sent le danger de ces libres paroles, ordonne à ses gens de saisir le chanteur ; mais les vassaux prennent parti pour Guntram. Au milieu de cette lutte, on apprend que les paysans se sont de nouveau révoltés. Robert appelle ses hommes aux armes. Guntram, qui se sent soutenu par ceux qui l'entourent, fait arrêter Robert. Le duc se défend ; Guntram le tue. Alors se produit dans son esprit un revirement complet, dont nous aurons l'explication seulement au troisième acte. Dans les scènes qui suivent, il ne dit plus un mot ; il laisse tomber son épée ; il laisse ses ennemis reprendre leur autorité sur la foule ; il se laisse enchaîner et conduire en prison, tandis que la troupe des seigneurs part bruyamment, pour le combat contre les rebelles. Mais Freihild, pleine d'une joie

22 [NdÉ] Proches des trouvères et des troubadours, les *Minnesänger* (de *Minnensang*, chant d'amour) exercent leur art du XIIe au XIVe siècles, principalement à Mayence. Parmi les plus connus d'entre eux, Wolfram von Eschenbach et Walther von der Vogelweide sont des personnages du *Tannhäuser* de Richard Wagner.

cruelle et naïve, Freihild, délivrée par l'épée de Guntram, s'abandonne â son amour pour lui et veut le sauver.

Le troisième acte, qui se passe dans la prison du château, est inattendu, incertain et très curieux[23]. Il n'est pas la suite logique de l'action. On y sent un bouleversement dans la pensée du poète, une crise morale qui l'agitait encore au moment où il écrivait, un trouble d'où il n'était pas parvenu à sortir ; mais la lumière nouvelle, vers laquelle s'orientera désormais sa vie, transparaît nettement. Strauss était trop avancé dans la composition de son œuvre pour échapper au renoncement néo-chrétien qui devait conclure le drame ; il n'aurait pu l'éviter qu'en remaniant complètement les caractères. Aussi Guntram repousse-t-il l'amour de Freihild. Il s'aperçoit qu'il est tombé, comme les autres, sous la malédiction du péché. Il prêchait aux autres la charité, et il était en proie à l'égoïsme ; quand il a tué Robert, c'était bien moins pour délivrer le peuple d'un tyran, que pour satisfaire une instinctive et bestiale jalousie. Il renonce donc à tous ses désirs, et il expie dans la retraite le péché de vivre. Mais l'intérêt de l'acte n'est pas dans ce dénouement prévu, et devenu un peu commun depuis *Parsifal.* Il est dans une scène évidemment intercalée au dernier moment et qui détonne brusquement dans l'action, mais avec une singulière grandeur : le dialogue de Guntram et de son ancien compagnon, Friedhold[24]. Friedhold, son ami, son initiateur, vient lui reprocher son crime et le chercher pour comparaître devant l'ordre qui le jugera. Dans la version primitive, Guntram s'inclinait et sacrifiait sa passion à son vœu. Mais, pendant son voyage en Orient, Strauss conçut soudain l'horreur de cette annihilation chrétienne de la volonté, et Guntram, avec lui, se révolta. Il refuse de se soumettre aux lois de son ordre. Il brise son luth, symbole d'espérance mensongère dans la rédemption de l'humanité par la foi. Il rejette les rêves nobles mais vains, auxquels il a cru, et qui se sont dissipés à la lumière de la vie. Il ne renie pas ses serments d'autrefois ; mais il n'est plus le même homme que celui qui les jura. Quand il était sans expérience, il a pu croire que l'homme devait être soumis à des règles, que la vie devait être maîtrisée par des lois. Une heure l'a éclairé. Maintenant il est libre et seul, seul avec lui-même. « Seul je puis apaiser ma souffrance. Seul je puis expier mon crime. Seule ma loi intérieure peut diriger ma vie.

23 [NdÉ] Article : « intéressant » au lieu de « curieux ».

24 On a voulu voir dans Friedhold la pensée d'Alexandre Ritter, comme dans Guntram celle de Strauss.

Par moi seul, mon Dieu me parle. À moi seul, mon Dieu parle. *Ewig einsam*[25]. » C'est le réveil orgueilleux de l'individualisme, le pessimisme puissant de *l'Uebermensch*[26]. Un tel sentiment donne à la négation même, au renoncement, un caractère d'action : c'est encore là une affirmation violente de la volonté.

J'ai insisté un peu longuement sur ce drame, à cause de sa réelle valeur de pensée, et surtout de son intérêt en quelque sorte autobiographique. Désormais l'esprit de Strauss est formé. Les circonstances de la vie le développeront, mais sans y apporter de changement capital. – *Guntram* fut la cause d'amères déceptions pour son auteur. Il ne parvint pas à le faire représenter à Munich. L'orchestre et les chanteurs se révoltèrent contre une musique qu'ils déclaraient injouable. On dit même qu'ils se firent donner par un critique éminent, et qu'ils apportèrent à Strauss, un certificat en règle attestant que *Guntram* n'était pas fait pour être chanté. La principale difficulté était l'étendue du rôle principal, qui remplit à lui seul de ses rêveries et de ses discours la valeur d'un acte et demi. Tel de ses monologues, comme le chant du second acte, dure une demi-heure de suite. – *Guntram* n'en fut pas moins représenté à Weimar, le 16 mai 1894 ; – et peu après, Strauss épousait Freihild[27], Pauline de Ahna, qui a créé Élisabeth (de *Tannhaüser)* à Bayreuth, et qui s'est depuis consacrée à l'interprétation des *Lieder* de son mari.

*

* *

Mais Strauss garda au cœur la rancune de son insuccès au théâtre, et il revint au poème symphonique, où il montra des tendances dramatiques de plus en plus marquées, et une âme de jour en jour plus orgueilleuse et méprisante. Il faut l'entendre parler, avec quel froid dédain ! du public des théâtres, « ramassis de banquiers et de commerçants bassement jouisseurs[28] », pour sentir la blessure cachée de cet artiste victorieux, à qui le théâtre fut si longtemps fermé, et qui, par une ironie de plus, était obligé de diriger à l'Opéra de Berlin les pauvretés musicales que lui imposait un mauvais goût – vraiment royal.

---

25 [NdÉ] Éternellement solitaire.

26 [NdÉ] Surhomme.

27 [NdÉ] Article : « sa charmante Freihild ».

28 [NdÉ] Référence non identifiée.

La première grande symphonie de la nouvelle période fut *Till Eulenspiegel's lustige Streiche, nach aller Schelmenweise, in Rondeauform* (Plaisantes farces de Till l'Espiègle, d'après l'ancienne légende, – en forme de rondeau), op. 28[29]. Ici le dédain ne s'exprime encore que par un spirituel persiflage, qui bafoue les conventions du monde. – On connaît peu chez nous la figure de Till, le railleur endiablé, le héros légendaire d'Allemagne et des Flandres. Aussi la musique de Strauss perd beaucoup de son sens pour nous, car elle prétend nous rappeler une suite d'épisodes dont nous n'avons pas entendu parler : Till à travers le marché, fouaillant les bonnes femmes ; Till en habit de prêtre, faisant une capucinade ; Till courtisant une jeune femme qui le rebuffe ; Till bernant des pédants ; Till jugé et pendu. La tendance de Strauss à représenter avec quelques dessins musicaux, tantôt un caractère, tantôt un dialogue, tantôt une situation, ou un paysage, ou une idée, c'est-à-dire les impressions les plus diverses et les plus variables de son esprit capricieux, est très marquée ici. Il est vrai qu'il s'appuie sur quelques thèmes populaires, dont le sens doit être facilement saisi en Allemagne ; et qu'il les développe, non pas tout à fait, comme il le prétend, en stricte forme de rondeau, mais avec une certaine logique : en sorte qu'à part quelques boutades, indéchiffrables sans programme, l'ensemble a malgré tout de l'unité musicale. La symphonie, très goûtée en Allemagne, me semble moins originale que les autres. On dirait d'un Mendelssohn très raffiné, avec de curieuses harmonies et l'instrumentation la plus compliquée.

Il y a beaucoup plus de grandeur et d'originalité dans le poème suivant : *Also sprach Zarathustrâ*, *Tondichtung frei*, *nach Nietzsche* (Ainsi parla Zarathustrâ, composition libre, d'après Nietzsche), op. 30[30]. Les sentiments sont plus largement humains, et le programme que s'est imposé Strauss ne se perd point en de minuscules détails pittoresques ou anecdotiques, mais est dessiné en quelques traits expressifs et majestueux. Strauss proteste de sa liberté vis-à-vis de Nietzsche. Il a voulu représenter les différentes étapes du développement que traverse un esprit libre pour arriver à *l'Uebermensch.* Ce sont là des idées purement humaines, et qui ne sont point la propriété d'un système de philosophie. Les sous-titres de l'œuvre sont : *Von den Hinterweltlern* (Des Idées religieuses), *Von der grossen*

---

29 Composé en 1894-1895, exécuté, pour la première fois, à Cologne, en 1895.

30 Composé en 1895-1896, exécuté, pour la première fois, à Francfort-sur-le-Main, en novembre 1896.

Sehnsucht (De l'Aspiration suprême), *Von den Freuden und Leidenschaffen* (Des Joies et des Passions), *Das Grablied* (Le Chant des tombeaux), *Von der Wissenschaft* (De la Science), *Der Genesende* (Le Convalescent, l'Âme délivrée de ses désirs), *Das Tanzlied* (Le Chant de la danse), *Nachtlied* (Le Chant de la nuit). On y voit l'homme, d'abord écrasé par l'énigme de la nature, chercher un refuge dans la foi, puis se révolter contre les pensées ascétiques, se lancer follement dans les passions, bientôt rassasié, écœuré, las jusqu'à la mort, essayant de la science, puis la rejetant, et parvenant à s'affranchir de l'inquiétude de la connaissance ; trouvant enfin sa délivrance dans le rire, maître du monde, la danse bienheureuse, la ronde de l'univers, où entrent tous les sentiments humains : croyances religieuses, désirs inassouvis, passions, dégoût et joie.

« Élevez vos cœurs, mes frères, haut, plus haut ! Et n'oubliez pas non plus vos jambes ! – J'ai canonisé le rire ; hommes supérieurs, apprenez à rire[31] ! » Puis la danse s'éloigne, se perd dans les régions éthérées. Zarathustrâ disparaît en dansant par-delà les mondes. – Mais il n'a pas résolu pour les autres hommes l'énigme de l'univers : aussi, à l'accord de lumière qui le caractérise s'oppose la triste interrogation, qui clôt le poème.

Peu de sujets offrent à l'expression musicale une aussi riche matière. Strauss l'a traité avec puissance et souplesse ; il a su maintenir l'unité dans ce chaos de passions, en opposant la *Sehnsucht*[32] de l'homme à la puissance impassible de la nature. Quant à la hardiesse de son style, il est à peine utile de rappeler à ceux qui ont entendu le poème au Cirque d'Été l'inextricable « fugue de la science[33] », et les trilles des bois et des trompettes qui expriment le rire de Zarathustrâ, et la ronde de l'univers, et l'audace de la conclusion, qui au ton de *si* naturel majeur met le point final, le point d'interrogation, d'*ut* naturel, trois fois répété. – Il s'en faut que je trouve la symphonie sans défaut. Les thèmes n'ont pas une égale valeur : tel ou tel est banal, et, d'une façon générale, la mise en œuvre est supérieure à l'idée. Je reviendrai plus loin sur certains défauts de la musique de Strauss. Mais je ne veux voir ici que le flot de vie débordante, la fièvre de joie qui fait tourbillonner ces mondes.

---

31 Nietzsche. [NdÉ – *Ainsi parlait Zarathoustra*, aphorisme 19 (traduction d'Henri Albert).]

32 [NdÉ] Désir.

33 [NdÉ] *Von der Wissenschaft* (*De la science*), la cinquième des huit parties du poème symphonique, précédées d'un prologue.

Zarathustrâ montrait les progrès de l'individualisme méprisant de Strauss, de cet esprit « qui hait les chiens de la populace et toute cette engeance manquée et sombre, – cette tempête riante, cet esprit de tempête qui danse sur les marécages et les tristesses comme sur des prairies[34] ». – Cet esprit se rit de lui-même et de son idéalisme, dans le *Don Quixote* de 1897, *fantastische Variationen über ein Thema ritterlichen Charakters* (Don Quichotte, variations fantastiques sur un thème de caractère chevaleresque), op. 35. Cette symphonie marque, je crois, le dernier point où peut arriver la musique à programme. Dans nulle autre œuvre, Strauss ne fait preuve de plus d'intelligence, d'esprit, et de prodigieuse habileté ; et il n'y en a pas, je le dis sincèrement, où tant de forces soient dépensées davantage en pure perte, pour un jeu, une plaisanterie musicale, qui dure quarante-cinq minutes, et oblige l'auteur, les exécutants et le public à un travail pénible. C'est de beaucoup le plus difficile à jouer de ces poèmes symphoniques, à cause de la complexité, de l'indépendance, et des fantasques caprices des parties. – Qu'on juge de ce que l'auteur exige de la musique par quelques extraits du programme :

L'introduction représente Don Quichotte enfoncé dans la lecture des romans de chevalerie ; et, ainsi que dans les vieux petits tableaux flamands ou hollandais, il nous faut non seulement voir dans la musique les traits de Don Quichotte, mais lire les livres qu'il lit. Ici, le roman d'un chevalier qui combat un géant. Ailleurs, les aventures d'un paladin qui se consacre au service d'une dame ; ou celles d'un gentilhomme qui a donné sa vie à l'accomplissement d'un vœu pour racheter ses péchés. L'intelligence de Don Quichotte s'embrouille, avec la nôtre, au milieu de ces lectures ; il devient fou. – Il part en compagnie de son écuyer. Les deux figures sont dessinées avec esprit : l'une raide, langoureuse, vieil Espagnol ombrageux et un peu troubadour, déviant dans ses idées, mais revenant toujours à sa marotte ; l'autre, ronde, joviale, paysan madré, au malin rabâchage, dont la musique traduit les proverbes goguenards par des phrases à courte haleine, qui retournent toujours au point de départ. – Leurs aventures commencent ; et voici les moulins à vent (trilles des violons et bois), et l'armée bêlante du grand empereur Alifanfaron (trémolos des bois). Et voici encore, dans la troisième variation, un dialogue entre le chevalier et son écuyer, où nous devons deviner que

34 Nietzsche, *Zarathustra.* [NdÉ – Aphorisme 20. On lit dans la traduction d'Henri Albert : « les chiens étiolés de la populace ».]

Sancho interroge son maître sur les avantages de la vie chevaleresque, qui lui semblent douteux. Don Quichotte lui parle de gloire et d'honneur ; mais Sancho n'en a cure. Et à ces grands mots il répond toujours par gain positif, grasses lippées, monnaie sonnante. – Puis recommencent les aventures. Les deux compagnons traversent les airs sur le cheval de bois. Et les passages chromatiques des flûtes, les harpes, les timbales, et une « machine à vent » (*Windmaschine*), expriment l'illusion du voyage vertigineux, « tandis que le trémolo des contrebasses sur le ton fondamental montre que le cheval n'a jamais quitté le sol[35] ».

Je m'arrête. C'est assez pour montrer le jeu auquel s'est livré l'auteur. Lorsqu'on entend l'œuvre, on ne peut s'empêcher d'admirer la virtuosité du style et de l'orchestration, et le sens comique de Strauss. D'autant plus est-on surpris qu'il s'astreigne à des illustrations de textes[36], quand il est si capable de créer de toutes pièces sa matière comique et dramatique. À mon avis, *Don Quichotte*, qui est un tour de force, un exercice étonnant où Strauss a assoupli et enrichi son style, marque un progrès seulement pour la technique du musicien, mais un pas en arrière pour son esprit, qui semble adopter là les conceptions décadentes de l'art-jouet, l'art-bibelot, fait pour une société futile et raffinée.

Avec *Heldenleben* (Vie de Héros), op. 40[37], il se relève d'un coup d'aile, et atteint jusqu'aux cimes. Ici, point de texte étranger, que la musique s'étudie à illustrer ou à transcrire. Une grande passion, une volonté héroïque qui se développe à travers toute l'œuvre, brisant tous les obstacles. Sans doute, Strauss s'est tracé un programme ; mais il me dit lui-même : « Vous n'avez pas besoin de le lire. Il suffit de savoir qu'il y a là un héros aux prises avec ses ennemis. » Je ne sais jusqu'à quel point cela est exact, et s'il ne resterait pas quelques obscurités pour celui qui suivrait sans texte ; mais ce mot de l'auteur semble prouver qu'il a compris les dangers de la symphonie littéraire, et qu'il se rapproche de la musique pure.

Heldenleben se divise en six chapitres : le héros, les adversaires du héros, la compagne du héros, le champ de bataille, les travaux pacifiques du héros, sa retraite, et l'achèvement idéal de son âme. C'est une œuvre

35 Arthur Hahn, *Der Musikführer : Don Quixote*, Francfort, [Bechhold, 1898].

36 En tête de chaque variation, Strauss inscrit sur la partition le chapitre de *Don Quichotte* qu'il commente.

37 Terminé en décembre 1898. Exécuté, pour la première fois, le 3 mars 1899, à Francfort-sur-le-Main. – Édité chez Leuckart, Leipzig.

extraordinaire, enivrée d'héroïsme, colossale, baroque, triviale, sublime[38]. Un héros homérique s'y débat au milieu des ricanements de la foule stupide, troupeau d'oies criardes et boiteuses. Le violon solo exprime en une sorte de concerto les séductions, les coquetteries, les perversités décadentes de la femme. Les stridentes trompettes sonnent le combat ; et comment rendre alors cette effroyable charge de cavalerie, qui fait trembler la terre et bondir les cœurs, ces remous de tempête, ces escalades de ville, cette marée tumultueuse, que mène une volonté de fer[39] ? – la plus admirable bataille qu'on ait jamais peinte en musique !… À la première exécution, en Allemagne, j'ai vu des gens frémir en l'entendant, se lever brusquement, faire des gestes inconscients et violents. Moi-même, j'ai senti l'étrange ivresse, le vertige de cet océan soulevé ; et j'ai pensé que, pour la première fois depuis trente ans, les Allemands avaient trouvé le poète de la Victoire. – *Heldenleben* serait de tous points un des chefs-d'œuvre de la musique, si une erreur littéraire ne venait couper net l'élan des pages les plus passionnées, à l'apogée du mouvement, pour suivre le programme. On peut trouver aussi un peu de froideur, de fatigue peut-être, à la fin[40]. Le héros vainqueur s'aperçoit qu'il a vaincu en vain : la bassesse et la sottise des hommes sont restées les mêmes. Il dompte sa colère, et se résigne dédaigneusement. Il se retire dans le repos de la nature. Sa force créatrice se répand en des œuvres d'imagination[41] ; et ici, Richard Strauss, par une étrange audace (qu'autorise seul le génie de son *Heldenleben*), représente ces œuvres par des réminiscences de ses propres poèmes : *Don Juan*, *Macbeth*, *Tod und Verklärung*, *Till*, *Zarathustrâ*, *Don Quixote*, *Guntram*, ses *Lieder* même, s'assimilant ainsi au héros qu'il a chanté. – Parfois les tempêtes évoquent à son esprit le souvenir de ses combats ; mais il se rappelle aussi ses heures d'amour et de joie ; et son âme s'apaise. Alors la musique sereine se déroule et monte dans son calme puissant, jusqu'à un accord triomphal, qui pose comme une couronne de gloire sur le front du héros[42].

38 [NdÉ] Dans l'article, la phrase se poursuit ainsi : « mélange de démence bouffonne et d'intelligente et surhumaine volonté. »

39 [NdÉ] Article : « ces remous de tempête, ces bourrasques, ces escalades de ville, ce grouillement tumultueux de foules, menées par une volonté de fer ? »

40 [NdÉ] Dans son article, Romain Rolland coupe la phrase suivante : « C'est en partie le fait de la conception très noble du poète. »

41 [NdÉ] Article : « en des œuvres d'autre sorte ».

42 [NdÉ] Romain Rolland réécrit la fin du paragraphe : « Parfois les tempêtes évoquent à son esprit le souvenir de ses combats ; mais il se rappelle aussi ses heures d'amour et

Nul doute que la pensée de Beethoven n'ait souvent inspiré, stimulé, guidé celle de Strauss. On sent dans la tonalité du premier morceau (en *mi* bémol), dans le mouvement général, je ne sais quel reflet de la première *Héroïque* et de *l'Ode à la Joie*[43] ; et aussi, dans le dernier morceau, qui rappelle, de plus, certains *Lieder* de Beethoven. Mais le héros de Strauss est bien différent de celui de Beethoven ; les traits antiques et révolutionnaires se sont effacés ; et comme le monde extérieur, les ennemis du héros tiennent plus de place chez Strauss ! Le héros a bien plus de peine à se dégager et à vaincre. Il est vrai que son triomphe est plus forcené[44]. Si le bon Oulibicheff[45] prétendait reconnaître dans un accord dissonant de la première *Héroïque* l'incendie de Moscou, que trouverait-il donc ici ? Que de villes brûlées ! Que de champs de bataille ! Puis, il y a dans *Heldenleben* un mépris cinglant, un mauvais rire, qui n'est presque jamais chez Beethoven. Peu de bonté. C'est l'œuvre du dédain héroïque.

*
* *

À considérer l'ensemble de cette musique, on est d'abord frappé par l'hétérogénéité apparente des styles. Le Nord et le Midi s'y mêlent ; on sent dans la mélodie l'attraction du soleil. Il y avait déjà quelque chose d'italien dans *Tristan ;* combien plus dans l'œuvre de ce Nietzschéen ! Constamment les phrases sont italiennes et les harmonies ultra-germaniques. Ce n'est pas un des moindres attraits de cet art que de voir, parmi les tempêtes de polyphonie allemande, se déchirer le voile des nuées lourdes, des épaisses pensées, et paraître la ligne souriante des rivages italiens et des rondes qui se déroulent au bord. Ce ne sont pas seulement des analogies vagues[46]. Il serait facile et oiseux de relever des réminiscences précises de France ou d'Italie, jusque dans les œuvres les plus avancées : dans *Zarathustrâ*, dans *Heldenleben.* Mendelssohn,

---

de joie ; et son âme s'épure. La musique sereine, apaisée, monte ainsi dans son calme puissant, jusqu'à un accord triomphal. »

43 [NdÉ] Les *IIIe et IXe Symphonies* de Beethoven.

44 [NdÉ] Article : « Il est vrai que son triomphe est plus violent et plus forcené. »

45 [NdÉ] Alexandre Oulibicheff (1794-1858), diplomate et mélomane russe, auteur d'une biographie de Mozart en français (Dresde, 1843) et de *Beethoven, ses critiques et ses glossateurs* (Leipzig et Paris, 1856).

46 [NdÉ] Article : « des analogies générales ».

Gounod, Wagner, Rossini[47], Mascagni s'y coudoient étrangement. Mais ces éléments disparates se fondent dans l'ensemble de l'œuvre, maîtrisés, assimilés par la pensée de l'auteur.

L'orchestre n'est pas moins composite. Ce n'est pas une masse compacte et serrée, la phalange macédonienne de Wagner. Il est morcelé, divisé à l'extrême. Chaque partie vise à l'indépendance, et se livre à sa fantaisie, sans paraître se soucier des autres. Il semblerait parfois, comme en lisant Berlioz, que l'exécution doive produire un effet incohérent et brisé. Et pourtant, comme cela est plein ! « N'est-ce pas ? cela sonne bien », me dit en souriant Strauss, après qu'il vient de diriger *Heldenleben*[48].

C'est surtout dans les sujets que semble régner le caprice, une fantaisie déréglée, ennemie de toute logique. Ces poèmes n'ont-ils pas l'ambition, comme on a vu, d'exprimer tour à tour, voire simultanément, des textes littéraires, des images, des anecdotes, des idées philosophiques, des sentiments personnels de l'auteur ? Quelle unité attendre du récit des aventures de Don Quichotte, ou de Till Eulenspiegel ? Et pourtant, cette unité existe, non dans les sujets, mais dans l'esprit qui les traite. Ce qui sauve ces symphonies descriptives, c'est qu'avec leur vie littéraire, très diffuse, ils ont une vie musicale, plus logique et plus concentrée. Le musicien tient la bride aux caprices du poète. Le fantasque Till s'ébat « d'après l'ancienne forme du rondeau », et la folie de Don Quichotte s'exprime en « dix variations, avec introduction et finale, sur un thème chevaleresque ». C'est en quoi l'art de Strauss, l'un des plus littéraires et descriptifs qui soient, se distingue profondément des autres de même sorte : par la solidité du tissu musical, où l'on sent le musicien de race, nourri des maîtres, et classique malgré tout.

Ainsi, partout, dans cette musique, une forte unité s'impose à des éléments désordonnés, souvent disparates[49]. C'est le reflet, à ce qu'il me semble, de l'âme de l'auteur. L'unité n'est pas dans ce qu'il sent, mais dans ce qu'il veut. L'émotion est bien moins intéressante chez lui que la volonté, bien moins intense surtout ; et souvent elle manque de

---

47 [NdÉ] Article : « même Rossini ».

48 Voici la composition de cet orchestre dans les dernières œuvres de Strauss : dans *Zarathustra* : 1 petite flûte, 3 grandes flûtes, 3 hautbois, 1 cor anglais, 1 clarinette en Es [NdÉ – *mi*b], 2 clarinettes en B, 1 clarinette-basse en B, 3 bassons, 1 contrebasson, 6 cors en F, 4 trompettes en C, 3 trombones, 2 bass-tuba, timbales, grosse-caisse, cymbales, triangle, carillon, cloche en E, orgue, 2 harpes, cordes. Dans *Heldenleben*, 8 cors au lieu de 6, 5 trompettes au lieu de 4 (2 en Es, 3 en B) ; plus, des tambours militaires.

49 [NdÉ] Article : « des éléments capricieux, désordonnés, souvent disparates. »

personnalité. L'inquiétude y est parfois de Schumann, le sentiment religieux de Mendelssohn[50], la volupté de Gounod ou des maîtres italiens, la passion de Wagner[51]. Mais la volonté est héroïque, dominatrice, passionnée, et puissante jusqu'au sublime. C'est par là que Richard Strauss est grand, qu'il est unique à présent. On sent en lui la force qui domine les hommes[52].

*
* *

C'est par ces côtés héroïques qu'il est l'héritier d'une partie de la pensée de Beethoven et de Wagner. C'est par eux qu'il est un des poètes, le plus grand peut-être, de l'Allemagne actuelle qui se reconnaît en lui, comme en son héros. – Contemplons ce héros.

C'est un idéaliste qui a une foi sans bornes dans le pouvoir souverain de l'esprit et de l'art libérateur. Son idéalisme est d'abord religieux dans *Tod und Verklärung*, plein d'illusions juvéniles dans *Guntram*, tendre et compatissant comme une femme. Puis il s'irrite et s'indigne de la bassesse du monde et des obstacles qu'il rencontre. Le dédain grandi ; il devient sarcastique (*Till Eulenspiegel*) ; il s'exaspère avec les années de lutte, et, de plus en plus âpre, se développe l'héroïsme méprisant. Comme son rire cingle et fouaille dans *Zarathustrâ* ! Comme sa volonté broie et sabre dans *Heldenleben* ! Il a pris conscience de sa force par la victoire : maintenant, son orgueil ne connaît plus de limites ; il s'exalte, il ne distingue plus la réalité de son rêve démesuré, comme le peuple qu'il reflète. Il y a des germes morbides dans l'Allemagne d'aujourd'hui : une folie d'orgueil, une croyance en soi, et un mépris des autres qui rappellent la France du XVIIe siècle. *Dem Deutschen gehört die Welt* (À l'Allemand appartient le monde), disent tranquillement les gravures étalées aux vitrines de Berlin. – Arrivé à ce point, l'esprit commence à délirer. – Tout génie, si l'on veut, délire ; mais le délire d'un Beethoven se concentre en lui-même et crée pour sa propre joie. Celui de beaucoup d'artistes allemands contemporains est agressif ; il a un caractère d'antagonisme

50 [NdÉ] Article : « la mélancolie ou le sentiment religieux de Mendelssohn ».

51 Dans *Guntram*, on croirait même à un parti pris de recourir franchement à une phrase de *Tristan*, comme si l'auteur ne pouvait trouver mieux pour exprimer le désir passionné.

52 [NdÉ] Article : « On sent en lui la force qui domine les hommes, et l'intelligence qui les juge ».

destructeur. – L'idéaliste à qui « appartient le monde[53] » est facilement sujet au vertige. Il était fait pour régner sur son monde intérieur. Le tourbillon des images extérieures qu'il est appelé à gouverner l'affole. Il en vient à divaguer comme un César. À peine parvenue à l'empire du monde, l'Allemagne a trouvé la voix de Nietzsche et de ses artistes hallucinés[54] du *Deutsches Theater* et de la *Secession*[55]. Voici maintenant la grandiose musique de Richard Strauss.

Où vont toutes ces fureurs ? À quoi donc aspire cet héroïsme ? – Cette volonté âpre et tendue, à peine arrivée au but, ou même avant, défaille. Elle ne sait que faire de sa victoire. Elle la dédaigne, n'y croit plus, ou s'en lasse[56].

Comme le *Vainqueur* de Michel-Ange, elle a posé son genou sur l'échine du captif ; elle semble près de l'achever. Brusquement, elle s'arrête, elle hésite, elle regarde d'un autre côté, les yeux distraits, incertains, la bouche dégoûtée, saisie d'un morne ennui[57].

Ainsi m'apparaît jusqu'à présent l'œuvre de Richard Strauss. Guntram tue le duc Robert et laisse aussitôt tomber son épée. Le rire frénétique de Zarathustrâ se termine par un aveu d'impuissance découragée. La passion délirante de Don Juan sombre dans le néant. Don Quichotte, mourant, renie ses illusions. Et le Héros lui-même se résigne à l'inutilité de son œuvre, dans l'oubli que lui verse la nature indifférente. – Nietzsche, parlant des artistes de notre temps, sourit de « ces Tantales de la volonté,

53 [NdÉ] Les guillemets ne figurent pas dans l'article.

54 [NdÉ] Article : « et de ses artistes hallucinés et violents ».

55 [NdÉ] À Berlin, le *Deutsches Theater* (Théâtre allemand) s'oppose au conservatisme du Théâtre royal ; le mouvement de la *Secession* fédère les avant-gardes esthétiques à Vienne.

56 « L'esprit allemand qui, il y a peu de temps encore, avait possédé la volonté de dominer l'Europe, la force de diriger l'Europe, en est arrivé, en guise de conclusion testamentaire, à l'abdication. » – Nietzsche, *Essai d'une critique de soi-même*, 1886. [NdÉ – *Essai d'une critique de soi-même* est la préface à la seconde édition de *La Naissance de la tragédie ou Hellénisme ou pessimisme*, traduit par Jean Marnold et Jacques Morland, Paris, Mercure de France, 1901 (1886 correspond à la seconde édition allemande). La citation se situe à la 6e section.]

57 [NdÉ] Article : « Il y a à Florence, au Musée national, un groupe sublime de Michel-Ange. On le nomme : *Un guerriero che prostra un prigioniero*, la Force qui terrasse un prisonnier. Un jeune homme, robuste et svelte, se tient debout. Une sorte d'athlète à la longue barbe est tombé à ses pieds, les mains derrière le dos ; ses yeux qui regardent dans le vide sont pleins d'une amère humiliation. Le vainqueur a posé son genou sur l'échine du captif ; il semble près de l'achever. Brusquement, il s'arrête, il hésite, son bras gauche se replie contre sa poitrine dans un mouvement de recul ; sa tête se détourne, regarde d'un autre côté, les yeux distraits, incertains, la bouche lasse et dégoûtée, saisi d'un morne ennui. »

ennemis des lois et révoltés, tous venant enfin se briser et s'écrouler aux pieds de la croix du Christ[58] ». – Que ce soit la Croix ou le Néant, tous ces héros abdiquent, succombent au dégoût, au désespoir, ou à une résignation plus triste que le désespoir. Ce n'était pas ainsi que Beethoven refoulait ses tristesses. Les sombres adagios pleurent au milieu des Symphonies ; mais la joie, le triomphe, sont au terme. Son œuvre est le triomphe du Héros vaincu. Celle de Strauss est la défaite du Héros vainqueur. – Cette incertitude de la volonté s'analyserait plus clairement encore dans la littérature allemande contemporaine, en particulier chez l'auteur de la *Cloche engloutie*[59]. Mais elle est plus frappante chez Strauss, précisément parce qu'il est plus héroïque. Tout cet étalage de volonté surhumaine, pour aboutir au renoncement, au : « Je ne veux plus ! »

C'est ici le ver rongeur de la pensée allemande, – je parle de l'élite qui éclaire le présent et devance l'avenir. Je vois un peuple héroïque, enivré de ses triomphes, de sa richesse immense, de son nombre, de sa force, qui étreint le monde, avec ses grands bras, qui le dompte, et s'arrête, brisé par sa victoire, – se demandant : « Pourquoi ai-je vaincu ? »

58 [NdÉ] *Par-delà le bien et le mal*, chapitre huitième : « Peuples et patries », aphorisme 256. Romain Rolland colle plusieurs fragments du texte : « ces Tantales de la volonté [...] ennemis des lois et révoltés, tous venant enfin se briser et s'écrouler aux pieds de la croix du Christ ».

59 [NdÉ] *Die versunkene Glocke*, conte dramatique en cinq actes de Gerhart Hauptmann ; *La Cloche engloutie*, traduit par André-Ferdinand Herold en 1897.

HUGO WOLF[1]

Plus on pénètre dans l'histoire des grands artistes, plus on est frappé de la quantité de douleur que renferme leur vie. Non seulement ils ont été soumis aux épreuves et aux déceptions communes, qui frappent plus cruellement leur sensibilité plus vive ; mais leur génie, qui leur assure sur leurs contemporains une avance de vingt, trente, cinquante ans, – plusieurs siècles, souvent, – en faisant le désert autour d'eux, les condamne à des efforts désespérés, non pas même pour vaincre, mais pour vivre.

À cette lutte sans fin il est rare que ces natures, plus délicates que les autres, puissent résister longtemps ; et la maladie, la misère, une fin prématurée ont raison des plus beaux génies, des mieux faits pour être heureux : d'un Mozart, d'un Schubert, d'un Weber. Heureux, malgré tout, quand ils ont conservé, comme ceux-là, jusqu'au bout, dans un corps ruiné par les fatigues et par les privations, la pleine santé de l'âme et la joie de créer, qui illumine la nuit où ils se débattent ! Mais il est un pire destin ; et il s'en faut de beaucoup qu'un Beethoven, pauvre, déçu dans ses affections, muré en lui-même, ait été le plus malheureux des hommes. Rien ne lui restait que lui-même ; mais du moins il s'appartenait, il régnait sur son monde intérieur ; et quel empire fut jamais comparable à cette immense pensée, ce vaste ciel, où passent des tempêtes ! Jusqu'à son dernier jour, le vieux Prométhée, enchaîné à son misérable corps, conserva son énergie de fer, que rien ne put entamer. Mourant, son dernier geste était un geste de révolte : agonisant au milieu d'un orage, il se dressait sur son lit et montrait le poing au ciel. Ainsi il est tombé, frappé en plein combat, d'un seul coup, tout entier.

Mais que dire de ceux qui meurent peu à peu, qui se survivent à eux-mêmes, qui assistent lentement à la ruine, pièce par pièce, de leur âme !

---

1 [NdÉ] Une première version de ce texte paraît, sous le même titre, le 15 mai 1905, dans *La Revue de Paris*, p. 401-421.

Ainsi fut Hugo Wolf, à qui son tragique destin assure une place à part dans l'Enfer des grands musiciens[2].

*

* *

Il était né à Windischgraz, en Styrie, le 13 mars 1860. Il était le quatrième fils d'un corroyeur, d'un corroyeur musicien : – tels le vieux Veit Bach, boulanger musicien, ou le père de Haydn, charron et musicien. – Philipp Wolf, le corroyeur, jouait du violon, de la guitare, du piano, et avait organisé chez lui un petit quintette, où il tenait le premier violon ; Hugo, le second violon ; un frère de Hugo, le violoncelle ; un oncle, le cor, et un ami, l'alto. Le goût musical du pays n'était pas proprement allemand. Wolf était catholique : il ne fut pas formé, comme tant de musiciens allemands, par les livres de chorals. De plus, on aimait et on jouait en Styrie les vieux opéras italiens : Rossini, Bellini, Donizetti. Wolf se plaisait à croire, plus tard, qu'il avait dans son hérédité quelques gouttes de sang latin ; et, toute sa vie, il garda une prédilection pour les grands musiciens français.

Sa période d'apprentissage ne fut pas brillante. Il ne fit que passer d'une école à l'autre, sans réussir à se faire garder nulle part. Il n'était pourtant pas un mauvais sujet ; il était renfermé en lui-même, comme il fut toute sa vie, avait peu d'intimité avec les autres, était passionné de musique. Son père, naturellement, ne voulait pas qu'il en fît. Il eut à soutenir la même lutte que Berlioz. Il réussit enfin à arracher à sa famille la permission d'aller à Vienne ; il y entra au Conservatoire, en 1875. Mais il n'y fut pas plus heureux. Au bout de deux ans, il fut renvoyé pour indiscipline.

2 Une quantité d'ouvrages ont été publiés en Allemagne sur Hugo Wolf, depuis sa mort. Le principal est la grande biographie de M. Ernst Decsey : *Hugo Wolf* (Berlin, 1903-1904). [NdÉ – Erster Band, *Hugo Wolfs Leben, 1860-1887* ; Zweiter Band, *Hugo Wolfs Schaffen, 1888-1891* : III. Band, *Der Künstler und die Welt, 1892-1895*, Berlin, Leipzig, Schuster & Loeffler, 1903-1904.] Je me suis beaucoup servi de ce livre, qui est œuvre à la fois de science et d'amour. J'ai consulté aussi l'excellente petite brochure de M. Paul Müller, *Hugo Wolf (Moderne essays*, Berlin, [Gose & Tetzlaff], 1904, et les recueils de lettres de Wolf, en particulier les lettres à Oscar Grohe, à Emil Kaufmann, et à Hugo Faisst. [NdÉ – *Hugo Wolfs Briefe an Oskar Grohe*, Berlin, C. Fisher, 1904 ; *Hugo Wolfs Briefe*, Berlin, Fischer, 1903 ; *Hugo Wolfs Briefe an Hugo Faisst*, Stuttgart, Deutsche Verlags-Anstalt, 1904. Il n'existe pas de traduction française de ces ouvrages. Les références aux différentes correspondances sont tirées des livres de Decsey et de Müller. Ces éditions n'étant plus disponibles, il n'a pas paru pertinent de préciser l'origine de chaque citation.]

Que faire ? Sa famille était ruinée. Un incendie avait anéanti le petit avoir des siens. Il sentait peser sur lui les reproches muets de son père, qui avait fait des sacrifices pour lui, et qu'il aimait tendrement. Revenir dans sa province, il ne le voulait pas, il ne le pouvait pas : c'eût été la mort. Il fallut que cet enfant de dix-sept ans trouvât moyen de gagner sa vie, tout en s'instruisant. Depuis son renvoi du Conservatoire, il ne fréquenta plus aucune école : il s'est donc formé lui-même. Il s'est formé merveilleusement. Mais à quel prix ! Les souffrances qu'il a endurées depuis cet âge jusqu'à trente ans, l'énergie colossale qu'il a dû dépenser pour vivre, et pour se faire le grand esprit poétique qu'il fut, – tous ces efforts et toutes ces peines ont été cause sans doute de sa misérable mort. Il avait une soif de connaître, une fureur de travail, qui lui faisait oublier le boire et le manger.

Passionné pour Goethe, fanatique de Henri de Kleist, à qui il ressembla par certains traits de son génie et de son sort, enthousiaste de Grillparzer et de Hebbel, à une époque où l'on n'était guère juste pour eux, il fut un des premiers Allemands à distinguer la valeur de Mörike, qu'il devait plus tard rendre populaire en Allemagne. Il ne lisait pas moins les écrivains anglais et français. Il aimait Rabelais, et se prenait d'une prédilection pour Claude Tillier, ce romancier provincial français, dont *l'Oncle Benjamin*[3] fait le bonheur de tant de familles provinciales allemandes, en leur offrant, comme dit Wolf, le spectacle de leur propre petit monde, et le secours de sa joviale bonhomie pour en porter allègrement les tristesses. Le petit Wolf, ayant à peine de quoi manger, trouvait moyen d'apprendre le français et l'anglais, pour mieux pénétrer la pensée des artistes étrangers.

En musique, il apprit beaucoup de ses amis Schalk[4] ; mais surtout, comme Berlioz, il apprit aux bibliothèques : il y passait des mois à lire les partitions des maîtres. N'ayant pas de piano, il lui arrivait d'emporter ses sonates de Beethoven au Prater, et de les étudier sur un banc, en plein air. Il se pénétra des classiques, de Bach et de Beethoven, ainsi que des maîtres allemands du *Lied*, Schubert et Schumann. Il fut de ces

3 [NdÉ] Bourguignon comme Romain Rolland, Claude Tillier (Clamecy, 1801-Nevers, 1844) publie *Mon oncle Benjamin* en 1843. Voir à ce sujet « Claude Tillier en Allemagne », *Bulletin de la Société Scientifique et Artistique de Clamecy*, 1905, 22e année, p. 48-53.

4 Joseph Schalk était professeur au Conservatoire de Vienne. Il fut un des fondateurs du *Wagner-Verein* [Société Wagner] de Vienne, et consacra sa vie à propager le culte de Bruckner, qui l'appelait son « *Herr Generalissimus* » [M. le Généralissime], puis à lutter pour Wolf.

jeunes Allemands qui aimèrent passionnément Berlioz, et grâce à qui la France devra plus tard d'être glorifiée dans ce grand artiste, que la critique française, tour à tour meyerbeerienne, wagnérienne, franckiste et debussyste, n'a presque jamais compris. Enfin il fut de bonne heure ami du vieux Anton Bruckner, dont nous ne connaissons en France ni les huit symphonies, ni le *Te Deum*, ni les messes, ni les cantates, ni rien de l'œuvre opulente, ni la personnalité attachante, douce, mystique, modeste, un peu enfantine, écrasée toute sa vie par le parti de Brahms, et qui, comme Franck chez nous, rallia autour de lui les forces jeunes et originales contre l'art officiel de son temps.

Mais, de toutes ces influences, la plus profonde fut celle de Wagner. Wagner vint diriger à Vienne, en 1875, son *Tannhäuser* et son *Lohengrin :* il y eut alors, parmi les jeunes gens, une fièvre d'enthousiasme, pareille à celle qu'un siècle avant avait causée *Werther.* Wolf vit Wagner. Comment ? Il le raconte lui-même dans ses lettres à ses parents. Je donne son récit textuellement. Il fait sourire, il fait aimer cette ivresse de dévouement qui est chez la jeunesse ; il fait sentir combien l'homme qui inspire cet amour et qui pourrait faire tant de bien par un peu de sympathie est coupable de ne pas le faire, surtout quand il a passé, comme Wagner, par les mêmes périodes de solitude, et quand il a souffert de ne point trouver de secours[5].

> Je suis allé, devinez chez qui ?... chez maître Richard Wagner ! Je vous raconterai tout maintenant, comme c'est arrivé. Je vous transcris exactement les mots que j'ai écrits sur mon calepin :
>
> Samedi 9 décembre, à 10 heures et demie, je vis pour la seconde fois Richard Wagner, à l'Hôtel Impérial, où je me tins une demi-heure sur l'escalier, attendant son arrivée. (Je savais que, ce jour-là, il dirigerait la dernière répétition de son *Lohengrin.*) Enfin, le maître Richard descendit du second étage, et je le saluai très respectueusement, lorsqu'il était encore assez loin de moi. Il me remercia très amicalement. Quand il approcha de la porte, je me précipitai dessus et je la lui ouvris ; sur quoi, il me regarda fixement, quelques secondes, puis alla à la répétition de l'Opéra. Je courus aussi vite que je pouvais, et j'arrivai à l'Opéra plus tôt que Richard Wagner en fiacre. Je le saluai de nouveau, et je voulus lui ouvrir la porte de sa voiture ; mais comme je ne pus y parvenir, le cocher sauta de son siège, et lui ouvrit. Wagner dit quelque chose au cocher : je crois qu'il était question de moi. Je voulus le suivre sur la scène, mais on ne me laissa pas passer.
>
> Je l'attendais souvent à l'Hôtel Impérial : je fis à cette occasion la connaissance du directeur de l'hôtel, qui me promit de me protéger auprès de Wagner. Qui

5 Il ne faut pas oublier que la lettre qu'on va lire est écrite par un enfant de quinze ans.

fut plus réjoui que moi, quand il me dit que, le samedi suivant, le 11 décembre, après midi, je devais venir le trouver, afin qu'il me présentât à la femme de chambre de madame Cosima et au valet de chambre de Richard Wagner ! Je vins à l'heure dite. La visite à la femme de chambre fut très courte. Je reçus avis de venir le lendemain, dimanche 12 décembre, à 2 heures. J'arrivai à l'heure convenue, mais je trouvai la femme de chambre, le valet de chambre et le directeur de l'hôtel encore à table... Puis j'allai avec la femme de chambre à l'appartement du maître, où j'attendis environ un quart d'heure, jusqu'à ce que le maître vînt. Enfin Wagner parut, en compagnie de Cosima et de Goldmark. Je saluai Cosima très respectueusement, mais elle ne me jugea pas digne sans doute de la peine de m'honorer seulement d'un regard[6]... Wagner était allé dans sa chambre sans faire attention à moi, quand la femme de chambre lui dit, sur un ton de prière :

– Ah ! monsieur Wagner, un jeune artiste, qui depuis si longtemps déjà vous attendait, désire vous parler.

Il sortit de chez lui, me regarda, et dit :

– Je vous ai déjà vu une fois, je crois. Vous êtes...

Vraisemblablement, il voulait dire : « Vous êtes un fou ».

Il passa devant moi, et m'ouvrit la porte du salon de réception, où règne un luxe vraiment royal. Au milieu, est un lit de repos, tout de velours et de soie. Wagner lui-même était enveloppé dans un long manteau de velours, bordé de fourrure.

Quand j'entrai, il me demanda ce que je désirais[7]...

Je lui dis : « Hautement vénéré maître ! Depuis longtemps, je formais le désir d'entendre un jugement sur mes compositions, et il me serait... »

Ici, le maître m'interrompit et dit :

– Mon cher enfant, je ne puis rendre aucun jugement sur vos compositions : j'ai maintenant beaucoup trop peu de temps, et je ne puis même pas écrire mes lettres. Je ne comprends rien à la musique[8].

Je demandai au maître de me dire si je pourrais arriver à quelque chose ; il me dit :

– Lorsque j'étais aussi jeune que vous, et que je composais, on ne pouvait pas dire si j'arriverais à grand'chose en musique. Vous pourriez tout au plus me jouer vos compositions au piano ; mais je n'ai pas le temps. Quand vous serez plus mûr, et quand vous aurez composé de plus grandes œuvres, si je reviens par hasard à Vienne, vous me montrerez ce que vous aurez fait. Mais maintenant, cela ne va pas, je ne puis rendre aucun jugement.

Comme je dis au maître que je prenais les classiques pour modèles, il me dit :

– Bon ! bon ! on ne peut pas tout de suite être original.

---

6 [NdÉ] Ambiguë, la formulation est sans doute à comprendre ainsi : « Elle ne me jugea pas digne de m'honorer d'un regard. »

7 Ici, Hugo Wolf, pour piquer la curiosité de ses parents, interrompt son récit, et met : *La suite au prochain numéro.* Il reprend dans une autre lettre.

8 « Ich verstehe gar nichts von der Musik. »

Là-dessus, il rit. À la fin, il dit :

– Je vous souhaite, cher ami, beaucoup de bonheur dans votre carrière. Continuez avec application, et, si je reviens à Vienne, montrez-moi vos compositions.

Là-dessus, je me séparai du maître, profondément ému et saisi.

Ils ne se revirent plus. Wolf combattit sans relâche pour la cause wagnérienne. Il alla plusieurs fois à Bayreuth. Mais il n'eut aucune relation personnelle avec la famille Wagner, sauf avec Liszt, qui, avec son habituelle bonté, lui écrivit une aimable lettre, au sujet d'une œuvre que Wolf lui avait soumise, et lui indiqua quelques changements à faire.

Mottl et le compositeur Adalbert de Goldschmidt furent des premiers amis qui l'aidèrent, dans ses années de misère, à trouver quelques leçons. Il enseigna la musique à de petits enfants de sept ou huit ans. Il était mauvais pédagogue, et ces leçons lui étaient un martyre. Elles ne le nourrissaient guère : il mangeait une fois par jour, Dieu sait comment[9]. Pour se réconforter, il lisait la vie de Hebbel. Il eut un instant le projet de s'en aller en Amérique. Goldschmidt lui procura, en 1881, une place de second *Kapellmeister* au théâtre de Salzbourg. Il avait là à faire répéter les chœurs des opérettes de Strauss et de Millöcker. Il s'acquittait de son office ponctuellement, mais avec un ennui mortel ; et il manquait de l'autorité nécessaire. Il ne garda pas longtemps ce poste, et revint à Vienne.

Dès 1875, il écrivait de la musique : *Lieder*, sonates, symphonies, quatuors, etc. Mais déjà les *Lieder* tenaient la meilleure place. Il composa aussi, en 1883, un poème symphonique sur la *Penthésilée* de son cher Kleist.

En 1884, il réussit à avoir une place de critique musical. Dans quel journal ! Le *Salonblatt*, une feuille mondaine, faite d'articles de sport et de nouvelles de salon ! Cela semblait une gageure d'y faire entrer ce petit sauvage. Ses articles, de 1884 à 1887, sont pleins de vie, d'humour ; il y défend les grands classiques, – Gluck, Mozart, Beethoven, – et Wagner ; il y défend Berlioz ; il fustige les Italiens modernes, dont le succès à Vienne était scandaleux ; il rompt des lances pour Bruckner, et il commence une campagne audacieuse contre Brahms. Il n'était pas hostile, de parti pris, à Brahms ; il goûtait certaines de ses œuvres, spécialement sa musique de

9 [NdÉ] Romain Rolland coupe le passage suivant de son article : « Un de ses amis, Eckstein, raconte qu'il avait pendu à la fenêtre de sa chambre un gros saucisson, une mortadelle, dont il faisait son repas de midi. »

chambre ; mais il critiquait ses symphonies, il était blessé par les négligences continuelles de sa déclamation dans ses *Lieder*, et, en général, il ne pouvait souffrir son manque d'originalité, de force, de joie, de large et abondante vie. Surtout il frappait en lui le chef du parti opposé haineusement à Wagner, à Bruckner et à tous les novateurs. Car tout ce qu'il y avait à Vienne de rétrograde en musique, tout ce qui, dans la critique, était ennemi de toute liberté et de tout progrès en art, avait rendu à Brahms le détestable service de se grouper autour de lui et de se réclamer de son nom ; et Brahms, très supérieur, comme artiste et comme homme, à son parti, n'avait pas le courage de le renier.

Brahms lisait les articles de Wolf, et il ne semble pas que ces attaques aient ému son flegme. Mais les « Brahmines » ne les pardonnèrent jamais à Wolf. Un des plus rancuniers fut Hans de Bülow[10], qui trouvait dans l'antibrahmisme « le péché contre le Saint-Esprit, qui ne peut être pardonné ». (*Ev. Mathieu*, *XII*, *31-32*[11].) Quelques années plus tard, quand Wolf réussit à faire jouer ses œuvres, il put lire des comptes rendus, comme celui-ci de Max Kalbeck, un des chefs du « brahmisme » à Vienne :

> Monsieur Wolf a jadis, comme reporter, par quelques preuves étonnantes de son style et de son goût, soulevé une hilarité irrésistible dans les cercles musicaux. Il lui a été donné le conseil alors de se livrer plutôt à la composition. Les derniers produits de sa muse ont montré que ce conseil bien intentionné était mauvais. Il devrait de nouveau écrire des critiques.

Une société orchestrale de Vienne admettait la *Penthésilée* de Wolf à l'épreuve de la lecture. Elle la répétait en dépit du bon sens, avec de bruyants éclats de rire. Après quoi, le chef d'orchestre disait : « Messieurs, je vous demande pardon d'avoir laissé jouer le morceau jusqu'à la fin. Mais je voulais me donner le spectacle de l'homme qui ose écrire de telles choses sur maître Brahms. »

Wolf se reposait dever ces misères en allant passer quelques semaines dans son pays[12], chez son beau-frère Strasser, inspecteur des contributions. Il emportait là ses livres, ses poètes, et commençait à les mettre en musique.

10 [NdÉ] Sur Hans von Bülow, voir p. 135, note 7.

11 Lettre de H. de Bülow à Detlev von Liliencron (1892).

12 Les lettres de Wolf à Strasser sont d'un prix inestimable pour la connaissance de cette âme d'artiste ardente et troublée. [NdÉ – Il n'existe pas d'édition de cette correspondance quand Romain Rolland rédige son article, puis son chapitre.]

*

* *

Il avait vingt-sept ans, et n'avait encore rien publié. 1887-1888 furent les années décisives de sa vie. En 1887, il perdit son père qu'il aimait tant ; et cet événement qui le bouleversa fut pour lui, comme tant d'autres malheurs, une source d'énergie. La même année, un généreux ami, Eckstein, lui fit éditer ses premiers recueils de *Lieder.* Wolf était jusque-là étouffé. Cette publication le ressuscita. Ce fut un déchaînement de génie. Établi à Perchtoldsdorf, près de Vienne, en février 1888, dans une tranquillité absolue, il écrivit en trois mois 53 *Lieder* sur des poésies d'Eduard Mörike, ce pasteur-poète de Souabe, mort en 1875, qui, incompris ou raillé de son vivant, a trouvé maintenant en Allemagne une gloire si populaire. Wolf composa ces œuvres dans une exaltation d'allégresse et d'effroi, devant la soudaine révélation de sa force créatrice.

> Il est maintenant sept heures du soir, et je suis aussi heureux, heureux, que le plus heureux des rois. Encore un nouveau *Lied* ! Mon cœur, si tu l'entendais !... le diable t'emporte de plaisir !...
>
> Encore deux nouveaux *Lieder* ! Il y en a un qui sonne si horriblement étrange que cela me fait peur. Rien de pareil n'existait encore. Dieu assiste les pauvres gens, qui l'entendront un jour !...
>
> Si vous entendez le dernier *Lied* que je viens de faire, vous ne pouvez plus avoir qu'un désir dans l'âme : mourir... Votre heureux, heureux Wolf[13].

À peine avait-il achevé les *Mörike-Lieder,* qu'il commençait une série de *Lieder* sur les poésies de Goethe. En trois mois (décembre 1888-février 1889), il écrivait tout le *Goethe-Liederbuch* : – 51 *Lieder,* dont quelques-uns sont, comme le *Prométhée*, de grandes scènes dramatiques.

La même année, toujours à Perchtoldsdorf, après avoir publié un volume de *Lieder* d'Eichendorff, il se jetait dans un nouveau cycle de *Lieder,* – le *Spanisches Liederbuch,* – sur des poésies espagnoles, traduites par Heyse ; il écrivait les 44 *Lieder* dans la même fureur de joie :

> Ce que j'écris maintenant, je l'écris pour l'avenir... Depuis Schubert et Schumann, il n'y a rien eu de semblable !...

---

13 Lettres au docteur Heinrich Werner.

Deux mois après avoir fini le *Spanisches Liederbuch*, en 1890, il composait encore un cycle de *Lieder* sur les poésies du grand écrivain suisse, Gottfried Keller : *Alten Weisen*[14]. Enfin, la même année, il commençait *l'Italienisches Liederbuch*, sur des poésies italiennes, traduites par Geibel et Heyse.

Et puis, – et puis, ce fut le silence.

*

* *

L'histoire de Wolf est un des cas les plus extraordinaires de l'art, un de ceux qui font le mieux entrevoir les mystères du génie.

Résumons ce qui précède. Wolf, à vingt-huit ans, n'a, pour ainsi dire, rien écrit encore. De 1888 à 1890, il écrit, coup sur coup, dans un délire, 53 *Lieder* de Mörike, 54 *Lieder* de Goethe, 44 *Lieder* espagnols, 17 *Lieder* d'Eichendorff, une dizaine de Keller, et les premiers *Lieder* italiens : soit environ 200 *Lieder*, tous d'une individualité admirable.

Là-dessus, la musique se tait. La source ne coule plus. Wolf, saisi d'angoisse, écrit des lettres désespérées :

> … De composer, je n'ai plus la moindre idée ! Dieu sait comment cela finira ! Priez pour ma pauvre âme[15] !
>
> … Depuis quatre mois, je souffre d'un marasme d'esprit qui me donne, très sérieusement, la pensée de fuir ce monde pour toujours… Seul doit vivre qui véritablement vit. Je suis depuis longtemps déjà un mort. Si c'était seulement une mort apparente ! Mais je suis mort et enterré ; la force de gouverner mon corps me prouve seule que je vis, que je semble vivre. Puisse la matière suivre bientôt l'esprit qui s'en est allé ! C'est mon intime, c'est mon unique vœu. Depuis quinze jours, j'habite à Traunkirchen, la perle du Traunsee… Tous les agréments que peut souhaiter un homme sont réunis pour me préparer un heureux sort[16]… Le repos, la solitude, la plus belle nature, l'air le plus rafraîchissant. Bref, tout ce qui peut être au gré d'un ermite de ma sorte. Et pourtant, pourtant, mon ami, je suis la plus misérable créature de cette terre. Tout respire autour de moi le bonheur, et la paix, tout s'agite, et palpite, et fait ce qu'il doit faire… Seul, moi, ô Dieu !… Seul, je vis comme une bête sourde et stupide. À peine si la lecture me distrait encore un peu ! Dans mon désespoir, je m'y jette. Pour la composition, c'est fini ; je ne peux même plus me figurer ce que c'est qu'une harmonie et une mélodie, et je commence

14 [NdÉ] Les *Alte Weise* (*Chants anciens*) de Gottfried Keller paraissent en 1851.

15 Lettre à Oskar Grohe, 2 mai 1891.

16 Wolf habitait là chez un ami. Il n'eut d'appartement à lui que depuis 1896, et encore grâce à la générosité de ses amis.

presque à douter que les compositions qui portent mon nom soient vraiment de moi. Bon Dieu ! à quoi bon tout ce bruit,... à quoi bon ces magnifiques projets, si c'était pour en arriver à cette misère !...

Le ciel donne à chacun un génie tout entier, ou pas de génie du tout. L'enfer m'a donné tout à demi.

Combien vrai ! oh ! combien vrai ! Malheureux ! Dans la fleur de tes ans, tu es allé en enfer, et tu as jeté dans les gueules malfaisantes du destin son présent illusoire, et toi-même avec ! Ô Kleist[17] !...

Soudain, à Döbling, le 29 novembre 1891, la source musicale semble se rouvrir en Wolf : il écrit 15 *Lieder* italiens de suite, quelquefois plusieurs par jour. En décembre, elle se referme ; et, cette fois, pour cinq ans. Cependant ces mélodies italiennes ne sentent aucunement l'effort ; elles ne dénotent pas une tension d'esprit plus volontaire que les œuvres précédentes : au contraire, c'est peut-être l'œuvre la plus naturelle et la plus simple de Wolf. N'importe ! Quand le génie se tait en lui, Wolf n'est plus rien. Il voulait écrire trente-trois *Lieder* italiens : il doit s'arrêter après le vingt-deuxième, et publier le premier volume seul de l'*Italienisches Liederbuch*, en 1891. Le second jaillira, en un mois, cinq ans plus tard, en 1896.

On peut imaginer les tortures que souffrait cet homme solitaire, qui ne vivait que dans la joie de créer, et qui voyait sa vie s'arrêter sans cause, pendant des années, son génie qui venait, qui partait, qui revenait pour un instant, qui repartait... pour combien de temps ? Reviendrait-il, cette fois ?

... Vous me demandez des nouvelles de mon opéra[18] ? Seigneur Dieu ! je serais déjà content si je pouvais écrire le plus petit *Liedchen* ! Et maintenant, un opéra ?... Je crois bien fermement que c'est fini de moi... Je pourrais aussi bien parler chinois que composer quelque chose. C'est effroyable !... Ce que je souffre de cette oisiveté, je ne puis le décrire. Je voudrais me pendre[19].

... Tu t'informes des causes de mon profond abattement, et tu voudrais verser du baume sur mes blessures... Oui, si tu pouvais quelque chose ! Mais, pour mes souffrances, aucune plante de cette terre ne peut rien. Seul, un dieu peut me secourir. Rends-moi des inspirations, réveille le démon qui sommeille en moi, qu'il me possède de nouveau, et je veux t'appeler un dieu et t'élever des autels ! Mais c'est là un appel aux dieux, non aux hommes. À ceux-là, qu'il appartienne de prononcer sur mon sort ! De quelque façon que cela puisse tourner pour moi, même si c'est le pire, je le supporterai, oui, quand

17 Lettre à Wette, 13 août 1891.

18 Le rêve de Wolf, son idée fixe, pendant des années, était d'écrire un opéra.

19 Lettres à Kaufmann, 6 août 1891, 26 avril 1893.

même aucun rayon de soleil ne devrait plus éclairer ma triste existence... Et là-dessus, nous voulons, une fois pour toutes, tourner la page, et en avoir fini avec ce douloureux chapitre de ma vie[20].

Voilà une lettre – et elle n'est pas la seule – dont le sombre stoïcisme rappelle les lettres de Beethoven, et qui exprime des douleurs que le malheureux Beethoven n'a pas connues. – Qu'il n'a pas connues ?... Qui sait ?... N'a-t-il pas souffert de semblables angoisses, dans la morne période qui suit 1815, avant le réveil des dernières sonates, de la *Missa Solemnis* et de la *Symphonie avec chœurs ?*

*

* *

En mars 1895, Wolf revit. Il écrit en trois mois la partition de piano du *Corregidor.* Depuis des années, il était attiré vers la scène, et spécialement vers l'opéra-comique. Si enthousiaste qu'il fût de Wagner, il avait déclaré : « Affranchissons-nous du *Musik-Drama* wagnérien ! » Il connaissait sa nature, et n'aspirait pas à la succession de Wagner. Un de ses amis lui ayant offert un sujet d'opéra, tiré de la légende de Bouddha, il lui avait répondu que « le monde ne s'entendait pas encore sur le sens des doctrines de Bouddha », et qu'il n'avait aucune envie de « donner un nouveau mal de tête à l'humanité ».

> Wagner a, dans et par son art, accompli une si puissante œuvre libératrice que nous pouvons nous réjouir de ce qu'il nous est tout à fait inutile de donner l'assaut au ciel, puisqu'il nous a été conquis. Il est beaucoup plus sage de nous chercher dans ce beau ciel une place bien agréable. Cette agréable petite place, je voudrais la trouver, non pas dans un désert, avec de l'eau, des sauterelles et du miel sauvage, mais dans une compagnie joyeuse, originale, parmi les tintements de guitares, les soupirs d'amour, les clairs de lune, etc., etc., bref, dans un opéra-comique, un opéra-comique tout à fait ordinaire, sans le lugubre spectre libérateur d'un philosophe schopenhauérisant à l'arrière-plan[21].

Après avoir demandé des poèmes d'opéra au monde entier, aux poètes anciens et modernes, à Shakespeare, à son ami Liliencron[22], après avoir

20 Lettre à Hugo Faisst, 21 juin 1894.

21 Lettre à Grohe, 28 juin 1890.

22 Detlev von Liliencron lui avait offert un sujet américain. « Mais, malgré mon admiration pour Buffalo-Bill et sa société mal lavée, – avait répondu ironiquement Wolf, – je préfère le sol natal et ceux qui savent apprécier les avantages du savon. »

tenté d'en écrire un lui-même, il finit par prendre celui que madame Rosa Mayreder tira d'une nouvelle espagnole de Don Pedro de Alarcon : ce fut le *Corregidor*, qui, après avoir été refusé par d'autres théâtres, fut joué, en juin 1896, à Mannheim. L'œuvre eut peu de succès, malgré ses qualités musicales : la faiblesse du livret avait contribué à l'échec.

L'essentiel était que le génie créateur fût revenu. En avril 1896, Wolf écrivit d'un trait les 22 *Lieder* du second volume de l'*Italienisches Liederbuch*[23]. À Noël, son ami Müller lui envoya les poésies de Michel-Ange, traduites en allemand par Walter Robert-Tornow ; et Wolf, bouleversé d'émotion, projeta aussitôt de leur consacrer tout un volume de *Lieder*. En 1897, il composa les trois premières de ces mélodies. En même temps, il s'occupait d'un opéra nouveau : *Manuel Venegas*, poème de Moritz Hœrnes, d'après Alarcon[24]. Il semblait plein de force, de joie, de confiance dans sa vigueur ressuscitée. Müller lui parlant, en 1896, de la fin prématurée de Schubert, Wolf lui répondit : « On n'est pas enlevé avant d'avoir dit ce qu'on avait à dire ».

Il travaillait furieusement, « comme une machine à vapeur », disait-il lui-même. En septembre 1897, il se jeta dans la composition de *Manuel Venegas*. Nul repos. À peine le temps de prendre la nourriture indispensable. En quatorze jours, il écrivit cinquante pages de la partition pour piano, – tous les motifs pour l'ensemble de l'œuvre, et la moitié du premier acte.

Alors, la folie vint. Le 20 septembre 1897, il fut terrassé, en plein travail, au milieu du grand récit de Manuel Venegas, au premier acte.

Il fut conduit dans la maison de santé du docteur Svetlin, à Vienne, et il y resta jusqu'en janvier 1898. Par bonheur, il avait trouvé des amitiés dévouées, qui prirent soin de lui, suppléant à l'indifférence générale. Ce n'était pas ce qu'il avait gagné lui-même qui eût pu lui permettre de mourir en paix. Quand l'éditeur Schott lui avait envoyé, en octobre 1895, ses honoraires pour les éditions des *Lieder* de Mörike, de Goethe, d'Eichendorff, de Keller, des poésies espagnoles, et du premier volume des poésies italiennes, leur total s'élevait, pour cinq ans, à 86 marks 35 pfennigs ! Et Schott ajoutait tranquillement qu'il n'eût pas compté sur

23 [NdÉ] *Livre de lieder sur des poèmes italiens.*

24 [NdÉ] Pedro Antonio de Alarcón publie *El Niño de la Bola (L'enfant à la boule)* en 1880, roman d'apprentissage dont Manuel Venegas est le héros. Wolf découvre le roman en 1892, dans sa traduction allemande ; peu satisfait par le livret de Rosa Mayreder, d'abord sollicitée, il se tourne vers Moritz Hoernes (un spécialiste de la préhistoire).

un résultat aussi favorable. Ce furent donc les amis de Wolf, et surtout Hugo Faisst, qui, après lui avoir permis, par leurs générosités discrètes, le plus souvent cachées, de ne pas succomber à la misère, épargnèrent à sa fin l'horreur de l'abandon dans le dénuement total.

Il avait recouvré la raison. On lui fit faire un voyage à Trieste et dans le Veneto, en février 1898, pour achever sa guérison, et pour l'empêcher de penser au travail. Précautions superflues.

Il écrit à Hugo Faisst :

> Tu n'as pas besoin de te faire des soucis et de craindre que je ne me surmène. Un vrai dégoût du travail s'est emparé de moi, et il me semble que je ne pourrai jamais plus écrire une note. Mon opéra inachevé ne m'attire plus. En général, toute musique m'est odieuse. C'est à cela que sont arrivés mes amis bien intentionnés ! Comment je m'arrangerai de cet état, c'est pour moi une énigme… Ah ! vous, bienheureux Souabes ! quelles gens dignes d'envie vous êtes !… Salue pour moi ton beau pays et sois chaudement embrassé par ton malheureux et désemparé Hugo Wolf[25].

Cependant, revenu à Vienne, il sembla se rétablir. Il reprit en apparence sa santé, sa gaieté. Seulement, à son propre étonnement, il était devenu « un homme tranquille, posé, silencieux, qui voulait de plus en plus rester seul[26] ». Il ne composait plus ; mais il revoyait ses *Lieder* de Michel-Ange, et il les publiait. Il faisait des projets pour l'hiver, il se réjouissait de le passer à la campagne, près de Gmunden, « dans une retraite absolue, sans être troublé par rien, uniquement pour son art[27] ». Sa dernière lettre à Faisst dit :

> Je suis tout à fait guéri, je n'ai plus besoin d'aucune cure. Tu en aurais plus besoin que moi[28].

Vint un nouvel accès de folie. Et, cette fois, ce fut fini.

Dans l'automne de 1898, Wolf fut transporté à une maison de fous, à Vienne. Il put d'abord y recevoir quelques visites, et faire un peu de musique à quatre mains avec le directeur de l'établissement, qui était musicien et admirait les œuvres de Wolf. Il put même, au printemps, faire quelques promenades au dehors, avec ses amis et un

25 Lettres à Hugo Faisst, 2 février 1898.
26 *Ibid.*, 21 avril 1898.
27 *Ibid.*, 29 août 1898.
28 *Ibid.*, 17 septembre 1898.

gardien. Mais il commençait à ne plus reconnaître les choses, les gens, ni lui-même. « Oui, disait-il, en soupirant, si j'étais Hugo Wolf !... » Depuis le milieu de 1899, le mal fit de grands progrès : c'était une paralysie générale. La parole fut atteinte, au commencement de 1900, puis tout le corps, en août 1901 ; et, depuis le début de 1902, il était abandonné par les médecins ; mais le cœur était intact, et le malheureux végéta encore un an. Il mourut, le 1 février 1903, d'une péripneumonie.

On lui fit des funérailles magnifiques. Il y avait là tous ceux qui n'avaient rien fait pour Hugo Wolf vivant. L'État autrichien, la ville de Vienne, la ville natale Windischgratz, le Conservatoire qui avait exclu Wolf, la *Gesellschaft der Musikfreunde*[29], qui avait été si longtemps inhospitalière à ses œuvres, l'Opéra, qui lui avait été fermé, les chanteurs, qui l'avaient dédaigné, les critiques, qui l'avaient bafoué, – tous étaient représentés là. On chanta une de ses tristes mélodies : la *Résignation*, d'Eichendorff, et un choral de son vieil ami Bruckner, qui l'avait précédé de plusieurs années dans la tombe. Les amis fidèles, Faisst en tête, prirent soin de lui faire élever un monument dans le voisinage de Beethoven et de Schubert.

*
* *

Telle fut cette vie, brisée à trente-sept ans, – car on ne peut compter cinq ans de pleine folie. – Il n'y a pas beaucoup d'exemples en art d'un sort aussi terrible. L'infortune de Nietzsche n'en approche point, car la folie de Nietzsche fut, dans une certaine mesure, productrice d'énergie : elle fit jaillir du génie des éclairs, qui n'en fussent jamais sortis dans un état d'équilibre et de santé parfaite. La folie de Wolf fut l'anéantissement. Au reste, on a pu voir combien, même dans l'espace de ces trente-sept ans, la vie lui fut avarement mesurée. Cet homme, qui ne commença vraiment à créer qu'à vingt-sept ans, et qui, pendant cinq ans, de 1890 à 1895, fut condamné au silence, a vécu en réalité trois ou quatre ans. Mais, dans ces quatre ans, il a plus vécu que la plupart des artistes dans une longue carrière, et il laisse dans son œuvre l'empreinte d'une personnalité que nul ne peut plus oublier, après l'avoir connue.

29 [NdÉ] Société des amis de la musique.

*

* *

Cette œuvre consiste essentiellement, comme on l'a vu, en *Lieder;* et ces *Lieder* sont caractérisés par l'application à la musique lyrique des principes établis par Wagner dans le domaine dramatique. Il ne s'agit pas ici d'une imitation de Wagner. On retrouve çà et là, chez Wolf, des formules wagnériennes (non moins d'ailleurs que des réminiscences évidentes de Berlioz) : c'est là la marque inévitable du temps, et chaque grand artiste, à son tour, contribue à enrichir la langue courante de tous. Mais le wagnérisme profond de Wolf ne consiste pas en ces ressemblances inconscientes ; il est dans sa volonté de faire de la poésie le principe de la musique. « Montre avant tout, – écrivait-il à Humperdinck, en 1890, – montre la poésie comme la source même de ma musique. »

Quand le même homme est à la fois poète et musicien, comme Wagner, il est naturel que poésie et musique réalisent une parfaite unité. Mais quand il s'agit de traduire en musique l'âme d'autres poètes, il faut des dons spéciaux de finesse psychologique et d'abondante sympathie. Ces dons, Wolf les posséda au suprême degré. Aucun musicien n'a jamais mieux senti et compris les poètes. « Il a été, dit un de ses critiques, G. Kühl, le plus grand psychologue qu'ait eu la musique allemande, depuis Mozart. » Cette psychologie n'avait rien de laborieux. Wolf était incapable de mettre en musique des poésies qui ne le passionnaient point. Il se faisait lire plusieurs fois, ou il lisait lui-même à haute voix, le soir, la poésie qu'il voulait traduire. S'il se sentait surexcité par elle, il s'isolait en elle, s'imprégnait de son atmosphère, et rêvait longuement ; puis il allait dormir, et le lendemain matin, il écrivait le *Lied* d'un trait. Mais certaines de ces poésies sommeillaient en lui, pendant des années. Et brusquement elles s'éveillaient, sous forme de musique. Alors, c'étaient des cris de bonheur. « Savez-vous ? – écrit-il à Müller, – j'en ai crié de joie. » Müller disait qu'il était comme une poule qui chante après avoir pondu son œuf.

Parmi les poésies dont Wolf a fait choix, il n'en est pas une seule médiocre : ce qu'on ne pourrait dire ni pour Schubert, ni pour Schumann. Et il n'y en a pas une d'un poète contemporain, bien qu'il eût de la sympathie pour certains d'entre eux, – comme Liliencron, qui eût souhaité d'être traduit en musique par lui. – Mais il ne le pouvait pas.

Il ne composa jamais que ce qui, dans l'œuvre des grands poètes, lui était devenu si intime qu'il le sentait comme sien.

Ce qui frappe aussi dans ces *Lieder*, c'est l'importance qu'y prend l'accompagnement du piano, et son indépendance à l'égard de la voix. Soit que la voix et le piano expriment le contraste qui existent si souvent entre les paroles et la pensée, soit que, comme dans le *Prométhée* de Goethe, l'accompagnement représente Zeus foudroyant, tandis que la voix est l'interprète du Titan ; soit que, comme dans la *Sérénade* d'Eichendorff, il peigne dans l'accompagnement un étudiant amoureux, tandis que le chant est la voix d'un vieillard qui l'écoute et se souvient de sa jeunesse, – toujours le piano et le chant ont leur individualité. On ne saurait rien détacher du *Lied*, sans le détruire tout entier : ainsi, tout particulièrement, les phrases instrumentales, qui l'ouvrent et qui le ferment, qui l'encadrent, et qui résument son émotion. La forme musicale, calquée sur la forme poétique, est extrêmement variée : tantôt pensée fugitive, notation brève d'une impression poétique ou d'une petite action, tantôt vaste tableau épique ou dramatique. Müller remarque qu'il arrive à Wolf de donner plus d'ampleur à une poésie que le poète même : – ainsi dans l'*Italienisches Liederbuch*. – C'est le principal reproche qu'on puisse lui faire, et il n'est pas banal. Wolf a surtout excellé à rendre les poésies qui s'accordaient avec son sort tragique, qu'on eût dit qu'il pressentait. Personne n'a mieux exprimé en musique l'angoisse d'âmes troubles et désespérées, comme le vieux joueur de harpe de *Wilhelm Meister*, ou le néant grandiose de certaines poésies de Michel-Ange.

De tous ses recueils de *Lieder*, le premier publié : les *53 Gedichte von Eduard Mörike komponiert für eine Singstimme und Klavier*[30] (1888), fut le plus populaire. Il conquit à Wolf des affections sans nombre, non pas peut-être parmi les artistes (ou ce fut la minorité), mais les meilleures de toutes et les plus désintéressées, – parmi les petites gens, parmi les braves gens, qui font de l'art non un métier, mais leur pain spirituel de chaque jour ; parmi ceux – et ils sont foule en Allemagne – dont la vie ingrate est embellie par l'amour de la musique. De ces amis, Wolf en a trouvé dans toutes les parties de l'Allemagne, mais surtout en Souabe. À Stuttgart, à Mannheim, à Darmstadt, et dans tout le pays alentour, Wolf est devenu populaire, le seul musicien populaire, depuis Schubert et Schumann. Toutes les classes de la société s'unissent dans cet amour.

30 [NdÉ] *53 poèmes d'Édouard Möricke écrits pour voix et piano.*

« Ses Lieder, dit M. Decsey, sont sur les pianos des plus pauvres maisons, à côté des *Lieder* de Schubert. » Stuttgart est devenue pour Wolf, comme il l'écrivait lui-même, une seconde patrie. Il a dû cette popularité, sans exemple en Souabe, à la passion des gens de ce pays pour les *Lieder*, et surtout aux poésies de Mörike, le pasteur souabe, qu'il faisait revivre dans ses chants. Wolf a mis en musique le quart des poésies de Mörike ; il a ressuscité Mörike ; il a réussi à lui rendre une des premières places parmi les poètes allemands. Telle était bien son intention ; et il l'affirmait quand il faisait mettre en tête de ses *Lieder* le portrait de Mörike. Soit que la lecture de ces poésies eût été un baume pour son esprit inquiet, soit parce que c'était en les exprimant qu'il avait pris, pour la première fois, conscience de son génie, il avait pour elles une reconnaissance qu'il voulut témoigner en faisant précéder le recueil, du beau chant un peu beethovénien du *Convalescent à l'Espérance.*

Les 51 *Lieder* du *Goethe-Liederbuch*[31] (1888-1889) ont été composés par groupes de *Lieder* : les *Lieder* de *Wilhelm Meister*, les *Lieder* du *Divan* (*Suleika)*, etc. Wolf tâchait de suivre le travail de création même du poète. Il est souvent ici en rivalité avec Schubert. Il a évité de refaire ceux des *Goethe-Lieder* qui, chez Schubert, lui semblaient rendre exactement la pensée du poète, comme *Geheimes, An Schwager Kronos*[32]. Mais il disait à Müller que Schubert n'avait parfois rien compris à Goethe, parce qu'il se préoccupait moins de faire revivre la physionomie réelle des personnages de Goethe que de traduire ce qu'il y avait de plus lyrique et de plus général dans leurs pensées. L'intérêt des *Lieder* de Wolf est justement qu'il a rendu à ces figures poétiques leur caractère individuel. Le *Harfenspieler*[33], *Mignon* sont tracés avec une précision et une sobriété profondes. Wolf a retrouvé, dans certaines pages, l'art de Goethe, évoquant d'un mot des mondes de douleur. La sérénité d'une grande âme plane sur le chaos des passions.

Le *Spanisches Liederbuch nach Heyse and Geibel* (1889-1890) avait déjà inspiré Schumann, Brahms, Cornélius, et quelques autres. Mais aucun n'avait cherché à en rendre le caractère âpre et sensuel. Müller montre combien Schumann avait particulièrement dénaturé ces poésies. Non seulement il leur avait communiqué sa propre sentimentalité, mais

31 [NdÉ] *Livre de lieder sur des poèmes de Goethe.*

32 [NdÉ] *Secret, Au frère Chronos.*

33 [NdÉ] *Le joueur de harpe.* Il s'agit, avec *Mignon*, de deux des lieder écrits sur des poèmes de Goethe.

il avait bravement fait chanter à quatre voix des poésies du caractère individuel le plus marqué, ce qui les rendait absurdes ; pour achever, il changeait les mots et le sens, quand cela le gênait. Wolf, au contraire, s'est plongé tout entier dans ce monde douloureux et voluptueux, sans rien qui l'en vînt distraire ; et il a produit là, comme il le disait fièrement, « des chefs-d'œuvre ». Les dix chants religieux qui ouvrent le recueil sont d'un mysticisme halluciné, qui pleure des larmes de sang ; ils sont cruels pour l'oreille, ils sont cruels pour le cœur : c'est l'expression brûlante et désolée d'une foi qui se torture. À côté, l'on trouve des visions souriantes de la Sainte Famille, qui rappellent Murillo. Les trente-quatre chants populaires sont brillants, trépidants, capricieux, d'une incroyable variété. Chacun est une figure différente, une personnalité dessinée d'un trait incisif. L'ensemble du recueil déborde de vie. On a dit du *Spanisches Liederbuch*[34] *qu'il était dans l'œuvre de Wolf ce que Tristan* est dans l'œuvre de Wagner.

L'*Italienisches Liederbuch* (1890-1896) est très différent. L'expression y est concentrée. Le génie de Wolf allait vers la clarté classique de la forme. Il cherchait à simplifier toujours davantage sa langue musicale. « Maintenant, disait-il, je ne veux plus écrire que comme Mozart. » Tout l'accessoire est réduit au minimum : il ne reste que l'essentiel. Ces mélodies sont donc très courtes, et elles sont moins lyriques que dramatiques. Wolf leur attribuait une grande importance dans l'ensemble de son œuvre : « Je les tiens, – écrivait-il à Kaufmann, – pour les plus originales et les plus parfaites de mes compositions. »

Quant aux *Michelangelo Gedichten*[35] (1897), interrompues par l'explosion de la maladie, Wolf n'eut le temps que d'en composer quatre, et il en supprima une. Elles ne sont pas seulement émouvantes par le souvenir de l'heure tragique où elles furent composées, mais par leur sorte de prescience prophétique de cette tragédie, par leur souffle lourd, orgueilleux et funèbre. La seconde mélodie est peut-être la plus belle de Wolf, et c'est vraiment son chant de mort :

Alles endet, was entstehet.	Tout finit, ce qui est né,
Alles, alles rings vergehet.	Tout, tout passe et fuit.

C'est un mort qu'il fait chanter :

---

34 [NdÉ] *Livre de lieder sur des poèmes espagnols.*
35 [NdÉ] *Poésies de Michel-Ange.*

Menschen waren wir ja auch, Nous fûmes aussi des hommes,
Froh und Traurig so wie Ihr, Joyeux et tristes, comme vous ;
Und nun sind wir leblos hier, Et maintenant nous sommes sans vie,
Sind nur Erde, wie Ihr sehett[36]. Nous sommes seulement de la terre, comme vous voyez.

Au moment où il écrivait et publiait ce chant, dans le temps de répit passager où se préparait le suprême assaut de la maladie, il était lui-même plus qu'à moitié un mort.

*
*   *

Aussitôt que Wolf fut bien mort, son génie fut reconnu de toute l'Allemagne. Ses souffrances provoquèrent en sa faveur une réaction presque excessive. Partout se fondèrent des *Hugo-Wolf-Vereine.* Ce ne sont aujourd'hui que publications, recueils de lettres, souvenirs, biographies. C'est à qui proteste qu'il avait toujours compris la grandeur du malheureux artiste, et s'indigne contre ses détracteurs. Monuments et statues ne tarderont pas à surgir.

Je doute que l'âpre et sincère Wolf, s'il les avait pu pressentir, eût trouvé dans ces hommages tardifs une grande consolation. Il eût dit à ses admirateurs posthumes :

> Vous êtes des hypocrites. Ce n'est pas pour moi que vous élevez ces statues ; c'est pour vous-mêmes. C'est pour prononcer des discours, former des comités, faire croire aux autres et à vous-mêmes que vous êtes de mes amis. Où étiez-vous, quand j'avais besoin de vous ? Vous m'avez laissé mourir. Ne jouez pas la comédie autour de ma tombe. Regardez plutôt autour de vous s'il n'est pas d'autres Wolf, qui se débattent contre votre hostilité ou votre indifférence. Pour moi je suis au port.

36 *Chiunque nasce a morte arriva / Nel fuggir del tempo, e'l sole / Niuna cosa lascia viva… / Come voi, uomini fummo, / Lieti* e *tristi, come siete ; / E or siam, come vedete, / Terra al sol, di vita priva.* (*Poésies de Michel-Ange.* CXXXVI.)

DON LORENZO PEROSI[1]

L'hiver qui pesait sur la pensée italienne finit. L'un après l'autre, les grands arbres endormis renaissent au soleil. Hier la poésie. Aujourd'hui la musique. Suave musique d'Italie, calme jusque dans les passions, sereine dans la tristesse, naïve dans la science, assistons-nous vraiment à son nouveau printemps ? Est-ce le premier flot d'un grand fleuve mélodique, où notre époque morose va se laver de ses deuils et de ses doutes ? À l'émotion que j'ai sentie en lisant les oratorios du jeune prêtre piémontais, il me semble entendre dans l'air la lointaine chanson des enfants grecs d'autrefois : « Elle est arrivée, elle est arrivée, l'hirondelle, amenant les belles saisons et les belles années. Εαρ ηδη[2]. » Et c'est avec une joyeuse espérance que je salue la venue de Don Lorenzo Perosi.

*
* *

L'abbé Perosi, maître de chapelle de Saint-Marc de Venise et directeur de la Sixtine, a vingt-six ans[3]. De petite taille, d'apparence très juvénile, la tête un peu grosse pour le corps, sa physionomie ouverte et régulière est éclairée par d'intelligents yeux noirs, et n'a de caractéristique que l'avancement de la lèvre inférieure. Il est très simple, d'une cordialité affectueuse, et montre une modestie qui touche. Quand il conduit

---

1 [NdÉ] Romain Rolland reprend l'article « Don Lorenzo Perosi » paru dans *La Revue de Paris*, le 15 mars 1899, p. 443-448. Il consacre deux autres articles au compositeur : « Les oratorios de Don Lorenzo Perosi », *Revue d'art dramatique*, 5 mars 1899, p. 324-328 ; « Le nouvel oratorio de l'abbé Perosi à Côme », *La Tribune de Saint Gervais*, octobre 1899, p. 270-273.

2 [NdÉ] « C'est déjà ». Allusion à la quête que faisaient les enfants de l'île de Rhodes, au mois Boédromion, allant de maison en maison en chantant le retour de l'hirondelle, coutume conservée en Allemagne. Chanson citée par Th. Panofka dans les *Annales de l'Institut de correspondance archéologique* (Paris), t. 6, 1834, p. 241.

3 Cet article fut écrit en mars 1899, à l'occasion de la venue à Paris de Lorenzo Perosi (1872-1956), pour diriger son oratorio de *La Résurrection*.

l'orchestre, la candeur de sa silhouette, ses gestes langoureux et gauches aux passages expressifs, d'une naïve passion aux endroits dramatiques, évoquent le souvenir des moines ingénus d'Angelico.

Voici dix-huit mois, Don Perosi a entrepris un cycle de douze oratorios sur la vie du Christ. En ce court espace, il en a achevé quatre : *La Passion*, *La Transfiguration*, *La Résurrection de Lazare*, *La Résurrection du Christ*[4] ; et, ici même, il travaille à un cinquième oratorio : *La Nativité.*

Ces œuvres suffisent pour le mettre au premier rang de la musique contemporaine. Elles abondent en défauts[5] ; mais les qualités en sont si rares, et surtout l'âme s'y montre avec tant de transparence, une sincérité si touchante y respire, que le courage me manque pour insister sur les faiblesses. Je me contente de signaler en passant l'insuffisance et les gaucheries de l'orchestration, que le jeune maître devra travailler à rendre plus fine et plus riche, une facilité admirable, sans doute, mais souvent trop hâtive, à l'entraînement de laquelle il lui faudra résister, enfin quelques traces de mauvais goût, et des réminiscences classiques, qui sont péché de jeunesse, et que l'âge effacera de lui-même[6]. Chaque oratorio de Don Perosi est une masse en mouvement qui, du commencement à la fin, obéit à une même pensée directrice. Don Perosi me dit :

> Le tort des artistes d'aujourd'hui est de s'attacher trop aux détails, et de négliger l'ensemble. On sculpte de beaux ornements ; mais la première chose de toutes qu'on oublie, c'est l'unité de l'œuvre, le plan, la ligne générale. Il faut d'abord que la ligne soit belle.

Dans cette architecture musicale, on distingue des airs bien marqués, des récitatifs nombreux, des chœurs grégoriens ou palestriniens, des chorals développés et variés à la façon ancienne, et des intermèdes symphoniques assez importants[7].

L'œuvre est précédée d'un grand prélude, toujours très soigné, et auquel Don Perosi attache un prix tout particulier. Il veut, dit-il, que l'édifice ait une belle porte, précieusement travaillée, comme faisaient

4 [NdÉ] Ces cinq ouvrages ont effectivement vu le jour entre 1897 et 1899 : *La Passione di Cristo secondo San Marco* en 1897 ; *La Trasfigurazione di Cristo, La Risurrezione di Lazzaro* et *La Risurrezione di Cristo* en 1898 ; *Il Natale del Redentore* en 1899, comme il le précisera plus loin.

5 [NdÉ] « Elles ne sont pas sans défaut : il y en a, et d'assez grands » dans l'article de *La Revue de Paris* (mars 1899, p. 444).

6 [NdÉ] La phrase qui suit était détachée de ce paragraphe dans l'article (*ibid.*).

7 [NdÉ] « Très importants » dans l'article de 1899 (*ibid.*).

les artistes de la Renaissance et des temps gothiques. Aussi compose-t-il son prélude après l'oratorio, et dans le calme et le recueillement. Il veut y concentrer l'atmosphère morale, l'essence de l'âme et des passions de son Drame sacré. Et il me confie que de tout ce qu'il a composé, il n'est rien qu'il préfère aux deux introductions de *La Transfiguration* et de *La Résurrection du Christ.*

La tendance de ces oratorios au drame est très marquée, et c'est surtout par là qu'ils ont conquis l'Italie. Malgré un certain nombre de pages qui s'égarent un peu dans l'opéra, voire dans le mélodrame, le sentiment en est souvent poignant. Les figures de femmes surtout sont dessinées avec délicatesse. Ainsi, dans la seconde partie de *Lazare*, l'air de Marie : « Seigneur, si tu avais été ici, mon frère ne serait pas mort » – air où l'on entend un écho de l'*Orphée* de Gluck[8], d'une tristesse brisée. Ou, dans le même oratorio, quand Jésus donne l'ordre de lever la pierre du tombeau, la phrase de Marthe : « *Domine, jam fœtet*[9] », toute tremblante de douleur, d'effroi, de honte, de dégoût mortel. Je veux encore citer la page la plus humaine peut-être, la plus émue de toutes ; dans *La Résurrection du Christ*, Madeleine près du tombeau du Christ, son dialogue avec les anges, ses plaintes pénétrantes, le divin récit de l'Évangéliste : « Et, comme elle avait dit cela, elle se retourna, et elle vit Jésus debout, et elle ne savait pas que c'était Jésus ». Au travers de la mélodie toute chargée de tendresse, il semble qu'on voie briller les yeux du Christ posés sur Madeleine, qui ne les a pas encore reconnus.

Pourtant ce n'est point le génie dramatique qui me frappe le plus dans l'œuvre de Perosi ; c'est bien davantage je ne sais quel sentiment élégiaque qui lui est propre, un don de pure poésie, l'abondance de la sève mélodique. Si profond que soit le sentiment religieux, la musique est souvent la plus forte, et interrompt le drame pour rêver librement. Prenez le beau passage symphonique qui suit l'arrivée de Jésus et de ses amis auprès de Marthe et de Marie, après la mort de leur frère (p. 12 et suiv. du *Lazare*). Certainement l'orchestre y exprime les regrets, les soupirs, le bercement de la douleur, mêlés de paroles de consolation et de foi, une sorte de marche funèbre alanguie, féminine et chrétienne. Dans la pensée de l'auteur, c'est là un de ces tableaux où il se plaît à dessiner les figures du drame avant de les faire parler. Mais, malgré lui,

8 [NdÉ] « Mais plus déchirant encore » a été supprimé (*ibid.*).
9 [NdÉ] « Seigneur, il sent déjà ».

c'est bien plutôt encore un flot de pure musique, où son âme souriante et mélancolique s'abandonne à sa chanson intérieure. Parfois cette âme, d'une séduction naïve et subtile, rappelle celle de Mozart ; mais la fermeté religieuse de Bach vient toujours dominer, diriger l'harmonieuse rêverie. – Même les pages où le sentiment dramatique est le plus intense sont de petites[10] symphonies, comme le Miracle dans *La Transfiguration*, ou la Maladie de Lazare. Il y a dans ce dernier morceau une profondeur de souffrance émouvante. Certainement, la douleur ne va pas plus avant chez Bach ; et c'est la même sérénité dans le désespoir[11].

Et quelle joie à la fin de ces actes de foi, quand Jésus a guéri le possédé, ou que Lazare rouvre les yeux à la lumière ! Le cœur d'une foule déborde en actions de grâces enfantines. Cela semble d'abord d'expression un peu vulgaire ; mais n'est-ce pas ainsi qu'est la joie de Beethoven, la joie de Mozart, la joie de Bach, la joie de tous les grands artistes, qui, leurs soucis jetés, savent s'amuser comme le peuple ? Et la simple phrase du début prend bientôt plus d'ampleur, les harmonies s'enrichissent, une sève ardente bouillonne, et un choral se mêle aux danses, avec une triomphale majesté.

Toutes ces œuvres rayonnent d'une facilité bienheureuse[12]. *La Passion* a été terminée en septembre 1897, *La Transfiguration* en février 1898, *Lazare* en juin 1898, et *La Résurrection du Christ* en novembre 1898. Une telle abondance nous ramène aux musiciens du XVIIIe siècle.

Mais ce n'est pas le seul trait de ressemblance du jeune maître avec ses grands devanciers. Combien de leur âme est passée dans la sienne ! Ce style est fait de tous les styles, depuis le chant grégorien jusqu'aux modulations les plus modernes. Tous les matériaux sont employés à l'œuvre. Ceci est un trait italien. Gabriele d'Annunzio jette dans la fonte d'où sortent ses merveilleux poèmes l'antiquité, la Renaissance, les peintres italiens, la musique, les écrivains du nord, Tolstoï, Dostoïevsky, Maeterlinck, nos Français. Ainsi Don Perosi unit dans ses compositions le chant grégorien, les contrepointistes des XVe et XVIe siècles, Palestrina, Roland, Gabrieli, Carissimi, Schütz, Bach, Haendel, Gounod, Wagner, – je dirais César Franck, s'il ne m'avait avoué qu'il ne connaît presque pas ce maître, avec lequel son style a parfois des ressemblances.

10 [NdÉ] « De belles symphonies » dans l'article de *La Revue de Paris*.

11 [NdÉ] « Peu de pages aussi belles dans la musique entière. C'est l'âme qui parle à l'âme. » a été supprimé à la fin de ce paragraphe (*ibid.*, p. 446).

12 [NdÉ] « Et l'admiration augmente, quand on pense que » a disparu au début de cette phrase (*ibid.*, p. 447).

Le temps n'existe pas pour lui. Comme il veut courtoisement faire l'éloge de la musique française, le premier nom qu'il va choisir, comme d'un contemporain, est celui de Josquin, puis celui de Roland de Lassus, si grand, si profond, l'homme qu'il admire le plus. – Et c'est aussi un trait, non pas seulement italien, mais catholique, que cette universalité de style ; et Don Perosi s'explique nettement à ce sujet. Les grands artistes d'autrefois, dit-il, étaient plus éclectiques que nous, moins enfermés dans leur nation étroite. L'école de Josquin a peuplé toute l'Europe. Roland[13] a vécu en Flandre, en Italie et en Allemagne. Par eux, le même style répandait la même pensée partout. Il faut faire comme eux. Il faut tâcher de recréer un art universel, où toutes les ressources de tous les pays et de tous les temps soient fondues.

À la vérité, je crois que tout n'est pas juste dans cette comparaison ; et je doute un peu que Josquin et Roland aient été éclectiques ; ils ne fondaient pas les styles de tous les pays ; ils imposaient à tous les pays le style que venait de créer l'école franco-flamande, et qu'ils enrichissaient chaque jour. Mais, en soi, le dessein de Don Perosi est digne qu'on l'admire. Il faut louer ses efforts pour créer un style universel. Ce serait un bien pour la musique, où l'éclectisme, ainsi compris, pourrait ramener sans doute l'équilibre perdu depuis la mort de Wagner ; et un bien pour l'esprit humain, qui trouverait dans l'unité de l'art un puissant instrument d'unification morale. Nous devons tâcher que les différences de races s'effacent dans l'art, et qu'il devienne de plus en plus une langue commune à tous les peuples, où les pensées opposées se rapprochent. Nous devons travailler tous à bâtir la cathédrale de l'art européen. La place du directeur de la Sixtine était toute marquée parmi les premiers constructeurs.

*
* *

Don Perosi s'assied au piano, et joue le *Te Deum* de *La Nativité*, qu'il vient d'écrire la veille. Il joue d'un jeu très doux, d'une allégresse juvénile, qu'il accompagne en chantant à mi-voix les parties chorales. À tout instant, il se retourne vers moi, non pour chercher une approbation, mais pour voir si nous pensons ensemble. Il regarde alors bien

13 [NdÉ] Roland de Lassus (1532-1594), compositeur de l'école franco-flamande.

en face, avec ses yeux tranquilles, puis revient à sa partition, puis me regarde encore. Et je sens un calme bienfaisant qui rayonne de lui[14], de sa musique, de l'heureuse harmonie d'une vie sereine, abondante et bien rythmée. Combien cela repose des tempêtes et des convulsions de l'art de ces derniers temps ! Allons-nous donc enfin sortir des angoisses romantiques, inaugurées en musique par Beethoven ? Après un siècle de batailles, de révolutions, de déchirements politiques et sociaux, dont le trouble s'est reflété dans l'art, allons-nous commencer à construire la cité d'art nouvelle, où les hommes se grouperont fraternellement dans l'amour d'un même idéal ? Si utopique que soit encore cette espérance, regardons ceci comme un symptôme des nouvelles directions de la pensée, et souhaitons à Don Perosi d'être un de ceux qui ramèneront dans la musique la paix divine, cette paix réclamée avec désespoir par Beethoven à la fin de sa *Missa solemnis*, et cette joie qu'il a chantée sans l'avoir connue.

14 [NdÉ] « de sa personne », supprimé (voir article de *La Revue de Paris*, p. 448).

MUSIQUE FRANÇAISE ET MUSIQUE ALLEMANDE[1]

En mai 1905, eut lieu à Strasbourg le premier *Musikfest* d'Alsace-Lorraine. C'était là un grand fait artistique. Il s'agissait de mettre en présence l'une de l'autre, dans des « fêtes musicales », les deux civilisations qui, depuis des siècles, se heurtent sur le sol de l'Alsace, plutôt avec la pensée de se combattre que de se comprendre.

Le programme officiel des fêtes soulignait cette intention des organisateurs :

> La musique accomplit la plus haute des missions : elle veut être un lien entre des nations, des races, des États, étrangers en tant de choses les uns aux autres ; elle veut unir ce qui est séparé, pacifier ce qui est ennemi… Nul pays ne convient mieux à cette tâche que l'Alsace-Lorraine, cette vieille rue des peuples où, de temps immémorial, s'échangent les biens matériels et moraux du Nord et du Sud, et surtout que Strasbourg, la ville bâtie par les Romains, restée jusqu'à nos jours un foyer de vie spirituelle… Tous les grands courants intellectuels ont laissé leurs traces dans le peuple d'Alsace-Lorraine. Ainsi il a été prédestiné au rôle d'intermédiaire entre les temps et entre les peuples… L'Orient et l'Occident, le passé et le présent se rejoignent ici et se donnent la main. Il ne s'agit pas, dans de pareilles fêtes, de poursuivre la victoire de telle ou telle tendance esthétique. Il s'agit de rassembler tout ce qu'il y a de grand, d'auguste et d'éternel dans l'art des différentes époques et des différentes nations[2].

C'était une noble ambition pour l'Alsace, champ de bataille éternel, de vouloir inaugurer ces jeux olympiques de l'Europe. En fait, ce concours institué entre les nations se réduisait à la lutte, sur le terrain musical, de deux civilisations, de deux arts : l'art français et l'art allemand. Aussi bien, ces deux arts représentent-ils en ce moment tout ce qu'il y a de vraiment vivant dans la musique européenne.

---

1 [NdÉ] Le texte paraît d'abord sous le titre « Une fête musicale en Alsace-Lorraine » dans *La Revue de Paris*, le 15 août 1905, p. 763-790.

2 *Programmbuch* rédigé par le docteur Max Bendiner, de Strasbourg.

De telles joutes sont passionnantes. Elles pourraient être aussi utiles à l'un qu'à l'autre des deux rivaux. Malheureusement, la France n'y prend pas garde. Ce serait le devoir de nos musiciens et de nos critiques, de suivre attentivement ces rencontres internationales, de veiller à ce que les conditions du combat y soient loyales, – je veux dire : à ce que notre art soit représenté comme il doit l'être, – et de tirer du résultat des enseignements pour nous. Mais ils n'en font rien ; ils restent enfermés dans leurs concerts parisiens, où tous se connaissent trop pour pouvoir, pour oser se juger librement : ainsi, notre art s'étiole dans une atmosphère de cénacles, au lieu de chercher le grand air et les luttes fécondes avec l'art étranger, que la plupart de nos critiques musicaux aiment mieux nier que connaître. Jamais je n'ai tant regretté cette indifférence que dans les fêtes de Strasbourg, où, malgré les conditions défavorables où se présentait l'art français par le fait de notre incurie, j'ai senti quelle serait sa force, s'il voulait ne pas se désintéresser du combat.

*

* *

Un parfait éclectisme avait présidé au choix du programme. On y trouvait mêlés les noms de Mozart et de Beethoven, de Wagner et de Brahms, de César Franck et de Gustave Charpentier, de Richard Strauss et de Mahler[3]. Des chanteurs français, – Cazeneuve et Daraux[4], – des virtuoses français ou italiens, – Henri Marteau et Ferruccio Busoni[5], –

---

3 Voici quel était exactement le programme des trois journées. 1° Samedi 20 mai – Weber : Ouverture d'*Oberon* (dirigée par Richard Strauss) ; – César Franck : *Les Béatitudes* (dirigées par Camille Chevillard) ; – Gustave Charpentier : *Impressions d'Italie* (dirigées par Chevillard) ; – Trois mélodies et ballades de Jean Sibelius, Hugo Wolf et Armas Järnefelt (chantées par Mme Järnefelt) ; – Richard Wagner : Scène finale des *Meistersinger* (dirigée par Richard Strauss). 2° Dimanche 21 mai – Gustav Mahler : *Cinquième Symphonie* (dirigée par Gustav Mahler) ; – Johannes Brahms : *Rhapsodie*, pour contralto, chœur et orchestre (dirigée par Ernst Münch) ; – Mozart : *Concerto strasbourgeois*, pour violon, en *sol* majeur (exécuté par Henri Marteau, sous la direction de Richard Strauss) ; – Richard Strauss : *Sinfonia domestica* (sous la direction de Richard Strauss). 3° Lundi 22 mai – Concert Beethoven (sous la direction de Gustav Mahler) : Ouverture de *Coriolan ; – Concerto* pour piano, en *sol* majeur (exécuté par Ferruccio Busoni) ; – *Lieder : À la Bien-aimée absente* (chanté par Ludwig Hess) ; – *Symphonie avec chœurs*.

4 [NdÉ] Dans un court passage coupé de l'article, Romain Rolland précise que ces deux chanteurs ont été les remarquables interprètes des *Béatitudes* de César Franck.

5 [NdÉ] De mère allemande, le violoniste Henri Marteau (né en 1874 à Reims, mort à Lichtenberg en 1934) exerça d'abord en France, puis en Allemagne. Ferruccio Busoni

prenaient part aux concerts, à côté d'artistes allemands, autrichiens et scandinaves. L'orchestre (*Strassbürger Städtische Orchester*) et les chœurs, formés de la réunion de divers *Chorvereine* strasbourgeois[6], étaient dirigés par Richard Strauss, Gustav Mahler et Camille Chevillard. Mais les noms de ces illustres *Kapellmeister* ne doivent pas faire oublier celui de l'homme qui fut vraiment l'âme de ces concerts : le professeur Ernst Münch, de Strasbourg, un Alsacien, qui dirigea toutes les répétitions, qui eut toute la peine, et qui, au dernier moment, s'effaça devant les chefs d'orchestre étrangers, leur laissant tout l'honneur. Le professeur Münch, organiste à Saint-Guillaume, est un des hommes qui ont fait le plus pour la musique à Strasbourg, où il a formé des chœurs excellents (les « Chœurs de Saint-Guillaume »), et où il organise de grandes auditions de Bach, avec l'aide d'un autre Alsacien dont le nom est bien connu des historiens de la musique : Albert Schweitzer, directeur du séminaire Saint-Thomas (*Thomasstift*), pasteur, organiste, professeur à l'Université de Strasbourg, auteur d'intéressants ouvrages de philosophie et de théologie, et d'un livre maintenant fameux, sur *Jean-Sébastien Bach*, qui est doublement remarquable pour nous : d'abord, parce que cet ouvrage, publié à Leipzig, par un professeur à l'Université de Strasbourg, est écrit en français ; et ensuite, parce qu'il est le produit d'un mélange harmonieux de l'esprit français et de l'esprit allemand, qui renouvelle l'étude de Bach et de l'ancien art classique. Ce n'a pas été pour moi le moindre intérêt des fêtes musicales de Strasbourg que d'apprendre à connaître de telles personnalités, nées du sol d'Alsace, et qui représentent de la façon la plus noble la haute culture alsacienne, bénéficiant à la fois de tout ce qu'il y a de meilleur dans les deux civilisations[7].

(1866-1924), de père italien et de mère allemande, commence une carrière précoce de pianiste virtuose avant de se consacrer à son œuvre de compositeur, à partir de 1909.

6 [NdÉ] Orchestre de la ville de Strasbourg et Sociétés de chant choral strasbourgeoises.

7 [NdÉ] Ernst Münch (1859-1928), né dans une famille de musiciens et père du chef d'orchestre Charles Münch (1891-1968), collabore avec Albert Schweitzer (1875-1965) qu'il encourage dans la rédaction de *Jean-Sébastien Bach, le musicien-poète*, paru en français à Leipzig, chez Breitkopf et Härtel en 1905, avec une préface de Charles-Marie Widor. Trois ans plus tard, chez le même éditeur, Schweitzer réécrira l'ouvrage pour un public germanophone. En 1913, il s'établit en Afrique où il développera une action humanitaire. Sans être intimes, Romain Rolland et Albert Schweitzer ont entretenu des relations de sympathie. À l'occasion de ces fêtes de la musique (voir Bernard Duchatelet, *Romain Rolland tel qu'en lui-même*, Albin Michel, 2002, p. 127), Rolland loge chez Schweitzer, qui se rapprochera de lui pendant la guerre et le soutiendra face à ses détracteurs.

*

* *

M. Chevillard, seul, représentait les musiciens français. Et, certes, on ne pouvait mieux choisir, comme directeur d'orchestre ; mais l'Allemagne avait délégué ses deux plus grands compositeurs, Strauss et Mahler, qui venaient diriger eux-mêmes leurs dernières œuvres : il n'eût pas été de trop d'opposer à la gloire dont ils jouissent chez eux celle d'un de nos principaux compositeurs.

De plus, on avait chargé M. Chevillard de diriger, non pas une œuvre d'un de nos maîtres récents, comme Debussy ou Dukas, dont il excelle à rendre le style, mais *Les Béatitudes* de Franck, dont il est loin, à mon sens, de comprendre l'esprit. La tendresse mystique de Franck lui échappe ; il met surtout en lumière ce que l'œuvre a de dramatique. Aussi cette exécution des *Béatitudes*, d'ailleurs fort belle, a laissé une idée inexacte du génie de Franck.

Mais ce qui était inconcevable, et ce qui indigna justement M. Chevillard, c'était qu'on lui donnât à diriger, non pas *Les Béatitudes*, mais une sélection des *Béatitudes*. Et, à ce propos, je me permettrai de recommander, pour l'avenir, aux artistes français qui seront conviés à de semblables fêtes, de ne jamais accepter un programme, les yeux fermés, mais de l'imposer eux-mêmes, ou de refuser leur concours. Si l'on veut faire une place aux musiciens français dans les *Musikfeste* allemands, il faut que ce soient les Français qui choisissent les œuvres qui doivent les représenter. Il faut surtout qu'un chef d'orchestre français, que l'on fait venir de Paris pour diriger une œuvre, ne se trouve pas, à son arrivée, en présence d'une partition tronquée, où l'on a fait un choix arbitraire de quelques fragments, dont on n'a même pas respecté l'intégrité[8]. Cela est un manque de respect pour l'art : il faut donner les œuvres comme elles sont, ou point du tout.

Enfin, il eût été convenable que, dans ce festival de trois jours, où l'on avait eu la galanterie de consacrer le premier jour à la musique française, cet unique concert lui fût entièrement réservé. Mais, pour pallier sans doute l'effet produit par l'accueil enthousiaste qui devait être fait – et qui fut fait – à cette musique française par une partie du

8 On jouait cinq *Béatitudes* sur huit ; et l'on avait fait des coupures dans la troisième et la huitième.

public alsacien, en présence du Statthalter[9] d'Alsace-Lorraine, on avait eu soin d'encadrer les œuvres françaises entre deux œuvres allemandes ; et, en vertu d'un choix que je ne croirai jamais – que personne n'a cru, à Strasbourg, – dicté par des raisons musicales, celle de ces œuvres allemandes qui terminait la soirée était la scène finale des *Meistersinger*, avec son retentissant couplet de Hans Sachs contre « le mensonge welche et la frivolité welche » (*Wälschen Dunst mit wälschen Tand*[10]). Cette faute de courtoisie – qui est d'ailleurs un non-sens, lorsqu'on vient de démontrer par ce concert même qu'on ne peut se passer de l'art « welche » – ne mériterait pas d'être relevée, si elle ne me servait encore à prouver aux artistes français qui prennent part à ces fêtes combien regrettable est leur indifférence : jamais cette faute n'eût été commise, s'ils avaient pris soin à l'avance de se faire communiquer le programme, et s'ils y avaient mis leur veto.

Même en laissant de côté ce petit incident, – que je signale pour me faire l'interprète des auditeurs alsaciens qui m'en ont exprimé leur peine, – nos artistes français n'auraient pas dû consentir à laisser représenter uniquement notre musique par une partition mutilée des *Béatitudes* et par les *Impressions d'Italie*, de Charpentier[11], œuvre habile et brillante, mais de second ordre, trop aisément écrasée par le voisinage immédiat d'une des scènes les plus monumentales de Wagner. Si l'on veut instituer une joute entre les deux arts allemand et français, qu'elle soit équitable, je le répète, et qu'on oppose Berlioz à Wagner, ou Debussy à Strauss, et Dukas ou Magnard à Mahler.

---

9 [NdÉ] Gouverneur de l'Alsace-Lorraine pendant l'annexion allemande (1870-1918).

10 [NdÉ] « La mollesse latine avec la futilité latine », *Die Meistersinger von Nürnberg*, *Les Maîtres-chanteurs de Nuremberg* de Richard Wagner (1868), final du IIIe acte où Hans Sachs, le savetier-maître-chanteur, affirme la supériorité de l'art allemand sur l'art latin. Le mot « welsch » désigne les peuples non germanophones.

11 [NdÉ] D'abord données dans une version réduite en 1879, *Les Béatitudes* de César Franck (1822-1890) sont créées dans leur intégralité en 1893, après la mort du compositeur. C'est lors de son séjour à la Villa Médicis que Gustave Charpentier (1860-1956) compose *Impressions d'Italie* (1889-1890) et les premières esquisses de *Louise*. *Impressions d'Italie* remporte un vif succès lors de sa création aux concerts du Châtelet, le 13 mars 1892, sous la direction d'Édouard Colonne. Opéra populiste, sur un livret attribué au poète Saint-Pol-Roux (l'intrigue se passe à Montmartre), *Louise* suscite l'enthousiasme du public français et international dès sa création à l'Opéra-Comique, à Paris, le 2 février 1900, sous la direction d'André Messager. Romain Rolland consacre un article à l'opéra de Charpentier : « *Louise* de Gustave Charpentier », *Rivista musicale italiana*, VII, 1900, « Arte contemporanea », p. 361-366 (en français).

*
* *

Telles étaient donc les conditions du combat : elles étaient, qu'on l'eût voulu ou non, défavorables à la France. Et pourtant, le résultat, aux yeux d'un observateur impartial, était plein d'encouragements et d'espérances pour nous.

Je n'ai jamais été préoccupé, en art, des questions de nationalité. Je n'ai même jamais caché mes préférences pour la musique allemande ; et je considère, encore aujourd'hui, Richard Strauss comme la première personnalité musicale de l'Europe. J'en suis plus libre pour dire l'impression singulière que j'ai eue, au *Musikfest* de Strasbourg, du revirement qui s'opère dans la musique : l'art français, silencieusement, est en train de prendre la place de l'art allemand.

« ...*Wälschen Dunst und wälschen Tand*... ». Combien cette parole injurieuse semblait déplacée, tandis qu'on écoutait la loyale pensée de César Franck ! Il n'y a dans *Les Béatitudes* rien, ou presque rien pour l'art. C'est l'âme qui parle à l'âme. Comme Beethoven l'écrivait à la fin de sa *Messe en ré* : « *Vom Herzen... zu Herzen*[12] *!* » (« Venue du cœur, qu'elle aille au cœur ! »). Et, en vérité, je ne connais que Beethoven qui ait eu, depuis un siècle, à un tel degré, cette vertu d'être vrai, de ne dire rien que de vrai, de ne parler que pour soi, sans penser au public. Jamais la foi ne s'est exprimée avec cette sincérité. Franck est le seul musicien, avec Bach, qui ait réellement *vu* le Christ, et qui le fasse voir. J'oserai même dire que son Christ est plus simple que celui de Bach, où la grandeur de la pensée est parfois entraînée, par la richesse de la forme et par une sorte d'habitude d'écriture, à des répétitions et à des artifices de virtuosité qui l'affaiblissent. Chez Franck, c'est la parole toute pure du Christ, sans ornement extérieur, dans sa force vivante, et l'accord est merveilleux de la musique et de cette auguste parole, où résonne la conscience du monde. J'entendais dire une fois à Mme Cosima Wagner[13] qu'il y avait dans certaines phrases de *Parsifal*, en particulier dans le chœur : *Durch Mitleid wissend*, une vertu proprement religieuse, la force

12 [NdÉ] En marge du *Kyrie* de sa *Missa solemnis* en *ré* majeur, *op.* 123 (publication posthume en 1827), Beethoven note : « Vom Herzen ! Möge es wieder zu Herzen gehen » (« Venu du cœur ! Puisse-t-il retourner au cœur ! »).

13 [NdÉ] Article : « Madame Wagner disait ».

d'une révélation[14]. Je trouve cette force plus efficace, et cette vertu plus évangélique, dans *Les Béatitudes.*

Contraste surprenant ! À ces fêtes musicales d'Allemagne, c'était un Français qui représentait, non seulement la musique sévère, nourrie de la moelle des classiques, mais l'esprit religieux, l'esprit évangélique ! Les rôles sont renversés. Les Allemands ont tant changé qu'ils ont peine à goûter aujourd'hui ce sérieux et cette foi. J'observais les auditeurs : ils écoutaient poliment, étonnés, ennuyés : qu'était-ce que ce Français, qui se mêlait d'avoir une âme profonde et pieuse ?

– Il n'y a point de doute, – disait Henri Lichtenberger[15], mon voisin de concert ; – nous commençons à représenter en Allemagne la musique ennuyeuse…

C'était jadis la musique allemande, qui avait ce privilège en France.

Aussi, pour faire passer l'austère grandeur des *Béatitudes*, les avait-on fait suivre immédiatement des *Impressions d'Italie*, de Gustave Charpentier. Il fallait voir la détente du public, dès le premier morceau. Enfin, c'était là de la musique française, comme l'entendent les Allemands ! Charpentier est, de tous nos musiciens vivants, le plus aimé, le seul vraiment aimé en Allemagne. Il a pour lui le grand public et les artistes. Dirai-je que le plaisir sincère que leur causent l'orchestration et la vie amusante de ses œuvres ne va pas sans un peu de dédain pour la frivolité française, – *wälschen Tand* ?

– Écoutez cela, – me disait Richard Strauss, au troisième morceau des *Impressions d'Italie* : – c'est de la musique de Montmartre, de grandes phrases : « Liberté !… Amour !… » qu'on crie sans y croire…

Il trouvait cela charmant, d'ailleurs ; et sans doute, au fond de lui-même, approuvait-il ce Français, selon la formule qui a seule cours en Allemagne. Strauss aime beaucoup Charpentier, il s'est constitué son patron à Berlin. J'ai le souvenir d'une des premières représentations de *Louise*, à Paris, où il manifestait un plaisir enfantin.

Mais Strauss, et la plupart des Allemands, se donnent en vain le change, quand ils tâchent de se persuader que cette frivolité française, qui les amuse, continue, comme autrefois, d'être la propriété exclusive

---

14 [NdÉ] « Durch Mitleid wissend, / der reine Tor ; / harre sein, / den ich erkor. » : « Pitié rend sage / le chaste fol, / sache attendre / qui j'ai choisi. » (traduction d'Alfred Ernst) Il s'agit de la prophétie chantée par le chevalier du Graal Gournemanz, puis par le chœur des pages, au premier acte du *Parsifal* de Richard Wagner.

15 [NdÉ] Sur Henri Lichtenberger, voir le chapitre consacré à Wagner.

de la France. Ils ne l'aiment tant que parce qu'elle est devenue allemande, – et ils ne s'en doutent pas. – Les artistes allemands d'autrefois n'y trouvaient pas plaisir. Qu'il m'eût été facile de la montrer à Strauss dans ses propres ouvrages ! Les Allemands d'aujourd'hui n'ont presque plus rien de commun avec ceux de jadis.

Je ne parle pas seulement du gros public. Le public d'aujourd'hui est « brahmiste » et wagnérien tout ensemble : il n'a pas d'opinion, et tout lui est bon ; il acclame Wagner, et il bisse Brahms ; il est frivole, au fond, à la fois sentimental et brutal[16]. Le trait le plus frappant chez lui, depuis Wagner, c'est le culte de la force. En écoutant la fin des *Meistersinger*, je sentais combien cette musique orgueilleuse, cette marche impériale, reflétait ce peuple militaire et bourgeois, lourd de santé et de gloire.

Mais ce qui est plus remarquable, c'est combien les artistes allemands perdent, de jour en jour, l'intelligence de leurs grands classiques, en particulier de Beethoven. Strauss, très fin, et qui sait exactement ses limites, ne se risque pas volontiers sur ce domaine, quoiqu'il sente Beethoven d'une façon bien plus vivante que tous les autres *Kapellmeister* allemands ; il s'est contenté, au festival de Strasbourg, de diriger, avec sa propre symphonie, l'ouverture d'*Oberon*[17], et un concerto de Mozart. Ces exécutions furent d'ailleurs intéressantes : une personnalité comme la sienne est trop curieuse pour qu'il ne soit pas amusant de la retrouver dans les œuvres qu'il dirige. Mais comme le charmant Mozart avait pris une physionomie brusque et trépidante ! Quelle accentuation des rythmes, aux dépens de la grâce mélodique ! – Du moins, il s'agissait là d'un concerto, où une certaine liberté d'interprétation est permise au virtuose de l'orchestre. Mais Mahler, moins prudent, s'aventura à diriger tout le « concert Beethoven ». Et que dire de cette soirée ? Je ne parlerai pas du *Concerto pour piano, en sol majeur*, joué par Busoni[18], avec sa virtuosité brillante et superficielle, qui ne laissa rien subsister de la grandeur de l'œuvre : il me suffit de noter que cette interprétation enthousiasma le public. Mais les artistes allemands n'en sont pas responsables. Il en est autrement

16 [NdÉ] Les modernes opposaient le génie de Wagner à l'académisme de Brahms.

17 [NdÉ] L'ouverture d'*Obéron*, (1826), opéra de Carl Maria von Weber, est souvent donnée comme un brillant morceau de concert.

18 [NdÉ] Il s'agit du 4e concerto pour piano, op. 58 (création publique en 1808).

de l'admirable cycle de *Lieder : À la bien-aimée absente*, hurlé à pleine gorge par un ténor de Berlin, et de la *Symphonie avec chœurs*[19], qui a été pour moi un spectacle inouï. Jamais je n'eusse imaginé qu'un orchestre allemand, dirigé par le premier *Kapellmeister* d'Autriche, eût été capable d'un tel méfait. Des mouvements incroyables. Un *scherzo* sans élan. Un *adagio* courant la poste, sans s'attarder à un moment de rêve. Des pauses dans le *finale*, coupant tout le développement : des arrêts de la pensée. Les diverses parties d'orchestre tombant les unes sur les autres. Une incertitude et un déséquilibre perpétuels. J'ai autrefois critiqué la raideur néo-classique de Weingartner[20]. Combien j'ai apprécié son robuste équilibre et son effort d'exactitude, en entendant ce Beethoven neurasthénique ! – Non, ce n'est plus Beethoven, ou Mozart, que nous pouvons entendre en Allemagne, aujourd'hui : c'est Mahler ou Strauss.

Soit ! Prenons-en notre parti. Le passé est passé. Laissons Beethoven et Mozart, et parlons de Mahler et de Strauss.

*

* *

Gustav Mahler a quarante-six ans[21]. Il a le type légendaire d'un de ces musiciens allemands, à la Schubert, qui tiennent du maître

19 [NdÉ] Il s'agit d'*An die ferne Geliebte*, op. 98, cycle de six lieder pour voix de baryton et piano écrit par Ludwig van Beethoven sur des poèmes d'Alois Jeitteles et publié en décembre 1816. La traduction française la plus courante est : *À la Bien-aimée lointaine*.

20 [NdÉ] Romain Rolland se rend à Mayence pour faire le compte rendu du Festival Beethoven, en avril 1901, où sont jouées les neuf symphonies sous la direction de Felix Weingartner. Malgré son admiration pour le chef d'orchestre, il émet des réserves sur la « simplicité froide ou pompeuse » de la direction (« Les fêtes de Beethoven à Mayence », *La Revue de Paris*, mai 1901, p. 434). Avec le temps, Romain Rolland reconnaît volontiers le rôle fondamental qu'a joué pour lui l'exécution des symphonies de Beethoven par Weingartner. Max Reinhardt a édité des extraits de la correspondance entre Romain Rolland et Félix Weingartner dans la *Revue musicale de Suisse romande*, 1988/4, p. 196-214. Voici ce que Romain Rolland écrit au chef d'orchestre le 6 février 1927 : « Mon cher maître / Je dois venir à Vienne, pour les fêtes du Centenaire de Beethoven, où l'on m'a demandé de prononcer un discours. J'ai appris que vous devez en diriger les grandes auditions musicales. J'en suis d'autant plus heureux qu'il y a 25 ans (en 1902 ou 1903), c'est à la suite d'un Beethoven Musikfest, dirigé par vous à Mainz, que j'ai écrit une petite *Vie de Beethoven,* qui fut, en quelque sorte, le prélude à mon *Jean-Christophe*. Ce me sera une joie de renouveler, avec vous, mes impressions Beethoveniennes d'antan. »

21 Écrit en 1905.

d'école et du pasteur : une longue figure rasée, des cheveux ébouriffés sur un crâne pointu, le front dégarni, les yeux clignotant derrière des lunettes, le nez fort, la bouche grande aux lèvres minces, les joues creusées, l'air ascétique, ironique et ravagé[22]. Il est d'une nervosité excessive, et des caricatures, en ombres chinoises, ont popularisé en Allemagne sa mimique de chat convulsé, au pupitre de chef d'orchestre[23].

Né à Kalischt, en Bohême, élève d'Anton Bruckner, à Vienne, il est *Hofoperndirektor* (directeur de l'Opéra) de Vienne. Je compte, quelque jour, étudier plus en détail l'œuvre de cet artiste, le premier compositeur d'Allemagne après Strauss, et le principal représentant de la musique de l'Allemagne du Sud.

La partie la plus importante de cet œuvre est la suite de ses *Symphonies*, dont il dirigeait la cinquième au festival de Strasbourg. La première, intitulée *Titan*, date de 1894. Ce sont des constructions énormes, massives, cyclopéennes ; les mélodies sur lesquelles ces œuvres sont bâties sont des blocs mal dégrossis, de qualité médiocre, banale, imposants seulement par l'épaisseur de leurs assises, et par la répétition obstinée des dessins rythmiques, maintenus avec la ténacité d'idées fixes. Ces amoncellements de musiques, savants et barbares, avec des harmonies à la fois grossières et raffinées, valent surtout par la masse. L'orchestration est lourde et forte : les cuivres y dominent, ajoutant leurs dorures crues aux couleurs opaques de l'édifice sonore. La pensée, au fond, est néo-classique, un peu molle et diffuse. La structure harmonique est composite ; le style de Bach, de Schubert, de Mendelssohn, s'y rencontre avec celui de Wagner et de Bruckner ; par un goût marqué pour la forme du canon, elle rappelle même l'écriture de Franck : c'est un bric-à-brac opulent et criard[24]. Le trait

---

22 [NdÉ] Article : « l'air ascétique et ravagé. »

23 [NdÉ] Passage de l'article coupé par Romain Rolland : « Aux concerts de Strasbourg, il fait effort pour rester impassible. Sa figure se contracte ; il garde sa bouche fermée, au pli amer et déçu, et une expression de souffrance silencieuse, que tempère un faible sourire des yeux graves. Il est très aimé des musiciens de l'orchestre, dont il se fait des amis. Il est sympathique à tous ; et ce que j'ai entendu raconter de la dignité de sa vie, de son indépendance, de son indifférence au succès, de sa répulsion pour toute réclame, m'a inspiré pour lui de l'estime et du respect. »

24 [NdÉ] Article : « par un goût marqué pour la forme du canon, elle rappelle souvent l'écriture de Franck, que je serais bien surpris que Mahler ne connût point. Le trait le plus caractéristique de ces symphonies est, en général, l'emploi des chœurs avec orchestre. »

le plus caractéristique de ces symphonies est, en général, l'emploi des chœurs avec l'orchestre.

« Quand je conçois une grande peinture musicale (*ein grosses musikalisches Gemälde*), – dit Mahler, – il vient toujours un moment où le mot (*das Wort*) s'impose nécessairement à moi, comme support de mon idée musicale[25]. »

De ce procédé, que Mahler a été bien inspiré d'emprunter à Beethoven et à Liszt, et dont il est incroyable que la musique du XIXe siècle ait si peu fait usage, il a tiré des effets saisissants, qui sont peut-être autant poétiques que musicaux.

Dans sa *Seconde Symphonie, en ut mineur*, après les trois premières parties, purement instrumentales, s'élève une voix de contralto, qui chante des paroles d'un sentiment triste et naïf :

Der Mensch liegt in grösster Noth !
Der Mensch liegt in grösster Pein !
Je lieber möcht' ich im Himmel sein[26] *!*

L'âme s'élance vers Dieu, avec un cri passionné :

Ich bin von Gott und will wieder zu Gott[27] *!*

Et c'est ensuite un finale apocalyptique, qui – après un épisode symphonique : *Der Rufer in der Wüste* (*Celui qui crie dans le désert*), aux accents rudes et angoissés, – chante par les voix du chœur la belle ode de Klopstock, la promesse de la Résurrection :

Aufersteh'n, ja, aufersteh'n wirst du, mein Staub, nach kurzer Ruh[28] *!*

La loi est proclamée :

Was entstanden ist, das muss vergehen,
Was vergangen, auferstehen[29] *!*

---

25 [NdÉ] Lettre du 25 juillet 1894 à Arnold Berliner. Il n'a pas été possible de déterminer la source de Romain Rolland. La *IIe Symphonie* de Gustav Mahler, dite « Résurrection », est créée le 13 décembre 1895, à Berlin, sous la direction du compositeur.

26 L'homme gît dans la plus grande détresse ! / L'homme gît dans la plus grande peine ! / Combien je voudrais être au ciel !

27 Je viens de Dieu, et je veux retourner à Dieu !

28 Tu ressusciteras, oui, tu ressusciteras, ma poussière, après un court repos !

29 Ce qui est né, doit disparaître. / Ce qui est passé, doit renaître !

Et tout l'orchestre, les chœurs et l'orgue chantent l'hymne de la Vie Éternelle.

Dans la *Troisième Symphonie*[30], connue sous le nom de : *Un Songe d'une matinée d'été* (*Ein Sommermorgentraum*), les premières et la dernière partie sont pour l'orchestre seul ; la quatrième partie est un admirable chant (une des plus belles pages de Mahler[31]), sur des paroles de Nietzsche :

O Mensch ! o Mensch ! Gib Acht ! gib Acht !
Was spricht die tiefe Mitternacht[32] *?*

La cinquième partie est un chœur souriant et ému sur une légende populaire.

Enfin, dans la *Quatrième Symphonie, en sol majeur*, la dernière partie seule est chantée, et a un caractère humoristique : c'est une sorte de description enfantine des joies du Paradis[33].

En dépit de l'apparence, Mahler se refuse à rattacher ces symphonies avec chœurs à la musique à programme. Et, sans doute, il a raison, s'il veut dire par là que sa musique a une valeur propre, en dehors de tout programme ; mais il n'est pas douteux qu'elle ne soit toujours l'expression d'une *Stimmung* précise, d'un état d'âme conscient ; et c'est, qu'il le veuille ou non, cette *Stimmung* qui fait l'intérêt de sa musique, beaucoup plus que sa musique même. Sa personnalité me semble plus intéressante que son art.

C'est souvent le cas en Allemagne : Hugo Wolf en était un exemple. Le cas de Mahler est vraiment curieux. En étudiant ses œuvres, on se convainc qu'il est dans l'Allemagne d'aujourd'hui un des types les plus rares d'une âme concentrée en elle-même, qui sent avec sincérité ; cependant, cette émotion et cette pensée ne parviennent pas à s'exprimer d'une façon vraiment sincère et personnelle ; elles nous arrivent au travers d'un voile de réminiscences, d'une atmosphère classique. La cause en est, je crois, dans le métier que fait Mahler, directeur d'Opéra, et dans la saturation de musique à laquelle il est condamné par ce métier. Rien de mortel pour l'esprit créateur comme le trop de lectures, surtout quand il

30 [NdÉ] La *IIIe symphonie* de Gustav Mahler est créée le 9 juin 1902 à Krefeld, par l'orchestre du Gürzenich de Cologne, sous la direction du compositeur.

31 [NdÉ] Article : « la plus belle page de Mahler, à mon avis ».

32 Ô homme ! ô homme ! Prends garde ! prends garde ! / Que dit le profond minuit ?

33 [NdÉ] La *IVe symphonie* de Gustav Mahler est créée à Munich le 25 novembre 1901, sous la direction du compositeur.

ne les choisit pas, et qu'il est forcé d'absorber une nourriture excessive, dont la plus grande partie est inassimilable pour lui. En vain Mahler défend sa solitude intérieure : elle est violée par ses pensées étrangères, qui l'assiègent de toutes parts, et qu'au lieu d'écarter, sa conscience de directeur d'orchestre l'oblige à accueillir et même à épouser. D'une activité fébrile, et chargé de lourdes tâches, il travaille sans relâche, et n'a pas le temps de rêver. Mahler ne sera Mahler tout à fait que du jour où il lui sera possible de laisser toutes ses charges administratives, de fermer ses partitions, de se renfermer en soi et d'attendre sans hâte qu'il soit redevenu seul avec lui-même. – À moins qu'il ne soit trop tard[34].

Sa *Cinquième Symphonie*, qu'il dirigeait à Strasbourg, m'a, plus que toute autre de ses œuvres, persuadé qu'il y aurait urgence pour lui à recourir à ce parti[35]. Mahler s'est privé, dans cette composition, de l'emploi des chœurs, qui étaient un des principaux attraits de ses précédentes symphonies. Il a voulu prouver qu'il était capable d'écrire de la musique pure ; et, pour mieux l'affirmer, il s'est refusé, comme les autres compositeurs qui prenaient part aux fêtes, à laisser publier dans le programme du concert une explication de son œuvre : il a donc voulu qu'on la jugeât d'un point de vue strictement musical. L'épreuve était dangereuse pour lui.

Malgré tout le désir d'admirer que j'apporte à l'audition d'une œuvre nouvelle, dont j'estime l'auteur, il m'est impossible de trouver que cette épreuve lui ait été favorable. La *Cinquième Symphonie* est d'une longueur excessive, – elle dure une heure et un quart – sans qu'aucune nécessité intérieure justifie ces dimensions : elle vise au colossal et, le plus souvent, elle est vide. Les motifs sont archiconnus. Après une marche funèbre, d'un caractère poncif et d'un mouvement tempétueux, où Beethoven semble assagi par Mendelssohn, vient un *scherzo*, ou plutôt une valse viennoise, où Chabrier donne la main au vieux Bach. L'*adagietto* a une sentimentalité douceâtre. Le *rondo* de la fin s'annonce comme une idée de Franck : c'est le meilleur morceau ; il est emporté dans une ivresse tourbillonnante, où un choral s'élève au milieu d'éclats de joie ; mais il se perd dans des répétitions qui l'alourdissent et qui l'étouffent. Il y a dans toute l'œuvre un mélange de rigueur pédante et d'incohérence : du

34 [NdÉ] Article : « redevenu seul avec lui-même. Alors il pourra être vraiment le grand artiste qu'il est au fond, mais que nous ne pouvons jusqu'ici entrevoir. »

35 [NdÉ] La *V*[e] *symphonie* de Gustave Mahler est créée le 18 octobre 1904 à Cologne, par l'orchestre du Gürzenich, sous la direction du compositeur.

décousu, des arrêts brusques qui coupent le développement, des idées parasites qui l'interrompent sans raison musicale, des interruptions de vie.

Surtout, je crains que Mahler ne subisse fâcheusement l'hypnotisme de la force, qui affole aujourd'hui tous les artistes allemands. Il me paraît une âme incertaine, ironique, triste, trépidante, et faible, une âme de musicien viennois, qui s'évertue au grandiose wagnérien. Nul ne sent comme lui la grâce des *Laendler* et des valses délicates, des élégiaques rêveries. Nul ne pourrait mieux retrouver peut-être le secret de la mélancolie touchante et voluptueuse de Schubert, qu'il me rappelle parfois par certaines de ses qualités comme par quelques-uns de ses défauts. Mais c'est Beethoven qu'il veut être, ou Wagner. Il a tort : il lui manque leur équilibre et leur force herculéenne. On ne l'a vu que trop, quand il a dirigé la *Symphonie avec chœurs.*

Quoi qu'il en soit, et quelque déception qu'il m'ait causée aux fêtes de Strasbourg, je ne me permettrai pas de parler de lui d'une façon légère ou irrévérencieuse. Je lui fais crédit, sûr qu'un musicien de cette haute conscience créera un jour l'œuvre à laquelle il a droit.

*
* *

Richard Strauss fait avec Mahler un contraste parfait. Il a toujours son air de grand enfant distrait, à la bouche boudeuse. Grand, svelte, assez élégant et hautain, il semble d'une race plus fine que les autres artistes allemands au milieu desquels il se trouve. Méprisant, blasé sur le succès, fort exigeant, il est loin d'avoir avec les autres musiciens les rapports conciliants et modestes de Mahler. Il n'est pas moins nerveux que lui, et il se livre, pendant qu'il conduit l'orchestre, à une danse frénétique qui suit les moindres détails de sa musique frémissante comme une eau limpide où vient de tomber une pierre. Mais il a un grand avantage sur Mahler : il sait se reposer. Excitable et somnolent, il se sauve de sa nervosité par sa force d'inertie ; il y a en lui un fond de mollesse bavaroise. Je suis sûr qu'au sortir de ses heures de vie intense, où son énergie se dépense d'une façon excessive, il a des heures de quasi-néant. On l'aperçoit, alors, les yeux vagues et dormant à demi. Ainsi le vieux Rameau se promenait pendant des heures, sans voir, comme un automate, et ne pensait à rien[36].

36 [NdÉ] Au début de son dialogue avec « moi », le neveu présente ainsi son oncle, le musicien Rameau : « C'est un philosophe dans son espèce. Il ne pense qu'à lui ; le reste de l'univers lui est comme d'un clou à soufflet. Sa fille et sa femme n'ont qu'à mourir

Strauss dirigeait à Strasbourg sa *Sinfonia Domestica*[37], dont le programme est un des plus audacieux défis qu'il ait encore lancés au goût et au sens commun. C'est lui-même qu'il dépeint, dans sa propre maison, entre « sa chère femme et son garçon » (« *Meiner lieben Frau und unserm Jungen gewidmet* »). – « Je ne vois pas, – disait Strauss, – pourquoi je ne ferais pas une symphonie sur moi-même. Je me trouve aussi intéressant que Napoléon ou Alexandre[38]. » – Certains lui ont répondu que ce n'était pas une raison pour que les autres partageassent son intérêt. Mais je n'userai pas de cet argument : je comprends qu'un artiste de sa valeur nous entretienne de lui. Ce qui me choque davantage, c'est la façon dont il en parle. La disproportion est trop forte entre le sujet et les moyens d'expression. Surtout, je n'aime pas cet étalage de ce qu'on a de plus secret en soi. Il y a un manque d'intimité dans cette *Sinfonia Domestica.* Le foyer, la chambre, l'alcôve, sont ouverts à tout venant. Est-ce là le sentiment de la famille dans l'Allemagne d'aujourd'hui ? J'avoue que, la première fois que j'entendis cette œuvre, elle me blessa, pour ces raisons purement morales, malgré l'affection que j'ai pour son auteur. Mais je suis bien revenu ensuite de ce premier jugement, en faveur de la musique, qui est admirable.

On connaît le programme :

La première partie met en scène les trois personnages : l'homme, la femme et l'enfant. L'homme est caractérisé par trois thèmes : un motif plein d'entrain et d'humour, un motif rêveur, et un motif d'action enthousiaste et passionnée. La femme n'a que deux thèmes : un thème capricieux, et un thème amoureux et tendre. L'enfant a un seul motif, paisible, innocent, pas très caractérisé, qui ne prendra toute sa valeur que dans le développement du thème… À qui ressemble-t-il des deux parents ? La famille est assemblée autour de lui, et discute. Les tantes disent : « C'est tout à fait le papa ! » (*Ganz der Papa !*) Les oncles : « Tout à fait la maman ! » (*Ganz die Mama !*) – La seconde partie de la symphonie est un *scherzo*, qui représente les jeux de l'enfant : jeux

---

quand elles voudront, pourvu que les cloches de la paroisse qu'on sonnera pour elles continuent de résonner la douzième et la dix-septième, tout sera bien. » Denis Diderot, *Le Neveu de Rameau.*

37 [NdÉ] La *Sinfonia Domestica* de Richard Strauss est créée le 21 mars 1904 au Carnegie Hall de New York par le Wetzler Symphony Orchestra sous la direction du compositeur.

38 [NdÉ] La source de Romain Rolland n'a pu être identifiée. Peut-être fait-il référence à l'une de ses conversations avec le compositeur allemand.

terriblement bruyants, jeux d'Hercule en gaieté ; et toute la maison retentit des conversations de ses parents. Combien nous sommes loin des petits enfants sages de Schumann, et de leur famille candide !... – Enfin, on couche l'enfant ; on le berce ; la cloche sonne sept heures du soir. La nuit vient. Rêves et soucis. Scène d'amour... La cloche sonne sept heures du matin. – Réveil. Joyeuse dispute. Double fugue, où le thème de l'homme et le thème de la femme se contredisent avec un entêtement exaspéré et bouffon : c'est l'homme qui a le dernier mot. Apothéose de l'enfant et de la vie de famille.

Un tel programme est plus fait pour égarer l'auditeur que pour lui servir de guide. Il fausse le sens de l'œuvre, en ne mettant en lumière que le côté anecdotique et un peu burlesque. Et, sans doute, ce côté existe. En vain Strauss nous avertit qu'il n'a pas voulu faire un tableau comique de la vie conjugale, mais célébrer la sainteté du mariage et de la paternité : il y a en lui un tel humoriste que le comique l'emporte malgré lui. II n'a vraiment quelque chose de grave et de religieux que quand il parle de l'enfant : alors, la joviale brutalité de l'homme s'attendrit, et 1a coquetterie agaçante de la femme a des délicatesses exquises. Partout ailleurs, son ironie et sa bouffonnerie reprennent le dessus[39], atteignant quelquefois à une puissance et à une allégresse épiques.

Mais il faut oublier le programme indiscret, qui frise le mauvais goût, et parfois un peu plus. Quand on y réussit, on se trouve en présence d'une symphonie régulière en quatre parties, – *Allegro, Scherzo*, *Adagio* et *Finale* fugué, – qui est une des plus belles œuvres de la musique contemporaine. Elle a la fougueuse exubérance de la symphonie précédente de Strauss, *Heldenleben* (Vie d'un Héros), et elle lui est supérieure en construction artistique[40] ; on peut même dire que c'est l'œuvre la plus parfaite de Strauss, depuis *Tod und Verklärung* (Mort et Transfiguration), avec une opulence de coloris et une virtuosité que *Tod und Verklärung* n'avait point. On est ébloui par la beauté de cet orchestre si léger, si souple et si nuancé, surtout après la masse compacte de l'orchestre de Mahler, ce lourd pain sans levain : ici, tout est nerfs, tout est vie ; rien d'inutile... Sans doute, la première exposition des thèmes a un caractère trop schématique ; le vocabulaire mélodique de Strauss est d'ailleurs extrêmement restreint,

39 [NdÉ] La suite de la phrase ne figurait pas dans l'article.

40 [NdÉ] Article : « Elle n'a pas la fougueuse exubérance de la symphonie précédente de Strauss, *Heldenleben* (Vie d'un héros), mais elle lui est supérieure comme construction artistique ».

et pas très relevé ; mais il est bien personnel : impossible de séparer de lui ces thèmes nerveux et brûlant d'une ardeur juvénile, qui fendent l'air comme des flèches, et se tordent en arabesques capricieuses. Dans l'*adagio* de la nuit, il y a, avec du très mauvais goût, de la gravité, du rêve, quelque chose d'attendri et d'émouvant. Et la fugue de la fin est d'une étonnante allégresse. C'est un mélange de bouffonnerie colossale et de pastorale héroïque digne de Beethoven, dont elle rappelle le style dans son large développement. L'apothéose finale est un fleuve de vie. Sa joie dilate le cœur. Les plus extravagantes combinaisons d'harmonies, les duretés les plus implacables s'effacent et se fondent, grâce à la combinaison merveilleuse des timbres. C'est l'œuvre d'un artiste sensuel et fort, du vrai héritier du Wagner des *Meistersinger*.

*
* *

En résumé, ces œuvres font voir qu'en dépit de leurs audaces apparentes Strauss et Mahler sont en voie de faire retraite subrepticement de leurs positions avancées, et de déserter la symphonie à programme. L'œuvre de Strauss aurait tout à gagner à s'appeler simplement *Sinfonia Domestica*, sans aucune autre indication : c'est une symphonie régulière ; et il en est de même de celle de Mahler. Strauss et Mahler se rangent : ils reviennent au plan de la symphonie classique.

Mais il y des conclusions plus importantes à tirer d'auditions de ce genre. La première, c'est que le talent de Strauss est de plus en plus exceptionnel dans la musique de son pays. Avec tous ses défauts, qui sont énormes, Strauss est unique, pour sa verve puissante, sa spontanéité indestructible, le privilège de rester jeune, au milieu de l'art allemand qui vieillit ; et sa science et son art grandissent chaque jour. Dans l'ensemble, la musique allemande présente de graves symptômes. Je ne parlerai pas de sa névrose : je crois qu'elle traverse une crise, et qu'elle s'assagira ; je crains du reste qu'une torpeur ne succède à cette surexcitation. – Ce qui est plus inquiétant, c'est que, malgré tout le talent qui y abonde encore, elle a perdu certaines de ses qualités essentielles. Elle n'a presque plus aucun intérêt mélodique. On pourrait chercher dans Strauss, dans Mahler, dans Hugo Wolf, sans trouver une mélodie qui eût une valeur propre et vraiment originale, en dehors de son application à un texte ou à une idée littéraire et de son développement harmonique. – Mais, surtout, la musique allemande perd, de jour en jour, son intimité : il y en a encore chez Wolf, grâce à l'exceptionnelle infortune de sa vie ; il y en a très peu chez Mahler, malgré tous ses efforts pour se concentrer en lui-même ; il n'y en a presque aucune chez Strauss, bien qu'il soit le plus intéressant des trois. Ils n'ont plus aucune profondeur.

J'ai dit que j'attribuais ce fait à la détestable influence du théâtre, auquel presque tous ces artistes sont attachés, comme *Kapellmeister*, directeurs d'opéra, etc. Ils lui doivent le caractère souvent mélodramatique, ou du moins tout extérieur, de leur musique, – musique de parade, qui vise constamment à l'effet.

Plus funeste encore que l'influence du théâtre est l'influence du succès. Ces musiciens ont maintenant trop de facilités à se faire jouer. Une œuvre est exécutée, à peine écrite. Plus d'isolement, de longs silences, d'années vécues avec l'œuvre. Ajoutez que, quelle qu'elle soit, elle est aussitôt soutenue de la formidable réclame organisée autour des principaux artistes allemands par leurs *Musikfeste*, par leurs critiques, leur presse, leurs « guides musicaux » (*Musikführer*), – ces explications apologétiques de leurs œuvres, répandues par milliers, et qui donnent le ton au public moutonnier. – D'où la facilité pour le musicien à se contenter lui-même. La première idée venue est acceptée par lui. Quelle différence avec Beethoven, forgeant toute sa vie les mêmes thèmes, remettant vingt fois sur l'enclume ses mélodies, avant qu'elles parvinssent à la forme définitive ! C'est bien là ce qui manque à un Mahler. Ses thèmes ont l'aspect un peu vulgaire de certaines idées de Beethoven, dans ses premières esquisses. Mais il en reste là.

Enfin, je veux dire le plus grand danger qui menace la musique en Allemagne : – *il y a trop de musique en Allemagne.* – Ce n'est pas un paradoxe. Je ne crois pas qu'il y ait un pire malheur pour l'art que la surabondance déréglée de l'art. La musique noie les musiciens. Les fêtes succèdent aux fêtes : au lendemain de ces fêtes strasbourgeoises commençaient les fêtes de Bach, à Eisenach ; puis, à la fin de la semaine, les fêtes de Beethoven, à Bonn. Les concerts, les théâtres, les sociétés de chant choral, les sociétés de musique de chambre absorbent toute la vie du musicien. Quand aura-t-il le temps d'être seul, et d'écouter sa musique intérieure ? Ces torrents de musique indiscrète pénètrent dans les dernières retraites de l'âme, diluent sa force, détruisent la sainte solitude et le trésor des secrètes pensées.

Il ne faut pas croire que cet excès de musique soit très ancien en Allemagne. Au temps des grands classiques, cette même Allemagne avait à peine quelques institutions régulières de concerts ; et les exécutions chorales n'y existaient pour ainsi dire pas. La Vienne de Mozart et de Beethoven n'avait qu'une seule entreprise de concerts, et point de *Chorvereine*, – pas plus que les autres villes d'Allemagne. – La diffusion prodigieuse de la culture musicale en Allemagne, depuis un siècle, est-elle en rapport avec la création artistique ? Je ne le crois pas ; et le contraste se fait sentir, de jour en jour, davantage. On connaît *L'Apprenti sorcier*, la ballade de Goethe, mise en musique avec une verve vigoureuse par M. Dukas : en l'absence du maître, l'apprenti a déchaîné les puissances magiques ; les écluses sont ouvertes ; personne ne peut plus les refermer ; la maison est submergée.

Il en est ainsi de la musique allemande. L'Allemagne musicale est en train de se noyer sous l'inondation de la musique.

PELLÉAS ET MÉLISANDE DE CLAUDE DEBUSSY[1]

La première représentation de *Pelléas et Mélisande*, le 30 avril 1902[2], a été un des faits les plus considérables de l'histoire de la musique française, un fait dont l'importance ne peut être comparée qu'à la première représentation à Paris de *Cadmus et Hermione* de Lully, d'*Hippolyte et Aricie* de Rameau, ou d'*Iphigénie en Aulide* de Gluck[3], – une des trois ou quatre dates capitales de notre théâtre lyrique[4].

Le succès de *Pelléas et Mélisande* tient à des causes de tout genre et de toute valeur. Il en est de superficielles, comme la mode, qui a eu sa part dans ce succès, comme dans tous les succès, mais une part relativement faible. Il en est de profondes, qui tiennent aux caractères les plus essentiels du génie français. Il en est de morales, il en est d'esthétiques, au sens le plus général, il en est de purement musicales.

---

1 [NdÉ] Une première version de ce chapitre paraît en allemand à Berlin (« Claude Debussys Pelleas et Mélisande. Von Romain Rolland »), dans la revue *Morgen* (1re année, n° 25, le 29 novembre 1907, p. 797-802). Romain Rolland évoque l'œuvre de Debussy dans le compte rendu « *Pelléas et Mélisande*, suite d'orchestre de M. Fauré », qu'il fait paraître dans *La Revue musicale* du 1er novembre 1903, p. 609-610.

2 [NdÉ] C'est lors de la répétition générale publique, le 28 avril, qu'éclate le fameux scandale de la création.

3 [NdÉ] *Cadmus et Hermione* (1673) est considéré comme le premier opéra français ; *Hippolyte et Aricie* (1733), *Iphigénie en Aulide* (1674) renouvellent la tragédie lyrique par rapport à la tradition lullyste et à l'opéra italien.

4 Qu'on me permette de dire que je tâche, dans cette étude, de me placer à un point de vue strictement historique, – en faisant abstraction de mon sentiment personnel qui n'importe pas ici. En fait, je ne suis pas un Debussyste. Mes sympathies vont à un art tout autre. D'autant plus me crois-je tenu de rendre hommage à un grand artiste, dont je puis juger l'œuvre avec quelque impartialité. [NdÉ – Dans le roman de Romain Rolland, Jean-Christophe assiste, assez réservé, à une représentation de *Pelléas et Mélisande* (Romain Rolland, *Jean-Christophe*, Paris, Albin Michel, t. III, p. 79-80). Cette scène est directement inspirée des pages de journal où Romain Rolland relate la réaction de Richard Strauss lors d'une représentation de l'opéra de Debussy (mardi 22 mai 1907, p. 159-161). *Richard Strauss et Romain Rolland, Correspondances, Fragments de journal*, Avant-Propos de Gustave Samazeuilh, « Cahiers Romain Rolland », n° 3, Albin Michel, 1951.]

*
* *

Parmi les causes morales, je noterai surtout une forme de la pensée, qui n'est pas spéciale à la France, mais qui est commune à une partie de l'élite européenne d'à présent, et qui a trouvé son expression dans *Pelléas et Mélisande.* L'atmosphère où se meut le drame de Mæterlinck est un abandon mélancolique de la volonté de vivre à la Fatalité. Rien ne peut rien changer à l'ordre des événements. En dépit des illusions de l'orgueil humain qui se croit le maître, des forces inconnues et irrésistibles mènent, d'un bout à l'autre, la tragique comédie de la vie. Nul n'est responsable de ce qu'il veut, de ce qu'il aime ; tout au plus si l'on sait ce qu'on veut, ce qu'on aime. On vit, on meurt, sans savoir pourquoi.

Ces pensées fatalistes, où se reflète la lassitude d'une aristocratie intellectuelle de l'Europe, ont été merveilleusement traduites en musique par Debussy, qui y a ajouté sa poésie propre et un charme sensuel, dont la griserie rend leur contagion plus irrésistible. Il y a dans toute musique un pouvoir d'ivresse. Celle-ci entraîne l'âme dans le vertige d'un renoncement voluptueux.

Les causes artistiques ont un caractère plus spécialement français. La victoire de *Pelléas et Mélisande* marque une réaction légitime, naturelle, fatale, – je dirai même : vitale – du génie français contre l'art étranger, surtout contre l'art wagnérien, et contre ses maladroits représentants en France.

Le drame wagnérien répond-il, d'une façon parfaite, au génie allemand ? Je n'en crois rien ; mais c'est là une question que je laisse à débattre aux musiciens allemands. Pour nous, ce que nous avons le droit d'affirmer, c'est que le drame wagnérien ne répond en rien à l'esprit français : – ni à son goût artistique, ni à sa conception du théâtre, ni à son tempérament musical. Il a pu s'imposer par conquête, il a pu – il peut encore – dominer l'esprit français, par le droit du génie victorieux : rien ne peut faire qu'il ne soit et ne reste un étranger chez nous.

Sur les différences du goût, est-il besoin d'insister ? L'idéal wagnérien est avant tout un idéal de puissance. L'exaltation passionnelle et intellectuelle de Wagner, son sensualisme mystique, s'épanchent en un torrent de feu, qui balaye et brûle tout sur son passage, sans tenir compte d'aucune barrière. Un tel art ne s'astreint point aux règles ordinaires ; il ne craint pas le mauvais goût – et je l'en loue ! – Mais on comprend qu'il existe un autre idéal, et qu'un autre art soit plus sensible à la mesure et à la justesse d'expression qu'à l'abondance et à la force. Cet art – le nôtre – avait d'autant plus de raisons de réagir contre l'abus de la puissance déréglée que, depuis vingt ans, il avait le spectacle beaucoup plus encore des caricatures françaises de l'art wagnérien que de l'art wagnérien même. Le génie a tous les droits, même de fouler aux pieds, s'il veut, le goût, la morale, la société entière. Mais ceux qui ne sont point des génies, quand ils veulent faire de même, ne sont que ridicules ou odieux. Il y a eu beaucoup trop de singes de Wagner en France. Pendant dix à vingt ans, il n'est guère de musicien français qui ait échappé à son influence. On ne comprend que trop la révolte de l'esprit français, au nom du naturel et du goût, contre toutes les exagérations et les outrances de la passion – vraie ou fausse. – *Pelléas et Mélisande* fut comme le manifeste de la révolte. Il réagit avec intransigeance contre toute emphase, contre tout excès, contre toute expression qui dépasse la pensée. Cette répugnance à l'égard des paroles et des sentiments exagérés va même jusqu'à la peur de livrer ce qu'on sent, quand on est le plus ému. Les passions se disent à mi-voix. C'est par d'imperceptibles frémissements de la ligne mélodique que se traduit l'amour, qui grandit dans le cœur du couple malheureux, le timide : « *Oh ! pourquoi partez-vous ?* » de la fin du premier acte, le tranquille : « *Je t'aime aussi* » de l'avant-dernière scène[5]. Et que l'on compare les sauvages lamentations d'Ysolde mourante à la mort sans cris, sans phrases, de Mélisande[6].

Au point de vue scénique, *Pelléas et Mélisande* ne s'oppose pas moins à l'idéal de Bayreuth. Les vastes proportions, presque démesurées, du drame wagnérien, sa structure compacte, la tension de volonté qui, du commencement à la fin, soutient ces œuvres énormes, leur idéologie, qui s'étale souvent aux dépens de l'action et même de la passion, sont aussi loin que possible du goût français pour les actions claires, logiques et sobres. Les petits tableaux de *Pelléas et Mélisande*, brefs, bien découpés,

5 [NdÉ] « Je t'aime aussi », répond Mélisande à Pelléas, dans la quatrième et dernière scène de l'acte IV de l'opéra (qui en comporte V).

6 Comme s'il voulait encore accentuer l'antagonisme, l'auteur de *Pelléas et Mélisande* écrit, en ce moment, un *Tristan*, d'après le vieux poème français, dont le texte, récemment restauré par M. Bédier, offre dans sa sérénité et sa mesure hautaine un si merveilleux contraste avec le poème barbare, pédantesque et sublime de Wagner. [NdÉ – Enthousiasmé par le *Roman de Tristan et Iseut* de Joseph Bédier, qu'il lit dès 1900, Debussy travaille en 1908-1909 à un projet d'opéra sur un livret de Gabriel Mourey.]

marquant chacun, sans insister, une étape nouvelle dans l'évolution du drame, sont d'une architecture entièrement différente du théâtre wagnérien.

Mais c'est surtout par la façon dont ils conçoivent les rapports respectifs de la poésie et de la musique dans le drame que les deux théâtres diffèrent. Chez Wagner, la musique est le noyau du drame, le foyer rayonnant et le centre attractif : elle absorbe tout, elle est reine absolue. Ce n'est pas là une conception française. Le théâtre musical, tel que nous l'imaginons en France (sinon tel qu'on nous le sert), doit offrir l'harmonie des arts qui concourent à le former ; nous demandons que la balance soit tenue égale entre la poésie et la musique ; et, si leur équilibre devait être rompu, nous préférerions toujours que ce fût au profit de la poésie, cette musique plus consciente et plus raisonnée. C'était l'idéal de Gluck ; et c'est pour l'avoir si bien réalisé qu'il a conquis sur le grand public français un prestige que rien ne peut effacer. C'est pour être revenu, avec des moyens nouveaux, à cet idéal de sobriété musicale et de désintéressement, qui met le génie du compositeur au service du drame, que Debussy a été si fort. Il n'a point cherché à dominer le poème de Maeterlinck, à l'engloutir sous les flots de sa musique ; il s'est assimilé à lui, au point qu'à l'heure présente aucun Français ne serait plus capable de penser à une page du drame, sans que la musique de Debussy chante aussitôt en lui.

À toutes ces raisons extérieures à la musique, qui font l'importance de l'œuvre dans l'histoire du théâtre, s'ajoutent enfin des raisons purement musicales, dont la valeur est plus considérable encore[7]. *Pelléas et Mélisande* a réalisé une réforme de la musique dramatique en France. Cette réforme a porté sur plusieurs points.

Sur le récitatif, d'abord. – Nous n'avons jamais eu en France – à part quelques essais de notre ancien opéra-comique – un récitatif qui traduisît exactement notre parler naturel. Lully et Rameau avaient pris pour modèle la déclamation ampoulée de la tragédie de leur temps. L'opéra français des vingt dernières années avait choisi un modèle plus dangereux encore et plus éloigné du parler national : la déclamation de Wagner, avec ses grands sauts de voix et ses accentuations rebondissantes et massives. Rien de plus déplaisant en français. Tous les gens

7 Pour les musiciens. – Mais je suis convaincu que, pour la masse du public français, les autres raisons ont compté, – comme toujours, – bien davantage.

de goût en souffraient, sans se l'avouer toujours. Précisément, dans le même temps, Antoine, Gémier, Guitry, rendaient plus naturelle la déclamation théâtrale[8] : ce qui faisait paraître plus choquante encore et plus archaïque la déclamation outrée de l'opéra français. Une réforme du récitatif était donc inévitable. Dès le XVIIIe siècle, Jean-Jacques Rousseau l'avait prévue, dans le sens même où l'accomplit Debussy[9]. Il montrait[10] qu'il n'y avait aucun rapport entre les inflexions de la parole française, « dont l'accent est si uni, si simple, si modeste », et « les bruyantes et criardes intonations » du récitatif de l'opéra français. Et il concluait que le meilleur récitatif qui pourrait nous convenir devrait « rouler entre de fort petits intervalles, n'élever ni n'abaisser beaucoup la voix, peu de sons soutenus, jamais d'éclats, encore moins de cris, rien qui ressemble au chant, peu d'inégalité dans la durée ou valeur des notes, ainsi que dans leurs degrés ». – C'est la définition même du récitatif de Debussy.

Le tissu symphonique de *Pelléas et Mélisande* n'est pas moins différent d'un drame de Wagner. Chez Wagner, c'est un organisme qui se développe tout d'une pièce, un système de phrases entrelacées, dont la puissante végétation pousse des rameaux en tous sens, comme un chêne. Ou, si l'on veut se servir d'une autre comparaison, c'est une peinture, qui sans doute n'est pas exécutée d'une seule coulée, mais qui veut en donner l'impression, et qui, malgré les retouches et les repeints dont elle est surchargée, fait l'effet d'un tout compact, d'un amalgame indestructible, dont il est presque impossible de rien détacher. Au contraire, le système de Debussy est une sorte d'impressionnisme classique, si je puis dire, – d'impressionnisme délicat, harmonieux, apaisé ; il procède

8 [NdÉ] Le metteur en scène et acteur André Antoine (1858-1943), fondateur du Théâtre libre en 1887, défend un art réaliste et naturaliste ; le metteur en scène et acteur Firmin Gémier (1869-1933) crée le Théâtre national populaire à Paris en 1920 ; Lucien Guitry (1860-1925), considéré comme le plus grand acteur de son temps, joue la plupart des auteurs contemporains : Bernstein, Courteline, Porto-Riche, Rostand, Sardou…

9 Remarquer d'ailleurs que le goût français résista, pendant toute la première moitié du XVIIe siècle, à cette déclamation trop théâtrale de l'opéra. « Nos chanteurs, écrit Mersenne, en 1636, s'imaginent que les exclamations et les accents dont les Italiens usent en chantant tiennent trop de la tragédie ou de la comédie ; c'est pourquoi ils ne les veulent pas faire. » [NdÉ – Marin Mersenne, *Harmonie universelle*, Paris, Cramoisy, 1636, livre VI, prop. VI, p. 357.]

10 Dans la *Lettre sur la musique française*. [NdÉ – Jean-Jacques Rousseau publie cette lettre en 1753, lors de la querelle des Bouffons qui oppose partisans de la musique italienne et partisans de la musique française ; sur les relations de Rousseau et de la musique française, voir p. 91, note 29.]

par tableaux musicaux, dont chacun correspond à un moment de l'âme fugitif et nuancé ; et, à l'intérieur de ces tableaux, par petites touches brillantes, fines, moelleusement juxtaposées. Cet art est plus apparenté à celui de Moussorgski (mais sans rien de la brutalité du modèle) qu'à celui de Wagner, malgré deux ou trois réminiscences de *Parsifal*, qui ne tiennent pas à l'essentiel de l'œuvre. On ne trouve point dans *Pelléas et Mélisande* des *leit-motive* persistants, du commencement à la fin du drame, des thèmes ayant la prétention de traduire en musique des personnages et des caractères durables, mais seulement des phrases qui expriment les sentiments changeants, et qui changent avec eux. De plus, l'harmonie de Debussy n'est pas, comme chez Wagner et dans toute l'école allemande, une harmonie d'enchaînement, étroitement soumise à la logique despotique du contrepoint : c'est, comme l'a dit Louis Laloy[11], une harmonie avant tout harmonieuse, qui a son principe et sa fin en elle-même. Comme elle n'aspire qu'à rendre l'impression du moment, sans se préoccuper de ce qui doit venir après, elle est libre de soucis, elle goûte sans hâte le charme du moment. Dans le parterre des accords, elle cueille les plus beaux ; car la vérité de l'expression n'est que la seconde loi qui préside à son choix : la première loi, c'est de plaire. Ici encore, l'art de Debussy est l'interprète du sensualisme esthétique de sa race, qui cherche le plaisir en art, et qui n'admet pas volontiers la laideur, même quand elle prétend se légitimer par les nécessités du drame et de la vérité. Mozart ne pensait point d'une façon différente : « La musique, disait-il, même dans la situation la plus terrible, ne doit jamais offenser l'oreille, mais là encore la charmer, et enfin rester toujours la musique[12]. »

Quant au langage harmonique de Debussy, son originalité ne consiste pas, comme l'ont dit d'imprudents admirateurs, dans l'invention d'accords nouveaux, mais dans l'emploi nouveau qui en est fait. On n'est pas un grand artiste, parce qu'on fait usage des septièmes et des neuvièmes

11 Aucun critique n'a, je crois, pénétré aussi finement l'art et le génie de Debussy. Certaines de ses analyses sont un modèle d'intuition intelligente. Il semble que la pensée du critique se soit identifiée à celle du musicien. [NdÉ – Louis Laloy (1974-1944), normalien et agrégé de Lettres, soutient en 1904 une thèse sur la musique grecque, avant d'être co-fondateur l'année suivante du *Mercure musical* et de remplacer Rolland dans ses cours de Sorbonne ; il publie son *Claude Debussy* en 1909 (Paris, Dorbon aîné, les Bibliophiles fantaisistes).]

12 [NdÉ] Lettre de Mozart à son père, écrite à Vienne, le 26 septembre 1781. Romain Rolland cite le texte dans la traduction d'Henri de Curzon, *Lettres de Mozart* (années 1781, 1782), Paris, Hachette, 1888.

sans résolution, des enchaînements de neuvièmes et de tierces majeures, des progressions harmoniques fondées sur une gamme par tons entiers, mais par ce qu'on leur fait dire. Il n'est guère de particularités du style de Debussy, qui ne se trouvent, isolées, chez bien des maîtres avant lui, chez Chopin, chez Liszt, chez Chabrier, chez Richard Strauss. Il n'en est pas moins vrai que, chez Debussy, elles sont toujours du Debussy, et que *Pelléas et Mélisande*, « le pays des neuvièmes[13] », a une atmosphère poétique qui ne ressemble à celle d'aucun autre drame musical avant lui.

Enfin, l'orchestre est volontairement restreint, allégé, divisé ; il a le dédain aristocratique de ces orgies de sons, auxquelles l'art de Wagner nous a habitués ; il est sobre et raffiné, comme une belle phrase classique de la fin du XVIIe siècle. *Ne quid nimis*, « Rien de trop » : c'est la devise de l'artiste. Au lieu d'amalgamer les timbres pour des effets de masse, il dégage l'une de l'autre leurs personnalités, ou il les marie délicatement, sans altérer leur nature propre. Comme les peintres impressionnistes de ce temps, il peint par couleurs pures, mais avec une sobriété délicate, que toute rudesse rebute, comme une laideur.

*
* *

Voilà plus de raisons qu'il n'en faut pour légitimer le succès de *Pelléas et Mélisande*, et la place que ses admirateurs lui attribuent dans l'histoire de notre théâtre musical. Il y a tout lieu de croire d'ailleurs que l'auteur n'a pas eu une conscience aussi nette de sa réforme musico-dramatique que ne l'ont ses disciples ; cette réforme avait chez lui un caractère plus instinctif : et c'est ce qui en fait la force. Elle répondait à un besoin inconscient et profond de l'esprit français. J'oserai dire que l'importance historique de l'œuvre dépasse encore sa valeur artistique. La personnalité de l'auteur, non sans défauts – (dont les plus graves sont peut-être des défauts négatifs : l'absence de certaines qualités et même de certains défauts puissants et excessifs, qui font les héros de

13 [NdÉ] Allusion à un article de Jean Poueigh, « Au pays des neuvièmes » (*Mercure musical*, vol. 2, 1er avril 1906, p. 310-311). Sous forme de conte, y est présenté un novateur nommé Achilleus Bussydès. Dans *La Foire sur la place* (t. V de *Jean-Christophe*, paru chez Ollendorff en 1908), cet art musical nouveau est décrit de façon assez proche (voir les propos du grand critique Théophile Goujart que rencontre le héros), tout comme dans le chapitre « Debussy » des *Musiciens français d'aujourd'hui* d'Octave Séré (pseudonyme de Jean Poueigh), Paris, Mercure de France, 1911.

l'art, comme Beethoven et Wagner), – cette personnalité voluptueuse, ondoyante et précise, dont les rêves sont toujours nets et le naturel raffiné, comme l'art d'un poète de la Pléiade du XVIe siècle, ou d'un peintre japonais, – a, entre tous ses dons, une qualité, qu'on ne trouve, à un tel degré, chez presque aucun autre grand musicien, à part Mozart peut-être : c'est le génie du goût. Il l'a jusqu'à l'excès, jusqu'à lui sacrifier au besoin les autres éléments de l'art, les forces tumultueuses, – jusqu'à l'appauvrissement apparent de la vie. Mais il ne faut pas s'y tromper : cet appauvrissement n'est qu'apparent ; il y a dans toute l'œuvre une passion voilée. Ce n'est que par un frisson de la ligne mélodique, ou de l'orchestre, comme une ombre qui passe au fond des yeux, que l'on a conscience, par moments, du drame qui se joue dans les cœurs. Cette pudeur hautaine de l'émotion est quelque chose d'aussi rare dans le théâtre musical que l'est, en poésie, la tragédie de Racine : ce sont œuvres du même ordre, et toutes deux, des fleurs les plus parfaites de l'esprit français. Tous ceux qui, à l'étranger, ont la curiosité de la France, et le désir de pénétrer son génie, devront étudier *Pelléas et Mélisande*, comme ils étudieraient *Bérénice* de Racine.

Non pas que l'art de Debussy, pas plus que celui de Racine, suffise à représenter le génie français. Il y a un tout autre côté de ce génie, qui n'est nullement représenté ici : c'est l'action héroïque, l'ivresse de la raison, le rire, la passion de la lumière, la France de Rabelais, de Molière, de Diderot, et, en musique, dirons-nous – (faute de mieux), – la France de Berlioz et de Bizet. Pour dire la vérité, c'est celle que je préfère. Mais Dieu me garde de renier l'autre ! C'est l'équilibre de ces deux France qui fait le génie français. Dans notre musique contemporaine, *Pelléas et Mélisande* est à l'un des pôles de notre art, *Carmen*, à l'autre pôle. Celle-ci, tout en dehors, toute lumière, toute vie, sans ombres, sans dessous. L'autre, tout intérieure, toute baignée de crépuscule, tout enveloppée de silence. C'est ce double idéal, ce sont ces alternatives de soleil fin et de brume légère, qui font le doux ciel lumineux et voilé d'Ile-de-France.

LE RENOUVEAU

Esquisse du Mouvement Musical à Paris depuis 1870[1]

Il n'est pas possible de résumer en quarante pages quarante années de vie intense et féconde, sans beaucoup d'oublis, et aussi sans une certaine sécheresse de nomenclature. Mais c'est volontairement que je me suis abstenu de tout artifice d'exposition et de style, – laissant les faits parler par eux-mêmes.

J'ai voulu montrer, par ce simple exposé, la grandeur admirable de l'effort français depuis 1870, cette poussée de foi et d'énergie qui a recréé la musique française. Un tel réveil me paraît un beau spectacle, et bien réconfortant. Peu de Français s'en doutent, en dehors d'une poignée de musiciens. C'est au grand public non musicien que je dédie ces pages, afin qu'il sache ce qu'a fait pour la gloire de notre race une génération d'artistes au grand cœur et de bonne volonté. Il n'est pas permis à la nation d'oublier ce qu'elle doit à quelques-uns de ses fils.

Qu'on ne m'accuse pas de contradiction, si, dans un autre ouvrage, qui paraît au même moment[2], je me permets de faire une satire assez vive des défauts et des ridicules de la musique française d'aujourd'hui. Je crois que, depuis dix ans, les musiciens français ont trop imprudemment, trop prématurément, crié victoire, et que, d'une façon générale, les œuvres, – à part deux ou trois, – valent moins que l'effort. Mais l'effort est héroïque. Je n'en vois pas de plus beau dans toute l'histoire de la musique française. Puisse-t-il se poursuivre ! Il ne le peut qu'à une condition : la modestie. Rien n'est fait, tant qu'il reste quelque chose à faire.

---

1 [NdÉ] Ce chapitre est le remaniement et le développement du volume *Paris als Musikstadt*, paru à Berlin, chez Bard, Marquardt und Co., en1905, dans une traduction de Max Graf (collection : « Die Musik », dirigée par Richard Strauss).

2 *Jean-Christophe à Paris.* [NdÉ – *La Foire sur la place, Antoinette* (1908), *Dans la Maison* (1909), Ollendorff ; *Jean-Christophe* comprend trois volumes lors de cette édition.]

PARIS ET LA MUSIQUE

La physionomie de Paris est si complexe et si mobile qu'il y a quelque présomption à la vouloir fixer. Cette ville nerveuse, d'une inconstance passionnée, a des goûts trop changeants pour qu'on n'ait pas lieu de craindre qu'un livre qui la dépeint, vrai au moment où on l'écrit, ne le soit déjà plus au moment où il paraît. Puis, il n'y a pas qu'un seul Paris, il y en a trois ou quatre : – Paris mondain, Paris bourgeois, Paris intellectuel, Paris populaire, – qui vivent côte à côte et se pénètrent à peine. Qui ne connaît point ces petites villes dans la Ville ne peut se représenter l'ensemble, et la vie puissante, souvent contradictoire, de ce gigantesque organisme.

Si l'on veut donc avoir un aperçu de la vie musicale à Paris, il faut tenir compte de la variété des milieux et du mouvement perpétuel des idées, qui jamais ne s'arrête, et dépasse sans cesse le but qu'il semblait s'être fixé. Ce changement incessant du goût est, à l'étranger, qualifié dédaigneusement de Mode. Et sans doute y a-t-il dans l'élite artistique de Paris, comme de toutes les grandes villes, un troupeau de désœuvrés, à l'affût de toutes les modes nouvelles – en art comme en toilette, – qui peuvent les singulariser, sans qu'aucune raison sérieuse les attache à celle-ci plutôt qu'à celle-là. Mais, en dépit de leurs prétentions, ils n'ont qu'une part infime aux variations du goût artistique. Le principe de ces changements est dans l'intelligence parisienne elle-même, aiguë, fiévreuse, toujours en mouvement, avide de connaître, prompte à se lasser, excellant à saisir aujourd'hui les grands côtés d'une œuvre, et demain ses défauts, aussi rapide à fonder qu'à détruire une renommée, et, malgré ses caprices apparents, toujours logique et presque toujours sincère. Elle a ses engouements et ses antipathies momentanées, mais nul parti pris durable ; et, par sa curiosité, son absolue liberté, son habitude bien française de tout analyser, de se rendre compte de tout, elle est un baromètre merveilleusement sensible à tous les courants cachés dans l'âme de l'Occident ; souvent, ses variations ont indiqué, de longs mois à l'avance, que le temps allait changer et qu'une révolution se préparait dans le monde de l'art, comme dans celui de la politique.

Il semble qu'il en soit ainsi maintenant, en musique, où se dessine en France, depuis quelques années, un mouvement, dont d'autres nations, plus musicales peut-être, ne sentiront pourtant que plus tard les effets. Car les nations qui ont la plus forte tradition artistique ne sont pas celles où il y a le plus de chances de voir paraître un art nouveau. Il y faut un terrain neuf et de libres esprits, sur lesquels ne pèse pas trop lourdement l'héritage du passé. Pour personne l'héritage n'était plus léger à porter que pour les musiciens français : ils avaient perdu tout souvenir de leur passé ; et de sérieuse éducation musicale, il n'en existait pour ainsi dire plus en France, avant 1870.

Chose curieuse que cette faiblesse musicale de la France d'alors ! Combien de gens ont jugé, d'après cette période, qu'il en avait toujours été ainsi, et que la France n'était pas un peuple musical ! Rien de plus faux, historiquement. – Assurément, il y a des races plus ou moins bien douées en musique. Mais, le plus souvent, les différences de races sont des différences de siècles ; et tel peuple paraît grand ou médiocre en art, suivant qu'on le considère à tel ou tel moment de son histoire. De même que l'Angleterre fut une nation musicienne jusqu'à la révolution de 1688, la France fut, au XVIe siècle, le plus grand peuple musicien ; et les récentes publications de M. Henry Expert[3] ont permis d'entrevoir l'abondance, l'originalité et la perfection de l'art franco-belge, pendant la Renaissance. Sans remonter aussi loin, Paris était encore une ville très bien douée au point de vue musical, sous la Restauration, lors des premières exécutions des symphonies de Beethoven au Conservatoire, des premières grandes œuvres de Berlioz, et de l'Opéra Italien. Il faut voir dans les *Mémoires* de Berlioz quel enthousiasme, quelles larmes, quelle passion provoquaient les représentations de Gluck ou de Spontini ; et l'on aperçoit nettement, dans ce livre, que cette ardeur musicale dura jusque vers 1840, puis qu'elle s'éteignit peu à peu, et qu'une apathie presque complète lui succéda, pendant vingt ans. Berlioz en souffrit cruellement. On peut dire qu'il mourut, étouffé par l'indifférence générale. C'était alors le règne de Meyerbeer à l'Opéra[4]. Rien ne montre mieux l'incroyable affaiblissement du sentiment musical en France, de 1840 à 1870, que la littérature romantique et naturaliste,

3 [NdÉ] Henry Expert (1863-1952) avait fait paraître chez l'éditeur Leduc, de 1894 à 1906, *Les Maîtres musiciens de la Renaissance* (23 volumes de musique). Romain Rolland écrit le compte rendu, « Henry Expert. – *Le Psautier huguenot du* XVIe *siècle* », pour *La Revue musicale, revue d'histoire et de critique*, en décembre 1902, p. 541-542.

4 [NdÉ] Giacomo Meyerbeer fit représenter à l'Opéra de Paris quatre ouvrages sur des livrets de Scribe qui se maintinrent au répertoire jusqu'au début du XXe siècle : *Robert le diable* (1831), *Les Huguenots* (1836), *Le Prophète* (1849) et *L'Africaine* (1865).

qui est une des plus hermétiquement closes qui aient jamais été au sens de la musique. Tous ces artistes sont des « visuels », pour qui la musique n'est qu'un bruit. On prête à Hugo ce mot sur l'Allemagne, « que son infériorité se mesure à la supériorité même qu'elle a dans la musique[5] ». Dumas père détestait « même la mauvaise musique », comme dit Berlioz[6]. Le journal des Goncourt reflète avec sérénité le mépris quasi universel des littérateurs pour la musique. Dans une conversation qui eut lieu en 1862 entre Goncourt et Théophile Gautier, « nous lui avouons, dit Goncourt, notre complète infirmité, notre surdité musicale, nous qui n'aimons tout au plus que la musique militaire[7] ».

> – Eh bien, répond Gautier, ça me fait grand plaisir ce que vous me dites là. Je suis comme vous. Je préfère le silence à la musique. Je suis seulement parvenu, ayant vécu une partie de ma vie avec une cantatrice, à discerner la bonne et la mauvaise musique ; mais ça m'est absolument égal[8].

Et il ajoute

> C'est tout de même curieux que tous les écrivains de ce temps-ci soient comme cela. Balzac exécrait la musique. Hugo ne peut pas la souffrir. Lamartine lui-même, qui est un piano à vendre ou à louer, l'a en horreur !

Il a fallu un bouleversement complet de la nation pour changer cet état d'esprit. Quelques symptômes de cette transformation se font sentir dès les premières années du second Empire. La révélation des derniers quatuors de Beethoven, entre 1852[9] et 1860, fut, pour l'élite française, un coup de lumière. Le réveil date de là. Wagner, qui eut à souffrir de l'hostilité du goût public, en 1860, lors des représentations de *Tannhäuser* à l'Opéra[10], trouva pourtant à Paris de ses meilleurs amis. Le plus inté-

5 Il faut rendre cette justice à Hugo, qu'il a toujours parlé de Beethoven avec dévotion, – sans le connaître d'ailleurs. – Mais il ne l'exalte tant que pour diminuer l'importance d'un poète, le seul du XIXe siècle, dont la gloire fit ombrage à la sienne ; et quand il écrit, dans son *William Shakespeare*, que « le grand Allemand, c'est Beethoven », il est sous-entendu pour tous que « le grand Allemand, ce n'est pas Goethe ».

6 Lettre de Berlioz à sa sœur Nanci, 3 avril 1850.

7 [NdÉ] Goncourt, *Journal*, t. 2, 1891.

8 Notons que cela n'empêcha point Gautier d'être critique musical.

9 [NdÉ] En 1852, le violoniste Jean-Pierre Maurin et le violoncelliste Pierre-François-Alexandre Chevillard avaient fondé à Paris la *Société des derniers quatuors de Beethoven*, comme Rolland le précisera plus loin, à propos de la musique de chambre.

10 [NdÉ] En janvier-février 1860, Wagner avait dirigé dans la capitale française trois concerts de ses œuvres à l'Opéra italien, salle Ventadour. Puis *Tannhäuser* avait été représenté

ressant des écrivains, que commence à pénétrer le sentiment musical, est Charles Baudelaire. En 1861, Pasdeloup donna au Cirque d'Hiver les premiers Concerts populaires de musique classique. Le festival Berlioz, organisé à l'Opéra par M. Reyer, le 23 mars 1870, – un an après la mort de Berlioz, – révélait à la France la grandeur de son plus génial musicien, et inaugurait une campagne de réparation publique envers sa mémoire[11].

Les désastres de la guerre de 1870 régénérèrent l'esprit artistique de la nation. La musique en sentit les effets immédiats[12]. Dès le 24 février 1871, se constituait la Société nationale de musique, pour propager les œuvres des compositeurs français ; et, en 1873, furent fondés les Concerts de l'Association Artistique, dirigés par M. Colonne, qui, tout en répandant la connaissance des symphonistes classiques et des maîtres de la jeune école française, se consacrèrent surtout au triomphe de Berlioz, dont la gloire atteignit son apogée vers 1880[13]. À cette époque, commence à son tour la conquête wagnérienne. Elle fut menée surtout par M. Lamoureux, dont les concerts s'ouvrirent en 1882[14]. Le wagnérisme fit faire au goût français un progrès considérable. Il répandit la passion ou la curiosité de la musique, en dehors des musiciens, dans toutes les provinces de l'art. La personnalité encyclopédique de Wagner et sa vaste œuvre d'art n'intéressaient pas seulement la musique, mais le théâtre tout entier, et aussi la poésie, et même les arts plastiques. On

---

trois fois à l'Opéra de Paris les 13, 18 et 25 mars 1861. De Champfleury à Baudelaire, en passant par Berlioz, ces programmations avaient suscité effectivement de nombreuses réactions.

11 [NdÉ] De son vivant, Berlioz (1804-1869) avait souvent été plus apprécié à l'étranger (Allemagne, Russie) qu'en France.

12 Je tiens à bien marquer, dès le début de cette étude, que je n'étudie ici que les grands courants musicaux de la nation, et que je laisse de côté les œuvres qui n'ont pas eu une influence importante sur ce mouvement.

13 Dans l'intervalle, la France avait vu briller et s'éteindre un grand artiste, le plus spontané de tous ses musiciens : Georges Bizet, mort en 1875, à trente-sept ans, – « Bizet, le dernier génie qui ait vu, dit Nietzsche, une nouvelle beauté ; Bizet, qui a découvert une terre nouvelle : le Midi de la musique. » – *Carmen* (1875) et surtout *L'Arlésienne* (1872) sont les chefs-d'œuvre du drame lyrique latin. Le style en est lumineux, concis, définitif ; le dessin des figures est tracé avec une justesse incisive. Cette musique, pleine de soleil et d'action, qui retrempe aux sources populaires son aristocratique distinction, fait contraste avec les symphonies philosophiques de Wagner. Par son naturel même et la claire conscience qu'elle avait du génie de sa race, elle était bien en avance sur son temps. Quelle place n'eût pas prise Bizet à la tête de notre art, s'il avait vécu vingt ans de plus !

14 [NdÉ] Le premier de ces concerts eut en fait lieu le 23 octobre 1881, à 14 h 15, au théâtre du Château d'eau.

peut dire qu'à partir de 1885, elle agit, d'une façon directe ou indirecte, sur toute la pensée artistique, voire sur la pensée religieuse et morale de l'élite parisienne. Un curieux témoignage historique de cette universelle influence et de la suprématie momentanée de Wagner sur tous les arts, fut en 1885 la fondation de la *Revue wagnérienne*, où s'unissaient dans la même dévotion artistique des poètes et des écrivains comme Verlaine, Mallarmé, Swinburne, Villiers de l'Isle-Adam, Huysmans, Richepin, Catulle Mendès, Édouard Rod, Stuart Merrill, Ephraïm Mikhaël, etc., des peintres comme Fantin-Latour, Jacques Blanche, Odilon Redon, des critiques comme Teodor de Wyzewa, H.-S. Chamberlain, Hennequin, Camille Benoît, A. Ernst, de Fourcaud, Wilder, E. Schuré, Soubies, Malherbe, Gabriel Mourey, etc. On n'y examinait pas seulement les questions musicales ; on y jugeait de la peinture, de la littérature, de la philosophie, d'un point de vue wagnérien. Hennequin[15] y comparait les systèmes philosophiques de Herbert Spencer et de Wagner. Teodor de Wyzewa étudiait la littérature wagnérienne, – entendez par là, non la littérature et la peinture illustrant des œuvres wagnériennes, mais inspirées des principes de l'esthétique wagnérienne, – depuis la statuaire égyptienne jusqu'aux peintures de Degas, et depuis Homère jusqu'à Villiers de l'Isle-Adam ! En un mot, c'était l'univers entier, vu et jugé au travers de la pensée de Bayreuth. Si cette sorte de folie wagnérienne n'a guère duré plus de trois à quatre ans, comme cette petite revue[16], cependant le génie de Wagner a dominé presque tout l'art français pendant dix ou quinze ans[17]. Une ardente propagande musicale, par les concerts, pénétrait la foule. La jeunesse intellectuelle était gagnée. C'est là le service capital rendu par le wagnérisme à l'art français qu'il a intéressé le grand public à la musique. Mais, en se prolongeant, son influence tyrannique risquait d'étouffer celle-ci.

Aussi, dès 1890, s'esquisse timidement un mouvement de réaction contre son despotisme. Le grand vent d'Est commence à tomber. Il tourne au Nord. Des influences scandinaves et russes s'annoncent

---

15 [NdÉ] Émile Hennequin (1858-1888), critique d'origine suisse, installé à Paris à partir de 1880, collabora à plusieurs revues ; brillant causeur, il tint un salon au 34 de la rue de Fleurus et fit paraître notamment un volume intitulé *La Critique scientifique* (1888), fort influencé par l'évolutionnisme de Spencer.

16 [NdÉ] La *Revue wagnérienne* a paru de 1885 à 1888.

17 Son influence marque, à des degrés divers, des œuvres comme le *Sigurd* de M. Reyer (1884), la *Gwendoline* de Chabrier (1886) et *Le Chant de la Cloche* de M. Vincent d'Indy (1886).

déjà. Un engouement exagéré pour Grieg (si limité qu'il fût à un petit groupe) était un indice de la saute du goût public. En 1890, César Franck mourut à Paris. Belge de naissance et de tempérament, Français de cœur et d'éducation musicale, il était demeuré en dehors du mouvement wagnérien, dans sa solitude sereine et féconde. À la séduction exercée par son génie personnel et sa grandeur morale sur le petit groupe d'amis qui l'avaient connu et vénéré, s'ajoutait l'autorité de sa science ; en face de l'art wagnérien, il ressuscitait inconsciemment l'âme de Jean-Sébastien Bach, l'âme infiniment riche et profonde du passé. Par-là, il se trouva être chef d'école, sans l'avoir voulu, et le plus grand éducateur de la musique française contemporaine. Après sa mort, son nom fut le mot de ralliement de la jeune école. Depuis 1892, les Chanteurs de Saint-Gervais, dirigés par M. Charles Bordes, remirent en honneur et popularisèrent la musique grégorienne et palestinienne ; et, sur l'initiative de leur directeur, la *Schola Cantorum* fut fondée en 1894 pour restaurer la musique religieuse. Puis, l'ambition grandissant avec le succès, de la *Schola* sortit bientôt une École Supérieure de Musique, sous la direction du plus illustre des élèves de Franck, M. Vincent d'Indy. Cette école, basée sur une solide connaissance, non seulement des classiques, mais des primitifs de la musique, prit, dès son origine, en 1900, un caractère franchement national, et, dans une certaine mesure, en opposition avec l'art allemand. En même temps, des auditions de plus en plus fréquentes de J.-S. Bach et de l'ancienne musique du XVIIe et du XVIIIe siècles, des relations plus intimes avec les artistes des autres pays, les visites réitérées en France des grands *Kapellmeister*, des virtuoses et des compositeurs étrangers, surtout de Richard Strauss, et tout dernièrement des compositeurs russes, achevaient de faire l'éducation musicale du public parisien, qui, chapitré par ses critiques, sentait s'éveiller en lui la conscience de sa personnalité nationale, et le désir impatient de s'affranchir de la tutelle germanique. Tour à tour, il salua d'acclamations reconnaissantes *Le Rêve* de M. Bruneau (1891), *Fervaal* de M. d'Indy (1898), *Louise* de M. Gustave Charpentier (1900), qui lui apparaissaient comme des œuvres libératrices. Mais, en fait, ces drames lyriques étaient encore bien loin d'être dégagés complètement des influences étrangères, et spécialement wagnériennes. Le *Pelléas et Mélisande* de M. Debussy sembla plus justement marquer, en 1902, la date de l'émancipation véritable de la musique française. À partir de ce moment, elle se considéra comme définitivement sortie de l'école, et prétendit à fonder un art nouveau, reflétant le génie de la race, et plus libre, plus souple que l'art wagnérien. Ces théories, reprises et amplifiées par la presse, aboutirent, un peu vite, à la conviction des artistes français dans la supériorité musicale de la France. Cette conviction est-elle justifiée ? C'est ce que l'avenir dira. Mais on voit, par le rapide exposé qui précède, combien l'évolution de l'esprit musical en France, depuis 1870, est logique, malgré les apparentes contradictions des modes qui se succèdent à la surface de l'art. C'est le génie même de la France, qui, longtemps opprimé, arrive, après une initiation patiente et passionnée, à reprendre conscience de soi, et veut dominer, à son tour.

J'ai voulu tracer rapidement d'abord les grandes lignes du mouvement, qui emporte depuis trente ans la musique française. J'examinerai maintenant les institutions musicales, qui ont participé à ce mouvement. On ne s'étonnera point que je néglige certaines des plus célèbres, qui s'en sont désintéressées, pour m'attacher à celles qui ont été les véritables artisans de notre rénovation.

LES INSTITUTIONS MUSICALES EXISTANT AVANT 1870

Ce ne sont pas, en effet, les institutions musicales les plus anciennes et les plus illustres qui ont eu – tant s'en faut – la plus grande part à l'évolution de ces trente dernières années.

L'Académie des Beaux-Arts, où six fauteuils sont réservés à la section de musique, aurait pu jouer un rôle important dans l'organisation musicale de la France, par l'autorité de son nom, par les nombreux prix qu'elle distribue aux œuvres de composition et de critique musicale, et surtout par le prix de Rome[18], dont elle décide, chaque année. Ce rôle, elle ne le joue point, en partie à cause des statuts surannés qui la régissent, et qui continuent d'associer, comme au temps de Berlioz qui les a persiflés, une poignée de musiciens à une majorité de peintres, de sculpteurs, d'architectes, ignorants en musique ; – en partie, parce

18 [NdÉ] Le prix de Rome de composition musicale était attribué depuis 1803.

que, comme c'est l'habitude dans toute Académie, le petit groupe des musiciens se recrute dans les éléments les plus conservateurs. Un de ces noms de musiciens est justement célèbre : c'est celui de M. Saint-Saëns ; mais il en est d'autres, dont la renommée est de moins bonne qualité ; il en est même qui n'ont pas de renommée du tout ; et tous ensemble forment un petit groupe, qui, sans entraver le mouvement de l'art, ne le favorise point, et reste à côté, indifférent ou hostile.

Le Conservatoire national de Musique et de Déclamation, qui date des dernières années de l'Ancien Régime, et de la Révolution, était tout désigné par ses origines patriotiques et populaires pour servir la cause de l'art national et du libre progrès[19]. Il a été pendant longtemps la clef de voûte de l'édifice musical de Paris. Mais, bien qu'il n'ait jamais cessé d'avoir un grand nombre de professeurs illustres et dévoués, parmi lesquels il s'honore – un peu tard – d'avoir compté le fondateur de la jeune école française, César Franck[20], – bien que la plupart des artistes qui ont un nom dans la musique française aient passé par son enseignement, et que la liste des lauréats de Rome sortis de ses classes de composition comprenne presque tous les chefs du mouvement artistique d'aujourd'hui, dans toutes ses tendances diverses, – depuis M. Massenet jusqu'à M. Bruneau, et depuis M. Charpentier jusqu'à M. Debussy, – cependant, ce n'est un secret pour personne que, depuis 1870, l'action officielle du Conservatoire à l'égard de ce mouvement a été à peu près nulle[21]. Il faut lui rendre toutefois cette justice qu'en général il ne l'a pas gêné. Si l'esprit académique a trop souvent annihilé l'enseignement d'excellents professeurs, en fixant comme but unique à leurs efforts et

19 On sait que le Conservatoire est sorti de l'École gratuite de musique de la garde nationale parisienne, fondée en 1792 par Sarrette, et dirigée par Gossec, – école essentiellement civique et militaire, qui fut transformée le 8 novembre 1793 en Institut national de musique, et le 3 août 1795 en Conservatoire, sur rapport de Chénier. Ce Conservatoire républicain avait pour première mission de rester en contact avec l'esprit du pays ; il s'opposait nettement à l'Opéra, d'origines monarchiques. Voir l'ouvrage de M. Constant Pierre sur le Conservatoire national de musique (1900), et le livre très intéressant de M. Julien Tiersot sur les *Fêtes et les Chants de la Révolution française* (1908).

20 [NdÉ] César Franck a effectivement été professeur d'orgue dans cet établissement depuis 1871.

21 Il est bien entendu que je ne parle ici que de l'action officielle. Car il y a toujours eu, dans le corps enseignant du Conservatoire, des maîtres, unissant à une haute culture musicale un libéralisme d'esprit vraiment large et vivant. Mais l'influence de ces indépendants est faible, en général : car ils ne disposent pas des succès académiques ; ou, quand, par exception, elle a eu un vaste rayonnement, comme celle de César Franck, c'est à titre personnel, en dehors du Conservatoire, et bientôt contre lui.

à ceux de leurs élèves les concours académiques, il a presque toujours régné dans la maison un certain libéralisme (dû, pour une bonne part, à l'indifférence) qui a permis aux tempéraments les plus indépendants de s'y développer en paix, – depuis Berlioz jusqu'à M. Ravel. On doit lui en savoir gré. Toutefois, ce sont là des mérites trop négatifs pour valoir au Conservatoire une place éminente dans l'histoire musicale de la Troisième République ; et ce n'est que depuis la direction toute récente de M. Gabriel Fauré qu'il s'efforce, non sans peine, de reprendre sa place, qu'il avait abandonnée, et que d'autres ont prise, à la tête de l'art français.

La Société des Concerts du Conservatoire, fondée en 1828, sous la direction de Habeneck, a eu son heure de gloire dans l'histoire musicale de Paris. C'est par elle que la grandeur de Beethoven fut révélée à la France[22]. C'est au Conservatoire que furent données, d'abord, les premières grandes œuvres de Berlioz : la *Fantastique*, *Harold*, *Roméo et Juliette.* C'est là que, plus près de nous, furent jouées pour la première fois la *Symphonie avec orgue* de M. Saint-Saëns et la *Symphoni*e de César Franck. Mais longtemps le Conservatoire sembla prendre son nom trop à la lettre, et se restreindre au rôle de musée pour la musique classique. Dans ces dernières années, avec M. Marty[23], la Société des concerts s'est ouverte plus libéralement aux œuvres nouvelles. L'orchestre, composé d'instrumentistes éminents, jouit d'une antique célébrité. Il n'est pourtant plus unique à Paris, pour l'excellence de ses exécutions ; et peut-être même a-t-il perdu en partie le secret qu'il s'attribuait de l'interprétation des grandes œuvres classiques. Il excelle dans les œuvres d'un caractère néoclassique, qui exigent, comme celles de M. Saint-Saëns, plus de style et de goût que de vie et de passion. Les concerts du Conservatoire gardent aussi sur les autres concerts parisiens la supériorité – relative – des exécutions chorales, si médiocres, jusqu'à présent, à Paris. Ils sont d'ailleurs peu accessibles au grand public, le nombre des places mises en

22 Il est à noter que, dès 1807, les élèves du Conservatoire faisaient connaître aux Parisiens les symphonies de Beethoven. La *Symphonie en ut mineur* fut exécutée par eux en 1808, l'*Héroïque* en 1811. C'est à propos d'une de ces auditions que *Les Tablettes de Polymnie* [nº 20, 20 mars 1811, p. 310-311, A. G.] donnaient cette curieuse appréciation de Beethoven, citée par M. Constant Pierre : « Cet auteur, souvent bizarre et baroque, tantôt prend le vol majestueux de l'aigle, tantôt rampe dans des sentiers rocailleux. Il semble qu'on voie renfermer ensemble des colombes et des crocodiles. »

23 [NdÉ] Le compositeur et chef d'orchestre Georges Marty (1860-1908) dirigea l'orchestre de la Société des concerts du Conservatoire de 1901 à 1908.

vente au bureau étant très limité. C'est donc le reflet d'un petit public, dont le goût est, en général, conservateur et officiel. Le bruit des luttes du dehors n'y arrive que tardivement, et amorti.

La force du Conservatoire est surtout en musique une force du passé et de gouvernement. On en peut dire autant du théâtre de l'Opéra. Cette antique maison, qui date de 1669, et porte le nom pompeux d'Académie nationale de Musique, est une sorte d'institution nationale, qui intéresse davantage l'histoire de l'art officiel que de l'art vivant. La satire que Jean-Jacques traçait, dans sa *Nouvelle Héloïse*, de la solennité guindée de ses spectacles et de leur morne éclat, n'a pas perdu grand-chose de sa vérité ; mais ce que l'on aurait peine à retrouver dans l'Opéra d'aujourd'hui, c'est l'ardeur des luttes musicales anciennes, au temps des Encyclopédistes et de la « guerre des coins[24] ». Les grandes batailles de l'art se livrent en dehors. L'Opéra est devenu de plus en plus un fastueux salon, un peu défraîchi, où le public s'intéresse plus à lui-même qu'au spectacle. Malgré les sommes énormes qui s'y engouffrent chaque année (près de quatre millions)[25], on monte à peine une ou deux pièces par an ; et ce sont bien rarement des œuvres représentatives du mouvement moderne. Si le théâtre de Wagner a fini par entrer au répertoire, on ne saurait plus considérer ces pièces, vieilles d'un demi-siècle, comme des œuvres d'avant-garde. Les maîtres les plus réputés de l'école française : Massenet, Reyer, Chausson, Vincent d'Indy, ont dû chercher asile au théâtre de la Monnaie, à Bruxelles, avant de pouvoir faire agréer leurs œuvres à l'Opéra de Paris[26]. Le répertoire classique n'en est pas plus favorisé. Ni *Fidelio*, ni les tragédies de Gluck – à part la seule *Armide*, reprise tout récemment sous la pression de la mode, – ne sont représentés ; et quand, par hasard, on donne *Freischütz* ou *Don Juan*[27], c'est une question de savoir s'il n'eût pas mieux valu les laisser reposer dans l'oubli, plutôt que de les traiter d'une façon sacrilège, – ajoutant, supprimant,

---

24 [NdÉ] Celui de la reine (favorable aux compositeurs italiens) et celui du roi (qui regroupa les partisans de la musique française).

25 D'après le rapport de M. Rivet sur les Beaux-Arts, en 1906. L'Opéra occupe 1 370 personnes, et le budget des dépenses est environ de 3 988 000 francs. La subvention annuelle de l'État s'élève à 800 000 francs.

26 [NdÉ] Le théâtre de la Monnaie programma en effet en création mondiale *Hérodiade* (1881) de Massenet ; *Sigurd* (1884) et *Salammbô* (1890) de Reyer ; *Fervaal* (1897) et *L'Étranger* (1903) de Vincent d'Indy ; *Le Roi Arthus* (1903) de Chausson, comme *Gwendoline* (1886) de Chabrier.

27 [NdÉ] *Fidelio* de Beethoven, *Le Freischütz* de Weber, *Don Juan* de Mozart.

introduisant des ballets ou de nouveaux récitatifs, et déformant le style pour le mettre à la mode[28]. En dépit des changements du goût et des campagnes de la presse, l'Opéra est resté jusqu'à ce jour le théâtre de Meyerbeer et de Gounod, ainsi que de leurs disciples ; et ce serait nier l'évidence que se refuser à reconnaître qu'il y a un public pour cela. Le tableau des recettes montre assez que *Faust* jouit toujours d'une faveur plus grande que *Siegfried* ou *Tristan*[29], pour ne point parler des œuvres plus récentes de la nouvelle école française, qui ne peuvent s'y acclimater.

Et, sans doute, le cadre énorme de la scène de l'Opéra se prête mal aux drames musicaux modernes qui sont intimes, concentrés, et se trouvent comme perdus dans ces immenses espaces, faits pour des cortèges d'apparat, comme la marche du *Prophète*, ou celle d'*Aïda*[30] ; – sans doute, le jeu conventionnel de la plupart des chanteurs, la stupide apathie des chœurs, la froideur de l'orchestre, l'acoustique défectueuse, et les trop vastes dimensions de la salle, qui obligent les acteurs aux cris et aux gestes exagérés, – sont-ils de sérieux obstacles à ce qu'un art plus vivant et plus simple y soit compris. Mais le principal obstacle est et sera toujours dans l'essence même d'un tel théâtre : – théâtre de luxe et de vanité, créé pour une clientèle de snobs, dont le moindre souci est la musique, et qui n'a même pas le mérite de créer une mode, mais qui suit servilement toutes les modes, quand elles sont vieilles de trente ans. Un tel théâtre ne compte plus dans l'histoire de la musique française ; et il faudra à ses nouveaux directeurs beaucoup d'énergie et d'ingéniosité pour faire rentrer un semblant de vie dans ce colosse mort[31].

Il en est tout autrement du théâtre de l'Opéra-Comique. Il a su prendre une part active à l'évolution contemporaine de la musique. Sans renier sa tradition classique, sans renoncer à son charmant répertoire d'anciens opéras-comiques, il a eu l'intelligence, sous la direction avisée de M. Albert Carré, de s'ouvrir à toutes les manifestations intéressantes de la musique dramatique. Il ne prend pas parti entre les diverses écoles ; et les représentants attardés du vieil opéra-comique à couplets coudoient les chefs des écoles avancées. Il n'est guère d'œuvre importante, non seulement

---

28 À l'occasion de la reprise de *Don Juan* en 1902, la *Revue Musicale* a fait le compte des pages qu'on avait ajoutées à la partition originale. Elles s'élevaient à 228.

29 [NdÉ] *Faust* de Gounod, *Siegfried* ou *Tristan et Isolde* de Wagner.

30 [NdÉ] *Le Prophète* de Meyerbeer ; *Aida* de Verdi.

31 [NdÉ] Rolland fait probablement allusion à la nouvelle direction d'André Messager et Leimistin Broustan qui succéderont à Pedro Gailhard à partir de 1908.

parmi les comédies musicales, mais parmi les drames musicaux de ces vingt dernières années, qui n'y ait été exécutée. Dans ce théâtre, qui vit en 1875 la première de *Carmen*, en 1884 celle de *Manon* et en 1888 celle du *Roi d'Ys*[32] *furent joués les principaux drames de M. Bruneau*[33], *Louise* de M. G. Charpentier, *Pelléas et Mélisande* de M. Debussy, et l'*Ariane et Barbe-bleue* de M. Dukas. Il peut sembler surprenant que de telles œuvres aient trouvé place à l'Opéra-Comique, et non à l'Opéra. Mais partout où il existe deux genres artistiques, deux théâtres musicaux, – dont l'un prétend avoir le monopole du grand art, – dont l'autre a un caractère plus simple, plus familier, et cherche tout bonnement à plaire, – c'est toujours le dernier où l'art a le plus de chances de se développer et de trouver de nouvelles voies : car le premier reste opprimé par une tradition de plus en plus pédantesque et guindée, au lieu que l'autre, bon enfant sans prétention, s'accommode de toutes les formes de la vie. Combien d'artistes ont révolutionné leur temps, que leur temps regardait comme des amuseurs : Frescobaldi et Philippe-Emmanuel Bach, qui renouvelaient l'art, étaient dédaigneusement jugés par les représentants du grand art. Les *opera buffa* de Mozart ont plus de vérité et de vie, même tragiques, que ses *opera seria*. Et il y a bien autrement de puissance dramatique dans un opéra-comique, comme *Carmen*, que dans tout le répertoire moderne du grand Opéra. Ainsi, le théâtre de l'Opéra-Comique est devenu le foyer des tentatives les plus audacieuses du drame musical. Les hardiesses les plus risquées ou les plus âpres du vérisme musical à la façon de Charpentier ou de Bruneau, les subtiles fantaisies d'un art de rêve raffiné, comme celui de Debussy, y ont trouvé accueil. Il a su s'ouvrir aussi aux diverses manifestations de l'art étranger : on y a joué *Hänsel et Gretel* de Humperdinck, *Falstaff* de Verdi, les œuvres de la jeune école italienne : Puccini, Mascagni[34] ; *Feuersnot* de Richard Strauss, *Snégourotchka* de Rimsky-Korsakov vont y être donnés. Il n'est pas jusqu'aux chefs-d'œuvre classiques de l'opéra : *Fidelio, Orphée, Alceste*, les deux *Iphigénies*[35], dont l'Opéra-Comique n'ait plus de souci, et

32 [NdÉ] *Manon* de Massenet, *Le Roi d'Ys* de Lalo.

33 [NdÉ] Alfred Bruneau donna effectivement à l'Opéra-Comique *Le Rêve* en 1891, *L'Attaque du moulin* en 1893, *L'Ouragan* en 1901, *L'Enfant-Roi* en 1905, tous d'après Émile Zola. Mais *Messidor*, dû à cette même collaboration, fut créé à l'Opéra en 1897.

34 [NdÉ] L'Opéra-Comique accueillit *Cavalleria rusticana* de Mascagni à partir de 1892 et *La Tosca* de Puccini à partir de 1903.

35 *Fidelio* de Beethoven ; *Orphée, Alceste, Iphigénie en Tauride, Iphigénie en Aulide* de Gluck. Tous donnés dans cette période à l'Opéra-Comique, respectivement à partir de 1898, 1896, 1904, 1900 et 1907.

qu'il ne monte avec un zèle plus pieux que l'Opéra. Ils y sont mieux à leur place, les dimensions de l'Opéra-Comique se rapprochant davantage de celles des théâtres du XVIIIe siècle. Il est vrai que la scène manque de profondeur ; mais l'ingéniosité du directeur et des admirables décorateurs, qu'il a su grouper autour de lui, réussit à faire oublier ce défaut, et réalise des prodiges. Aucun théâtre de Paris n'a une mise en scène plus artistique, et certains des décors, exécutés dans ces dernières années, sont des chefs-d'œuvre du genre. L'Opéra-Comique a eu aussi la chance d'avoir d'excellents chefs d'orchestre, dont un, M. Messager, maintenant directeur de l'Opéra, n'a pas peu contribué, par son interprétation intelligente, au succès des œuvres de la nouvelle école.

LES INSTITUTIONS MUSICALES NOUVELLES[36]

I – LA SOCIÉTÉ NATIONALE

La musique française avait déjà, avant 1870, dans l'Opéra et l'Opéra-Comique (sans parler de divers essais de Théâtre Lyrique), un débouché à peu près suffisant pour sa production dramatique. Même au plus fort de la décadence du goût musical, les œuvres de Gounod, d'Ambroise Thomas, de Massé, avaient toujours maintenu le renom de l'opéra et de l'opéra-comique français. Mais ce qui manquait presque absolument, c'était un débouché pour la musique symphonique et la musique de chambre. « Avant 1870, écrit M. Camille Saint-Saëns dans son livre *Harmonie et Mélodie*, un compositeur français qui aurait eu la folie de se risquer sur le terrain de la musique instrumentale, n'avait aucun autre moyen de faire exécuter ses œuvres que d'organiser soi-même un concert, et d'y inviter ses amis et la critique. » Tel avait été le cas pour Berlioz, qui devait à chaque fois rassembler un orchestre et louer une salle pour faire entendre ses grandes symphonies ; et le résultat financier était

36 [NdÉ] Romain Rolland rend compte de concerts Pasdeloup, Colonne, Lamoureux, Chevillard dans les pages de son *Journal* (« Journal de Romain Rolland à l'École normale » dans *Le Cloître de la rue d'Ulm*). Il a également publié de nombreux comptes rendus dans des revues, notamment en 1903-1904 (*Revue d'histoire et de critique musicales*, *La Tribune de Saint Gervais*, *Revue d'art dramatique*, *La Revue musicale*).

souvent désastreux : l'exécution de *La Damnation de Faust*, en 1846, fut pour lui une vraie faillite : il fallut y renoncer. Le Conservatoire, jadis plus accueillant, s'entr'ouvrait à peine pour un morceau de *L'Enfance du Christ*. Les jeunes compositeurs n'avaient rien à en attendre.

Le premier, dit M. Saint-Saëns[37], qui tenta de démocratiser la symphonie, fut Seghers[38], un membre dissident de la Société des Concerts du Conservatoire qui, pendant plusieurs années (1848-1854), dirigea, dans une salle existant rue de la Chaussée d'Antin, la Société de Sainte-Cécile. Il y fit exécuter la *Symphonie italienne* de Mendelssohn, l'ouverture de *Tannhäuser* et celle de *Manfred*[39], *La Fuite en Égypte* de Berlioz et les premières œuvres de Gounod et de Bizet. Mais le manque d'argent le força à s'interrompre.

Pasdeloup reprit cet essai. Après avoir dirigé, salle Herz[40], depuis 1851, la Société des jeunes artistes du Conservatoire, il fonda en 1861, au Cirque d'Hiver, avec l'appui financier d'un riche bailleur de fonds, les premiers Concerts populaires de musique classique. Malheureusement, raconte M. Saint-Saëns, Pasdeloup fut, jusqu'en 1870, d'un exclusivisme presque absolument germanique et classique. Il opposait à la jeune école française une barrière infranchissable, et ne joua guère, en fait d'œuvres françaises, qu'une symphonie de Gounod, une de Gouvy[41], l'ouverture des *Francs-Juges* et celle de la *Muette*[42]. Impossible d'élever en face de lui une société rivale. Il s'était fait donner un monopole exclusif. Au reste, il était, d'après M. Saint-Saëns, un musicien médiocre, et qui, malgré son amour passionné pour la musique, était « d'une incapacité immense ». « Les rares sociétés de musique de chambre étaient aussi fermées à tout nouveau venu que les concerts d'orchestre ; leurs programmes ne contenaient que les noms célèbres, indiscutés, des grands symphonistes classiques. En ce temps-là, il fallait être vraiment dénué de tout bon sens pour écrire de la musique[43]. »

---

37 Camille Saint-Saëns, *Portraits et Souvenirs* [Paris, Calmann-Lévy, 1909, p. 260].

38 [NdÉ] François Seghers (1801-1881), violoniste et chef d'orchestre d'origine belge dirigea effectivement dans la salle du Casino Paganini (démolie lors de la construction de l'Opéra Garnier), rue de la Chaussée d'Antin.

39 [NdÉ] *Tannhäuser* de Wagner ; *Manfred* de Schumann.

40 [NdÉ] Salle parisienne de 600 places édifiée en 1838 dans la manufacture de pianos du virtuose Henri Herz au 48, rue de la Victoire. Elle fut détruite en 1888.

41 [NdÉ] Théodore Gouvy (1819-1898), compositeur franco-allemand.

42 [NdÉ] *Les Francs-Juges* de Berlioz ; *La Muette de Portici* d'Auber.

43 Camille Saint-Saëns, *Harmonie et Mélodie* [Paris, Calmann-Lévy, 1885, « La Société nationale de musique », p. 208-209 ; en des termes différents].

Cependant, une nouvelle génération se formait, sérieuse, réfléchie, que le théâtre attirait moins, et davantage la musique pure. À cette génération appartenaient César Franck et M. Saint-Saëns. Elle était possédée de l'ardent désir de fonder un art national. La guerre de 1870 vint raviver ces pensées ; et de là sortit, en pleine guerre, la Société nationale de musique.

C'est avec respect qu'il faut parler de la Société nationale, qui fut vraiment le berceau et le sanctuaire de l'art français[44]. Tout ce qu'il y a eu de grand dans la musique française, de 1870 à 1900, a passé par là. Sans la Société nationale, la plupart des œuvres qui sont l'honneur de notre musique non seulement n'auraient pas été exécutées, mais peut-être même n'auraient pas été écrites. Elle a eu le rare mérite de devancer toujours de dix ou quinze ans l'opinion publique, que du reste elle forma, et qu'elle contraignit à honorer ceux que, la première, elle avait reconnus grands.

Les deux premiers fondateurs de la Société furent Romain Bussine, professeur de chant au Conservatoire, et M. Camille Saint-Saëns. Sur leur initiative, le 25 février 1871, César Franck, Ernest Guiraud, Massenet, Garcin[45], Gabriel Fauré, Henri Duparc, Théodore Dubois, et Taffanel[46], se joignant à eux, convinrent de fonder une société de musique, pour y faire entendre exclusivement les œuvres des compositeurs français vivants. Les premières séances furent interrompues par les événements de la Commune, et rouvrirent en octobre 1871. Les statuts primitifs furent rédigés par Alexis de Castillon, officier et compositeur de talent, qui, après avoir pris part à la guerre de 1870, à la tête des mobiles d'Eure-et-Loir, fut un des fondateurs de la musique française de chambre, et mourut prématurément, en 1873, âgé de trente-cinq ans. Ce furent ces statuts, signés de Saint-Saëns, Castillon, et Garcin, qui donnèrent à la Société son titre de Société nationale de musique, et sa devise : *Ars gallica.*

> Le but que se propose la Société, disaient-ils, est de favoriser la production et la vulgarisation de toutes les œuvres musicales sérieuses, éditées ou non, des compositeurs français, d'encourager et de mettre en lumière, autant que cela sera en son pouvoir, toutes les tentatives musicales, de quelque forme

44 Les notes qui suivent ont été prises d'après les archives de la Société nationale de musique, que M. Pierre de Bréville, secrétaire de la Société, a bien voulu me confier. – Voir aussi, dans la revue *S.I.M.* (décembre 1912), les « Souvenirs de la Société nationale », publiés par M. Henri Duparc.

45 [NdÉ] Jules Garcin (1830-1896), violoniste (professeur au Conservatoire de Paris), compositeur et chef d'orchestre français.

46 [NdÉ] Paul Taffanel (1844-1908), flûtiste, compositeur et chef d'orchestre français.

> qu'elles soient, à la condition qu'elles laissent voir, de la part de l'auteur, des aspirations élevées et artistiques… C'est fraternellement, avec l'oubli absolu de soi-même, avec l'intention bien arrêtée de s'entraider de tout leur pouvoir, que les sociétaires concourront, chacun dans la sphère de son action, aux études et auditions des œuvres qu'ils seront appelés à choisir et à interpréter.

Le premier Comité était ainsi composé : Bussine, président ; Saint-Saëns, vice-président ; Alexis de Castillon, secrétaire ; Jules Garcin, sous-secrétaire ; Lenepveu[47], trésorier. – Membres : César Franck, Théodore Dubois, E. Guiraud, Fissot[48], Bourgault-Ducoudray, Fauré et Lalo.

Le premier concert eut lieu, le 25 novembre 1871, salle Pleyel ; et il est remarquable que la première œuvre jouée ait été un trio de César Franck. Depuis, ont été données 400 auditions de musique de chambre ou d'orchestre. Les compositeurs et les virtuoses français les plus célèbres y ont pris part, comme exécutants : entre autres, César Franck, Saint-Saëns, Massenet, Bizet, Vincent d'Indy, Fauré, Chabrier, Guiraud, Debussy, Lekeu, Lamoureux, Chevillard, Taffanel, Widor, Messager, Diémer, Sarasate, Risler, Cortot, Ysaye, etc. Parmi les compositions qui ont été exécutées là, pour la première fois, il suffit de citer :

Presque tout l'œuvre de César Franck (Sonate, Trios, Quatuor, Quintette, Variations Symphoniques, Préludes et Fugues, Messe, *Rédemption, Psyché*, une partie des *Béatitudes*) ;

De Saint-Saëns : *Phaéton*, la seconde symphonie, les sonates, les *Mélodies persanes*, la *Rapsodie d'Auvergne*, un quatuor ;

De Vincent d'Indy : la trilogie de *Wallenstein*, le *Poème des Montagnes*, la *Symphonie sur un thème montagnard*, les quatuors ;

De Chabrier : une partie de *Gwendoline* ;

De Lalo : des fragments du *Roi d'Ys*, les rapsodies et les symphonies ;

De Bruneau : *Penthésilée, La Belle au Bois dormant* ;

De Chausson : *Viviane, Hélène, La Tempête*, le quatuor[49], la symphonie ;

De Debussy : *La Damoiselle élue*, le *Prélude à l'après-midi d'un faune*, le quatuor, les pièces pour piano ;

---

47 [NdÉ] Charles Lenepveu (1840-1910), compositeur, professeur de composition au Conservatoire de Paris.

48 [NdÉ] Henri Fissot (1843-1896), compositeur, pianiste et organiste français, professeur de piano au Conservatoire de Paris.

49 [NdÉ] Rolland désigne sans doute ainsi le *Quatuor avec piano* ; le *Quatuor à cordes* de Chausson, complété par Vincent d'Indy après la mort prématurée de son auteur, fut cependant créé aussi à la Société nationale de musique en 1900.

De Dukas : *L'Apprenti Sorcier*, la sonate pour piano ;

D'Albéric Magnard : les symphonies, le quatuor ;

Sans parler des auteurs plus récents : Ravel, Florent Schmitt, Roger Ducasse, Albert Roussel, D. de Séverac, etc., que la Société nationale a révélés au public.

Saint-Saëns conserva la direction, avec Bussine, jusqu'en 1886. Mais, depuis 1881, l'influence de Franck et de ses disciples se fit de plus en plus sentir ; et Saint-Saëns commença à se désintéresser des efforts de l'école nouvelle. En 1886 se produisit une scission, à la suite de la proposition, faite par Vincent d'Indy, d'introduire dans les programmes les œuvres des maîtres classiques et des compositeurs étrangers. La proposition fut adoptée ; mais Saint-Saëns et Bussine donnèrent leur démission. Franck devint alors le véritable président, bien qu'il en refusât le titre ; et, après sa mort, en 1890, Vincent d'Indy prit sa place. Sous ces deux directions, on fit une place assez importante à la musique ancienne et classique : Palestrina, Vittoria, Josquin, Bach, Haendel, Rameau, Gluck, Beethoven, Schumann, Liszt, Brahms. La musique étrangère contemporaine n'occupa jamais qu'une place très restreinte. Le nom de Wagner apparaît, une seule fois, pour une transcription du *Venusberg*[50] au piano. Le nom de Richard Strauss figure seulement avec son quatuor[51]. Grieg eut son heure de vogue, vers 1887, ainsi que les Russes : Moussorgski, Borodine, Rimsky-Korsakov, Liadov, Glazounov, que M. Debussy a peut-être contribué à introduire chez nous. – À l'heure qu'il est, la Société semble plus exclusivement française que jamais ; et l'influence de M. Vincent d'Indy et de l'école de Franck y est prédominante. Cela est naturel : le génie de César Franck fut le plus beau titre de gloire de la Société nationale ; elle fut la petite église où le grand artiste fut honoré, dans un temps où il était ignoré ou ridiculisé au dehors. Ce caractère de petite église s'est conservé, même après la victoire. Dans son programme général de 1903-1904, la Société rappelait avec fierté qu'elle était restée fidèle aux promesses de 1871 ; et elle ajoutait que « si, pour permettre à ses sociétaires de se rendre compte du mouvement général de l'art, elle avait peu à peu admis sur ses programmes des chefs-d'œuvre classiques et des productions étrangères modernes d'un

50 [NdÉ] Célèbre extrait du *Tannhäuser* de Wagner (acte I, scène 2).

51 [NdÉ] Son *Quatuor pour piano et cordes* (1884), entendu en 1903 à la Société nationale. Mais Richard Strauss est également l'auteur d'un *Quatuor à cordes* op. 2 (1880).

intérêt réel, elle n'avait pas cessé cependant de s'affirmer le cénacle où s'ébauchent les réputations futures ».

Rien de plus exact. La Société nationale est en effet un cénacle, où depuis trente ans s'est formé un art de cénacle et une opinion de cénacle ; il est sorti de là quelques-unes des œuvres les plus profondes ou les plus poétiques de la musique française, comme la musique de chambre de Franck ou de Debussy ; mais l'atmosphère en est et en devient, de jour en jour, plus raréfiée. Là est le danger. Il est à craindre que cet art et cette pensée ne soient définitivement absorbés par les subtilités décadentes ou le pédantisme scolastique, qui guette tout cénacle, – bref, que cette musique ne soit une musique de salon, plutôt qu'une musique de chambre. – « Il devient de plus en plus nécessaire, a écrit M. Saint-Saëns, que les compositeurs français trouvent entre l'audition intime et le grand public quelque chose d'intermédiaire qui leur permette de tout oser ; quelque chose, qui, n'étant pas, comme les grands concerts, une spéculation, constitue un milieu artistique analogue aux expositions de peinture. C'est un nouveau but à atteindre pour la *Société Nationale.* »

Ce but, il ne semble pas encore qu'elle l'ait atteint. Du moins, elle a rempli glorieusement la tâche qu'elle s'était fixée. En trente ans, elle a créé à Paris une pléiade de bons symphonistes et de compositeurs de musique de chambre, et un public d'élite qui semble capable de les comprendre[52].

II – LES GRANDS CONCERTS SYMPHONIQUES

Si urgent qu'il fût aux jeunes compositeurs français de s'unir pour résister à l'indifférence générale, il l'était encore plus de s'attaquer directement à cette indifférence, et de porter la musique au cœur du grand public. Il s'agissait de reprendre et de compléter l'œuvre de Pasdeloup, avec plus de sens artistique et dans un esprit nouveau.

L'éditeur de musique, Georges Hartmann, ayant conscience des forces qui s'amassaient dans l'art français, groupa autour de lui la plupart

52 Plus récemment, une nouvelle société a été fondée, sous le nom de Société musicale indépendante (S.M.I.), par une fraction importante de la Société Nationale. Elle a pour objet de suppléer à certaines lacunes causées par l'exclusivisme de la Nationale, en encourageant les tendances nouvelles et en révélant au public français, la musique étrangère d'aujourd'hui. Le Comité fondateur fut composé de Louis Aubert, André Caplet, Roger Ducasse, Jean Huré, Charles Koechlin, Maurice Ravel, Florent Schmitt, Émile Vuillermoz, sous la présidence de Gabriel Fauré.

des talents de la jeune école : – Franck, Bizet, Saint-Saëns, Massenet, Delibes, Lalo, A. de Castillon, Th. Dubois, Guiraud, Godard, Paladilhe, Joncières[53], – et il entreprit de les produire au dehors. Il loua le théâtre de l'Odéon, recruta un orchestre, dont il confia la direction à M. Édouard Colonne ; et, le 2 mars 1873, le Concert national fut inauguré par une matinée musicale où M. Saint-Saëns joua son *Concerto en sol mineur*, et où Mme Viardot chanta *Le Roi des Aulnes* de Schubert. Dans la première année, on donna six concerts ordinaires ; de plus, deux concerts spirituels, avec chœurs, furent consacrés à *Rédemption* de César Franck et à *Marie-Magdeleine* de Massenet. En 1874, l'Odéon fut abandonné pour le Châtelet. Cette première campagne fit du bruit et attira le public ; mais les résultats financiers furent des plus médiocres[54]. L'éditeur Hartmann se découragea et voulut abandonner l'entreprise. C'est alors que M. Édouard Colonne eut l'idée de constituer son orchestre en société, et de poursuivre l'essai, pour le compte de l'Association artistique. Parmi les artistes fondateurs se trouvaient MM. Bruneau, Benjamin Godard, Paul Hillemacher. Les premiers temps furent difficiles ; mais la persévérance de l'Association eut raison de tous les obstacles. En 1903, elle a fêté son trentième anniversaire. Pendant ces trente années, elle avait donné plus de huit cents concerts, et fait entendre des œuvres d'environ trois cents compositeurs, dont la moitié sont français. Les quatre compositeurs joués le plus souvent au Châtelet avaient été Saint-Saëns, Wagner, Beethoven, et surtout Berlioz[55]. Berlioz est véritablement la propriété des concerts du Châtelet. Non seulement on y exécute ses œuvres plus souvent qu'ailleurs[56] mais nulle part on ne le comprend mieux. L'orchestre Colonne et son chef, doués de beaucoup de fougue et d'une ardeur un peu déréglée, sont parfois gênés dans les œuvres d'une tenue classique ou d'un sentiment recueilli ; mais ils expriment à merveille le romantisme tumultueux de Berlioz, son lyrisme intense, et le coloris éclatant et fin

53 [NdÉ] Ernest Guiraud (1837-1892), compositeur et professeur de composition au Conservatoire de Paris ; Benjamin Godard (1849-1895), violoniste et compositeur ; Émile Paladilhe (1844-1926), pianiste et compositeur ; Victorin de Joncières (1839-1903), compositeur et critique.

54 Il est à noter que le prix des places était alors beaucoup plus populaire qu'aujourd'hui : les meilleures étaient à trois francs.

55 Environ 340 exécutions de Saint-Saëns, 380 de Wagner, 390 de Beethoven, et 470 de Berlioz. Je dois ces détails aux notices de M. Charles Malherbe, et aux renseignements obligeants de M. Léon Petitjean, secrétaire des Concerts Colonne.

56 La seule *Damnation de Faust* y a été donnée intégralement 150 fois en trente ans.

de ses peintures et de ses paysages musicaux. Bien que Berlioz ait aussi sa place aux concerts Chevillard[57] et à ceux du Conservatoire, c'est au Châtelet que reste attachée la foule des Berlioziens, dont l'enthousiasme n'est pas atteint par la campagne que, depuis quelques années, dirige contre Berlioz une partie de la critique, française, sous l'influence des jeunes partis musicaux : les d'Indystes et les Debussystes.

C'est aussi au Châtelet que se sont conservées jusqu'à ce jour, dans le public, les plus ardentes passions musicales. Grâce aux dimensions du théâtre, un des plus vastes de Paris, et au grand nombre des places à bon marché, il y a toujours là une clientèle de jeunes gens, étudiants et étudiantes, qui sont un des publics les plus vivants qu'on puisse voir. La musique est pour certains d'entre eux beaucoup plus qu'un plaisir : c'est un besoin. Il en est qui se privent pour économiser leur place de concert du dimanche. Et combien de ces adolescents et de ces jeunes femmes ne vivent, toute la semaine, que dans la pensée de ces heures d'oubli et d'ivresse musicale ! Un tel public n'existait point en France, avant 1870. C'est l'honneur des concerts du Châtelet, et des concerts Pasdeloup, de l'avoir créé de toutes pièces.

Édouard Colonne n'a pas été seulement un grand éducateur du goût musical en France. Personne n'a plus travaillé que lui à abaisser les barrières qui séparaient le public français de l'art étranger ; et en même temps il a contribué activement à faire connaître à l'étranger l'art français. Tandis qu'il dirigeait des concerts dans toute l'Europe et en Amérique, il cédait la direction de l'orchestre du Châtelet aux grands *Kapellmeister* allemands et aux compositeurs étrangers : Richard Strauss, Grieg, Tschaikowsky, Hans Richter, Hermann Levi, Mottl, Nikisch, Mengelberg, Siegfried Wagner, et tant d'autres. Nul chef d'orchestre n'a plus fait pour la musique parisienne depuis trente ans. Il convient de ne pas l'oublier[58].

Les concerts Lamoureux ont eu, dès l'origine, un caractère assez différent des concerts Colonne. Cette différence tenait à la personnalité des deux directeurs. Elle tenait aussi à ce que les concerts Lamoureux, quoique postérieurs de moins de dix ans aux concerts Colonne, représentaient une nouvelle génération musicale. Le progrès avait été singulièrement

57 [NdÉ] Comme Rolland le rappellera plus loin, Camille Chevillard, gendre de Lamoureux, avait succédé à celui-ci à la tête de son orchestre en 1897.

58 On sait que M. Colonne s'est dès à présent adjoint comme suppléant et comme futur successeur M. Gabriel Pierné.

rapide : à peine le riche trésor de la musique de Berlioz avait-il été exploré, qu'on se lançait à la découverte du monde wagnérien. Il fallait là un nouveau guide, ayant une connaissance spéciale de cet art, et en général de l'art allemand. Charles Lamoureux fut ce guide. Déjà, en 1873, il avait dirigé de grandes exécutions de Bach et de Haendel, données par la *Société de l'harmonie sacrée.* Il venait de quitter la direction de l'orchestre de l'Opéra, quand il inaugura, le 21 octobre 1881, au théâtre du Château d'Eau, la Société des nouveaux Concerts. Ces concerts eurent d'abord un programme des plus larges, comprenant tous les genres de musique et de toutes les écoles. Au premier concert figuraient des œuvres de Beethoven, Haendel, Gluck, Sacchini, Cimarosa et Berlioz. Dans la première année, Lamoureux fit entendre la *Neuvième Symphonie* de Beethoven, une grande partie de *Lohengrin*, et des œuvres de nombreux musiciens français de la jeune école. Diverses compositions de Lalo, de Vincent d'Indy et de Chabrier furent exécutées chez lui, pour la première fois. Mais ce fut surtout à l'étude des partitions wagnériennes que Lamoureux se consacra avec prédilection. Ce fut lui qui donna en France les premières grandes auditions intégrales de Wagner : en particulier, celles du premier et du second acte de *Tristan* en 1884-1885. La bataille wagnérienne n'était pas encore finie, comme le montre l'Avis imprimé en tête des programmes de *Tristan.*

> L'administration de la Société des Nouveaux Concerts, très désireuse d'éviter des conflits pendant l'exécution du second acte de *Tristan*, prie instamment et respectueusement les auditeurs de s'abstenir de donner des marques d'approbation ou d'improbation avant la fin de l'acte.

La même année, dans la salle de l'Eden-Théâtre[59], où les concerts avaient été transférés, Lamoureux dirigea la première exécution à Paris du premier acte de la *Walküre*[60]. Dans ces concerts débuta le ténor Van Dyck, qui devait être plus tard un des protagonistes de Bayreuth. En 1886-1887, Lamoureux prépara et dirigea l'unique représentation de *Lohengrin*, à l'Eden. On sait que les manifestations de la rue empêchèrent les représentations suivantes. Lamoureux alla se fixer ensuite dans la salle du Cirque des Champs-Élysées, où, pendant onze ans, il donna des concerts, qui prirent alors le nom de Concerts-Lamoureux. Il continua

59 [NdÉ] Salle de 4 000 places, de style orientalisant, située rue Boudreau ; ouverte en 1883, elle fut démolie en 1895.

60 [NdÉ] *La Walkyrie* de Wagner.

à répandre la connaissance de l'œuvre de Wagner, en s'assurant parfois le concours des plus célèbres artistes de Bayreuth, entre autres de Mme Materna et de Lilli Lehmann. Après la saison de 1897, Lamoureux voulut dissoudre son orchestre, pour diriger des concerts à l'étranger. Mais l'orchestre résolut de continuer, sous le titre d'Association des Concerts-Lamoureux, et sous la direction du gendre de Lamoureux, M. Camille Chevillard. Lamoureux ne tarda pas d'ailleurs à reprendre la direction des concerts, qui étaient revenus au théâtre du Château d'Eau ; et, quelques mois avant sa mort, en 1899, il dirigeait, au Nouveau Théâtre, la première à Paris de *Tristan*. Ainsi, il avait le bonheur d'assister au triomphe complet de la cause pour laquelle il avait lutté, avec opiniâtreté, pendant près de vingt ans[61].

Les exécutions wagnériennes de Lamoureux comptent parmi les plus parfaites qu'on ait données du maître de Bayreuth. Lamoureux avait à la fois un sens de l'unité de l'œuvre et un souci minutieux du détail que ne possédait pas, à un pareil degré, l'orchestre Colonne. En revanche, la verve exubérante avec laquelle ce dernier interprétait les compositions romantiques lui faisait défaut. Il comprenait médiocrement ces œuvres ; et bien que, plus que son rival, il fût nourri de l'art classique, il en rendait davantage la lettre que l'esprit ; il y apportait une minutie appliquée, qui enlevait son accent et sa vie à une musique telle que celle de Beethoven. Ses qualités et ses défauts le désignaient pour être un interprète excellent pour la jeune école néo-wagnérienne, dont M. Vincent d'Indy était alors le principal représentant en France, avec Emmanuel Chabrier. Lamoureux avait besoin, dans une certaine mesure, d'être dirigé lui-même, soit par la tradition vivante de Bayreuth, soit par la pensée d'auteurs vivants et présents ; et le plus grand service qu'il rendit à la musique française fut de créer, grâce à son souci extrême de la perfection matérielle, un orchestre qui fût un merveilleux instrument symphonique.

Ce souci de la perfection a été gardé par son successeur, M. Camille Chevillard, et son orchestre s'est encore affiné. On peut dire qu'il est aujourd'hui le meilleur de Paris. M. Chevillard se sentait plus attiré que Lamoureux par la musique pure ; il trouvait avec raison que la musique dramatique tenait une trop grande place dans les concerts parisiens. Dans une lettre, publiée par le *Mercure de France* en janvier 1903, il reproche aux

61 Ces renseignements ont été contrôlés d'après la notice publiée dans la *Revue éolienne* de janvier 1902 par M. Léon Bourgeois, secrétaire du Comité de l'Association des Concerts-Lamoureux.

éducateurs du goût français d'avoir trop cultivé la prédilection du public pour l'opéra, et de n'avoir pas éveillé son attention pour la supériorité de la pure musique : « Quatre mesures au hasard d'un quatuor de Mozart ont, dit-il, une plus grande valeur éducative qu'une fastueuse scène d'opéra ». – Nul ne dirige mieux à Paris les œuvres classiques, surtout celles de pure beauté plastique ; même en Allemagne, il serait difficile de trouver une interprétation aussi délicate de certaines œuvres symphoniques de Mozart ou de Haendel. Son orchestre a d'ailleurs conservé la supériorité qu'il avait déjà acquise dans le répertoire wagnérien. Mais M. Chevillard lui a communiqué une chaleur et une vigueur de rythme qu'il n'avait pas avant lui. Ses interprétations beethovéniennes, encore que superficielles, sont vivantes. Comme Lamoureux, M. Chevillard a peu le sens des œuvres romantiques françaises, de Berlioz, et encore moins de Franck et de son école ; il semble n'avoir qu'une sympathie mitigée pour les courants les plus récents de la musique française. Mais il comprend bien les romantiques allemands, surtout Schumann, pour qui il a une prédilection ; il s'est efforcé, sans y très bien réussir, de faire pénétrer en France Liszt et Brahms ; il a été le premier chez nous à attirer vraiment l'attention sur la musique russe, dont il excelle à rendre le coloris brillant et fin. Et, comme M. Colonne, il a su faire appel aux grands *Kapellmeister* allemands : à Weingartner, à Nikisch, à Richard Strauss, qui dirigea chez lui les premières exécutions à Paris de plusieurs de ses poèmes symphoniques : *Zarathustrâ, Don Quixote, Heldenleben.*

Rien n'a été plus efficace pour achever l'éducation musicale du public que ce continuel défilé dans nos concerts, depuis dix ans, des *Kapellmeister* et des virtuoses étrangers, et que la comparaison de leurs styles et de leurs interprétations diverses. Rien n'a plus contribué au perfectionnement des orchestres parisiens, par l'émulation que cette sorte de concours instituait entre leurs chefs et ceux des autres pays. À présent, ils peuvent rivaliser avec les meilleurs de l'Allemagne. Les instruments à cordes sont bons ; les bois ont gardé la vieille supériorité française ; les cuivres restent la partie faible de nos orchestres, encore qu'ils aient fait de grands progrès. On peut aussi critiquer le groupement souvent défectueux de l'orchestre sur la scène de concerts, et la disproportion entre les diverses familles d'instruments, – par suite entre les diverses sonorités, – dont certaines sont trop réduites, et d'autres trop fournies. Mais ce sont là des défauts un peu généraux en Europe, aujourd'hui. Ce qui est malheureusement plus spécial à la France, c'est l'insuffisance ou la mauvaise qualité des chœurs, dont les progrès ont été loin de répondre à ceux de l'orchestre. C'est de ce côté que doit porter maintenant le principal effort de nos directeurs de concerts.

Les Concerts-Lamoureux n'ont pas été aussi stables que les Concerts du Châtelet. Ils ont erré de salle en salle, à travers Paris, du Cirque d'Hiver au Cirque d'Été, et du Château d'Eau au Nouveau Théâtre. Ils sont, pour le moment, dans la salle Gaveau[62], qui est beaucoup trop petite pour eux. Malgré le développement de la musique et du goût musical, Paris n'a pas encore une salle de concerts, comme en a la plus petite capitale de province allemande ; et cette honteuse incurie, indigne de la renommée artistique de Paris, oblige les sociétés symphoniques à recourir à des cirques, ou à des salles de théâtre, qu'il leur faut partager avec d'autres troupes, et dont l'acoustique n'est pas faite pour des concerts. C'est ainsi que, pendant six ans, les Concerts Chevillard ont été adossés à un music-hall, ayant la même entrée, et n'étant séparé de leur salle que par un simple couloir insuffisamment clos, de telle sorte que les flonflons de la danse du ventre se mêlaient aux adagios de Beethoven et aux scènes de la *Tétralogie*[63]. – De plus, l'exiguïté des locaux où les Concerts Chevillard ont dû presque toujours se tasser a été un sérieux obstacle à ce qu'ils pussent avoir un public populaire. Cependant, c'est des promenoirs et des galeries du Nouveau Théâtre qu'est partie, dans ces dernières années, ce que j'appellerai la petite guerre des concertos. Ce fut un épisode assez curieux de l'histoire du goût musical à Paris pour qu'on en dise deux mots ici. Dans tous les pays, mais surtout dans ceux qui sont les moins musiciens, le virtuose bénéficie de la faveur publique, au détriment souvent de l'œuvre qu'il exécute ; et ce que l'on aime surtout dans la musique, c'est le musicien. Le virtuose, dont il ne faut pas méconnaître l'importance, et qui doit être honoré, quand il est l'interprète respectueux et pénétrant du génie, a eu trop souvent, surtout dans les pays latins, une part déplorable à l'abaissement du goût musical ; la virtuosité stérile fait le désert dans l'art. Le temps des ineptes fantaisies et des variations acrobatiques est, il est vrai, passé ; mais, dans ces derniers temps, la virtuosité eut un retour offensif ; s'abritant sous le grave nom classique des Concertos, elle prit

62 [NdÉ] Salle d'un millier de places ouverte en octobre 1907 au 45-47, rue de la Boétie.

63 [NdÉ] La *Tétralogie* (*L'Anneau du Niebelung*), regroupant *L'Or du Rhin, La Walkyrie, Siegfried* et *Le Crépuscule des dieux* de Wagner.

dans les concerts symphoniques, surtout chez M. Chevillard, une place un peu exagérée, et que jamais Lamoureux ne lui eût accordée. De là vint la révolte d'une partie du public, la plus jeune et la plus ardente, qui se mit à protester, et bientôt, avec impartialité, siffla indistinctement les virtuoses fameux et les virtuoses obscurs, les concertos illustres et les plus détestables : rien ne trouva grâce devant eux, ni le jeu de Paderewski, ni la musique de M. Saint-Saëns, ou des grands classiques. L'administration des concerts s'obstina, tenta vainement d'expulser les siffleurs, de leur interdire l'accès de la salle : la lutte dura longtemps, et la critique y prit part. Malgré ses exagérations ridicules et le fond de barbarie qu'il y a dans ces affirmations trop sommaires des verdicts du parterre, cette querelle a son intérêt : car elle prouve combien s'est rallumée en France l'ardeur des passions musicales ; et ces passions, même injustes, sont plus fécondes et valent mieux que l'indifférence.

III – LA SCHOLA CANTORUM

Cependant, les Concerts-Lamoureux, à leur tour, avaient rempli leur mission ; leur période héroïque était close. Ils avaient imposé Wagner à Paris ; et, comme toujours, Paris, dépassant le but, ne jurait plus que par Wagner. Les musiciens français traduisaient dans le style de Wagner des pensées de Gounod ou de Massenet. Les critiques parisiens répétaient à tort et à travers les théories de Wagner, bien ou mal comprises, et plus souvent mal que bien. Une réaction devait fatalement se produire, quand le goût parisien serait saturé de wagnérisme ; et elle se produisit en effet, dès 1890 dans une élite restreinte, dont quelques membres avaient été et étaient encore des musiciens les plus imprégnés de l'influence wagnérienne. Elle fut timide d'abord, et s'annonça sous la forme d'un retour au passé classique et aux grands primitifs de la musique.

Depuis longtemps, il n'avait pas manqué de tentatives en ce sens ; mais aucune n'avait réussi à pénétrer dans la masse du public. En 1843, Joseph-Napoléon Ney, prince de la Moskowa, avait fondé à Paris une *Société pour la musique vocale religieuse et classique*. Cette société, qu'il dirigeait lui-même, dans son hôtel, s'était donné pour mission d'exécuter les œuvres vocales du XVIe et du XVIIe siècles[64]. – En 1853, Louis Niedermeyer institua

64 Elle publia une collection en 11 volumes des œuvres anciennes qu'elle avait exécutées. – Avant l'essai du prince de la Moskowa avaient eu lieu les Concerts historiques de Fétis,

à Paris une *École de musique religieuse et classique*, « destinée à former, par l'étude des chefs-d'œuvre classiques des grands maîtres des XVe, XVIe et XVIIe siècles, des chanteurs, des organistes, des maîtres de chapelle, et des compositeurs de musique ». Et cette école, subventionnée par l'État, fut en effet une pépinière de solides musiciens. Elle compta parmi ses élèves certains des noms les plus connus dans la musique d'aujourd'hui, comme compositeurs, comme chefs d'orchestre, comme organistes, ou comme historiens : entre autres, M. Gabriel Fauré, M. André Messager, M. Eugène Gigout, M. Henry Expert. M. Saint-Saëns y fut professeur, et en devint président. Près de 500 organistes, maîtres de chapelle, professeurs de musique dans les Conservatoires et les lycées français, ont été formés là. Mais cette école, très sérieuse et très modeste, qui fut un refuge de l'esprit classique, au milieu du mauvais goût général, ne se préoccupa jamais d'agir sur le grand public, et en resta presque ignorée.

Après l'essai de Lamoureux, en 1873, pour exécuter les grandes œuvres chorales de Bach et de Haendel, le plus célèbre organiste français, M. Alexandre Guilmant, entreprit de donner au Trocadéro, depuis 1878, des concerts d'orgue et d'orchestre, consacrés aux maîtres religieux du XVIIe et du XVIIIe siècles. Mais la déplorable acoustique de la salle de concerts ne nuisit pas peu à l'effet des œuvres qu'il interprétait ; et le public, qui répondit médiocrement à son appel, ne sembla trouver d'abord qu'un intérêt historique à ces chefs-d'œuvre, dont la vie profonde lui échappait.

Enfin, un élève de Franck, M. Henry Expert, qui commençait en 1882 ses admirables publications d'histoire musicale, jeta, en 1884, les fondements d'une Société J.-S. Bach pour répandre la connaissance de l'ancienne musique, du XIIIe au XVIIIe siècles. Il avait réussi à intéresser à son entreprise non seulement les principaux musiciens français, comme César Franck, Saint-Saëns, Gounod, mais aussi ceux de l'étranger : Hans de Bülow, Tschaikowski, Grieg, Sgambati[65], Gevaert[66]. Malheureusement, cette Société, qui était une sorte de première esquisse des plans réalisés plus tard par Charles Bordes, resta à l'état de projet.

---

précédés de conférences, qui furent inaugurés en 1832, et qui ne réussirent point, – et les Concerts historiques d'Amédée Méreaux (1842-1844).

65 [NdÉ] Giovanni Sgambati (1841-1919), compositeur, pianiste, chef d'orchestre et professeur italien.

66 [NdÉ] François-Auguste Gevaert (1828-1908), compositeur et théoricien belge.

Le grand public ne commença vraiment à être touché par l'art ancien que du jour où l'Association des Chanteurs de Saint-Gervais fut fondée, en 1892, par Charles Bordes, maître de chapelle de cette église. Le succès immédiat et la bruyante renommée de cette œuvre ne furent pas seulement dus au talent du directeur, qui unissait à une vive et souple intelligence artistique un sens pratique, une activité, et des dons d'organisation supérieurs ; il faut aussi les attribuer à un ensemble de circonstances favorables : avant tout, à cette lassitude du wagnérisme, dont je viens de parler ; puis, à la naissance d'une nouvelle religion artistique, qui venait de se former, depuis la mort de César Franck, autour de la mémoire de ce grand musicien.

Je n'ai pas à apprécier ici le génie de César Franck ; mais on ne saurait comprendre le mouvement musical parisien, depuis quinze ans, si l'on ne se rendait compte de l'importance de son enseignement. La classe d'orgue au Conservatoire, où Franck succéda, en 1872, à son ancien maître Benoist, fut pendant longtemps, comme le dit M. Vincent d'Indy[67], « le véritable centre des études de composition du Conservatoire. Beaucoup de ses confrères ne consentirent jamais à regarder comme des leurs ce professeur qui avait l'audace de voir dans l'art autre chose qu'un métier lucratif. Et, en effet, César Franck n'était pas des leurs. Ils le lui firent sentir. » Mais les jeunes gens ne s'y trompèrent pas. « À cette époque, c'est-à-dire de 1872 à 1876, les trois cours dits de haute composition musicale étaient donnés par trois professeurs bien peu faits pour cet enseignement : l'un, Victor Massé, compositeur de faciles opéras-comiques, sans nulle entente de la symphonie, et qui, constamment malade, se faisait remplacer dans ses fonctions par un de ses élèves ; l'autre, Henri Reber, musicien vieillot, au jugement étroit et autoritaire ; le troisième enfin, François Bazin, qui n'était pas capable de distinguer dans les fugues de ses élèves une réponse fausse d'une réponse juste, et dont le plus haut titre de gloire est d'avoir écrit *Le Voyage en Chine*. Il n'est donc pas étonnant que le noble enseignement de César Franck, fondé sur Bach et Beethoven, mais admettant aussi tous les élans, toutes les aspirations nouvelles et généreuses, ait, dès cette époque, attiré à lui les jeunes esprits, doués d'idées élevées et véritablement épris de leur art. C'est ainsi que, sans s'en douter lui-même,

---

67 Les renseignements qui suivent ont été donnés par M. Vincent d'Indy, dans une conférence faite le 20 février 1903 à l'École des Hautes Études sociales, conférence qui est devenue plus tard un chapitre du livre de M. Vincent d'Indy sur César Franck (1906).

le maître draina, pour ainsi dire, toutes les forces sincèrement artistiques qui étaient éparses dans les diverses classes du Conservatoire de musique, sans parler des élèves du dehors. »

Parmi les disciples qui reçurent directement son enseignement[68], furent Henri Duparc, Alexis de Castillon, Vincent d'Indy, Ernest Chausson, Pierre de Bréville, Augusta Holmès, Louis de Serres, Charles Bordes, Guy Ropartz, Guillaume Lekeu. Si l'on ajoute que l'influence de cet enseignement se fît sentir plus ou moins sur ses élèves de la classe d'orgue, entre autres sur Samuel Rousseau, Gabriel Pierné, Auguste Chapuis, Paul Vidal, Georges Marty, et aussi sur les virtuoses qui vécurent quelque temps dans son intimité, comme Armand Parent et Eugène Ysaye, à qui Franck dédia sa sonate de violon ; – si l'on songe enfin que, même parmi les artistes qui ne furent pas ses élèves, nombre des plus célèbres, comme Gabriel Fauré, Alexandre Guilmant, Emmanuel Chabrier, Paul Dukas, n'échappèrent pas à son ascendant, – on voit que l'époque musicale presque tout entière, à Paris, est sortie de César Franck ; et « ce fut, en grande partie, dans l'intention de perpétuer son enseignement » que trois des élèves ou amis de Franck : Alexandre Guilmant, Charles Bordes et Vincent d'Indy, fondèrent, en 1894, – quatre ans après sa mort, – la *Schola Cantorum*, qui, depuis, ne cessa de se réclamer de son nom.

> Notre vénéré père Franck, a dit Vincent d'Indy dans un discours, est un peu le grand-père de cette *Schola Cantorum* ; car c'est son système d'enseignement que nous nous efforçons de continuer et d'appliquer ici[69].

L'action de Franck avait été double : artistique et morale. D'une part, il était un admirable professeur d'architecture musicale, si je puis dire ; il forma une école de symphonie et de musique de chambre, comme la France n'en avait jamais eu, et qui, à certains égards, était plus neuve et plus hardie que celle des symphonistes allemands. D'autre part, il a exercé par son caractère un ascendant inoubliable sur tous ceux qui l'ont connu. Sa foi profonde, sa belle foi indulgente et sereine, mettait autour de lui comme un rayonnement. Le parti catholique, où se faisait alors sentir un renouveau en France, tâcha, après sa mort, de l'englober tout entier. C'était, nous l'avons dit ailleurs[70], rétrécir l'esprit de Franck, dont

68 On en trouvera la liste complète dans le livre de M. Vincent d'Indy.

69 *La Tribune de Saint-Gervais*, novembre 1900.

70 Voir l'étude ci-dessus sur Vincent d'Indy.

le grand charme était d'unir harmonieusement la croyance à la liberté, et qui ne limitait point sa sympathie artistique à un seul idéal[71]. Mais ce qu'il y avait de religieux en lui se trouvant d'accord avec un courant assez puissant de l'époque, il était fatal que ce côté seul de son génie fût mis d'abord en lumière, et que la musique religieuse fût la première à bénéficier de son action. Aussi ne fut-il d'abord question dans les premiers manifestes de la *Schola Cantorum* que d'une réforme de la musique sacrée, en la ramenant aux grands modèles anciens[72]. La première règle était celle-ci : « Le chant grégorien devra rester, pour tous les temps, la source et la base de la musique d'Église, et constituera ainsi l'unique règle pour la juger sainement[73] ». – On y ajoutait toutefois la musique *alla Palestrina*, et celle qui se conforme à ces principes et s'inspire de ces exemples. – Des idées aussi archaïques ne pouvaient évidemment pas créer une nouvelle musique religieuse ; mais elles ont du moins contribué

71 Le fils du compositeur, M. Georges César-Franck, a en vain protesté contre cet accaparement de son père par un parti : « À en croire tels écrivains appliqués à tout unifier et à tout déduire d'un seul principe, César Franck aurait été un mystique, dont le vrai domaine serait la musique religieuse. Rien n'est moins exact. Le public est trop simpliste. Il abuse des étiquettes. Il juge un compositeur sur une œuvre ou un groupe d'œuvres, et le classe une fois pour toutes… En réalité, mon père a cultivé tous les genres. En musicien consommé, il s'était rendu maître de toutes les formes de la composition. Il a écrit de la musique religieuse et de la musique profane, des mélodies, des danses, des pastorales, des oratorios, des poèmes symphoniques, des symphonies, des sonates, des trios, des opéras. Il ne s'est pas mis dans telle œuvre, et non dans les autres ; il s'est exprimé partout. » (*Revue d'histoire et de critique musicale*, août-septembre 1901.)

72 « La *Schola Cantorum* a pour but de créer une musique moderne vraiment digne de l'Église. » – (Premier numéro de *la Tribune de Saint-Gervais*, bulletin mensuel de la *Schola Cantorum*, janvier 1895.)

73 La *Schola* s'appuyait ici sur le puissant travail accompli, depuis cinquante ans, en silence, par les Bénédictins français de l'abbaye de Solesmes, et sur la restauration du chant grégorien, commencée de 1850 à 1860 par Dom Guéranger, premier abbé de Solesmes, – continuée par Dom Jausions et Dom Pothier, abbé de Saint-Wandrille, qui publia en 1883 les *Mélodies grégoriennes*, le *Liber gradualis*, le *Liber antiphonarius*, – reprise enfin et menée à bonne fin par Dom Schmitt et Dom Mocquereau, prieur de Solesmes, qui commença en 1889 sa monumentale publication de la *Paléographie Musicale*, dont neuf tomes avaient paru en 1906. Cette grande école bénédictine a été la gloire de la musicologie française de notre temps. Elle est à présent exilée de France. [NdÉ – Romain Rolland a rédigé plusieurs comptes rendus sur les activités de la Schola : « *Schola Cantorum*. Trois séances de musique française des XVIIe et XVIIIe siècles », dans *L'Art dramatique et musical*, mars 1901, p. 154-155 ; « Concerts de la Schola Cantorum. – Trois séances de musique ancienne française des XVIe, XVIIe et XVIIIe siècles (19 décembre, 28 décembre 1901 et 16 janvier 1902) », *Revue d'histoire et de critique musicales*, janvier 1902, p. 54-56.]

à restaurer l'art ancien ; et elles ont reçu leur consécration officielle dans le fameux bref du pape Pie X, réformant la musique sacrée[74].

Toutefois un idéal d'action artistique aussi restreint que celui-ci n'eût pas suffi à assurer le succès de la *Schola Cantorum*, ni à établir son autorité sur un public, resté, quoi qu'on en dît, médiocrement religieux, et que l'art religieux d'autrefois ne pouvait intéresser que par mode, un instant. L'esprit de curiosité et le sens de la vie moderne l'emportèrent peu à peu sur les principes.

Après les chants palestriniens et grégoriens, qui étaient exécutés à l'église Saint-Gervais, pendant la Semaine Sainte, on joua Carissimi, Schütz, et les maîtres italiens et allemands du XVIIe siècle. Puis vinrent les cantates de Bach, dont les auditions, données salle d'Harcourt par M. Bordes, attirèrent une foule considérable, et rendirent à Paris le culte de ce grand maître. Puis, ce fut le tour de Rameau et de Gluck. Finalement, toute la musique ancienne, profane ou sacrée, y passa. Et de l'école primitive, qui était consacrée au culte de l'ancienne musique religieuse, et qui avait eu des débuts si modestes[75], on en arriva à la conception d'une *École d'Art répondant aux besoins modernes*, que M. Vincent d'Indy, devenu en 1900 président de la *Schola*, résolut de fonder dans les nouveaux locaux plus vastes de la rue Saint-Jacques.

Le programme de cette nouvelle école fut donné par M. d'Indy, dans son discours d'inauguration, le 2 novembre 1900. Il y faisait de l'histoire le fondement de l'enseignement musical :

> L'art, dans sa marche à travers les âges, est, – disait-il, – un microcosme qui traverse comme le monde de successives périodes de jeunesse, de maturité, de vieillesse, mais qui ne meurt jamais et se renouvelle perpétuellement. Ce n'est pas un cercle fermé, mais une spirale qui monte toujours et toujours progresse. Je prétends faire suivre aux élèves la marche même que l'art a suivie, en sorte que, subissant en leur période d'étude les transformations subies par la musique à travers les siècles, ils en sortiront d'autant mieux armés pour le combat moderne qu'ils auront vécu pour ainsi dire la vie de l'art et se seront assimilé dans leur ordre naturel les formes qui se sont logiquement succédé dans les diverses époques du développement artistique.

---

74 [NdÉ] Motu proprio « Tra le sollecitudine », 22 novembre 1903.

75 Quand Charles Bordes ouvrit, rue Stanislas, la première *Schola Cantorum*, il était sans appui, presque sans ressources, et possédait exactement 37 fr. 50 en caisse. Je cite ce détail, pour donner une idée de l'esprit de vaillance et de conviction admirable qui animait Charles Bordes.

Il prétendait appliquer ce système aussi bien aux futurs compositeurs qu'aux instrumentistes et aux chanteurs. « Car il est tout aussi profitable à ceux-ci de savoir chanter convenablement une monodie liturgique ou de pouvoir jouer dans le style qui convient une sonate de Corelli, qu'aux compositeurs d'étudier la structure d'un Motet ou d'une Suite. » – De plus, il obligeait tous les élèves, sans distinction, à faire partie du cours d'application vocale. – Enfin, il créait un cours spécial, et tout nouveau en France, de direction d'orchestre. – Son objet, comme il le déclarait nettement, était de rénover la musique moderne, au moyen de la connaissance du passé.

> Où irons-nous, disait-il, puiser la sève vivifiante qui nous donnera des formes et des formules vraiment nouvelles ? La source n'en est point difficile à découvrir ; n'allons pas la chercher autre part que dans l'art décoratif des plain-chantistes, dans l'art architectural de l'époque palestrinienne, dans l'art expressif des grands Italiens du XVIIe siècle. C'est là, et là seulement, que nous pourrons trouver des tours mélodiques, des cadences rythmiques, des appareils harmoniques véritablement neufs, si nous savons appliquer ces sucs nourriciers à notre esprit moderne. C'est dans ce but que je prescris à tous les élèves de l'école l'étude attentive des antiques formes, parce qu'elles seules sont susceptibles de donner à notre musique les éléments d'une nouvelle vie fondée sur des principes surs, sains et solides[76].

Ce grand éclectisme intelligent était très propre à développer l'esprit critique, un peu moins à former des personnalités originales. Il imposait en tout cas une excellente discipline pour le goût musical ; et, en fait, l'*École supérieure de musique* de la rue Saint-Jacques fut dès lors un conservatoire nouveau, plus moderne et plus savant à la fois que l'autre Conservatoire, – d'ailleurs, pas beaucoup plus libre, et peut-être même moins libre, parce que plus convaincu. Il prit un développement considérable. Le nombre des élèves, de 21 en 1896, passa à 320 en 1908. Les musiciens et les musicologues les plus éminents y professèrent. M. Vincent d'Indy lui-même se chargea des cours de composition[77]. Et, dans la brève carrière qu'elle a fournie jusqu'à présent, la *Schola* a eu déjà l'honneur de former de jeunes compositeurs, tels que MM. A. Roussel, Déodat de Séverac, Gustave Bret, Labey, Samazeuilh, R. de Castéra, Sérieyx, Alquier, Coindreau, Estienne, Le Flem et Groz[78].

---

76 *La Tribune de Saint-Gervais*, novembre 1900.

77 Il y a actuellement 9 cours de composition à la *Schola* (5 pour les hommes, 4 pour les femmes). M. Vincent d'Indy en professe huit, ainsi qu'un cours d'ensemble d'orchestre.

78 Il faut y ajouter des élèves personnels de M. Vincent d'Indy, comme Witkowski, et Albéric Magnard, qui est un des premiers compositeurs d'aujourd'hui. [NdÉ – Albert

En dehors de l'influence qu'elle exerça par son enseignement, l'École eut une propagande extrêmement active par les concerts et les publications. Depuis sa fondation jusqu'en 1904, elle donna 200 exécutions dans 130 villes de province et plus de 150 concerts à Paris, dont 50 avec orchestre et chœurs, 60 concerts d'orgue et 40 de musique de chambre. Ces concerts, fidèlement suivis par un auditoire ardent et choisi, ont été une école pour le goût public. Il ne faut pas y chercher des exécutions parfaites[79], mais l'intelligence de l'interprétation et une curiosité d'esprit passionnée pour les grandes œuvres du passé. On y a ressuscité l'*Orfeo* de Monteverdi et son *Incoronazione di Poppea*, oubliés depuis trois siècles ; et c'est à la suite du mouvement créé par les auditions réitérées de Rameau à la *Schola*[80], que *Dardanus* fut représenté à Dijon, sous la direction de M. Vincent d'Indy, *Castor et Pollux* à Montpellier, sous la direction de M. Charles Bordes, et que l'Opéra de Paris donna, en 1908, *Hippolyte et Aricie.* Des *scholae* succursales ont été fondées à Lyon, Marseille, Bordeaux, Avignon, Montpellier, Nancy, Épinal, Montluçon, Saint-Chamond, Saint-Jean-de-Luz[81]. Une maison d'éditions a été adjointe à l'École de Paris. Il en sort des Revues, comme *La Tribune de Saint-Gervais*, des publications de musique ancienne, comme l'*Anthologie des maîtres religieux primitifs des* XV*e*, XVI*e et* XVII*e siècles*, publiée par Charles Bordes, les *Archives des maîtres de l'orgue des* XVI*e*, XVII*e et* XVIII*e siècles*, publiés par Alexandre Guilmant et André Pirro, les *Concerts spirituels de la Schola*,

Roussel, Marcel Labey, Gustave Samazeuilh, René de Castéra, Albert Sérieyx, Maurice Alquier, Pierre Coindreau, Henri Estienne, Paul Le Flem, Albert Groz.]

79 L'orchestre est composé, en majeure partie, d'élèves ; et, par un mécanisme financier tout à fait généreux, les répétitions et les exécutions sont rétribuées aux élèves qui en font partie, et portées à leur compte sur le livre de caisse. Ainsi, en plus des boursiers, la *Schola* compte un grand nombre d'élèves peu fortunés, qui arrivent, avec ces concerts, à rembourser presque entièrement les frais de leur instruction. « Les concerts sont avant tout des exercices esthétiques pour les élèves, et un moyen de leur accorder la quasi-gratuité de l'enseignement. » Je dois ces renseignements et ceux qui précèdent à l'obligeance de M. J. de la Laurencie, secrétaire général de la *Schola*, que je suis heureux de remercier. [NdÉ – Jean de la Laurencie était le frère du musicologue Lionel de la Laurencie.]

80 On a même représenté, à la *Schola*, sur un théâtre de verdure, *La Guirlande* de Rameau.

81 On peut ajouter à cette liste les groupements choraux de Nantes et de Besançon, qui sont des corporations de même ordre que les *Chanteurs de Saint-Gervais*. – Enfin, il est permis de rattacher au mouvement de la *Schola* une Société indépendante, fondée à Paris, sur l'initiative d'un ancien élève de la *Schola*, M. Gustave Bret : la *Société J.-S. Bach*, qui, depuis 1905, s'est consacrée à l'exécution des grandes œuvres de Bach. Ce n'est pas un de ses moindres mérites d'avoir contribué à former de solides chœurs d'amateurs, sur le modèle des associations chorales d'Allemagne.

les rééditions de l'*Orfeo* et de *L'Incoronazione di Poppea* par M. Vincent d'Indy, – des publications de musique moderne, comme une *Collection du chant populaire*, un *Répertoire moderne de musique vocale et d'orgue*, et surtout l'Édition mutuelle, publiée par les auteurs eux-mêmes, et dont les auteurs restent propriétaires.

C'est là un ensemble d'activité, merveilleux; et il suppose une telle somme de dévouement qu'on aurait mauvaise grâce à se mêler aux critiques que la *Schola* s'est attirées, dans ces derniers temps, et qu'elle mérite parfois. Il y a des petitesses même dans les grands artistes, et des imperfections dans toute œuvre humaine; les défauts se révèlent surtout après la victoire. La *Schola* n'échappe pas à la crise de croissance, par où passe toute œuvre qui triomphe et qui dure. Sans doute, la brusque maladie et la retraite prématurée du fondateur de l'œuvre, de celui qui en était resté l'âme, M. Charles Bordes, surmené par le labeur écrasant, qu'il avait porté presque seul pendant dix ans, privèrent la *Schola* d'une de ses forces les plus actives et les plus nécessaires peut-être à son harmonieux développement[82]. Mais M. Vincent d'Indy, dont le généreux apostolat continue de diriger la *Schola*, d'une main ferme et jamais lassée, malgré sa multiple activité de compositeur, de professeur et de *Kapellmeister*, est le plus sûr et le plus solide des guides pour une jeune école de musique française. Et si parfois son intelligence un peu abstraite, son humeur combative, et certains préjugés, qui ne sont pas tous musicaux, le font pencher vers un idéal de raison et de foi immobile, – si parfois ses disciples, déformant inconsciemment sa pensée, risquent de se mettre en opposition avec le courant sans cesse renouvelé de la vie, je suis convaincu que ce ne sont là que des accès passagers de réaction, peut-être légitime, contre des exagérations opposées, et que la *Schola* saura toujours éviter l'écueil où échouent tant de révolutionnaires de la veille, qui sont des conservateurs du lendemain. Qu'elle ne

82 M. Charles Bordes n'abandonna point la lutte. Forcé de se retirer dans le Midi, pour sa santé, il y fonda aussitôt, en novembre 1905, la *Schola* de Montpellier; et il y donna, depuis, une quinzaine de concerts par an; il y fit entendre des cantates de Bach, des actes de Rameau et de Gluck, des oratorios de Franck, l'*Orfeo* de Monteverdi. En 1906, il fit jouer, dans un théâtre de verdure, *La Guirlande* de Rameau. En janvier 1908, il donna *Castor et Pollux* [de Rameau] au théâtre de Montpellier. Cet homme, d'une incroyable ardeur, que rien ne pouvait lasser, projetait de créer à Montpellier une école d'application théâtrale pour la remise en scène des opéras du XVIIe et du XVIIIe siècles, quand la mort le frappa, à quarante-quatre ans, en novembre 1909, privant l'art français d'un de ses serviteurs les meilleurs et les plus désintéressés.

se cantonne jamais dans une aristocratie d'école, qu'elle ouvre toutes grandes ses portes, et qu'elle soit accueillante à toutes les forces jeunes de la musique, même si leur idéal est ennemi du sien. Sa renommée future et la vie de l'art français sont à ce prix.

IV – LES SOCIÉTÉS DE MUSIQUE DE CHAMBRE

Parallèlement aux grands concerts de musique symphonique et aux conservatoires nouveaux, des sociétés s'étaient formées pour faire pénétrer dans Paris la connaissance et le goût de la musique de chambre. Cette musique, si répandue en Allemagne, manquait presque totalement à Paris, avant 1870. Des premiers, le violoniste Maurin et le violoncelliste Chevillard s'associèrent, dès 1852, dans un culte commun des derniers quatuors de Beethoven ; mais ces auditions n'attiraient qu'une élite[83] ; et, auprès du grand public, la *Société des derniers quatuors de Beethoven* avait la réputation de se consacrer à une musique baroque et incompréhensible, écrite par un sourd.

Le vrai fondateur de la musique de chambre à Paris fut M. Émile Lemoine, qui créa la Société *la Trompette*. Il a raconté lui-même l'histoire de son œuvre[84]. Il était ingénieur, sorti de l'École Polytechnique ; et il avait formé avec quelques camarades, dès ses années d'école (vers 1860), un quatuor d'amateurs convaincus, mais peu virtuoses ; cette petite société continua à se réunir régulièrement, et, se perfectionnant peu à peu, elle ouvrit l'accès de ses séances à un public de plus en plus nombreux : ce fut le point de départ de *la Trompette*. Elle prospéra, du jour où M. Saint-Saëns, jeune alors, la connut, se plut dans ce milieu, et devint un ami intime de Lemoine ; il intéressa à *la Trompette* et lui amena le concours, des artistes les plus renommés. Parmi ces amis de la première heure étaient MM. Alphonse Duvernoy, Diémer, Pugno, Delsart, Breitner, Delaborde, Ch. de Bériot, Fissot, Marsick, Loëb, Rémy, Holmann[85]. Ainsi patronnée, *la Trompette* acquit bientôt une renommée dans le monde musical, et « elle répondit, pour la musique classique de

83 La qualité des auditeurs suppléait, il est vrai, à la quantité. À ces concerts venait Berlioz, avec ses amis Damcke et Stephen Heller ; et c'est après l'une de ces auditions, où il avait été bouleversé par l'adagio du quatuor en *mi* bémol, qu'il s'écriait, hors de lui : « Qu'est-ce qu'il avait donc, cet homme ? Il avait tout, et les autres n'ont rien ! » [Adolphe Jullien, *Hector Berlioz*, 1888, p. 341]

84 *Revue musicale*, 15 octobre 1903.

85 [NdÉ] Louis Diémer (pianiste), Raoul Pugno (pianiste), Jules Delsart (violoncelliste), Louis Breitner (pianiste), Eraïm Miriam Delaborde (pianiste), Charles de Bériot (pianiste),

chambre, au rôle quasi officiel de la Société des concerts du conservatoire pour la musique classique d'orchestre. Rubinstein, Paderewski, Eugène d'Albert, Hans de Bülow, Arthur de Greef, Mme Essipoff, Mme Menter, ne manquaient jamais de s'y faire entendre, dans leurs tournées à Paris ; et ce devint comme la consécration d'un artiste, de figurer à un programme de *La Trompette.* » Une telle société devait naturellement contribuer beaucoup à la diffusion de la musique classique de chambre à Paris.

> La musique classique, écrit M. Lemoine, était si peu connue du public musical que même celui de *La Trompette*, qui était un public d'élite, ne comprenait pas du tout les derniers quatuors de Beethoven ; et mes amis me raillaient de mon goût pour les énigmes. D'autant plus donnais-je toujours une de ces grandes œuvres à chaque concert. Et parfois, je donnais la même œuvre, à deux et à trois concerts de suite, si je jugeais qu'elle n'était pas assez goûtée. Dans ce cas, je disais, avant l'exécution : Il m'a semblé que telle œuvre n'a pas été assez comprise, à la dernière séance ; comme c'est une merveille, il est certain que votre impression tient à ce que vous ne la connaissez pas suffisamment : aussi je l'ai remise aujourd'hui au programme[86].

Ces séances de sonates, trios, quatuors, étaient régulièrement suivies par cinq ou six cents auditeurs, – pour une bonne part, intellectuels : polytechniciens ou universitaires, – qui formèrent le noyau d'un public très connaisseur et passionné pour la musique de chambre.

À la suite d'Émile Lemoine se fondèrent peu à peu d'autres sociétés de quatuors ; et, à présent, elles sont si nombreuses qu'il serait difficile de les citer toutes. – Puis, de même que, dans les sociétés de concerts symphoniques, un esprit de curiosité intelligente avait poussé, dans ces dernières années, nos *Kapellmeister* français à se faire remplacer de temps en temps à la tête de leurs orchestres par leurs collègues allemands ou russes, la *Nouvelle Société Philharmonique de Paris* se forma, en 1901, sur l'initiative du docteur Frankel et sous la direction de M. Emmanuel Rey, pour faire entendre à Paris les principaux quatuors étrangers. Et le profit ne fut pas moindre dans un cas que dans l'autre, par la rivalité

Henri Fissot (pianiste), Martin-Pierre Marsick (violoniste), Jules Loëb (violoncelliste), Guillaume Rémy (violoniste), Joseph Hollman (violoncelliste).

86 Le nom de *La Trompette* fut aussi prétexte à un enrichissement de la musique de chambre, où l'on introduisit la trompette, avec un rôle concertant. C'est à cette occasion que M. Saint-Saëns écrivit son beau *Septuor* pour piano, trompette, deux violons, alto, violoncelle, basse ; et M. Vincent d'Indy, sa pittoresque *Suite en ré* pour trompette, deux flûtes et instruments à cordes.

féconde qu'elle établit entre les quatuors français et ceux des autres pays, et par la compréhension plus exacte que ceux-ci nous donnèrent des œuvres les plus intimes de la musique allemande.

V – LA SCIENCE MUSICALE ET L'UNIVERSITÉ

Pendant que ce mouvement s'accomplissait parmi les artistes, les savants y prenaient part, à leur tour ; et la musique finissait par pénétrer dans l'Université.

Ce ne fut pas sans peine. La musique ne passait pas auprès des gens sérieux pour une étude sérieuse. C'était un art d'agrément, un talent de société : on eût trouvé plaisante l'idée d'en faire une matière d'enseignement scientifique ; et, jusqu'aujourd'hui, les histoires générales de l'art se refusèrent à lui accorder une place, si réduite qu'elle fût. Les autres arts s'indignaient du voisinage ; et c'était l'éternelle dispute des maîtres de M. Jourdain :

> Et c'est en quoi l'on sait, comme dit le maître d'armes, de quelle considération nous autres nous devons être dans un État ; et combien la science des armes l'emporte hautement sur toutes les sciences inutiles, comme la danse et la musique…

Le premier cours d'esthétique et d'histoire musicale n'a été fondé chez nous qu'après la guerre de 1870[87]. Ce fut celui du Conservatoire ; et, jusqu'à ces dernières années, il fut le seul important qui existât à Paris. Depuis 1878, il a été tenu avec beaucoup de talent par M. Bourgault-Ducoudray ; mais, comme il est naturel dans une école de musique, le caractère en est moins scientifique qu'artistique : c'est une sorte d'illustration des études pratiques qu'on fait au Conservatoire. – Quant à l'ensemble de la critique musicale parisienne, elle avait, il y a trente ans, un caractère presque exclusivement littéraire, sans précision technique et sans connaissance historique.

Là encore, sur le terrain de la science comme sur celui de l'art, se forma depuis la guerre une nouvelle génération de musiciens, un groupe d'historiens et d'esthéticiens de la musique comme la France n'en avait jamais eu. Vers 1890, leurs travaux commencèrent à paraître.

---

87 Le 12 septembre 1871, sur la proposition d'Ambroise Thomas. Le premier titulaire fut Barbereau, qui ne garda qu'un an cette fonction. Il eut pour successeur Gautier, professeur d'harmonie et d'accompagnement, qui fut remplacé en 1878 par M. Bourgault-Ducoudray.

Henry Expert publiait sa magnifique édition des *Maîtres Musiciens de la Renaissance*, où il ressuscitait un siècle entier de musique française. Alexandre Guilmant et André Pirro remettaient au jour les œuvres de nos organistes du XVIIe et du XVIIIe siècles. Pierre Aubry étudiait la musique médiévale. Les admirables publications des Bénédictins de Solesmes éveillaient à la *Schola* et au dehors le goût des études de musique religieuse. Le grand labeur de Michel Brenet et son érudition sûre s'attaquaient à toutes les époques de l'histoire musicale. Julien Tiersot inaugurait l'histoire de la chanson populaire française, et sortait de l'oubli la musique de la Révolution. L'éditeur Durand préparait ses grandes éditions de Rameau et de Couperin. Vers 1893, l'étude de la musique fut introduite à la Sorbonne par de jeunes professeurs, qui en firent le sujet de leurs thèses de doctorat[88].

Le mouvement d'études musicales grandit rapidement, et le *premier Congrès international de musique*, tenu à Paris à l'occasion de l'Exposition Universelle de 1900, donna aux historiens de la musique la conscience de leur force. En quelques années, l'enseignement de la musique s'organisa partout. Ce furent d'abord les cours libres de M. Lionel Dauriac et de M. Georges Houdard, à la Sorbonne ; ceux de MM. Aubry, Gastoué, Pirro, Vincent d'Indy, à la *Schola* et à l'*Institut Catholique* ; puis, à partir de 1902, la petite Faculté de musique de l'*École des Hautes Études sociales*, groupant les efforts des principaux musicologues français ; enfin, en 1900, la fondation de deux cours officiels d'histoire et d'esthétique musicales au Collège de France et à la Sorbonne.

Le développement de la critique musicale ne fut pas moins rapide. Des professeurs de facultés, d'anciens élèves de l'École normale supérieure, ou de l'École des Chartes, comme Henri Lichtenberger, Louis Laloy, Pierre Aubry, appliquèrent à l'examen des œuvres du passé et même du présent les précises méthodes de la critique historique. Des maîtres de chapelle, ou des organistes d'une rare érudition, comme André Pirro et Gastoué, des compositeurs, comme Vincent d'Indy, Dukas,

88 Les trois premières thèses musicales, soutenues en Sorbonne, furent celles de M. J. Combarieu sur *les Rapports de la poésie et de la musique*, de M. Romain Rolland sur *les Origines de l'opéra avant Lully et Scarlatti*, et de M. Maurice Emmanuel sur *l'Orchestique grecque*. Suivirent, après quelques années, celles de M. Louis Laloy sur *Aristoxène de Tarente et la musique grecque*, de M. Jules Écorcheville sur *l'Esthétique musicale, de Lully à Rameau*, et sur la musique instrumentale française du XVIIe siècle, de M. André Pirro sur *L'Esthétique de J.-S. Bach*, et de M. Charles Lalo : *Esquisse d'une esthétique musicale scientifique*.

Debussy et quelques autres, analysèrent leur art avec la supériorité que donne la connaissance intime de la pratique de l'art. On vit une floraison d'ouvrages sur la musique. Il se trouva un public et une pléiade d'écrivains distingués pour soutenir deux collections de biographies de musiciens, lancées en même temps par deux éditeurs[89], et cinq ou six bonnes Revues musicales, d'un caractère scientifique, dont telle d'entre elles pourrait rivaliser avec les meilleures de l'Allemagne. Enfin, la section française de la *Société Internationale de Musique*, qui s'était fondée en 1899, à Berlin, pour établir des relations suivies entre les savants de tous les pays, trouva chez nous un terrain si favorable que le nombre de ses adhérents, à Paris seulement, dépasse déjà cent.

VI – LA MUSIQUE ET LE PEUPLE

La musique avait donc reconquis en partie sa place dans l'enseignement supérieur et dans l'élite intellectuelle. Restait à la lui rendre dans les autres enseignements, beaucoup plus en retard, – surtout l'enseignement secondaire. – Restait à la faire pénétrer dans la vie de la nation, dans l'instruction populaire. Tâche difficile en France, où l'art a toujours eu un caractère aristocratique. Tâche, dont non seulement l'État, mais les musiciens mêmes se désintéressaient. La République continuait à tenir la musique en dehors du peuple. À certains égards, il y eut même un recul, depuis trente ans, dans les essais d'éducation musicale populaires. Aux anciens concerts Pasdeloup, on payait 0 fr. 75 pour les dernières places, et l'on était assis. Dans tel de nos grands concerts symphoniques d'aujourd'hui, les dernières places sont à 2 et 4 francs. Aussi, le peuple qui venait un peu aux concerts Pasdeloup, ne vient-il plus du tout aux grands concerts d'aujourd'hui.

C'est pourquoi on doit applaudir à l'initiative de Victor Charpentier, qui, en mars 1905, osa fonder une Société symphonique d'amateurs, *l'Orchestre*, donnant de grandes auditions populaires gratuites. Et, dans ce Paris où, il y a quarante ans, on aurait eu grand'peine à réunir deux ou trois quatuors d'amateurs, Victor Charpentier réussit à grouper autour de lui 150 bons instrumentistes[90], qui, sous sa direction, ou sous celle

89 [NdÉ] « Les Musiciens célèbres », Henri Laurens. « Les Maîtres de la musique », Félix Alcan.

90 Dont 90 violons, 15 altos et 15 violoncelles. Il est malheureusement beaucoup plus difficile de recruter les bois et les cuivres.

de Saint-Saëns et de Gabriel Fauré, ont déjà donné 17 concerts gratuits, dont 10 au Trocadéro[91]. Il faut souhaiter que l'État soutienne, d'une façon un peu plus efficace qu'il ne l'a fait jusqu'ici, une œuvre aussi libéralement populaire[92].

On fit, à diverses reprises, des tentatives pour fonder un Théâtre Lyrique Populaire. Mais, jusqu'à ces dernières années, aucune ne réussit. Les premiers essais datent de 1847. L'ancien Théâtre Lyrique de M. Carvalho, qui donna pourtant des représentations mémorables, comme celles du *Faust* de Gounod et de l'*Orphée* de Gluck, avec Mme Viardot comme interprète et Berlioz comme chef d'orchestre, eut des résultats financiers très médiocres. Les directeurs qui suivirent : Réty, Pasdeloup[93], etc., ne réussirent pas mieux. En 1875, Vizentini s'installa à la Gaîté, avec une subvention de 200 000 francs et d'excellents artistes : il dut quitter la place. Depuis, d'innombrables projets furent présentés par Viollet-le-Duc, Guimet, Lamoureux, Melchior de Vogüé et Julien Goujon, Gabriel Parisot, Colonne et Milliet, Deville, Lagoanère, Corneille, Gailhard, Carré[94], sans

91 On y exécute de la musique classique (Bach, Haendel, Gluck, Rameau, Beethoven), et de la musique moderne (Berlioz, Saint-Saëns, Dukas, etc.). *L'Orchestre* vient de s'installer dans l'ancienne chapelle des dominicains du faubourg-Saint-Honoré, dont il a obtenu la concession.

92 Dans ces dernières années, on a vu à Paris une véritable éclosion de concerts, à des prix populaires, – quelques-uns à l'imitation des *Restaurationskonzerte* allemands, comme les Concerts-Rouge, les Concerts-Touche, etc., où l'on fait entendre de la musique symphonique, classique et moderne. Ils sont en plein développement, et ont beaucoup de succès. Toutefois, il y a encore loin de ces essais, qui d'ailleurs attirent un public presque exclusivement bourgeois, à telles auditions populaires des oratorios de Haendel à Londres, où les places sont à six et douze sous. – Je n'attacherai pas non plus une très grande importance au généreux mouvement, pas très sensé toujours, des Universités populaires, où, depuis 1886, une foule d'amateurs, de gens du monde et d'artistes vinrent se faire entendre et prétendirent initier le peuple aux œuvres les plus compliquées, parfois, et les plus aristocratiques de l'art classique ou décadent. Tout en rendant hommage à cet apostolat, dont l'ardeur s'est d'ailleurs beaucoup ralentie, il faut bien dire qu'il faisait preuve de plus de bonne volonté que de sens pratique. Il ne s'agit pas d'amuser le peuple, – et, encore moins, de l'ennuyer. – Il s'agit de lui apprendre la musique. – Ce n'est pas toujours commode. Ce n'est pas à une œuvre d'action tapageuse, mais de dévouement et de patience. Les bonnes intentions ne suffisent pas. On sait l'échec final du *Conservatoire populaire de Mimi Pinson*, fondé par Gustave Charpentier pour donner une éducation musicale aux ouvrières parisiennes. [NdÉ – Voir à ce sujet la thèse de Françoise Andrieux, Paris 4, 1985.]

93 [NdÉ] Léon Carvalho céda la direction du Théâtre-Lyrique à Charles Réty de 1860 à 1862, puis la reprit de 1862 à 1868 avant de la remettre à Jules Pasdeloup qui ne la conserva que jusqu'au début de 1870.

94 [NdÉ] Eugène Viollet-le-Duc (célèbre architecte, en 1878), Émile Guimet (industriel spécialiste des arts asiatiques, en 1879), Charles Lamoureux (chef d'orchestre), Melchior

jamais aboutir. En ce moment, on fait un nouvel essai[95], et, cette fois, l'affaire paraît se présenter avec toutes les garanties de succès.

Mais, quelle que soit la valeur éducatrice du théâtre et des concerts, ils ne suffisent point au peuple ; ils ne se suffisent même point à eux-mêmes. Pour que leur action soit profonde et durable, il faut qu'elle se combine avec celle de l'école. La musique, pas plus qu'aucune des expressions de la pensée, ne veut des illettrés[96].

Ici, tout était à faire. Il n'y avait pas d'autre enseignement populaire que celui des nombreuses écoles Galin-Paris-Chevé. Elles ont rendu de grands services, et continuent d'en rendre ; mais leur méthode simplifiée n'est pas sans inconvénients et sans lacunes ; elle a d'ailleurs pour raison d'être d'apprendre au peuple une langue musicale différente de celle de l'élite ; et, bien qu'il ne soit pas aussi difficile qu'on l'a dit de passer de la connaissance de l'une à la connaissance de l'autre, c'est toujours un tort d'élever une barrière nouvelle – si faible soit-elle – entre une élite et un peuple qui n'ont que trop de tendances, chez nous, à être séparés.

Puis, ce n'est pas tout de savoir ses lettres : il faut avoir des livres à lire. Quels étaient les livres du peuple ? Les chansons de café-concert et les répertoires ineptes des orphéons. La chanson populaire avait presque entièrement disparu, et n'était pas près de renaître : plus encore que l'élite, le peuple rougissait de tout ce qui, de près ou de loin, pouvait sembler populaire[97].

---

de Vogüé (homme de lettres et diplomate qui intervint sur ce sujet à la Chambre en 1895 avec le député Julien Goujon), Gabriel Parisot (lequel présenta un projet en 1896), Édouard Colonne (chef d'orchestre) et Paul Milliet (librettiste, en 1896), Alphonse Deville (conseiller municipal de Paris, en 1897), Oscar de Lagoanère (compositeur, en 1899), Pierre Corneille (pseudonyme du médecin Saint-Marc qui créa un semblable théâtre en Poitou, en 1898), Pedro Gailhard (à l'Opéra de Paris dont il était directeur), Albert Carré (« lundis populaires » de l'Opéra-Comique, sous son directorat).

95 [NdÉ] Il s'agit du Théâtre municipal de la Gaieté-Lyrique, ouvert sous ce nom à Paris en 1908, 3 bis rue Papin. Il devait effectivement se maintenir pendant plusieurs décennies.

96 [NdÉ] On connaît l'intérêt de Romain Rolland pour le théâtre du peuple. Paru en 1903, *Le Théâtre du peuple* réunit des articles écrits à partir de 1898 pour *La Revue de Paris* et la *Revue d'art dramatique*. Romain Rolland y développe un point de vue proche de ce qu'il souhaitait, à la même époque, pour la musique.

97 M. Maurice Bouchor raconte cette anecdote typique : « Le chef d'une bonne chorale d'hommes, que j'avais priée d'exécuter un chœur de Haendel, y mettait je ne sais quoi de mou et d'indécis ; je lui en glissai timidement l'observation, en essayant de faire ressortir ce qu'il y a de franchise et de carrure dans l'idée musicale : – "Ah ! très bien, me dit-il, si c'est ça que vous voulez, c'est facile ; je craignais que ce ne fût trop populaire" ». (*Poème de la Vie Humaine*. Introduction à la deuxième série, 1905.) – À rapprocher de cet autre

Il y a près de vingt-cinq ans que M. Bourgault-Ducoudray, un des propagateurs du chant choral en France, signalait, dans un rapport sur l'enseignement du chant, l'utilité qu'il y aurait « à faire chanter par les enfants les vieux airs populaires des provinces françaises et à les faire recueillir par les instituteurs ». – En 1895, à la suite d'un concours institué par la *Correspondance générale de l'Instruction primaire*, on répandit dans les écoles de charmants recueils de *Chants Populaires*, dont les mélodies étaient de vieux airs, recueillis par M. Julien Tiersot, et auxquels M. Maurice Bouchor avait adapté de fraîches et brillantes poésies. – « M. Bouchor, écrivais-je alors, aura un bonheur peu commun aux poètes de nos jours : ses chants s'envoleront au grand air, comme l'alouette de sa *Chanson de labour*. Il se peut même que le peuple s'y reconnaisse si bien qu'il s'en empare un jour, et se les approprie comme sa propre invention[98]. » Cette prédiction s'est déjà à peu près réalisée. Les chants de M. Bouchor sont maintenant la propriété de tout le peuple de France.

L'auteur ne se contenta point d'être le poète du chant populaire : il en fut l'apôtre. Avec une ardeur inlassable, il fit, depuis douze ans, le tour de toutes les Écoles Normales de France, revenant plusieurs fois dans celles où il trouvait de bons éléments vocaux. Dans toutes, il fit exécuter ses chants, à l'unisson, ou à deux ou trois parties, réunissant souvent les deux Écoles Normales de la ville : garçons et filles. Son ambition croissant avec les succès obtenus, il joignit peu à peu aux mélodies populaires[99] des morceaux de musique classique. Pour les mieux faire pénétrer dans les milieux scolaires et populaires, il changea les paroles existantes, en s'attachant toujours à trouver l'expression morale et poétique qui traduisît le plus exactement l'émotion musicale[100]. Il en arriva

---

mot, d'un professeur de chant dans une école primaire supérieure de Paris : « La mélodie populaire, c'est bon pour la province. » (Cité par Bouchor : Introduction à la première série du *Poème*, 1902.)

98 *Rapport sur les manuscrits réservés par la Commission* (supplément à la *Correspondance générale de l'Instruction primaire*, 15 décembre 1894.)

99 Trois séries de ces *Chants populaires pour les Écoles* ont déjà paru.

100 Je réserve mon opinion artistique sur ce démarquage des paroles d'un chant. En principe, je le condamne absolument. Mais, en fait, il s'agissait d'être ou de ne pas être. *Primum vivere, deinde philosophari* [Vivre d'abord, philosopher ensuite]. Étant donné que les musiciens contemporains de quelque valeur se désintéressaient totalement de l'honneur d'écrire des chants pour le peuple, – si l'on voulait que le peuple chantât, on n'avait pas le choix : il fallait bien avoir recours aux musiciens d'autrefois ; et même là, le choix était restreint ; la France d'autrefois, comme celle d'aujourd'hui, fournit très peu de musiciens ayant eu le sens d'un grand art populaire. Celui de tous qui peut-être en fut

à développer et grouper en un *Poème de la Vie humaine*[101] quatre-vingts poésies – grandes odes ou chansons – sur des airs et des chœurs classiques, – vaste répertoire des joies et des douleurs populaires pour toutes les heures importantes de la vie familiale et de la vie publique. Chez les peuples qui ont une longue tradition musicale, comme l'Allemagne, la musique est le véhicule des paroles, elle les imprime dans le cœur. Mais, dans le cas présent, ce sont bien souvent les paroles qui auront fait entrer la musique de Haendel et de Beethoven dans l'esprit des écoliers français. L'essentiel, c'est qu'elle y entre, et que dès à présent on entend des écoles normales de province exécuter des chœurs de *Fidelio*, du *Messie*, du *Faust* de Schumann, ou de cantates de J.-S. Bach[102]. De ce

le plus près – Berlioz – n'est pas encore dans le domaine public ; et l'on ne pouvait par conséquent se servir de ses chants. Il est bien curieux, et assez triste, que sur 80 morceaux choisis par M. Bouchor, il n'y en ait que 9 qui soient français. – (Encore, dans ce nombre, sont comptés comme français les Italiens Lully et Cherubini.) – M. Bouchor a dû s'adresser presque exclusivement aux maîtres allemands classiques, et, en général, ses choix ont été heureux. Avec un tact sûr, il a été de préférence aux génies populaires, comme Haendel et Beethoven. – Pouvait-il conserver les paroles ? De toute façon, il fallait bien les traduire. Quant aux sujets, si téméraire qu'il soit de changer l'attribution d'un chef-d'œuvre musical, il est certain que les adaptations intellectuelles de M. Bouchor auront pour résultat d'enfoncer dans la mémoire du peuple de France et de mêler à sa vie d'admirables pensées de Haendel, de Schubert, de Mozart ou de Beethoven, qui, sans cela, n'auraient fait que l'effleurer dans des concerts. Cela suffit à lui donner raison. Que le peuple de France s'enrichisse donc des trésors musicaux de l'Allemagne, en attendant qu'il crée sa propre musique ! Ce sont là conquêtes pacifiques, dont notre art est coutumier. « Là doncques. François, comme disait du Bellay, marchez courageusement vers cette superbe cité romaine : et des serves dépouilles d'elle (comme vous avez fait plus d'une fois) ornez vos temples et autels. » [*La Défense et Illustration de la langue française*, 1549]. – Au reste, remarquons que les maîtres allemands du XVIIIe siècle, dont M. Bouchor démarque les morceaux, ne se gênaient pas pour les démarquer eux-mêmes, et qu'en faisant de la berceuse de l'*Oratorio de Noël* une Sainte famille humaine, M. Bouchor est encore beaucoup plus respectueux des intentions musicales de J.-S. Bach que J.-S. Bach lui-même, qui en avait fait un dialogue d'Hercule et de la Volupté. [NdÉ – Romain Rolland a publié plusieurs comptes rendus sur le travail musicologique de M. Bouchor et J. Tiersot : « Bouchor et Tiersot, *Chants populaires pour les écoles* », *La Revue musicale*, février 1903, p. 112-113 ; « Noëls français, transcrits et harmonisés par Julien Tiersot », *Revue d'histoire et de critique musicales*, février 1902, p. 82 ; Tiersot (Julien), « Les Fêtes et les Chants de la Révolution Française », *Bulletin français de la S.I.M.*, 15 juin 1908, p. 719-721.]

101 Paru en quatre séries : I. De la naissance au mariage ; – II. La Cité ; – III. De l'âge viril jusqu'à la mort ; – IV. L'Idéal (1900-1906).

102 Le dernier chœur de *Fidelio* a été récemment chanté par 170 normaliens de Douai ; – un grand chœur du *Messie*, par les Écoles Normales d'Angoulême et de Valence : – une grande scène chorale de la dernière partie du *Faust* de Schumann, par les deux Écoles Normales de Limoges. – À Valence, chaque année, ces auditions ont lieu au théâtre, devant un public de 800 à 1000 instituteurs et institutrices. – En dehors des Écoles

résultat si remarquable, et que personne n'eût cru possible, il y a vingt ans, l'honneur presque tout entier appartient à M. Maurice Bouchor[103].

L'effort de M. Bouchor a été le plus fécond et le plus vaste, mais non le seul, qui soit dû à l'initiative individuelle. Il y a eu, depuis dix à vingt ans, à Paris, dans la banlieue parisienne, dans la province française, si longtemps endormie, un nombre considérable de bonnes volontés, se dévouant, avec une foi et une ardeur touchantes, à cette œuvre d'éducation musicale. Bien souvent, ces bonnes volontés, trop isolées, se sont brisées contre l'apathie environnante ; mais bien souvent aussi elles ont allumé autour d'elles de petits foyers de compréhension et d'amour artistiques, qui ne demandaient qu'à flamber ; et il est bien rare que même les moins heureuses n'aient pas réussi à semer quelques étincelles, qui couvent dans les âmes[104].

À la suite de ces efforts individuels, l'État finit par prendre part à ce mouvement d'éducation, dont il s'était si longtemps désintéressé[105]. Il découvrit, à son tour, la valeur éducatrice du chant. Une épreuve musicale fut rétablie aux examens du Brevet supérieur[106] : ce qui obligea à prendre

Normales, il s'est formé un certain nombre de chorales d'instituteurs et d'institutrices, surtout dans le Nord, – à Lille, au Quesnoy. – Çà et là, il y a aussi quelques chorales ouvrières, et des coopératives formant des pupilles, qui ont leurs chorales, comme la Fraternelle de Saint-Quentin. – D'une façon générale, on peut dire que la campagne de Maurice Bouchor a surtout réussi dans quelques départements (comme l'Aisne et la Drôme), où le terrain avait été préparé par l'inspecteur d'Académie. Malheureusement, dans beaucoup d'endroits, elle se heurte à une vive résistance de la part des professeurs de musique, qui ne peuvent admettre cette façon toute mnémotechnique d'apprendre des poésies en musique, sans aucune notion du solfège, ni de la science musicale. Et il est bien évident que cette méthode serait fort défectueuse, s'il s'agissait de former des musiciens. Mais il s'agit de former des hommes qui aient de la musique en eux. Que les musiciens ne fassent pas les dégoûtés ! C'est de cette bonne terre que sortiront, un jour, des musiciens plus grands, j'espère, et plus humains que ceux d'aujourd'hui, dont l'art est sans racines dans le cœur de la patrie.

103 Il ne faut pas oublier M. Bourgault-Ducoudray, qui fut un précurseur, avec ses *Chants de Fontenay*, ses recueils pour les Écoles Normales.

104 Il faudrait citer, notamment, ces petits groupements de jeunes intellectuels – élèves des facultés ou des grandes écoles – qui se dévouent, en ce moment, à l'instruction, à la fois morale et musicale, du peuple. Telle, cette *Manécanterie des petits chanteurs de la Croix de bois*, qui, depuis moins d'un an, a formé à Vaugirard une petite maîtrise d'enfants du peuple, allant chanter, d'église en église, dans les paroisses pauvres, la musique palestrinienne et grégorienne.

105 Faut-il rappeler cet article malencontreux de la loi du 15 mars 1850 : « L'enseignement primaire *peut* comprendre en outre le chant ».

106 Par décret du 4 août 1905. En même temps, on publiait un *programme* et des *directions* pédagogiques. On insistait sur l'importance de la dictée musicale, et sur l'utilité de la

plus au sérieux l'étude du solfège dans les Écoles normales. En 1903, on chercha enfin à organiser l'enseignement de la musique dans les lycées et les collèges, d'une façon plus rationnelle qu'il n'existait jusque-là[107]. En 1904, après des rapports de M. Saint-Saëns et de M. Bourgault-Ducoudray, pour organiser le chant collectif en le reliant aux matières du programme d'enseignement[108], on fonda à Paris une *École gratuite de chant choral*, sous la présidence d'honneur de M. Henry Marcel, directeur des Beaux-Arts, et sous la direction de M. Radiguer[109]. Tout dernièrement, on a formé aussi, sous la présidence du vice-recteur, une *Chorale des lycées de jeunes filles* de Paris, groupant 6 à 700 jeunes filles, qui, depuis 1906, donnent à la Sorbonne un concert annuel, sous la direction de M. Gabriel Pierné. Enfin, on vient de fonder, à la fin de 1907, sous la présidence de M. Gilles, inspecteur général, et sous la présidence d'honneur de M. Liard[110] et de M. Saint-Saëns, une *Association amicale des professeurs chargés de l'enseignement de la musique dans les établissements d'instruction publique.* Elle a pour objet d'aider au progrès de l'enseignement musical, en établissant un centre de relations amicales entre les professeurs de musique ; – en centralisant les observations pédagogiques ; – en créant une Bibliothèque musicale circulante, et un Bulletin périodique, étudiant toutes les questions relatives à l'enseignement musical ; – en établissant des relations entre les professeurs français et les professeurs étrangers ; – en cherchant à unir plus étroitement les professeurs de musique et les autres professeurs des établissements d'instruction publique.

Tout cela est encore peu de chose, et l'on est terriblement en retard, surtout pour l'enseignement secondaire, beaucoup plus sacrifié, à ce point de vue, que l'enseignement primaire[111]. Mais on sort d'un abîme d'ignorance, et c'est déjà beaucoup de vouloir en sortir. Il faut penser

---

méthode galiniste pour les débutants. – Souhaitons que l'État se décide à soutenir officiellement partout la campagne de M. Bouchor, et qu'il introduise peu à peu dans ses écoles les méthodes de gymnastique rythmique de M. Jaques-Dalcroze, qui ont donné de si étonnants résultats en Suisse.

107 Projet de M. Chaumié. Voir *Revue Musicale*, 15 juillet 1903.

108 *Revue Musicale*, 15 décembre 1903, 1er et 15 janvier 1904.

109 [NdÉ] Henri Radiguer.

110 [NdÉ] Louis Liard (1846-1917), philosophe, fondateur de l'École de chant choral en 1904, ancien directeur de l'Enseignement supérieur.

111 « En cela, comme en bien d'autres choses, a dit M. Bouchor, les enfants du peuple donnent l'exemple aux enfants de la bourgeoisie. » – Il est vrai ; mais ce ne sont pas tant les enfants de la bourgeoisie, qu'il faut accuser, que ses chefs qui, « en cela, comme en bien d'autres choses », l'ont trop souvent trahie.

que l'Allemagne n'a pas toujours connu l'état presque pléthorique de prospérité musicale, où elle vit aujourd'hui. Les grandes sociétés de chant choral allemandes ne datent que de la fin du XVIIIe siècle. L'Allemagne du temps de J.-S. Bach était aussi pauvre – sinon plus – en ressources chorales que la France d'aujourd'hui. J.-S. Bach n'avait pour exécutants que ses élèves de l'école Saint-Thomas, à Leipzig, dont une vingtaine à peine savaient chanter[112]. Et maintenant, ce sont des peuples qui s'unissent dans les colossaux *Männergesangsfeste* et les *Musikfeste*[113] de l'Allemagne impériale.

Espérons donc, et persévérons. L'essentiel, c'est que l'élan est donné aujourd'hui : il n'y a plus qu'à avoir patience et constance.

CONCLUSION
L'état présent de la musique française

L'éducation musicale se fait donc, de toutes parts, en France, par les théâtres, les concerts, les cours, les écoles, les livres ; et la curiosité un peu inquiète de l'esprit parisien semble rassasiée, pour l'instant. Elle a fait le tour – hâtif – de la musique des autres siècles et des autres races[114] ; et l'esprit parisien se replie sur lui-même. Après l'enthousiasme enivré de leurs découvertes étrangères, la musique et la critique musicale françaises ont repris la possession d'elles-mêmes et le sentiment jaloux de leur indépendance. Une réaction très nette contre la musique étrangère s'est dessinée depuis l'époque de l'Exposition universelle de 1900. Ce mouvement n'est pas sans rapports, conscients ou inconscients, avec le courant nationaliste qui, vers la même date, s'est réveillé en France, et spécialement à Paris. Mais il était aussi la conséquence naturelle de l'évolution musicale. La musique française sentait naître sa jeune

112 La *Passion selon saint Matthieu* fut donnée, à l'origine, par deux petits chœurs, de douze à seize étudiants, les solistes compris.

113 [NdÉ] Festivals de chorales d'hommes, Festivals de musique.

114 Faut-il signaler le curieux attrait, qui commence à se faire sentir chez quelques-uns de nos musiciens, pour l'art de civilisations entièrement différentes de celles de l'Occident ? Tout doucement, sans bruit, l'esprit de l'Extrême-Orient s'insinue dans la musique européenne.

vigueur, et elle s'en émerveillait ; sa période d'études lui semblait terminée ; elle aspirait à voler de ses propres ailes ; et, comme c'est l'éternelle règle dans l'histoire, le premier usage qu'elle faisait de sa force, c'était contre ses maîtres. Cette révolte contre les influences étrangères s'en est prise surtout – il fallait s'y attendre – à la plus forte de ces influences : celle de la musique allemande, qui se personnifiait en Wagner. Deux enquêtes de revues, faites en 1903 et en 1904, ont mis curieusement en lumière cet état d'esprit : l'enquête de M. Jacques Morland, dans le *Mercure de France*[115], sur *l'Influence de la musique allemande en France*, et celle de M. Paul Landormy, dans *la Revue bleue*[116], sur *l'État actuel de la musique française*. La première était un cri de délivrance ; avec un peu d'exagération, et beaucoup d'ingratitude, musiciens et critiques français rejetaient l'influence wagnérienne, comme ayant fait son temps. L'autre enquête était l'exposé des théories de l'école française nouvelle, et sa déclaration d'indépendance.

Déjà, depuis plusieurs années, le chef de la jeune école, M. Claude Debussy, dans ses chroniques de *la Revue blanche* et du *Gil Blas*, donnait l'assaut à l'art wagnérien. Personnalité éminemment française, capricieuse, poétique et spirituelle, d'une intelligence vive, primesautière, indépendante, semant les idées neuves et les boutades paradoxales, révisant les jugements des siècles avec l'impertinence gouailleuse d'un gamin de Paris, s'attaquant aux plus grands, aux héros de la musique – à Gluck, à Wagner, à Beethoven, – ne faisant grâce qu'à Bach, à Mozart et à Weber, mais surtout professant hautement ses préférences pour les vieux maîtres français du XVIIIe siècle, il rappelait à la musique française sa vraie nature et son idéal oublié : la clarté, l'élégante simplicité, le naturel, et par-dessus tout la grâce, la beauté plastique. Il voulait que la musique se dégageât de toutes les prétentions littéraires et philosophiques, qui pèsent sur la musique allemande du XIXe siècle (et, peut-être, de toujours), qu'elle s'affranchît de la rhétorique musicale que les siècles nous ont léguée, de cette lourde syntaxe, de ces constructions symétriques, de ces formules harmoniques et rythmiques, de ces exercices d'amplification oratoire. Il voulait que tout en elle fût peinture et poésie, qu'elle exprimât, d'une façon immédiate et transparente, le sentiment tout pur, et que la mélodie, le rythme,

115 Janvier 1903.
116 Mars et avril 1904.

l'harmonie, s'épanouissent librement selon leurs lois intimes, et non plus d'après la prétendue logique de constructions intellectuelles. Lui-même, prêchant d'exemple, brisait, dans *Pelléas et Mélisande*, avec tous les principes du drame de Bayreuth, et il donnait le modèle de l'art nouveau qu'il rêvait. – Autour de lui, les critiques les plus pénétrants et les mieux informés, M. Pierre Lalo, dans *le Temps*, M. Louis Laloy, dans *la Revue musicale* et *le Mercure musical*, M. Marnold, au *Mercure de France*, se faisaient les champions de ces doctrines et de cet art. – La *Schola Cantorum* elle-même, dont l'esprit éclectique et archaïsant était fort différent pourtant de celui d'un Debussy, semblait d'abord entraînée par le même courant. Elle qui avait tant contribué à propager en France les grandes influences étrangères du passé, elle paraissait n'être pas restée tout à fait insensible aux préoccupations nationalistes des dernières années ; elle s'attachait de plus en plus, – comme c'était d'ailleurs son droit, et même son devoir, – à la musique française du passé ; elle remplissait ses programmes de concerts d'œuvres françaises du XVIIe et du XVIIIe siècles : Marc-Antoine Charpentier, du Mont, Leclair, Clérambault, Couperin, les primitifs français de l'orgue, du clavecin, du violon, du théâtre, surtout le grand Rameau, qui, après une période d'oubli complet, bénéficia soudain d'une réaction excessive, au détriment de Gluck, que la jeune critique, à l'exemple de M. Debussy, houspilla rudement[117]. – Il vint même un moment où la *Schola*, prenant décidément parti dans l'action, par la voix de M. Charles Bordes, lança un manifeste – un *Credo*, comme elle disait – d'un art nouveau, fondé sur les lointaines traditions de la musique française :

> Nous voulons, disait-elle, le discours libre dans la musique libre, la mélopée continue, la variation infinie, la liberté en un mot de la phrase musicale. Nous voulons le triomphe de la musique naturelle, libre et mouvante comme le discours, plastique et rythmique comme la danse antique.

C'était la guerre déclarée à l'art métrique des trois derniers siècles, au nom de la tradition nationale (plus ou moins librement choisie et interprétée), au nom de la chanson populaire et du chant grégorien.

117 Il va sans dire que le génie de Rameau légitimait tous les enthousiasmes ; mais il n'est pas défendu de croire que ces enthousiasmes s'adressaient – au moins autant qu'au génie musical de Rameau – au rôle qu'on lui attribuait de champion de la musique française du passé contre l'art étranger, même quand cet art s'adaptait aux lois du théâtre français, comme l'art de Gluck.

Et « le souci constant, le but avoué de toute cette campagne, c'était le triomphe de la musique française, et son culte[118] ».

Il y avait dans ce manifeste, qui reflétait à sa façon l'esprit d'un Debussy et de son libre impressionnisme musical, beaucoup de naïveté et quelque intolérance, mais une force d'enthousiasme juvénile, qui répondait aux grands espoirs d'alors, et faisait présager une glorieuse journée, une belle moisson de musique.

Bien peu d'années ont passé, depuis ; mais le ciel n'est déjà plus tout à fait aussi pur ; la lumière est plus trouble. Les espérances n'ont pas été déçues ; mais elles n'ont pas été non plus accomplies. On attend, et déjà avec quelque impatience. Impatience, sans raison : car, pour fonder un art, il faut le concours du temps ; l'art a besoin de mûrir tranquillement. Mais la tranquillité est ce qui manque le plus à l'art parisien. Au lieu de se recueillir, chacun, dans sa tâche, en se sentant unis aux autres dans une œuvre commune, on se livre à de stériles disputes. La jeune école française existe à peine, qu'elle s'est déjà scindée en deux ou trois partis. À la lutte de tous contre l'art étranger succède la lutte entre artistes français : c'est le mal chronique du pays, où tant de forces s'usent en vain. Le plus curieux, c'est que la querelle présente n'est pas entre conservateurs et partis avancés, mais entre les deux fractions les plus avancées de la musique française : le parti de la *Schola*, à qui son dogmatisme artistique et son traditionalisme devaient fatalement donner, avec la victoire, les allures d'une petite Académie, – et les indépendants, dont le plus grand est M. Debussy. Ce n'est pas notre rôle d'entrer dans la querelle. Faisons seulement remarquer aux partis en cause qu'un troisième parti est seul à profiter de leur malentendu : c'est celui de la routine, qui n'a jamais perdu la faveur du grand public des théâtres, et qui aurait bientôt fait de regagner toutes les places perdues, si ceux qui ont pour mission de défendre l'art travaillaient à se détruire les uns les autres. On a crié trop tôt victoire. Quoi qu'en dise l'optimisme des porte-paroles de la jeune musique française, la bataille n'est pas gagnée pour elle ; elle ne le sera pas de longtemps, – tant que ne sera pas changé le goût du grand public, – tant que ne sera pas faite l'éducation musicale de la nation, – tant que ne seront pas rétablis les liens qui doivent unir une élite à son peuple, si cette élite veut durer et sauver sa pensée. Non seulement, – à de très rares et généreuses exceptions près, – l'élite se désintéresse de

118 *La Tribune de Saint-Gervais*, septembre 1903.

l'éducation du peuple, mais elle se désintéresse de l'âme du peuple, de ce qu'il sent, et de ce qu'il est. Car si quelques compositeurs, de Bizet à M. Saint-Saëns, et de M. Saint-Saëns à M. Vincent d'Indy et à ses disciples, se sont parfois appliqués à bâtir des symphonies, des rapsodies, ou des morceaux de piano très difficiles sur des thèmes populaires (auvergnats, provençaux, cévenols, etc.), ce n'est là qu'un jeu d'esprit, un passe-temps ingénieux d'artistes raffinés, – quelque chose comme les constructions polyphoniques qu'édifiaient les maîtres flamands du XVe siècle sur des thèmes populaires. En dépit des progrès de l'esprit démocratique, jamais l'art musical – ou, du moins, tout ce qui compte dans l'art – n'a été plus aristocratique qu'aujourd'hui. Sans doute, le phénomène n'est pas spécial à la musique, et tous les arts le présentent plus ou moins ; mais, dans aucun art, il n'est plus dangereux : car aucun n'a des racines moins fortes dans la terre de France. Et ce n'est pas une consolation de se dire qu'on reste dans la grande tradition de l'art français, qui fut presque toujours aristocratique. Les traditions, petites et grandes, sont menacées aujourd'hui : la hache est au pied. Qui veut vivre doit s'adapter aux conditions nouvelles de la vie. Il y va de l'avenir de l'art. À continuer comme on le fait, non seulement on condamne la musique à s'étioler, loin du grand air, mais on risque de la condamner tôt ou tard à disparaître sous le flot montant de ces couches populaires, qu'on maintient dans une sorte de barbarie musicale. Prenons garde que déjà il a fallu défendre la musique[119], attaquée dans telles discussions de nos Assemblées parlementaires ; et combien la défense fut piteuse ! Il ne faut pas qu'un jour vienne où un mot fameux soit réédité, – avec une variante : – « La République n'a pas besoin de musiciens[120] ».

C'est le devoir de l'historien de signaler les dangers de l'heure présente, et de rappeler à des artistes français, trop facilement convaincus d'avoir gagné la victoire, – dès la première victoire, – que l'avenir n'est rien moins qu'assuré, et qu'il ne faut jamais désarmer contre l'ennemi commun, plus dangereux dans une démocratie qu'ailleurs : – la médiocrité.

119 Tout au moins, certaines formes – les plus hautes – de la musique. – Discussions à la Chambre des députés, sur le budget des Beaux-Arts, en février 1906. Discours de MM. Théodore Denis, Beauquier et Dujardin-Beaumetz sur la musique religieuse, l'École Niedermeyer et la valeur civique de l'orgue.

120 [NdÉ] Allusion à la célèbre phrase prononcée par le président du Tribunal révolutionnaire en 1794 (« La république n'a pas besoin de savants ») lors de la condamnation à mort du chimiste Lavoisier, après la suppression de l'Académie des Sciences par la Convention.

La route qui s'étend devant nous est longue encore et difficile. Mais lorsque, nous retournant, nous embrassons du regard le chemin parcouru, nous pouvons avoir confiance. Qui de nous pourrait contempler sans fierté la tâche accomplie depuis trente ans ! Une ville, où la musique était tombée, avant 1870, à un niveau misérable, et qui aujourd'hui est remplie de concerts, d'écoles musicales, – une ville où s'est élevée, du néant, une des premières écoles symphoniques de l'Europe, – une ville où se sont formés un des publics de concert les plus ardents qui soient, une élite de ces grands connaisseurs, à l'esprit vaste et libre, qui sont l'orgueil de la France ; et une petite légion de musiciens, où brillent, au premier rang, ce grand peintre de rêves, Claude Debussy, et ces maîtres constructeurs, Dukas et Florent Schmitt, ce penseur passionné, Albéric Magnard, et ce poète ironiste, Ravel, ces écrivains délicats et précis, Albert Roussel et Déodat de Séverac ; – pour ne citer, parmi les jeunes, que quelques-uns de ceux qui marchent à l'avant-garde, – toutes ces forces poétiques, non pas les plus vigoureuses, mais les plus originales de l'Europe actuelle. Quelques manques qu'on puisse relever dans notre organisation musicale, encore si récente, quelques jugements qu'on porte sur les œuvres de la jeune école française, et à quelques résultats que ce mouvement doive conduire, il est impossible de ne pas admirer le peuple que la défaite même a ressuscité, et la génération qui a accompli ce magnifique travail de relèvement musical de la nation, avec une constance inlassable et la foi qui soulève les montagnes. Les noms de Camille Saint-Saëns, de César Franck, de Charles Bordes et de Vincent d'Indy resteront, entre tous, attachés à cette œuvre de régénération nationale, à laquelle collaborèrent tant de talents et tant de dévouements, depuis les chefs d'orchestre et les compositeurs célèbres jusqu'à la masse obscure des artistes et des cœurs musiciens qui depuis trente ans ont combattu un combat acharné contre l'indifférence et la routine. Ils ont le droit d'être fiers de leur œuvre. – Mais, nous, ne nous attardons pas à la considérer ! Nous avons de grands espoirs. Tâchons de les accomplir.

ANNEXE

Mémoires de Berlioz (1896-1897)

CHAPITRES ET PAGES

Pour conserver la pagination proposée par Berlioz sur la base de l'édition Calmann Lévy en deux volumes de 1896-1897, nous présentons ici la référence aux chapitres (généralement brefs) de ces deux volumes, facilitant ainsi le renvoi aux éditions plus récentes. Dans cette édition ayant appartenu à Romain Rolland (BnF Gallica), la numérotation des chapitres LI et LII du volume 2 est défectueuse et ne correspond pas à la table des matières.

VOLUME 1 – 367 P.

Chapitre I : p. 1-3
II : 4-8
III : 9-12
IV : 13-23
V : 24-28
VI : 29-33
VII : 34-39
VIII : 40-43
IX : 44-46
X : 47-52
XI : 53-56
XII : 57-62
XIII : 63-67
XIV : 68-71
XV : 72-82
XVI : 83-93
XVII : 94-96
XVIII : 97-105
XIX : 106-109
XX : 110-114
XXI : 115-118
XXII : 119-126
XXIII : 127-135
XXIV : 136-139

XXV : 140-144
XXVI : 145-148
XXVII : 149-150
XXVIII : 151-153
XXIX : 154-160
XXX : 161-167
XXXI : 168-172
XXXII : 173-181
XXXIII : 182-185
XXXIV : 186-196
XXXV : 197-204
XXXVI : 205-216
XXXVII : 217-222
XXXVIII : 223-230
XXXIX : 231-243
XL : 244-248
XLI : 249-266
XLII : 267-271
XLIII : 272-282
XLIV : 283-295
XLV : 296-304
XLVI : 305-316
XLVII : 317-325
XLVIII : 326-334
XLIX : 335-343
L : 344-348
LI : 349-353

VOLUME 2 – 430 P.

1er voyage en Allemagne : 1-150
LI [*sic* pour LII] : 151-157
LII [*sic* pour LIII] : 158-175
2e voyage en Allemagne
1re lettre à M. Humbert Ferrand : 176-188
2e lettre : 189-202
3e lettre : 203-217
4e lettre : 218-231
5e lettre : 232-243
6e lettre : 244-257
LIV : 258-265
LV – Voyage en Russie : 266-289
LVI : 290-298
Suite du voyage en Russie : 299-305
LVII : 306-317
LVIII : 318-331
LIX : 332-354
Post-Scriptum : 355-367
Postface : 368-392
Voyage en Dauphiné : 393-423

BIBLIOGRAPHIE SÉLECTIVE

AUDÉON, Hervé (dir.), *Romain Rolland musicologue*, Dijon, Éditions universitaires, 2017.

BONNEROT, Jean, « Saint-Saëns et Romain Rolland. Lettres inédites publiées par Jean Bonnerot », *Revue de Musicologie*, t. XL, nº 116, décembre 1957, p. 196-200.

CORBELLARI, Alain, *Les Mots sous les notes. Musicologie littéraire et poétique musicale dans l'œuvre de Romain Rolland*, Genève, Droz, 2010.

COSTE, Claude, *Orphée ou les sirènes : l'imaginaire littéraire de la musique*, [Nanterre], Presses universitaires de Paris-Ouest, 2014 [« Correspondances de Romain Rolland avec les compositeurs », p. 185-203].

DUCHATELET, Bernard, *Romain Rolland tel qu'en lui-même*, Paris, Albin Michel, 2002.

DUCHATELET, Bernard (dir.), *Romain Rolland et la musique*, Dijon, Éditions universitaires de Dijon, 2013.

ÉCORCHEVILLE, Jules, « Deux livres de Romain Rolland », *Bulletin français de la SIM*, 15 août 1908, p. 847-853 [*Musiciens d'aujourd'hui* et *Jean-Christophe*, 1908].

ÉTIENNE, Valère, « Jean-Christophe et Richard Strauss », *Cahiers de Brèves*, nº 29, juin 2012, p. 35-42.

GUYADER, Nathalie, *Romain Rolland et les musiciens de son temps*, thèse (Littérature française), Brest, 1997, 4 vol. [correspondance avec Paul Dupin et les Haudebert, 394 lettres].

MASSON, Paul-Marie (dir.), *Rapport sur la musique française contemporaine*, Rome, Armani & Stein, 1913.

MEYSENBUG, Malwida von, *Mémoires d'une idéaliste*, trad. de l'allemand, avec une préface de Gabriel Monod, Paris, Fischbacher, 1900, 2 vol.

PISTONE, Danièle, « Romain Rolland face à la musicologie de son temps », *Cahiers de Brèves*, nº 20, juin 2012, p. 27-31.

PISTONE, Danièle, « Romain Rolland : la musique en partage », dans *Romain Rolland et la musique*, dir. Bernard Duchatelet, Dijon, Éditions universitaires, 2013, p. 17-28.

RICHARD, Strauss et Romain ROLLAND, *Correspondance, Fragments de journal*,

Avant-Propos de Gustave Samazeuilh, « Cahiers Romain Rolland », 3, Paris, Albin Michel, 1951.

ROGER, Mathias, « Romain Rolland musicologue », *Cahiers de Brèves*, n° 25, 2010, p. 37-38.

ROHOZINSKI, L[adislas] (dir.), *Cinquante ans de musique française : de 1874 à 1925*, Paris, Les Éditions musicales de la Librairie de France, 1928, 2 vol.

ROLLAND, Romain, « Chronique musicale. Le centenaire de Berlioz en 1903 », *L'Art dramatique et musical au* XXe *siècle*, 3, 1903, éd. 1904, p. 309-312.

ROLLAND, Romain, « Lettres à Paul Landormy », *Fontaine*, 6, t. 8, avril 1945, p. 13-20 [les lettres des 5 et 12 novembre 1909 concernent Berlioz].

SAINT-ARROMAN, Gilles, « Sous le signe de l'Italie : les relations de Romain Rolland avec Vincent d'Indy et la Schola Cantorum », *Cahiers de Brèves*, n° 30, décembre 2012, p. 23-28.

SAINT-ARROMAN, Gilles, « Les deux Christophe : essai de parallèle entre Romain Rolland et Vincent d'Indy », *Cahiers de Brèves*, n° 33, juillet 2014, p. 16-22.

SAINT-ARROMAN, Gilles, « Les deux Christophe II : les deux Beethoven », *Études Romain Rolland, Cahiers de Brèves*, n° 36, décembre 2015, p. 30-42.

SAINT-ARROMAN, Gilles, « *Jean-Christophe* de Romain Rolland et *La Légende de Saint-Christophe* de Vincent d'Indy », *Études Romain Rolland, Cahiers de Brèves*, n° 40, janvier 2018, p. 38-51.

YEOLAND, Rosemary, « Romain Rolland et Claude Debussy : un rapport à distance », *Cahiers de Brèves*, n° 32, décembre 2013, p. 8-12.

INDEX DES NOMS DE PERSONNES CITÉS

ADAM, Adolphe : 46, 49
ALARCON, Don Pedro de : 164
ALBERT, Eugen d' : 242
ALBERT, Henri : 136, 144, 145
ALEXANDRE LE GRAND : 67
ALQUIER, Maurice : 238, 239
AMBROS, August Wilhelm : 64
ANDRIEUX, Françoise : 246
ANTOINE, André : 203
ART, Georges : 136
AUBER, Esprit : 66
AUBERT, Louis : 225
AUBRY, Pierre : 25, 244
AUDÉON, Hervé : 261

BACH, Carl Philip Emanuel : 219
BACH, Johann Sebastian : 12, 13, 55, 66, 72, 93, 102, 107-109, 111, 119, 121, 155, 176, 181, 184, 188, 191, 196, 213, 224, 228, 233, 234, 237, 239, 240, 244, 246, 249, 252, 253
BACH, Veit : 154
BALAKIREV, Mili : 35
BARBEREAU, Auguste : 243
BAUDELAIRE, Charles : 211
BAZIN, François : 234
BEAUQUIER, Charles : 256
BÉDIER, Joseph : 201
BEETHOVEN, Ludwig van : 9, 11, 13, 15, 18, 22, 23, 25, 26, 30, 35, 39, 43, 45, 46, 47, 55-57, 59, 60, 62, 64, 67, 69, 70, 73, 75, 79, 83, 84, 90, 92, 102, 105, 107, 109-111, 116, 133-135, 138, 148, 150, 152, 153, 155, 158, 163, 166, 176, 178, 180, 184, 186, 187, 189, 191, 192, 195-197, 206, 209, 210, 216, 217, 219, 224, 226, 228, 229, 231, 234, 241, 242, 246, 249, 253, 262
BELLINI, Vincenzo : 63, 154
BENDINER, Max : 179
BENNET, Toussaint : 50, 51, 58
BENOIST, François : 234
BENOIT, Camille : 38, 53, 77, 212
BÉRIOT, Charles de : 241
BERLINER, Arnold : 189
BERLIOZ, Hector : 7, 10, 11, 14, 16-18, 22, 26, 35-52, 54-79, 107, 109, 111, 139, 149, 154-156, 158, 167, 183, 206, 209, 210, 211, 214, 216, 220, 221, 226-228, 230, 241, 246, 248, 259, 262, 268
BERLIOZ, Louis : 50
BERNARDIN DE SAINT-PIERRE, Jacques-Henri : 84
BERNSTEIN, Henri : 203
BIZET, Georges : 10, 16, 111, 206, 211, 221, 223, 226, 256
BLANCHE, Jacques : 212
BLAZE DE BURY, Henry : 54
BONAPARTE, Napoléon : 79
BONNEROT, Jean : 110, 261
BORDES, Charles : 10, 117, 130, 131, 213, 233-235, 237, 239, 240, 254, 257
BORGIA, César : 84
BOUCHOR, Maurice : 248-251
BOURGAULT-DUCOUDRAY, Louis-Albert : 233, 243, 248, 250, 251
BOURGEOIS, Léon : 229

BOVET, Alfred : 79
BRAHMS, Johannes : 10, 14, 66, 108, 124, 135, 137, 156, 158, 159, 169, 180, 186, 224, 230
BRÉAL, Clotilde : 8, 23
BREITNER, Louis : 241
BREMA, Marie : 98
BRENET, Michel : 244
BREUER, Hans : 81
BRET, Gustave : 238, 239
BRÉVILLE, Pierre de : 222, 235
BROUSTAN, Leimistin : 218
BRUCKNER, Anton : 155, 156
BRUNEAU, Alfred : 10, 75, 213, 215, 219, 223, 226
BUFFON, George-Louis Leclerc comte de : 129
BÜLOW, Hans von : 40, 134, 135, 159, 233, 242
BURGSTALLER, Aloïs : 81, 93
BUSONI, Ferruccio : 180
BUSSINE, Romain : 222-224
BYRD, William : 111

CASTÉRA, René de : 238, 239
CAPLET, André : 225
CARISSIMI, Giacomo : 176, 237
CARRÉ, Albert : 218, 247
CARVALHO, Léon : 246
CASTILLON, Alexis de : 10, 222, 223, 226, 235
CAZENEUVE : 180
CENNINI, Cennino : 117
CÉSAR-FRANCK, Georges : 236
CHABRIER, Emmanuel : 10, 12, 191, 205, 212, 217, 223, 228, 229, 235
CHAMBERLAIN, Houston Stewart : 85, 86, 212
CHAMPFLEURY, Jules François Félix Husson dit : 211
CHAPOT, Mme : 40
CHAPOT, Victor : 49
CHAPUIS, Auguste : 235
CHARPENTIER, Gustave : 10, 12, 111, 180, 183, 185, 213, 215, 219, 246
CHARPENTIER, Marc-Antoine : 254
CHARPENTIER, Victor : 245
CHAUMIÉ, Joseph : 251
CHAUSSON, Ernest : 10, 12, 124, 131, 217, 223, 235
CHERUBINI, Luigi : 49, 75, 249
CHEVILLARD, Camille : 10, 133, 180-182, 220, 223, 227, 229-232, 241
CHEVILLARD, Pierre-François-Alexandre : 210
CIMAROSA, Domenico : 228
CLAPISSON, Louis : 49
CLAUDEL, Paul : 21, 22, 32, 81
CLÉRAMBAULT, Louis Nicolas : 254
COINDREAU, Pierre : 238, 239
COLONNE, Édouard : 21, 35, 66, 133, 183, 211, 220, 226, 227, 229, 230, 246, 247
COMBARIEU, Jules : 25, 112, 244
CORBELLARI, Alain : 9, 261
CORNEILLE, Pierre [pseudonyme du Dr Saint-Marc] : 246, 247
CORNELIUS, Peter : 169
CORTOT, Alfred : 223
COSTE, Claude : 261
COUPERIN, François : 244, 254
COURTELINE, Georges : 203
CRISPINO : 45
CURZON, Henri de : 73, 204

DAMCKE, Berthold : 241
D'ANNUNZIO, Gabriele : 176
DANTE ALIGHIERI : 37, 70
DARAUX : 180
DAURIAC, Lionel : 244
DEBUSSY, Claude : 8, 10, 12-14, 16, 17, 120, 182, 183, 199-206, 213, 215, 219, 223-225, 245, 253-255, 257, 262, 267
DECSEY, Ernst : 154, 169
DELABORDE, Eraïm Miriam : 241
DELACROIX, Eugène : 128
DELIBES, Léo : 10, 226
DELLA VALLE, Guglielmo : 117
DELSART, Jules : 241

DENIS, Théodore : 256
DENYS LE PETIT (Dionysius Exiguus) : 117
DESTOUCHES, André Cardinal : 116
DEVILLE, Alphonse : 246, 247
DIDEROT, Denis : 16, 193, 206
DIÉMER, Louis : 223, 241
DONIZETTI, Gaetano : 44, 154
DOSTOÏEVSKI, Fiodor : 176
DREYFUS, Robert : 82
DU BELLAY, Joachim : 249
DU MONT, Henry : 254
DUCHATELET, Bernard : 181, 261
DUFOUR, Alfred : 85
DUJARDIN-BEAUMETZ, Étienne : 256
DUKAS, Paul : 10, 12, 116, 182, 183, 197, 219, 224, 235, 244, 246, 257
DUNI, Egidio Romualdo : 65
DUPARC, Henri : 10, 222, 235
DUPIN, Paul : 27, 261
DUVERNOY, Alphonse : 241

ECKSTEIN, Fritz : 158, 160
ÉCORCHEVILLE, Jules : 244, 261
EICHENDORFF, Joseph von : 160, 161, 164, 166, 168
EMMANUEL, Maurice : 25, 244
ERNST, Alfred : 185, 212
ESCHENBACH, Wolfram von : 140
ESSIPOFF, Anna : 242
ESTELLE : voir *Fornier, Estelle*
ESTIENNE, Henri : 238, 239
ÉTIENNE, Valère : 261
EXPERT, Henry : 65, 209, 233, 244

FAISST, Hugo : 154, 163, 165, 166
FANTIN-LATOUR, Henri : 212
FAURÉ, Gabriel : 10, 199, 216, 222, 223, 225, 233, 235, 246
FERRAND, Humbert : 41, 54, 56, 57, 61, 260
FISSOT, Charles : 223, 241, 268
FORNIER, Casimir : 42
FORNIER, Estelle : 41
FOURCAUD, Louis de : 212
FRANCK, César : 10, 12, 14, 16, 41, 55, 65, 78, 107, 121-125, 130, 131, 156, 176, 180, 182-184, 188, 191, 213, 215, 216, 222-226, 230, 233-236, 240, 257
FRANCK, pseudonyme de François-Marie-Louis-Alexandre Gobinet de Villecholle : 41
FRANKEL, Dr : 242
FRESCOBALDI, Girolamo : 219

GABRIELI, Giovanni : 176
GAILHARD, Pedro : 246, 247
GARCIN, Jules : 222, 223
GASTOUÉ, Amédée : 244
GAUTIER, Eugène : 243
GAUTIER, Théophile : 210
GEIBEL, Emanuel : 161, 169
GÉMIER, Firmin : 203
GEVAERT, François-Auguste : 233
GHIRLANDAJO, Domenico : 128
GIGOUT, Eugène : 233
GILLES : 251
GIORDAN, Henri : 9
GIROD, abbé : 51
GLAZOUNOV, Alexandre : 224
GLUCK, Christoph Willibald von : 27, 39, 43, 49, 55, 56, 62-65, 68, 102, 107, 108, 114, 158, 175, 199, 202, 209, 217, 219, 224, 228, 237, 240, 246, 253, 254
GODARD, Benjamin : 226
GOETHE, Johann Wolfgang von : 30, 31, 56, 65, 110, 115, 126, 137, 155, 160, 161, 164, 168, 169, 197, 210
GOLDMARK, Karl : 157
GOLDSCHMIDT, Adalbert von : 158
GONCOURT, frères : 82, 210
GOSSEC, François-Joseph : 75, 215
GOUDIMEL, Claude : 119
GOUJON, Julien : 246, 247
GOUNOD, Charles : 10, 21, 48, 49, 107-111, 149, 150, 176, 218, 220, 221, 232, 233, 246

GOUVY, Théodore : 221
GRAF, Max : 207
GREEF, Arthur de : 242
GRÉTRY, André Ernest Modeste : 65
GRIEG, Edvard : 213, 224, 227, 233
GRILLPARZER, Franz : 155
GROHE, Oscar : 154, 161, 163
GROZ, Albert : 238, 239
GUÉRANGER, Dom Prosper : 236
GUILMANT, Alexandre : 117, 131, 233, 235, 239, 244
GUIMET, Émile : 246
GUIRAUD, Ernest : 222, 223, 226
GUITRY, Lucien : 203
GUYADER, Nathalie : 261

HABENECK, François : 216
HAENDEL, Georg Friedrich : 30, 55, 64, 75, 93, 107, 109, 111, 119, 120, 176, 224, 228, 230, 233, 246, 247, 249
HAHN, Arthur : 146
HALÉVY, Ludovic : 49
HALÉVY, Daniel : 82
HALPÉRINE-KAMINSKY, Ely : 90
HAMERICK, Asger : 50
HARTMANN, Georges : 225, 226
HAUDEBERT, Lucien : 261
HAUPTMANN, Gerhard : 152
HAYDN, Joseph : 111, 135, 154
HEBBEL, Friedrich : 155, 158
HEINE, Heinrich : 64, 75
HELLER, Stephen : 241
HENNEQUIN, Émile : 212
HEROLD, André-Ferdinand : 152
HESS, Ludwig : 180
HEYSE, Paul : 160, 161, 169
HILLEMACHER, Paul : 226
HILLER, Ferdinand : 45
HIPPEAU, Edmond : 35, 51, 74, 108, 112
HOERNES, Moritz : 164
HOLLMAN, Joseph : 242
HOLMÈS, Augusta : 235
HOUDARD, Georges : 244
HUGO, Victor : 21, 22, 123
HUMPERDINCK, Engelbert : 167, 219
HURÉ, Jean : 225
HUYSMANS, Joris-Karl : 212

IBSEN, Henrik : 126
INDY, Vincent d' : 8, 10-12, 19, 115-117, 120, 121, 123-125, 127-132, 212, 213, 217, 223, 224, 228, 229, 234, 235, 238, 256, 257, 262, 267

JAQUES-DALCROZE, Émile : 251
JAUSIONS, Dom Paul : 236
JEITTELES, Aloïs : 187
JONCIÈRES, Victorin (de) : 226
JORISENNE, G. : 138
JOSQUIN DES PRÉS : 177, 224
JULLIEN, Adolphe : 10, 35, 241
JULLIEN, Louis : 46

KALBECK, Max : 159
KALINOWSKY, Wolfgang : 9
KAUFMANN, Emil : 154, 162, 170
KELLER, Gottfried : 161, 164
KLATTE, Wilhelm : 138
KLEIST, Heinrich von : 155, 158, 162
KLOPSTOCK, Friedrich Gottlieb : 189
KOECHLIN, Charles : 7, 225
KRETZSCHMAR, Hermann : 76
KUFFERATH, Maurice : 73, 89
KÜHL, G. : 167

LABEY, Marcel : 238, 239
LADMIRAULT, Paul : 10
LAGOANÈRE, Oscar : 246, 247
LA LAURENCIE, Jean de : 239
LA LAURENCIE, Lionel de : 239
LALO, Charles : 244
LALO, Édouard : 10, 25, 219, 223, 226, 228, 244, 254
LALO PIERRE : 254
LALOY, Louis : 25, 120, 204, 244, 254
LAMOUREUX, Charles : 97, 121, 211, 220, 223, 227-233, 246
LANDORMY, Paul : 253, 262

LASSUS, Roland de : 51, 177
LAURENS, Henri : 245
LAVOISIER, Antoine : 256
LAVOIX, Henri : 59
LEBORNE, Fernand : 49
LECLAIR, Jean-Marie : 254
LECONTE DE LISLE : 122
LE FLEM, Paul : 238, 239
LEGOUVÉ, Ernest : 40, 44, 45, 53
LEHMANN, Lilli : 229
LEKEU, Guillaume : 10, 223, 235
LEMOINE, Émile : 241, 242
LENEPVEU, Charles : 223
LERIQUE-KOECHLIN, Marc : 7
LESUEUR, Jean-François : 56, 60, 75
LEVI OU LÉVI, Hermann : 134, 135, 227
LEVIN : 106
LIADOV, Anatole : 224
LIARD, Louis : 251
LICHTENBERGER, Henri : 85, 86, 88, 89, 92, 93, 99, 185, 244
LILENCRON, Detlev von : 159, 163
LIPPI, Filippo : 128
LISZT, Franz : 37, 48, 50, 52, 58, 78, 83, 85, 86, 88, 89, 93, 99, 111-113, 124, 135, 158, 189, 205, 224, 230
LITVINNE, Felia : 97
LOBE, Johann Christian : 67
LOËB, Jules : 241, 242
LULLI, Jean-Baptiste : 65, 111

MAETERLINCK, Maurice : 176, 200, 202
MAGNARD, Albéric : 183, 224, 238, 257
MAHLER, Gustav : 14, 18, 180, 181-183, 186-192, 194-196
MALHERBE, Charles : 37, 212, 226
MALLARMÉ, Stéphane : 212
MARCEL, Henry : 251
MARCHAND, Esther : 7
MARNOLD, Jean : 64, 151, 254
MARTEAU, Henri : 180
MARTY, Georges : 216, 235
MASCAGNI, Pietro : 12, 149, 219
MASSÉ, Victor : 220, 234
MASSENET, Jules : 10, 215, 217, 219, 222, 223, 226, 232
MASSON, Paul-Marie : 261
MASSOUGNES, Georges de : 35, 46, 71, 79
MATERNA, Amalie : 229
MAUKE, Wilhelm : 138
MAURIN, Jean-Pierre : 210, 241
MAYREDER, Rosa : 164
MÉHUL, Étienne : 75
MENDELSSOHN, Felix : 48, 51, 111, 112, 114, 135, 143, 148, 150, 188, 191, 221
MENDÈS, Catulle : 212
MENGELBERG, Willem : 227
MENTER, Sophie : 242
MÉREAUX, Amédée : 233
MERRILL, Stuart : 212
MERSENNE, Marin : 203
MESSAGER, André : 10, 183, 218, 220, 223, 233
MEYERBEER, Giacomo : 21, 39, 65, 209, 218
MEYSENBUG, Malwida von : 9, 22, 23, 53, 81, 92, 95, 261
MICHEL-ANGE : 26, 99, 100, 111, 151, 164, 165, 168, 171
MICHELET, Jules : 115
MIKHAËL, Ephraïm : 212
MILANESI, Gaetano : 100
MILLIET, Paul : 246, 247
MILLÖCKER, Karl : 158
MOCQUEREAU, Dom André : 236
MOKE, ép. Pleyel, Camille : 43, 45
MOLIÈRE, Jean-Baptiste Poquelin dit : 16, 73, 206
MONOD, Gabriel : 95, 261
MONTEVERDI, Claudio : 102, 115, 239, 240
MOREL, Auguste : 52, 75
MÖRIKE, Eduard : 155, 160, 161, 164, 168, 169
MORLAND, Jacques : 151, 253
MOTTL, Felix : 49, 74, 79, 158, 227
MOUREY, Gabriel : 201, 212
MOUSSORGSKY, Modeste : 204, 224

MOZART, Wolfgang Amadeus : 21, 26, 30, 35, 39, 55, 68, 107, 108, 111, 135, 148, 153, 158, 167, 170, 176, 180, 186, 187, 197, 204, 206, 217, 219, 230, 249, 253
MÜLLER, Paul : 154, 164, 167-169
MUNCH, Charles : 181
MÜNCH, Ernst : 180, 181
MURILLO, Bartolomé Esteban : 170

NERVAL, Gérard de : 56
NEY, Joseph-Napoléon : 232
NIEDERMEYER, Louis : 49, 233, 256
NIETZSCHE, Friedrich : 82, 90, 135, 136, 143-145, 151, 166, 190, 211
NIKISCH, Arthur : 227, 230

OCHS, Siegfried : 75
ORTIGUE, Joseph d' : 40, 41
OULIBICHEFF, Alexandre : 148

PADEREWSKI, Ignaz : 232, 242
PAGANINI, Niccolò : 46, 57, 221
PAISIELLO, Giovanni : 84
PALADILHE, Émile : 226
PALESTRINA, Giovanni da : 102, 119, 176, 224, 236
PANSERON, Auguste : 49
PARENT, Armand : 235
PARISOT, Gabriel : 246, 247
PASDELOUP, Jules : 79, 211, 220, 221, 225, 227, 245, 246
PASSY, Jacques : 72
PEROSI, Don Lorenzo : 8, 9, 11, 12, 15, 24, 25, 173-178
PETIT, Pierre : 41
PETITJEAN, Léon : 226
PHILIPPE DE VITRY : 118
PIE X : 237
PIERNÉ, Gabriel : 10, 227, 235, 251
PIERRE, Constant : 215, 216
PIRRO, André : 239, 244
PISTONE, Danièle : 35, 261
PONIATOWSKI, Joseph : 55
PORTO-RICHE, Georges de : 203
POTHIER, Dom Joseph : 236
POUEIGH, Jean : 10, 205
PROD'HOMME, Jacques-Gabriel : 35, 56, 62
PSCHORR : 134
PUCCINI, Giacomo : 12, 219
PUGNO, Raoul : 241

RABELAIS, François : 16, 155, 206
RACINE, Jean : 206
RADECKE, Robert : 134, 135
RADIGUER, Henri : 251
RAMEAU, Jean-Philippe : 13, 65, 91, 107, 111, 116, 192, 193, 199, 202, 224, 237, 239, 240, 244, 246, 254
RAVEL, Maurice : 10, 12, 13, 26, 216, 224, 225, 257
REBER, Henri : 49, 234
RECIO, ép. Berlioz, Marie : 44, 50
REDON, Odilon : 212
REICHA, Anton : 60
REINHARDT, Max : 187
REISSIGER, Carl Gottlieb : 99
REMBRANDT : 36
RÉMY, Guillaume : 241, 242
RÉTY, Charles : 246
REY, Emmanuel : 242
REYER, Ernest : 10, 40, 211, 212, 217
RICHEPIN, Jean : 212
RICHTER, Hans : 227
RIMSKY-KORSAKOV, Nicolas : 219, 224
RISLER, Edouard : 223
RITTER, Alexandre : 135, 137, 141
RIVET, Gustave : 217
ROBERT-TORNOW, Robert : 164
RÖCKEL, August : 84
ROD, Édouard : 212
ROGER, Mathias : 262
ROGER-DUCASSE, Jean : 224, 225
ROHOZINSKI, Ladislas : 262
ROLAND DE LASSUS : 51, 177
ROPARTZ, Guy : 235
ROSSI, Salomon de : 116

ROSSINI, Gioacchino : 44, 65, 107, 149, 154
ROSTAND, Edmond : 203
ROUGET DE LISLE, Claude : 59
ROUSSEAU, Jean-Jacques : 17, 32, 68, 91, 108, 203
ROUSSEAU, Samuel : 235
ROUSSEL, Albert : 10, 224, 238, 239, 257
RUBINSTEIN, Anton : 21, 242

SACCHINI, Antonio : 228
SAINT-ARROMAN, Gilles : 9, 131, 262
SAINTE-BEUVE, Charles-Augustin : 115
SAINT-POL-ROUX : 183
SAINT-SAËNS, Camille : 8-10, 12, 18, 22, 59, 66, 72, 105-114, 116, 215, 216, 220-226, 232, 233, 241, 242, 246, 251, 256, 257, 261
SALIERI, Antonio : 55
SAMAZEUILH, Gustave : 8, 133, 199, 238, 239, 261
SARASATE, Pablo de : 223
SARDOU, Victorien : 203
SAYN-WITTGENSTEIN, Carolyne de : 50, 51, 52, 67
SCHALK, Joseph : 155
SCHILLER, Friedrich von : 65
SCHMITT, Dom Antonin : 236
SCHMITT, Florent : 10, 224, 225, 257
SCHUBERT, Franz : 64, 112, 153, 155, 160, 164, 166-169, 187, 188, 192, 226, 249
SCHUMANN, Robert : 10, 48, 71-73, 78, 107, 108, 111, 112, 115, 135, 150, 155, 160, 167-169, 194, 221, 224, 230, 249
SCHURÉ, Édouard : 212
SCHÜTZ, Heinrich : 176, 237
SCHWEITZER, Albert : 181
SCUDO, Paul : 46
SEGHERS, François : 221
SEIDL, Arthur : 138
SÉRÉ, Octave [pseudonyme de Jean Poueigh] : 205
SÉRIEYX, Albert : 238, 239
SERRES, Louis de : 235
SÉVERAC, Déodat de : 10, 224, 238, 257
SFORZA, Lodovico : 84
SGAMBATI, Giovanni : 233
SHAKESPEARE, William : 54, 70, 163, 210
SIBELIUS, Jean : 180
SMITHSON, Harriet (ou Henriette) : 43, 44, 45, 48, 50, 57
SOUBIES, Albert : 212
SPENCER, Herbert : 212
SPONTINI, Gaspare : 49, 56, 58, 60, 114, 209
STRASSER : 159
STRAUSS, Johann : 158
STRAUSS, Richard : 8, 12-16, 18, 23, 24, 29, 37, 38, 49, 59, 74, 112, 113, 124, 133-139, 141-152, 180-188, 192-196, 199, 205, 207, 213, 219, 224, 227, 230, 261
STRAVINSKI, Igor : 18
SUARÈS, André : 8, 22, 100, 121
SVETLIN, Dr : 164
SWINBURNE, Algernon Charles : 212

TAFFANEL, Paul : 222, 223
TCHAIKOVSKY, Piotr Ilitch : 233
THOMAS, Ambroise : 10, 49, 65, 220, 243
TIERSOT, Julien : 35, 42, 46, 48, 52, 79, 215, 244, 248, 249
TILLIER, Claude : 155
TINEL, Edgar : 119, 120
TOLSTOÏ OU TOLSTOY, Léon : 17, 22, 27, 68, 89, 90, 91, 92, 129, 139, 176

UHLIG, Theodor : 86, 87, 89

VAN DYCK, Albert : 228
VERDI, Giuseppe : 10, 12, 107, 218, 219
VERLAINE, Paul : 212
VIALA, Germain-Louis : 7
VIARDOT, Pauline : 226, 246
VICTORIA (Vittoria), Tomás Luis de : 224
VIDAL, Paul : 235

VILLIERS DE L'ISLE-ADAM, Auguste de : 212
VINCI, Leonardo da : 84
VIOLLET-LE-DUC, Eugène : 246
VIRGILE : 48, 58, 76
VIZENTINI, Albert : 246
VOGEL, Johann Christoph : 49
VOGELWEIDE, Walther von der : 140
VOGÜÉ, Melchior de : 246, 247
VUILLERMOZ, Émile : 225

WAGNER, Cosima : 85, 157, 184
WAGNER, Ernest : 72
WAGNER, Eva : 85
WAGNER, Richard : 7, 10-13, 15-17, 21-23, 25, 36-39, 40, 42, 45-49, 51-53, 55-57, 59, 61, 62, 64-69, 71-73, 76-95, 97-101, 108, 110-112, 115, 123, 124, 126, 127, 129, 131, 133, 135, 136, 139, 140, 149, 150, 155-159, 163, 167, 170, 176, 177, 180, 185, 186, 188, 192, 195, 200-206, 210-212, 217, 218, 221, 224, 226, 228, 229, 231, 232, 253
WAGNER, Siegfried : 227
WEBER, Carl Maria von : 38, 56, 60, 62, 108, 112, 153, 180, 186, 217, 253
WEINGARTNER, Felix : 25, 37, 38, 49, 63, 74, 134, 187, 230
WEISKOPF, L. : 136
WERNER, Dr Heinrich : 160
WETTE, Adelheit : 162
WIDOR, Charles-Marie : 181, 223
WITKOWSKI, Georges : 238
WITTGENSTEIN : voir *Sayn-Wittgenstein*
WOLF, Hugo : 8, 12, 71, 154-171, 180, 190, 195, 196
WOLF, Philipp : 154
WYZEWA, Theodore de : 212

YEOLAND, Rosemary : 8, 262
YSAYE, Eugène : 223, 235

ZOLA, Émile : 219

INDEX DES LIEUX

Afrique : 181
Aisne : 250
Allemagne : 12, 15, 24, 20, 27, 35, 38, 41, 49, 64, 66, 82, 97, 107, 133, 136, 139, 143, 147, 151, 155, 160, 168, 171, 180, 182, 185, 188, 193, 196, 197, 210, 211, 230, 239, 241, 245, 249, 252, 260
Alsace : 27, 179, 181, 183
Amérique : 158, 227
Amsterdam : 31
Angleterre : 27, 46
Angoulême : 249
Autriche : 29, 139, 187
Avignon : 239

Bavière : 139
Bayreuth : 11, 17, 23, 35, 49, 53, 68, 81, 92-94, 98, 100, 142, 158, 201, 212, 228, 229, 254
Belgique : 23
Berlin : 49, 60, 82, 134, 135, 141, 150, 151, 185, 187, 189, 199, 207, 245
Besançon : 239
Bonn : 196
Bordeaux : 110, 239
Bornéo : 77
Brême : 49
Brunswick : 49
Bruxelles : 116

Caire (Le) : 139
Clamecy : 21, 32
Cologne : 30, 143, 190, 191

Darmstadt : 168
Dauphiné : 260
Dijon : 239
Douai : 249
Dresde : 49, 81, 84, 99
Drôme : 250
Düsseldorf : 24, 133

Égypte : 135, 139
Eisenach : 137, 196
Épinal : 239
Espagne : 27, 31

Flandre : 143
Florence : 110
Francfort-sur-le-Main : 49, 143, 146
Fribourg-en-Brisgau : 49

Genève : 27, 28, 30, 88
Gmunden : 165
Grèce : 135
Grenoble : 52

Hambourg : 49
Hanovre : 49
Havane (La) : 50
Hollande : 23

Italie : 12, 24, 26, 28, 110, 137, 148, 173

Kalischt : 188
Karlsruhe : 49, 58
Krefeld : 190

Leipzig : 30, 49, 181
Lichtenberg : 180
Lille : 250
Limoges : 249

Livourne : 74
Londres : 25, 48
Louqsor : 139
Lourdes : 108
Lyon : 239

Mannheim : 49, 164, 168
Marseille : 74, 239
Mayence : 25, 140, 187
Meiningen : 134
Metz : 49
Meylan : 52
Monte-Carlo : 41
Montluçon : 239
Montpellier : 239, 240
Moscou : 31
Munich : 38, 49, 81, 134, 135, 142, 190

Nancy : 239
Nantes : 239
Naples : 41, 135
Neuilly : 43
New York : 193
Nice : 88

Padoue : 110
Perchtoldsdorf : 160
Pesth (Budapest) : 76
Poitiers : 110
Prague : 49
Provence : 128

Quesnoy (Le) : 250

Rome : 22, 23, 41, 43, 135, 137
Russie : 12, 35, 46, 211, 260

Saint-Chamond : 239
Saint-Jean-de-Luz : 239
Saint-Pétersbourg : 35
Saint-Quentin : 250
Salzbourg : 29, 158
Sceaux : 43
Schwerin : 49
Sicile : 135, 139
Sorrente : 137
Souabe : 160
Spezia (La) : 88
Stettin : 49
Strasbourg : 14, 26, 49, 179-181, 183, 184, 186, 188, 193
Stuttgart : 49, 168
Styrie : 154
Subiaco : 41
Suisse : 26, 28

Tchécoslovaquie : 32
Tivoli : 41, 45
Traunkirchen : 161
Trieste : 165
Turin : 88

Valence : 249
Vatican (Le) : 22
Venise : 9, 173
Vérone : 110
Vézelay : 32
Vienne : 29, 30, 49, 154, 155, 158-160, 187, 188, 197, 204
Villejuif : 43
Villeneuve : 30

Weimar : 49, 50, 67, 112, 134, 142
Windischgraz : 154, 166

Zurich : 87, 88

INDEX DES PRINCIPAUX ÉTABLISSEMENTS ET SOCIÉTÉS ARTISTIQUES[1]

Académie des Beaux-Arts : 49, 214
Académie nationale de musique : voir *Opéra de Paris*
Association amicale des professeur chargés de l'enseignement de la musique dans les établissements publics : 251

Café Cardinal : 43
Carnegie Hall (New York) : 193
Casino Paganini : 221
Chanteurs de Saint-Gervais : 213, 234
Chœurs de Saint-Guillaume (Strasbourg) : 181
Chorale des lycées de jeunes filles : 251
Cirque d'Été : 133, 144, 231
Cirque d'Hiver : 79, 211, 221, 231
Cirque des Champs-Élysées : 228
Collège de France : 244
Comédie-Française : 32
Concerts-Chevillard : 133, 227, 231
Concerts-Colonne [Concerts de l'Association artistique, Concerts du Châtelet] : 21, 35, 66, 133, 211, 226, 227
Concerts-Lamoureux : 228
Concerts-Pasdeloup [Concerts populaires] : 79, 211, 220, 221, 227, 245
Concerts-Rouge : 246
Concerts-Touche : 246
Conservatoire [royal / impérial / national] de musique et de déclamation : 35, 46, 56, 60, 72, 106, 121, 130, 131, 154, 155, 166, 209, 215-217, 221-223, 226, 227, 233-235, 238, 241-243
Conservatoire de Vienne : 154, 155
Conservatoire populaire de Mimi Pinson : 246

Deutsches Theater (Berlin) : 151

École des Hautes Études Sociales : 25, 131, 234, 244
École Galin-Paris-Chevé : 247
École gratuite de musique de la garde nationale parisienne : 215
École Niedermeyer : 233, 256
École normale supérieure : 22
Écoles normales [françaises] : 248-251
École polytechnique : 241
École Saint-Thomas (Leipzig) : 252
Eden Théâtre : 228

Gaieté-Lyrique : 246
Gesellschaft der Musikfreunde (Vienne) : 166

Hoftheater (Munich) : 134
Hoftheater (Weimar) : 134
Hugo-Wolf-Vereine [germaniques] : 171

Institut catholique : 244
Institut de France : 49, 54

Lycée Henri IV : 23
Lycée Louis-le-Grand : 21, 23
Lycée Saint-Louis : 21

1 N.B. Sans autre mention, ils sont situés à Paris.

Metropolitan Opera (New York) : 93

Nouveau Théâtre : 229, 231
Nouvelle Société Philharmonique de Paris : 242

Opéra de Paris : 135, 219
Opéra royal de Berlin : 142
Opéra-Comique : 183, 218, 219, 220, 247
Orchestre (L') : 245

Palais de l'Industrie : 75
Petits Chanteurs à la Croix de bois (Manécanterie des) : 250

Saint-Wandrille (abbaye de) : 236
Salle d'Harcourt : 237
Salle Gaveau : 231
Salle Herz : 221
Salle Pleyel : 105, 121, 223
Salle Ventadour [Opéra italien] : 210
Schola Cantorum : 9, 14, 70, 116, 117, 119, 121, 122, 130, 131, 213, 232, 235-240, 244, 254, 255, 262
Schola de Montpellier : 240
Sixtine (chapelle, Rome) : 9, 76, 100, 173, 177
Société (de) Sainte-Cécile : 221
Société de l'Harmonie sacrée : 228
Société des concerts du Conservatoire : 35, 216, 221
Société des derniers quatuors de Beethoven : 210, 241
Société des grandes auditions : 97
Société des jeunes artistes du Conservatoire : 221
Société des nouveaux concerts : 228
Société internationale de musique (Berlin) : 245
Société Jean-Sébastien Bach : 233, 239
Société musicale indépendante : 225
Société nationale de musique : 131, 211, 222, 223
Société pour la musique vocale religieuse et classique : 232
Sorbonne : 9, 26, 28, 204, 244, 251
Strassbürger Städtische Orchester : 181

Théâtre de Drury Lane (Londres) : 46
Théâtre de l'Odéon : 30, 226
Théâtre de l'œuvre : 24
Théâtre de la Monnaie (Bruxelles) : 124, 217
Théâtre de la Renaissance : 25
Théâtre du Château d'eau : 211, 228, 229, 231
Théâtre du Châtelet : 183, 226, 227, 231
Théâtre du Jorat (Mézières) : 27
Théâtre lyrique populaire : 246
Théâtre-lyrique : 58, 246
Trocadéro : 22, 233
Trompette (La) : 241, 242

Universités populaires [françaises] : 246

Ventadour (salle) : 210

Wagner-Verein (Vienne) : 155

TABLE DES MATIÈRES

INTRODUCTION 7
Genèse et réception 7
Analyse 10
Note sur les choix éditoriaux 19

BIOGRAPHIE DE ROMAIN ROLLAND 21

MUSICIENS D'AUJOURD'HUI

BERLIOZ 35

WAGNER, À PROPOS DE *SIEGFRIED* 79

WAGNER, *TRISTAN* 97

CAMILLE SAINT-SAËNS 105

VINCENT D'INDY 115

RICHARD STRAUSS 133

HUGO WOLF 153

DON LORENZO PEROSI 173

MUSIQUE FRANÇAISE ET MUSIQUE ALLEMANDE 179

PELLÉAS ET MÉLISANDE DE CLAUDE DEBUSSY 199

LE RENOUVEAU

Esquisse du Mouvement Musical à Paris depuis 1870 207

Paris et la musique 208

Les institutions musicales existant avant 1870 214

Les institutions musicales nouvelles 220

I – La Société Nationale 220

II – Les grands concerts symphoniques 225

III – La Schola Cantorum 232

IV – Les sociétés de musique de chambre 241

V – La science musicale et l'Université. 243

VI – La musique et le peuple 245

Conclusion. L'état présent de la musique française 252

ANNEXE

Mémoires de Berlioz (1896-1897) 259

Chapitres et pages 259

Volume 1 – 367 p. 259

Volume 2 – 430 p. 260

BIBLIOGRAPHIE SÉLECTIVE 261

INDEX DES NOMS DE PERSONNES CITÉS 265

INDEX DES LIEUX 271

INDEX DES PRINCIPAUX ÉTABLISSEMENTS
ET SOCIETES ARTISTIQUES 273

IMPRIM'VERT®

Achevé d'imprimer par Corlet Numéric,
Z.A. Charles Tellier, Condé-en-Normandie (Calvados), en juin 2021
N° d'impression : 172009 - dépôt légal : juin 2021
Imprimé en France